高等院校经济管理类专业"互联网+"创新规划教材

SCIENTIFIC DECISION-MAKING
METHODS & APPLICATIONS

科学决策方法及应用

庞庆华　张丽娜 ◎ 编著

北京大学出版社
PEKING UNIVERSITY PRESS

内 容 简 介

本书是笔者在结合近年来教学改革成功经验基础上编写的。全书共分五篇15章内容，具体包括科学决策方法概述、科学决策方法在经济管理中的应用实践、多目标规划决策方法、两阶段随机规划决策方法、多指标决策方法、层次分析法与网络层次分析法、模糊综合评价决策方法、灰色决策方法、DEA评价方法、其他常用的科学评价决策方法、时间维度指数分解决策方法、LMDI分解决策方法、结构分解分析决策方法、不同决策方法之间的综合集成、科学决策方法的未来展望。

本书可作为高等院校经济类、管理类等相关专业研究生和高年级本科生教材，也可作为企业管理人员、工程技术人员的参考用书。

图书在版编目(CIP)数据

科学决策方法及应用 / 庞庆华，张丽娜编著. —北京：北京大学出版社，2024.1
高等院校经济管理类专业"互联网+"创新规划教材
ISBN 978-7-301-33978-7

Ⅰ. ①科… Ⅱ. ①庞…②张… Ⅲ. ①科学决策—高等学校—教材 Ⅳ. ①C934

中国国家版本馆CIP数据核字(2023)第079710号

书　　　名	科学决策方法及应用 KEXUE JUECE FANGFA JI YINGYONG
著作责任者	庞庆华　张丽娜　编著
策划编辑	王显超
责任编辑	王显超　翟　源
数字编辑	金常伟
标准书号	ISBN 978-7-301-33978-7
出版发行	北京大学出版社
地　　　址	北京市海淀区成府路205号　100871
网　　　址	http://www.pup.cn　新浪微博：@北京大学出版社
电子邮箱	编辑部 pup6@pup.cn　总编室 zpup@pup.cn
电　　　话	邮购部 010-62752015　发行部 010-62750672　编辑部 010-62750667
印　刷　者	河北文福旺印刷有限公司
经　销　者	新华书店
	787毫米×1092毫米　16开本　18.5印张　429千字 2024年1月第1版　2024年1月第1次印刷
定　　　价	54.00元

未经许可，不得以任何方式复制或抄袭本书之部分或全部内容。
版权所有，侵权必究
举报电话：010-62752024　电子邮箱：fd@pup.cn
图书如有印装质量问题，请与出版部联系，电话：010-62756370

Preface
前　言

在全球化和信息化的环境下，唯一不变的就是变化，唯一确定的就是不确定，这就对决策者提出了巨大的挑战，因此如何能够帮助决策者进行科学决策，规避风险，获取最优经济效益、管理效益和社会效益就成为一个极为重要的话题。科学决策方法已成为经济管理中必不可少的强有力工具，提高对科学决策方法的掌握与应用能力将有利于促进经济社会的发展和建设。

科学决策方法已成为经管类专业学生的一门重要课程。但笔者从多年的教学实践中发现，现有教材往往忽略了学生的专业背景，过多阐述科学决策方法的数理模型，这使得学生难以理解和掌握；另外缺乏对科学决策方法应用的阐述，科学决策方法不能仅停留在模型上，如何运用这些决策方法来解决实际问题是更为重要的，这也有助于培养学生分析和解决问题的能力。因此，有必要针对经管类专业学生特点，以学生创新性培养为导向，从方法原理与方法应用并重的视角去编写教材。

本书是结合笔者近年来教学改革成功经验编写的，其特点如下。

一是精选教学内容。结合目前学科发展现状及对学生创新能力培养的要求，对科学决策方法所涉内容的广度和深度作了较为恰当的取舍，注重理论性和实践性相结合。在体系结构上，本书分为五个篇章：第一篇是基础篇，主要介绍科学决策基础分析；第二篇是科学配置篇，主要介绍三种决策方法；第三篇是科学评价篇，主要介绍几种科学评价方法；第四篇是因素分解篇，主要介绍三种因素分解决策方法；第五篇是思考篇，是对未来的展望，主要对本学科前沿问题进行探讨分析。

二是突出科学决策方法在解决现实问题中的应用。本书在基本理论的阐述上，力图做到简明直观、思路清晰、步骤具体，然后用具体案例来分析其实际应用，因此每一章都有一节内容专门来介绍实际应用。这样做的目的是让学生学习完有关理论和方法后，能够直接运用这些理论和方法来分析和解决所碰到的具体问题，培养了学生的动手能力以及应用所学知识解决实际问题的能力，更为重要的是能够扩大其专业研究视野，提高其科研能力与创新能力。

三是利用应用软件解决复杂的求解问题。计算机技术的发展为模型求解奠定了坚实的基础，鉴于计算机是求解科学决策问题的有效手段，本书中对需要大量运算的定量分析方法，通常都会在相关章节来介绍如何使用相关的计算机软件进行求解运算和分析，从而大幅度提高本课程的实用价值和学生的问题求解能力。

本书的编写分工如下：第1章与第2章由于洋洋和杜心雅负责撰写；第3章、第4

章与第 5 章由董显蔚和史艳花负责撰写；第 6 章与第 8 章由向敏负责撰写；第 7 章由邱曼负责撰写；第 9 章由赵恬欣负责撰写；第 10 章和第 15 章由庄缘负责撰写；第 11 章、第 12 章和第 13 章由黄海亮与万礼香负责撰写；第 14 章由赵恬欣和庄缘负责撰写。全书由庞庆华和张丽娜统稿。

本书获河海大学研究生精品教材项目资助。在本书编写过程中，我们参阅和引用了大量的文献资料，涉及许多中外学者，他们为本书的编写提供了宝贵的理论和案例支撑，在此特向各位作者致以诚挚的感谢。

由于水平有限，书中难免有疏漏或不足之处，恳请读者批评指正。

编 者

2023.6

科学决策方法及应用

资源索引

Contents
目 录

第一篇 基础篇

第1章 科学决策方法概述 / 003
  1.1 科学决策的释义及发展简史 / 003
  1.2 科学决策的基本特征、基本原则及步骤 / 006
  1.3 科学决策方法的主要分支简介 / 013
  1.4 科学决策方法的常用软件 / 017
  习题 / 023
  参考文献 / 023

第2章 科学决策方法在经济管理中的应用实践 / 024
  2.1 科学配置的决策理论 / 024
  2.2 科学评价的决策理论 / 027
  2.3 因素分解的决策理论 / 029
  习题 / 031
  参考文献 / 031

第二篇 科学配置篇

第3章 多目标规划决策方法 / 037
  3.1 单层多目标规划模型及求解 / 037
  3.2 双层多目标规划模型及求解 / 042
  3.3 应用案例 / 045
  习题 / 049
  参考文献 / 050

第 4 章　两阶段随机规划决策方法 / 051
　　4.1　两阶段随机规划模型及求解 / 052
　　4.2　区间两阶段随机规划模型及求解 / 055
　　4.3　应用案例 / 058
　　习题 / 067
　　参考文献 / 068

第 5 章　多指标决策方法 / 069
　　5.1　理想解法及求解 / 070
　　5.2　主成分分析法及求解 / 071
　　5.3　投影寻踪法及求解 / 073
　　5.4　应用案例 / 076
　　习题 / 083
　　参考文献 / 085

第三篇
科学评价篇

第 6 章　层次分析法与网络层次分析法 / 089
　　6.1　AHP 及求解 / 089
　　6.2　ANP 及求解 / 095
　　6.3　应用案例 / 101
　　习题 / 110
　　参考文献 / 111

第 7 章　模糊综合评价决策方法 / 112
　　7.1　模糊综合评价法建模过程及求解 / 112
　　7.2　应用案例 / 117
　　习题 / 126
　　参考文献 / 127

第 8 章　灰色决策方法 / 128
　　8.1　灰色关联分析及求解 / 128
　　8.2　灰靶决策模型及求解 / 132
　　8.3　灰色聚类决策模型及求解 / 134
　　8.4　应用案例 / 136
　　习题 / 142
　　参考文献 / 143

第 9 章　DEA 评价方法 / 144
　　9.1　DEA 评价模型及求解 / 144
　　9.2　DEA 模型评价理论的拓展：SBM 模型与 DDF 模型 / 153
　　9.3　应用案例 / 158
　　习题 / 165
　　参考文献 / 166

第 10 章　其他常用的科学评价决策方法 / 168
　　10.1　神经网络系统评价方法 / 168
　　10.2　粗糙集评价方法 / 174
　　10.3　结构方程评价方法 / 178
　　10.4　支持向量机评价方法 / 182
　　10.5　应用案例 / 188
　　习题 / 200
　　参考文献 / 202

第四篇　因素分解篇

第 11 章　时间维度指数分解决策方法 / 205
　　11.1　Laspeyres 指数分解方法及求解 / 206
　　11.2　Shapley 值分解方法及求解 / 207
　　11.3　广义 Fisher 指数分解方法及求解 / 210
　　11.4　应用案例 / 212
　　习题 / 220
　　参考文献 / 221

第 12 章　LMDI 分解决策方法 / 223
　　12.1　时间维度 LMDI 分解方法及求解 / 223
　　12.2　空间维度 LMDI 分解方法及求解 / 226
　　12.3　应用案例 / 228
　　习题 / 235
　　参考文献 / 236

第 13 章　结构分解分析决策方法 / 237
　　13.1　结构分解分析方法概述 / 237
　　13.2　结构分解分析方法的步骤 / 238
　　13.3　应用案例 / 243
　　习题 / 246
　　参考文献 / 247

第五篇　思考篇

第 14 章　不同决策方法之间的综合集成 / 251
　　14.1　两种决策方法的集成 / 251
　　14.2　三种决策方法的集成 / 264
　　习题 / 280
　　参考文献 / 280

第 15 章　科学决策方法的未来展望 / 282
　　15.1　不断加强多学科知识交融的程度 / 282
　　15.2　不断提高科学决策的大数据思维 / 283
　　15.3　不断体现决策过程的动态性特征 / 284
　　15.4　不断展现决策结果的可视化程度 / 285
　　习题 / 286
　　参考文献 / 286

第一篇
基础篇

PART I

- 第1章 科学决策方法概述
- 第2章 科学决策方法在经济管理中的应用实践

第1章
科学决策方法概述

学习目标：
1. 掌握科学决策的释义及要素；
2. 掌握科学决策的基本特征、基本原则及步骤；
3. 了解常用的科学决策方法及其特点；
4. 熟练应用相关软件工具。

当今世界正处在两大潮流之中：一是世界新技术革命蓬勃发展，使人类生活发生一系列新的变革；二是世界不同社会制度、不同发展阶段的国家都在进行社会经济的调整和改革，以便适应新技术革命发展的需要。我国开启全面建设社会主义现代化国家新征程不仅使我们比以往任何时候都需要科学的决策，而且也使决策工作的难度和复杂性大大增加。今天，科学决策方法已遍及人类社会的各个领域，它集中体现了人们认识和驾驭客观事物发展的强烈愿望及巨大力量。

1.1 科学决策的释义及发展简史

1.1.1 科学决策的释义

决策是人类社会固有的行为，小至个人生活，大至治国安邦，都存在决策问题。人类的决策活动由来已久，在华夏五千多年的历史长河中，就曾涌现出许许多多的思想家、政治家、军事家和谋略家。他们博学多才，高瞻远瞩，"运筹于帷幄之中，决胜于千里之外"，为我国的科学决策史写下了光辉的篇章。李冰父子设计修建都江堰水利工程，诸葛亮的《隆中对》为刘备制定战略决策，至今仍闪耀着优化决策的光辉，这都是我国古代决策史上的光辉范例。

那么究竟什么是科学决策呢？

我国古人很早就使用了决策的概念、决策的方法。如《史记·高祖本纪》："夫运筹策帷帐之中,决胜于千里之外,吾不如子房。"这里的"运筹策"就是决策。在《现代汉语词典》中,"决策"的注释有两个意思:决定政策或方法;决定的政策或方法。"决策"一词,英文为Decision。它在《牛津词典》中有如下解释:①the act of deciding(作决定的行动);②a conclusive judgment(最终判决,结论性的判断);③the conclusion arrived at(得出的结论)。这个词首先是美国管理学家巴纳德(Barnard)和斯特恩(Stern)等人在其管理著作中采用的,用以说明组织管理中的分权问题。因为在权力的分配中,作出决定的权力是一个重要问题。后来美国著名的管理学家西蒙(Simon)进一步发展了组织理论,强调决策在组织管理中的重要地位,提出了"管理就是决策"的著名观点。

科学决策是指按照一定的科学程序,运用现代科学方法和先进技术进行决策,也就是指充分发挥主观能动性和创造性的决策。

我们认为科学决策有狭义与广义之分。科学决策的狭义解释,是把决策理解为仅仅是方案的最后选择,类似于大家所说的"拍板"。其实,"拍板"仅仅是决策全过程中的一个环节,如果没有"拍板"前的许多活动,"拍板"必然会成为主观武断的行为,决策也难免要出乱子。科学决策的广义解释,是把决策理解为一个过程。在一般情况下,人们对行动方案的确定往往是要经过提出问题、搜集资料、确定目标、拟订方案、分析评估、最后选定等一系列活动环节。在执行方案的过程中,还要反馈,以便发现偏差,加以纠正。其中任何一个环节出了问题,都会影响决策的效果。因此一个好的决策者,必须懂得正确的决策程序,并且知道其中每个环节应当如何去做和要注意什么。科学决策正是研究决策的全过程。

决策就是为了实现某一目标而从若干个可行方案中选择一个满意方案的分析判断过程。这一定义告诉我们,科学决策的6大要素:主体、目标、方案、准则、结果和效用。

(1) 决策主体即决策者,是指作出决策的个体或个体的集合,是决策中最为重要的一个因素,能够控制决策的整个过程。决策主体的选择会受到政治、经济、文化、习惯和心理等因素的影响。

(2) 决策要有明确的目标。决策或是为了解决某个问题,或是为了实现一定的目标。没有问题就无须决策,没目标就无从决策。因此,在决策时,要解决的问题必须是十分明确的,要达到的目标必须有一定的标准可供衡量比较。

(3) 决策要有若干可行的备选方案。"多方案抉择"是科学决策的重要原则,决策是以可行方案为依据的,决策时不仅要有若干个方案来相互比较,而且各方案必须是可行的。

(4) 决策过程需遵循决策准则。决策会受诸多价值观念和决策者经验的影响。在分析判断时,参与决策的人员的价值准则、经验会影响决策目标的确定、备选方案的提出、方案优劣的判断及满意方案的抉择。管理者要作出科学的决策,就必须遵循一定的决策准则。决策准则是选择方案的依据,也是评价方案达到目标要求的价值标准。

(5) 决策的结果是选择一个满意的方案。决策理论认为,最优方案往往要求从诸多方面满足各种苛刻的条件，只要其中一个条件稍有差异，最优目标便难以实现。因此科学决策追求的是在现实条件下，能够使主要目标得以实现，其他次要目标也能完成的合理方案。

（6）决策的结果需要效用来进行价值评估。决策往往受决策者主观意识的影响，决策者在决策时要对所处的环境予以评估，对未来的发展予以展望，对可能产生的利益和损失作出反应。在决策问题中，把决策者这种对于利益和损失的独特看法、感觉、反应或兴趣，称为效用。效用实际上反映了决策者对于风险的态度，高风险一般伴随着高收益。对待不同方案，不同的决策者的态度和抉择是不同的。

从上述要素可以看出，科学决策方法应该是一种定量的方法，但由于确定自然状态出现的概率以及确定效用值时需要用到主观的方法，因此，科学决策方法是一种定性与定量相结合的方法。

1.1.2 科学决策的发展简史

决策学从经验决策发展到科学决策，经历了几千年的发展历程。在原始社会里，人们为了生存，艰难地同自然界搏斗，艰辛地劳动，促进了人们有意识、有目的地采取行动，总结劳动经验和提高劳动能力，使人类不断进步和发展，因而产生了人类早期的决策思想和粗犷的决策活动；经过农业社会的长期实践，不仅锻炼了人，而且也改造了人，丰富了人们的斗争经验，其决策能力也有了不断的提高。

《战国策》《史记》《盐铁论》《资治通鉴》等古典著作，大量记载了我国古代的决策体制和决策思想。尽管封建帝王将相和文人谋士的决策目的是维护剥削阶级利益，但是他们创造的许多决策方法与经验广涉政治、军事、经济等各个领域，仍然是值得我们研究和继承的宝贵财富。

19世纪末到20世纪初，随着资本主义国家工业化的发展，对企业的管理就显得特别重要，因而也就形成了所谓"古典决策理论"。这一学派的代表人物有美国的泰勒（Taylor）、法国的法约尔（Fayol）、德国的韦伯（Weber）等人。古典决策理论主要探讨了在工厂中提高劳动生产率的问题。他们认为，要提高劳动生产率，就必须取得雇主和工人两方面的合作。雇主关心的是低成本，工人关心的是高工资。要使雇主和工人都认识到，通过科学管理提高劳动生产率，是可以达到自己的目的。这种理论是建立在绝对逻辑基础上的一种封闭式决策模型，它把人看作绝对理性的"理性人"或"经济人"，在决策时，会本能地遵循最优化原则来选择实施方案。

现代决策理论的代表人物是美国卡内基梅隆大学的西蒙（Simon）、马奇（March）等人。西蒙由于在决策理论的研究上作出了贡献，曾获得1978年度的诺贝尔经济学奖。西蒙等人认为，决策贯穿管理的全过程，管理就是决策，组织是由作为决策者的个人所组成的系统。他们对决策的过程、决策的准则、程序化的决策和非程序化的决策、组织机构的建立同决策过程的联系等作了分析。在现实世界里，要采取客观的合理举动是很困难的，对决策者来说，最优化的决策几乎是不可能的，西蒙提出了"令人满意"一词来代替最优化。他认为决策者在决策时，可先对各种客观因素，即根据系统状态的客观信息，提出各种可能选择的策略方案，并就这些策略方案对系统状态所产生的结果进行综合分析，以便按某种评价标准选择最满意的策略方案。

传统的决策建立在个人习惯与经验的基础之上，没有量的概念，所以在确定型决策方面，依靠个人的智慧和经验，成功的可能性较大。然而"智者千虑，必有一失"，在非确定型决策方面，没有量的概念，缺乏科学依据，则难免出现失误。

近三四十年来，随着科学技术的飞速发展，一方面，控制论、系统论、信息论和未来学等一大批综合科学的相继问世，特别是大数据、人工智能的发展，为人类决策活动提供了现代化手段和方法，使决策进入"量化"阶段。人们开始借助数学语言分析决策活动中的各种因素，利用数学公式与模型研究各种决策因素之间的定量关系，应用各种算法对预选方案的正确性与可行性进行科学的推理和验证，采用系统分析法对各种预选方案进行评估和选择，并利用预测方法对决策结果的不确定性进行判断。另一方面，心理学、社会心理学在研究人类决策活动的心理因素和社会因素方面，也取得了重大成就，给研究决策过程、创新思维、参与决策等课题提供了新的思路。有了这两方面的发展，对决策活动中人、机、物各方面因素的作用，就有了比较全面的认识，对复杂决策进行定性、定量、定时的分析，也有了多样性的方法和手段。这样一来，科学决策才有可能逐步完善与发展。

决策学的发展过程，经历了从经验决策到科学决策的不同阶段。决策活动从方法上看，又经历了由个人的、直观的、定性的决策发展到规范性的决策，再发展到定量的决策。现代决策学的发展，加速了一系列边缘科学的发展。例如，运筹学、控制论、信息论和系统论等学科，都在决策科学中有重要的应用，而且支撑着决策科学的发展。可以预见在不久的将来，随着政治、经济体制改革的深化，我国决策活动的科学化与民主化进程将会有一个飞跃的发展。

1.2 科学决策的基本特征、基本原则及步骤

1.2.1 科学决策的基本特征

对任何决策问题进行定量分析前，首先必须认真地进行定性分析。一是要确定决策目标，明确主要决策什么，选取上述决策时的有效性度量，以及在进行方案比较时对这些度量的权衡；二是要辨认哪些是决策中的关键因素，在选取这些关键因素时存在哪些资源或环境的限制。分析时往往先提出一个初步的目标，通过对系统中各种因素和相互关系的研究，使这个目标进一步明确化。此外，还需要同有关人员，特别是决策的关键人员深入讨论，明确有关研究问题的过去与未来，问题的边界、环境以及包含这个问题在内的更大系统的相关情况，以便在对问题的表述中明确要不要把整个问题分成若干个较小的子问题。在上述分析的基础上，可以列出问题表述的各种基本

要素，包括哪些是可控的决策变量，哪些是不可控的决策变量，确定限制变量取值的各种工艺技术条件，以及确定优化和对方案改进的目标。

科学决策问题的基本特征是系统的整体观念、多学科的综合及模型方法的应用。

（1）系统的整体观念。所谓系统可以理解为是由相互关联、相互制约、相互作用的一些部分组成的具有某种功能的有机整体。例如一个企业的经营管理由很多子系统组成，包括生产、技术、供应、销售、财务等，各子系统工作的好坏，直接影响企业经营管理的好坏。但各子系统的目标往往不一致：生产部门为提高劳动生产率，希望增大产品批量；销售部门为满足市场用户需求，要求产品适销对路，小批量，多花色，多品种；财务部门强调减少库存，加速资金周转，以降低成本；等等。科学决策不是孤立评价各子系统的行为，而是把有关子系统相互关联的决策结合起来考虑，把相互影响和制约的各个方面作为一个统一体，从系统整体利益出发，寻找一个优化协调的方案。

（2）多学科的综合。一个组织或系统的有效管理涉及很多方面，科学决策需要来自不同的学科领域、具有不同经验和技能的专家。由于专家们来自不同的学科领域，具有不同的经历和经验，增强了决策过程的集体智慧，以及提出问题和解决问题的能力。这种多学科的协调配合在决策的初期，在分析和确定问题的主要方面，在选定和探索解决问题的途径时，显得特别重要。

（3）模型方法的应用。在各门学科的研究中广泛应用实验的方法，但决策研究的系统往往不能搬到实验室来，代替的方法是建立这个问题的数学模型或模拟的模型。模型方法，是指通过建造和分析研究模型而达到认识原型目的的一种科学方法。对那些不能直接进行研究的对象系统，可通过设计、构造和分析与原型相似的模型而达到间接地研究和认识原型的目的。应当指出，建立模型是科学决策的核心。学习科学决策要掌握的最重要技巧就是提高对数学模型的表达、运算和分析的能力。

1.2.2　科学决策的基本原则

1. 系统原则

决策环境本身就是一个大系统，尤其经济决策更是处于系统的层次之中。国民经济系统包含着许多相互联系、相互制约的子系统，如工业系统、农业系统、交通运输系统、商业系统等，这些系统是紧密地处于相互联系的结构之中。因此，决策时要应用系统工程的理论与方法，以系统的总体目标为核心，以满足系统优化为准绳，强调系统配套、系统完整和系统平衡，从整个系统出发来权衡利弊。

2. 优化原则

决策的优化原则又称满意原则。优化原则在过去常称为最优化原则，但最优化的理论假设是把决策者当作完全理性的人，决策是以"绝对理性"为指导，按最优化准则行事的结果。但是，由于组织处在复杂多变的环境中，要使决策者对未来一个时期做出"绝对理性"的判断，必须具备以下条件：①决策者掌握一切相关信息；

②决策者对未来的外部环境和内部条件的变化能准确预见；③决策者对可供选择的方案及其结果完全知道；④决策不受时间和其他资源的制约。显然，这4个条件对任何决策者都不可能完全具备。因此，决策就不可能避免一切风险，利用一切可以利用的机会去实现"最优化"，而只能要求是"令人满意的"或"较为适宜的"。所谓"优化原则"就是指在一定的内外环境条件下，对各种方案进行技术、经济和社会效益的综合比较，依据"技术先进、经济合理、实施可行、政策允许"这一评价标准选择出满意的方案。

3. 信息原则

信息是做好科学决策的基础。没有准确、全面、有效和及时的信息，决策就是无源之水、无本之木。要进行科学决策，首先就必须取得相关的信息。在正常情况下，决策的科学性、准确性与决策所需要的信息的质量和完整性成正比。信息越全面、越及时、越准确、越有效，决策的基础就越坚实，决策过程中思维的广度和深度就越大，决策科学化程度就越高。从某个意义上讲，决策过程实际上是一个信息的收集、加工、分析、评判和转换的过程。

4. 可行性原则

决策必须可行，不可行就不能实现决策目标，为此，决策前必须进行可行性研究。可行性研究必须从技术、经济和社会效益等方面全面考虑，而不同的决策目标有不同的可行性研究的内容，如在经济决策中，要强调科学的决策，杜绝非科学的决策，才能减少决策失误。

5. **集体决策原则**

第二次世界大战结束后，科学技术飞速发展，社会、经济、科技等许多问题的复杂程度与日俱增，不少问题的决策已非决策者个人和少数几个人所能胜任。因此，利用智囊团决策是决策科学化的重要组织保证，是集体决策的重要体现。所谓集体决策，不是靠少数领导"拍脑袋"，也不是找某几个专家简单地讨论一下，或靠少数服从多数进行决策，而是依靠和充分运用智囊团，对要决策问题进行系统的调查研究，弄清历史和现状，掌握第一手信息，然后通过方案论证和综合评估，以及对比择优，提出切实可行的方案供决策者参考。这种决策是决策者与专家集体智慧的结晶，是经过可行性论证的，是科学的，因而也是符合实际的。

6. **社会性原则**

决策分析是在社会范围内进行的，因而决策方案应符合国家和社会发展的基本方向，应有利于国家和社会的整体利益、公共利益。特别是中国特色社会主义进入新时代，这一原则显得更为重要。比如有些企业为了获取高额利润，急于开发社会急需的短缺产品，在设计、工艺、技术、质量等方面尚未全部达到标准的情况下，盲目地大量投产，结果生产出虽然外观新颖但内在质量并不稳定的产品，最终坑害用户和消费者，或者在三废污染尚未得到很好防治的情况下，宁愿承担罚款，取得"排污权"，也要急于使产品投产。这些都是违反社会性原则的做法。

7. 环境原则

因为管理决策是按管理决策目标来进行的，而管理决策目标的确定是依据事务所处的内外环境条件来考虑的，所以管理者在决策的同时离不开环境的限制。如外部环境是决策者无法控制而只能去适应的环境，是指在一定的地域范围内对决策事务产生影响的各种因素和力量，主要有政治法律环境、经济环境、社会文化环境、技术环境、自然环境，还有一些其他特定环境。决策者要善于根据外部环境作出因地制宜、因时制宜、因事制宜的合理决策。

8. 动态原则

决策的动态原则又称管理决策的变化原则。它指出决策者在进行管理决策时一定要用变化的观点进行管理决策活动，而不能用固定的、一成不变的观点去决策。由于决策的作出一般是在行动之前，环境的变化就成为决策的不确定因素，会给决策带来一定风险，这是决策者在决策时必须高度重视的问题。决策者遵循了动态原则，决策时就会考虑该方案可能给决策带来的有利或不利影响，做好多个预备方案的拟订、评审、排序工作，一旦有情况发生变化，就可主动调整和替换决策方案，这样的决策分析更具有科学性、合理性、适应性。

1.2.3 科学决策的步骤

决策是一个复杂的动态过程，是一个提出问题、分析问题并解决问题的逻辑过程。在现代管理决策中，为了提高决策的科学性和可靠性，人们建立起了决策系统，并依据这个系统帮助决策主体进行决策。决策系统的主要任务就是对决策问题进行情报收集、预测研究、可行性评价等决策信息的研究和方案的设计、论证工作。因此，重大问题的决策方案往往是由决策系统完成的。这个系统发挥着智囊团的作用，有助于提高决策的科学性和减少决策的风险。一般来说，科学决策包括以下 5 个步骤。

1. 发现问题和分析问题

决策是从发现问题开始的。所谓问题，就是矛盾，在社会主义市场经济建设中存在着这样或那样的矛盾，解决好这些矛盾，就需要方法和手段，挑选出最好的方法和手段，就是一种决策。例如，我们要进行水资源的配置，就要解决现有的水资源配置存在的矛盾；当然，其中存在的矛盾很多，哪些是主要矛盾，哪些矛盾要先解决，各级的决策者必须做好调查研究，按确定的价值观念，分轻重缓急，进行排队，分期分批解决。这就是发现问题和分析问题。

2. 确定目标和价值准则

决策是为了实现某一既定的目标，不存在无目标的决策。决策目标对整个决策产生的作用归纳起来有以下几点。

（1）标准的作用。决策的成功或失误是以决策目标是否实现作为衡量标准的。

(2) 导航的作用。有了明确的目标，就可防止迷失方向；否则，目标一错，就会一错百错。正如医生诊病一样，若诊断出错，再好的处方也治不好病。

(3) 鼓舞的作用。宏伟的、反映客观实际的目标，可鼓舞与激励人们前进。

实践经验告诉我们，要选好目标，不是一件容易的事。一般来说，要通过调查研究掌握大量资料，然后依据需决策的问题，经过周密、系统、全面的分析和归纳，找出它们之间的内在联系，分清问题的主次才能确定。在确定目标的过程中，要注意以下几点。

(1) 确定目标一定要从客观实际出发。要经过论证，使确定的目标有根有据，坚决反对不切实际的浮夸风和高指标。因此，在确定目标前，必须对目标的正确性进行反复的、充分的论证。在论证过程中，要寻根问底，对影响目标的各种因素，要作纵向与横向的分析以及交互影响的矩阵分析。通过分析，进一步明确目标的合理性和实现目标的可能性，为科学决策提供依据。

(2) 决策目标必须具体明确。不论是单目标，还是多目标决策，每个目标都只能有一种解释，不能含糊不清或含义不明。因此，对决策目标的阐述，应当避免多义性，并尽可能使目标数量化，使其具有成果的可计量性，完成时间的确定性，以及责任的明确性等特点。

(3) 要明确目标的约束条件。对决策目标附加上一定的限制条件，就称它为有约束的决策目标。在实际工作中，即使知道决策目标是有约束条件的，也不能满足于一般的了解，还必须进一步弄清楚这些条件是客观存在的，还是主观附加的。例如，某种产品的产量受到资源的限制，不能盲目发展，这种约束条件是客观存在的；但是要达到一定的利润指标，不能靠提高价格，只能靠改善经营管理，提高产品质量，降低成本，这种约束条件就是主观附加的。

(4) 确定目标要有全局观。决策目标的确定，要有全局观，以大局为重，不能损人利己，损公肥私，片面地追求本企业、本单位的经济效益，而忽视社会效益。例如，某项经济建设项目，不能造成环境污染或破坏生态平衡。因此，在确定决策目标时，除兼顾企业、职工的利益外，还必须考虑国家、民族和社会的效益，把净化环境，提高道德风尚，坚持物质文明和精神文明相协调作为重要的社会目标。

确定价值准则就是落实目标，将其作为以后评价和选择方案的基本依据。它包括以下 3 个方面内容。

(1) 把目标分解为若干层次的确定的价值指标。这些指标实现的程度就是衡量达到决策目标的程度。价值指标一般有三类：学术价值、经济价值和社会价值，三者不可偏废。每类价值指标又可分解成多少项，每项又可分成多少条等，构成一个价值系统。

(2) 规定价值指标的主次、缓急以及在相互发生矛盾时的取舍原则。在大多数情况下，同时达到整个价值指标体系是不可能的，只能以"满意决策"作为决策的目标。

(3) 指明实现这些指标的约束条件。任何决策都是在一定环境条件下的决策，不可能是随心所欲的。不顾约束条件，即使目标和价值都正确，结果也会适得其反。约束条件主要有各类资源条件、决策权力的范围和时间限制等。

对于决策者而言，确定价值准则是必须认真对待的重要环节。准则失当，决策就不可能很好地达到最初确立的目标，甚至南辕北辙。确定价值准则的科学方法是环境分析。

3. 搜集信息和提出方案

决策的成功与所掌握的信息紧密相关。因信息方面的原因导致决策失误有以下几种情况。

（1）由于信息失灵而造成决策失误。

（2）对浩如烟海的信息，缺乏加工处理，无法提取有用的信息。

（3）信息来源单一，无法辨其真伪，造成偏听偏信，导致决策失误。

因此，对信息搜集要进行指导，切忌盲目搜集。在决策前，一旦确定了决策者的价值观念，就应当搜集符合这些价值观念的信息，要尽可能避免花费大量金钱和时间去搜集那些后来证明是没有价值的信息。有价值的信息不仅能帮你创建较好的备选方案，而且还能帮你从备选方案中选出最优方案。

为了保证决策成功，决策目标应该符合实际情况。因此，要加强沟通，广泛地搜集内部和周围环境中与决策目标有关的资料。较好的沟通，将导致较好的信息搜集；较好的信息搜集，将导致对选择方案较好的评估和决策之间较好的相互连接，以及对决策机遇较好的认可。

要广泛运用智囊技术，常用的方法有"头脑风暴法"等，这种方法对寻找新观念、开辟新视野、提出创新性的备选方案特别有效。据统计，运用"头脑风暴法"去产生新方案的效率，比一般方法提高70%左右。

此外，创建备选方案还要充分尊重专家的意见。这一点对决策效果有较大的影响。为此，要求备选方案应具备如下两个条件：一是要详尽，即所拟定的全部方案应把所有可能方案包括无遗；二是要互斥，即不同的备选方案必须是相互排斥的，执行了一个，就不能同时执行另一个。另外，还要注意以下几个准则：乐观准则，即最大期望值准则；保守准则，即最小期望值准则；平均值决策准则；折中值决策准则；等等。

4. 分析评估和方案优选

分析评估是指对已创建的备选方案，要根据价值准则，结合所处地区实际情况，从实现决策目标的目的出发，全面分析各备选方案所需的人力、物力、技术、资金等条件，以及国内外环境的变化，评价备选方案的优劣，筛选出几个切实可行的方案，以备决策。

分析评估可以通过建立各方案的物理模型或数学模型，通过求得各模型的解，对其结果进行评估。依靠"可行性分析"和"决策技术"，可以使各种方案的利弊得以科学地表达。方案评估是对方案进行分析和论证，以便挑选最有效、最恰当的解决问题的措施。方案分析和评估的主要内容有：①方案实施的可行性；②方案实施可能带来的影响；③方案实施的风险性。

分析评估的目的是方案优选，即对提出的若干个备选方案，运用多种科学方法进行分析和评估，淘汰不可取的方案，以供最后选择。方案优选是决策过程的选择阶段，应符合三个条件：一是选择标准要尽量具体化、量化；二是选择方法要科学化；三是选择结果要最优化。实际决策过程中由于影响因素多，最优方案有时根本不存在，因此，只能在当前条件下权衡利弊之后选择较满意的方案，总体把握"遗憾最小"原则。除此之外，选择结果还应符合技术上可行、经济上合理、结果上可靠等原则。

选择满意方案的方法有两大类：一类称为经验判断法；另一类称为数学分析法。经验判断法可分为：①淘汰法，它是根据择优的准则，对全部备选方案进行筛选，逐个比较进行淘汰；②排队法，按方案的优劣次序排列，供决策者挑选；③归纳法，把相类似的方案进行归类，然后按类优选。

数学分析法大多数是运用数学优化或统计数学的方法，求出目标的最优解。但最优解常常不存在或解不出来，因而，所谓的最佳方案常常是几种方案折中的结果。

5. 方案实施和信息反馈

根据所选定的方案进行决策后，就要拟订规划，设计达到目标的手段、步骤，制定相应的方案，并将方案付诸实施。方案实施前，要通过试验证实，以避免决策失误。试验证实的方法有实际试验法和模拟仿真法。例如，家庭联产承包责任制、扩大企业自主权、资产经营责任制、股份制、租赁制等的推广，都是经过试验证实是行之有效的方法后才普遍推行的。模拟仿真法常在一些重大工程决策中应用，例如，葛洲坝水利枢纽工程、长征系列运载火箭等，在决策实施前，就进行了模拟仿真试验。在决策实施以后，要进行跟踪检查，并要制定出一套跟踪检查的方法，以保证执行结果与决策时的期望值相一致。这套方法包括规定标准、用标准来衡量执行情况、纠正偏差等内容。

决策方案交付实施以后，并不表示决策过程的终止，还必须时刻注意着方案实施情况的信息反馈。决策实施过程中，要注意以下几种情况：①客观环境发生变化，使决策方案的实施与决策目标偏离；②客观环境虽无显著变化，但主观条件却发生了重大改变，以致不能实现原决策目标，甚至可能造成巨大的经济损失；③主、客观条件都发生了变化，造成决策目标的重大偏离；④方案实施一段时间后，发现原决策目标有误，如果继续实施原决策方案，势必带来严重的社会、政治后果或重大的经济损失。在以上情况下，必须停止对原方案的实施，重新论证并作出相应的科学决策，这种决策就称为追踪决策。

以上决策步骤是依次衔接、互相联系，不可缺少的。前三步是决策前的准备，也是科学决策的基础。如果目标不明确，资料信息不完全或不真实，制定的方案或评价方案的准则就不合理，就谈不上科学的决策。此外，如果决策后不根据实际情况的变化加以控制和调整，也可能导致决策失败或达不到预期的目的。上述的科学决策的基本步骤如图1-1所示。

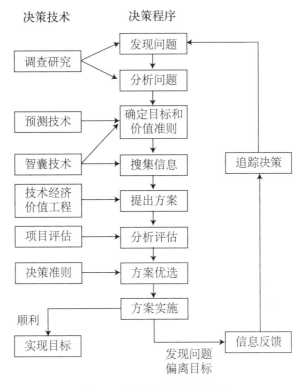

图 1-1 科学决策的基本步骤

1.3 科学决策方法的主要分支简介

科学决策方法按解决问题性质的差别,将实际的问题归结为不同类型的数学模型。这些不同类型的模型主要归纳为以下 3 个分支:科学配置的决策方法、科学评价的决策方法和因素分解的决策方法。

1.3.1 科学配置的决策方法

科学配置,就是在一定环境约束下,决策者根据一定的目标,利用配置理论与方法将资源科学配置给各个配置主体的过程。科学配置的决策方法主要分为多目标规划、两阶段随机规划及多指标决策 3 种。

(1) 多目标规划(又称多目标优化、向量优化、多准则优化或帕累托优化)是多目标决策的一个领域,它涉及多目标函数的优化问题,同时也是多目标优化问题,其主要包括单层多目标规划和双层多目标规划。多目标规划已经应用到许多领域,包括工程、经济和物流等,在两个或更多冲突目标之间取舍时,需要采取最优决策。研究人员的目的是寻找一组代表性的帕累托最优解,并量化在满足不同目标时的权衡取舍,找到一个满足决策者主观偏好的单一解决方案。

(2) 两阶段随机规划是随机规划问题的一个分支,是特殊的期望值模型。在观察到随机变量实现之前便作决策,一般是先制定一个初始决策,使得目标函数极小化,待随机变量实现后,仍有机会采取应急策略,这就导致了额外费用,通常称为补偿函数。这类问题在资源配置、经济等领域有着广泛的应用。比如,农场主在不知道天气如何的情况下,如何分配小麦、玉米和甜菜根的种植面积才能获利最高?初始决策通常称为第一阶段决策,在农场问题中,对应于决策每种作物各种多少亩的土地。决策之后,获得了随机变量的实现的完整信息,然后采取第二阶段决策,也就是应急策略或补偿策略。两阶段随机规划主要分为确定性和不确定性两阶段随机规划问题。

(3) 多指标决策是多目标决策下的一种特殊决策问题。比如,在购买电脑时,我们可以根据品牌、价格、性能、尺寸等多个指标来进行选择。与单目标决策问题类似,多指标决策问题根据决策者对决策环境的掌握情况,分为确定型多指标决策问题、不确定型多指标决策问题、风险型多指标决策问题。确定型多指标决策问题,即有 m 个可选方案 A_1, A_2, $\cdots$, A_i, $\cdots$, A_m; n 个评价指标 G_1, G_2, $\cdots$, G_j, $\cdots$, G_n, 方案 $A_i(i=1, 2, \cdots, m)$ 实施后对应评价指标 $G_j(j=1, 2, \cdots, n)$ 的评价值 b_{ij} 是已知确定的。若方案 $A_i(i=1, 2, \cdots, m)$ 实施后对应评价指标 $G_j(j=1, 2, \cdots, n)$ 的评价值 b_{ij} 不是唯一确定的,而是有几种可能结果,并且出现各种可能结果的概率已知,则该多指标决策问题为风险型多指标决策问题;反之,出现各种可能结果的概率未知,则该多指标决策问题为不确定型多指标决策问题。多指标决策的特征为具有有限个离散的方案,并通过有限个指标进行决策,其在统计学、经济学、管理学等学科中皆有广泛应用。

1.3.2 科学评价的决策方法

对一个问题的决策,经常涉及多个指标或者多个因素,这时就需要根据多个指标对事物做出科学评价,而不能只从事物的某一因素情况去评价,所以科学评价的本质就是对受多个指标或者多个因素影响的问题做出全面的评价。

本书所涉及的科学评价的决策方法主要有:层次分析法、网络层次分析法、模糊综合评价方法、灰色决策方法、数据包络分析评价方法、神经网络评价模型、粗糙集理论、结构方程模型及支持向量机等。

(1) 层次分析法(Analytic Hierarchy Process, AHP)是指将一个复杂的多目标决策问题作为一个系统,将目标分解为多个目标或准则,进而分解为多指标(或准则、约束)的若干层次,通过定性指标模糊量化方法算出层次单排序(权数)和总排序,以作为目标(多指标)、多方案优化决策的系统方法。层次分析法是将决策问题按总目标、各层子目标、评价准则直至具体的备选方案的顺序分解为不同的层次结构,然后用求解判断矩阵特征向量的方法,求得每一层次的各元素对上一层次某元素的优先权重,最后再用加权和的方法递阶归并各备择方案对总目标的最终权重,此最终权重最大者即为最优方案。层次分析法比较适合具有分层交错评价指标的目标系统,而且目标值又难以定量描述的决策问题，比如水安全评价、水质指标和环境保护措施研究、生态环境质量评价指标体系研究以及水污染源的确定等。

(2)网络层次分析法(Analytic Network Process，ANP)将系统内各元素的关系用类似网络结构表示，而不再是简单的递阶层次结构，网络层中的元素可能相互影响、相互支配，可以更准确地描述客观事物之间的联系，是一种更加有效的决策方法。网络层次分析法在进行决策分析时，需要决策者对每个因素(影响因子)进行两两相对重要程度判断。在实际生活中，决策者常常不是对所有的决策因素(影响因子)进行相对重要程度判断，而是根据自己的情况(知识、经验、喜好)对某几个因素(影响因子)进行相对重要程度判断，此时，两两判断矩阵就会出现一些空缺，我们称这种情况为信息不完备。为此，运用 ANP 进行分析，通过将问题化为一种二次规划问题来计算出权重，最后运用 ANP 的极限超矩阵得到总排序。ANP 经常被用来解决具有网络结构的系统评价与决策的实际问题。

(3)模糊综合评价方法(Fuzzy Comprehension Evaluation，FCE)的基本思想是用属于程度代替属于或不属于，刻画一种"中介状态"。其基本原理是：首先确定被评价对象的因素(指标)集合评价(等级)集；其次分别确定各个因素的权重及它们的隶属度矢量，获得模糊评判矩阵；最后把模糊评判矩阵与因素的权矢量进行模糊运算并进行归一化，得到模糊综合评价结果。模糊综合评价方法的特点在于逐一对对象进行评价，对被评价对象有唯一的评价值，不受被评价对象所处对象集合的影响。在专家评分系统、质量控制、业绩评估以及经济、管理等领域均可用模糊综合评价方法。

(4)灰色决策方法是借用模糊数学、运筹学、系统工程学中的一些高等数学模型，进行系统分辨决策，由于环境是不可预测、不可判断的，是通过对将来预期的一种提前的表现行为。其包含灰色关联分析和灰色决策模型，在经济、管理和工程技术中得到了广泛应用。

(5)数据包络分析(Data Envelopment Analysis，DEA)评价方法是利用包络线代替微观经济学中的生产函数，通过数学规划来确定经济上的最优点，以折线将最优点连接起来，形成一条效率前沿的包络线，然后将所有决策单元(Decision Making Unit，DMU)的投入、产出映射于空间中，并寻找其边界点。DEA 评价方法主要应用于经济效率评价、绩效评价、风险评估和银行评价等。

(6)神经网络评价模型是一种交互式的评价方法，它可以根据用户期望的输出不断修改指标的权值，直到用户满意为止。神经网络具有自适应能力，能对多指标综合评价问题给出一个客观评价，这对于弱化权重确定中的人为因素是十分有益的。比如用神经网络对电子行业企业的经济效益进行综合评价时，首先要将描述电子行业企业经济效益综合的基础指标的属性值作为神经网络的输入向量，其次用足够多的企业样本向量构建这个网络，使不同的输入向量得到不同的输出值，经过学习后确定相应的内部组权系数，最后根据输入的企业经济效益指标向量，可以得出该企业的经济效益的综合评价结果。

(7)粗糙集理论的核心思路，即根据观测数据删除冗余信息，比较知识的粗糙度

(不完整程度)、各属性之间的地位及依托关系,最终得出问题的解决方法与评价规则。目前,粗糙集已成为人工智能领域中一个比较新的学术热点,在机器学习、知识获取、决策分析、过程控制等许多领域得到了广泛的应用。

(8)结构方程模型(Structural Equation Modeling,SEM)是一种应用线性方程表示观测变量与潜变量,以及潜变量之间关系的多元因果分析模型。SEM 结合因子分析与路径分析,分别解决理论变量的测量与变量间关系结构的研究等问题,最终检验某种结构关系或模型假设是否合理。SEM 以研究因果关系为背景,是一种包罗万象的量化和理论检验的工具,在市场研究界可应用于多种研究:满意度研究、品牌研究、产品研究等。

(9)支持向量机(Support Vector Machine,SVM)是一种二分类模型,它的基本模型是定义在特征空间上的间隔最大的线性分类器,间隔最大使它有别于感知机;SVM 还包括核技巧,这使它成为实质上的非线性分类器。SVM 的学习策略就是间隔最大化,可形式化为求解凸二次规划的问题,也等价于正则化的合页损失函数的最小化问题。SVM 的学习算法就是求解凸二次规划的最优化算法。SVM 是 1964 年提出的,在 20 世纪 90 年代后得到快速发展并衍生出一系列改进和扩展算法,在人像识别、文本分类等模式识别(pattern recognition)问题中得到广泛应用。

1.3.3 因素分解的决策方法

所谓因素分解法,就是逐一分解和测定时间或空间序列中各项因素的变化程度和规律,然后将其综合起来,形成一个完整的时间或空间序列分析的分解模型。因素分解主要采用指数分析法(Index Decomposition Analysis,IDA)和结构分析法(Structural Decomposition Analysis,SDA)。

1. 指数分析法

本书所涉及的指数分析法主要有:Laspeyres 分解模型、Shaply 值分解模型和 LMDI 分解模型。

(1)Laspeyres 分解模型(拉式指数)是德国经济学家拉斯贝尔斯于 1864 年首先提出的,他主张无论是数量指标指数还是质量指标指数,都采用基期同度量因素(权数)的指数。拉斯贝尔斯提出把销售量固定在基期的价格指数,该方法后来被推广到其他各种综合指数的计算。Laspeyres 分解模型可用于测量一个国家或地区物价的变化,计算出消费物价指数(Consumer Price Index,CPI)。

(2)Shapley 值分解模型是由 L. S. Shapley 在 1953 年给出的解决 n 个人合作对策问题的一种数学方法。当 n 个人从事某项经济活动时,对于他们之中若干组合的每一种合作形式,都会得到一定的效益。当人们之间的利益活动非对抗性时,合作中人数的增加不会引起效益的减少,这样,全体 n 个人的合作将带来最大效益。Shapley 值分解模型是分配这个最大效益的一种方案,其能够有效排除驱动因素间的依赖关系。Shapley 值分解模型主要应用于分析各个维度对模型解释力的贡献。

(3)LMDI 分解模型是指数分析法的一个分支,是对于变量不多而且涉及时间序列性质的情况是比较好的分解模型并且这个模型的使用不需要借助投入产出表的数据作为依托，所以使用比较方便。与之相较，结构分析法则需要借助投入产出表的数据，因此 LMDI 分解模型在很多领域都有广泛的应用。B. W. Ang 教授多次拿 LMDI 分解模型与传统的 Laspeyres 分解模型及 Shaply 值分解模型作比较，大多数情况下，LMDI 分解模型的分解效果均优于后两者。LMDI 分解模型主要应用于能源消费和能源强度的因果分析。

2. 结构分析法

结构分析法是一种基于投入产出模型的用于分析某些特定驱动因素对某一关键指标直接或间接影响的方法。该方法首先由 Leontief 和 Ford 于 20 世纪 70 年代提出，但是当时并没有被广泛运用，它存在诸多问题，其中最主要的就是分解不完全的问题，分解所遗留的残余项不能够很好地处理掉。Dietzenbacher 和 Los 提出平均分解法（D&L 法）后，这一问题才被有效解决，结构分析法也逐渐在能源、资源等领域得到广泛运用。

1.4 科学决策方法的常用软件

科学决策方法应用软件的开发是同科学决策方法的发展紧密相连的。因为即使是一个只含几十个到上百个变量的线性规划模型，通过手工求解也是十分繁杂的甚至不可能的。而实际问题的数学模型要远远复杂得多，变量个数甚至多达几十万个、上百万个，因此必须借助计算机软件进行求解。

目前，国内教学中常用的求解决策模型的软件主要有 MATLAB、元决策软件、MaxDEA、LINGO、WinQSB、Microsoft Excel 等，下面分别进行简单介绍。

1.4.1 MATLAB

MATLAB 是 Matrix Laboratory（矩阵实验室）的缩写，是一种很好的科学计算软件，由美国 MathWorks 公司于 20 世纪 80 年代中期推出，其主要应用于数据分析、工程与科学绘图、控制系统设计、航天工业、汽车工业、生物医学工程、财务、金融分析及建模、仿真和样机开发等领域。

MATLAB 有大量事先定义的数学函数，还有很强的用户自定义函数及强大的绘制二维和三维图的功能。MATLAB 还嵌有多个成熟的由各行各业专家编写的用于解决各种应用领域问题的工具箱，如优化工具箱、金融工具箱等。用户可直接利用这些工具箱，按相关命令输入要求即可得到相应结果。

MATLAB 的 Desktop 操作桌面是一个高度集成的工作界面，利用 MATLAB 进行编程计算、调用 MATLAB 自带的命令都在指令窗中输入。MATLAB 对矩阵的输入、基本运算符号、各种函数表达、各种数字常数预定的变量名、数据显示的格式控制命令、常用操作指令、指令窗中实施指令行编辑的常用操作键等均有明确规定。MATLAB 操作界面如图 1-2 所示。

图 1-2　MATLAB 操作界面

当利用 MATLAB 求解比较简单的问题时，可以打开命令行窗口直接输入一组指令求解。如果要解决的问题所需的指令较复杂，需引进脚本编写。由于 MATLAB 是一种功能强大的计算应用软件，应用时需要熟悉 MATLAB 的有关基础。

1.4.2　元决策软件

山西元决策软件科技有限公司由原 yaahp 作者联合几位控制学、管理学的专家发起成立，专门从事多准则决策分析、系统分析和优化相关的软件系统研发及技术推广。其提供综合评价辅助工具 yaahp、yaanp 及 EvaGear，利用它们可以方便地使用层次分析法、网络层次分析法、模糊综合评价方法、拉开档次法、熵权法、复相关系数法、TOPSIS 法、VIKOR 法等方法完成综合评价任务。

yaahp 是一款以层次分析法和模糊综合评价方法为基础的综合评价辅助软件，为利用层次分析法和模糊综合评价的决策过程提供模型构造、计算和分析等方面的帮助。yaahp 操作界面如图 1-3 所示。

yaanp 是一款网络层次分析法辅助软件，为利用网络层次分析法、层次分析法的决策过程提供模型构造、计算和分析等方面的帮助。yaanp 使用新的图形引擎技术开发，改进了很多 yaahp 中由于技术原因很难改进的问题，例如无法明确地设定要素顺序、高 DPI 显示异常等。yaanp 操作界面如图 1-4 所示。

EvaGear 是一款客观评价辅助软件，提供基于拉开档次法、熵权法和复相关系数法的客观赋权辅助功能，在此基础上还提供基于加权平均法、TOPSIS 法和 VIKOR 法的客观综合评价辅助功能。

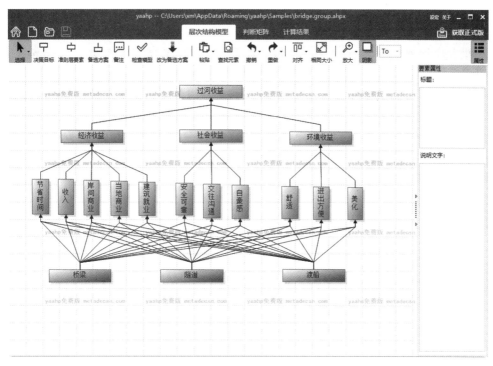

图 1-3　yaahp 操作界面

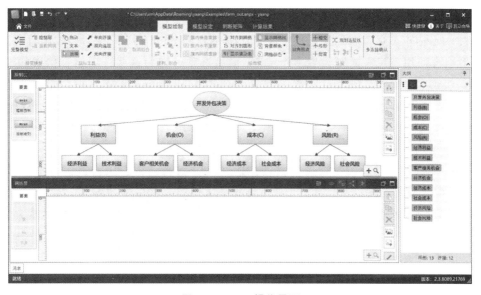

图 1-4　yaanp 操作界面

1.4.3 MaxDEA

DEA 理论方法和软件的发展，极大地推动了 DEA 在学术领域的研究和应用。MaxDEA 是一款功能强大的数据包络分析软件，采用强大分析技术，乘除法和加减法两种计算方法，支持多种 DEA 模型，包含各种选项组合模型 3 万多个。MaxDEA 强大的分析功能是前所未有的，其拥有最全面的 DEA 模型及其所有可能的组合，不限制数据管理单元的数量，也不限制其输入和输出。MaxDEA 软件的主要特点如下所述。

（1）使用简便。MaxDEA 软件无须安装，界面友好，数据不需要特殊格式。例如，不需要通过字段名称或排列次序来识别投入和产出。

（2）DEA 模型的备份非常简单。MaxDEA 软件和 DEA 模型所需的全部数据均被整合在一个 Access 文件中（例如 MaxDEA 6.mdb 文件，这是软件运行所需的唯一文件），并且是永久保存，关闭和重新打开文件都不会使之发生变化，也就是说只要备份 MaxDEA 6.mdb 文件就等于备份了 MaxDEA 软件和建立的 DEA 模型。例如，设置好数据和模型之后，将 MaxDEA 6.mdb 文件复制一份（文件名可任意修改，例如 DEA CRS.Mdb），即备份了已设置好的模型和数据。

（3）对决策单元（DMU）数量没有限制。经测试可以运行包含 10 万个 DMU 的 DEA 模型。

（4）可以同时运行多个 DEA 模型。依次设置并保存多个 DEA 模型，可同时打开并运行所有这些文件。如果用户需要运行多个 DEA 模型，并且每个 DEA 模型的运行时间都很长（如 Bootstrap 模型），则同时运行多个模型可以节省很长时间，并且可以充分利用用户的多核 CPU。

（5）MaxDEA 最重要的特点是包含了大量最新的 DEA 方法，各类 DEA 方法之间可任意组合使用。只需同时设置多个 DEA 模型选项，即为这些选项组合构成的 DEA 模型，如成本模型与 Malmquist 模型组合为成本 Malmquist 模型，网络 DEA 模型与 Malmquist 模型组合为网络 Malmquist 模型，非期望产出模型与方向距离函数模型、Mlamquist 模型组合为包含非期望产出的方向距离函数 Malmquist 模型（Malmquist-Luenberger 指数）等。

MaxDEA 很容易备份，且其 DEA 模型的程序和数据库集成在一个 Access 数据库文件（.mdb，程序所需的唯一文件）中，非常方便备份。数据库和 DEA 模型的所有选项都永久保存在文件中，这意味着在关闭和重新打开文件后，数据库和模型规范仍保持不变。MaxDEA 操作界面如图 1-5 所示。

1.4.4 LINGO

LINGO 是 Linear Interactive and General Optimizer 的缩写，即"交互式线性和通用优化求解器"，由美国 LINDO 系统公司（Lindo System Inc.）推出，可应用于求解线性规划、非线性规划、整数规划等问题。其功能十分强大，是求解优化模型的最佳选择。

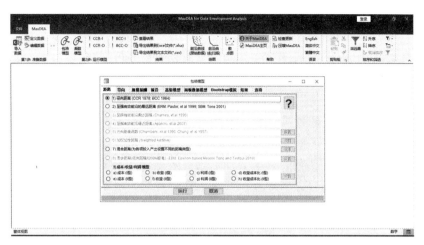

图 1-5　MaxDEA 操作界面

LINGO 可以将线性、非线性和整数问题迅速用公式来表示，并且容易阅读、了解和修改。LINGO 的建模语言允许使用汇总和下标变量以一种易懂的直观的方式来表达模型。模型更加容易构建，更容易理解，因此也更容易维护。

LINGO 建立的模型可以直接从数据库或工作表获取资料。同样地，LINGO 可以将求解结果直接输出到数据库或工作表，使用户能够在选择的应用程序中生成报告。

LINGO 拥有一整套快速的、内建的求解器用来求解线性的、非线性的（球面、非球面的）、二次的、二次约束的和整数的优化问题。用户甚至不需要指定或启动特定的求解器，因为 LINGO 会读取方程式并自动选择合适的求解器。

用户能够在 LINGO 内创建和求解模型，或从用户自己编写的应用程序中直接调用 LINGO。对于开发交互式模型，LINGO 提供了一整套建模环境来构建、求解和分析用户的模型。对于构建 turn－key 解决方案，LINGO 提供的可调用的 DLL 和 OLE 界面是能够从用户编写的程序中被调用的。LINGO 也能够从 Excel 宏或数据库应用程序中被直接调用。LINGO 操作界面如图 1-6 所示。

图 1-6　LINGO 操作界面

1.4.5 WinQSB

QSB 是 Quantitative System for Business(商务数量分析)的缩写，WinQSB 是指该系统在 Window 环境系统下运行，是一种求解 OR 值(Odds Ratio)的专用软件。软件界面为英文，但比较直观，使用方便。它是一种教学软件，对非大型问题一般都能计算，对较小的问题还能显示中间计算过程。安装 WinQSB 软件后，在系统程序中自动生成 WinQSB 应用程序，用户可根据不同问题选择子程序。进入某个子程序后，第一项工作就是建立新问题或打开已有的数据文件，观察数据输入格式，系统能够解决哪些问题，结果的输出格式等内容。WinQSB 可用于管理科学、决策科学、运筹学及生产运作管理等领域的求解问题。WinQSB 操作界面如图 1-7 所示。

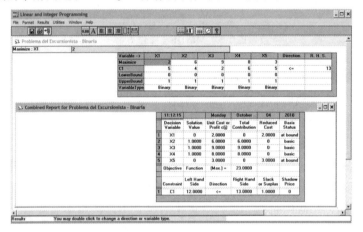

图 1-7 WinQSB 操作界面

1.4.6 Microsoft Excel

Microsoft Excel 是微软公司的办公软件 Microsoft Office 的组件之一，通过建立决策问题的电子表格模型，然后应用 Excel Solver 求解，可进行量化的决策问题均可通过 Microsoft Excel 来进行计算。Microsoft Excel 可以进行各种数据的处理、统计分析和辅助决策操作，广泛应用于管理、统计、金融等众多领域。

对大型复杂的数学模型，通常先要使用一个建模系统来有效表达数学模型并将其输入计算机。建模系统除有效建立大型模型外，还可用于对模型的管理任务，包括数据存取，将数据转换成模型参数，分析模型的解以及产生决策制定者内部的总结报告等。国外这方面已开发出诸如 AMPL、MPL、OPL 和 GAMS 等软件。

由于实际问题的决策模型具有模糊性、概率不确定性、动态、非线性、多目标等特点，上述多种因素同时存在以及含有一些特殊约束等情景，带来优化计算上的复杂性，使寻找问题的有效算法成了决策学应用中要突破的另一个重要方向。目前已出现了很多启发式或称为软计算的方法，这类方法对于特定问题可能是一个有很好的可行解但不是最优解的过程。这个过程通常是一个成熟的迭代算法,其中每次迭代包括搜索比先前找出来的所有解更优的解。当算法在合理时间内停止运行时,它提供的解是在迭代过程中找出的最好的解,迭代过程广泛借助来自生物学、物理学及其他自然现象的运行机制。启发式算法中著名的有遗传算法、模拟退火、禁忌搜索、蚁群算法、粒子群算法等。类似的算法还在进一步发展中,表明了求解算法的智能化发展趋势。

习 题

1. 什么是科学决策?科学决策包括哪些要素?
2. 科学决策问题有哪些基本特征?一般而言,科学决策需要遵循哪些基本原则?
3. 科学决策包括哪些步骤?
4. 在决策过程中,有人认为获取的相关信息越多,做出的决策越科学;也有人认为,获取的相关信息越多,反而越难以作出科学决策。你是如何认为的?
5. 常用的科学决策方法包括哪些?其应用场景一般包括哪些?

参考文献

冯文权,2002. 经济预测与决策技术[M]. 4版. 武汉:武汉大学出版社.
李万田,赵健,1988. 科学决策概论[M]. 北京:科学技术文献出版社.
岳超源,2003. 决策理论与方法[M]. 北京:科学出版社.
宁宣熙,刘思峰,2009. 管理预测与决策方法[M]. 北京:科学出版社.
刘本旺,2015. 参政议政用语集:修订本[M]. 北京:群言出版社.
陈友玲,2018. 市场调查预测与决策[M]. 2版. 北京:机械工业出版社.
吴凤平,陈艳萍,2011. 现代决策方法[M]. 南京:河海大学出版社.
罗党,王淑英,2010. 决策理论与方法[M]. 北京:机械工业出版社.
成刚,2014. 数据包络分析方法与MaxDEA软件[M]. 北京:知识产权出版社.

第 2 章
科学决策方法在经济管理中的应用实践

学习目标：
1. 熟悉科学配置的决策理论；
2. 熟悉科学评价的决策理论；
3. 熟悉因素分解的决策理论。

科学决策就是用科学的方法，研究在有限的人力、物力、财力、时间、空间中，合理规划并使用的管理和决策。随着国民经济和社会的发展，科学决策也不断发展成为现代应用科学的重要的分支之一，为决策者提供定量和定性分析，全局优化决策支持。科学决策不断发展新的思想、观点和方法，其涉及的科学配置、科学评价及因素分解，在各个领域得到广泛应用，尤其是在经济管理中。

2.1 科学配置的决策理论

科学配置，就是在一定环境约束下，决策者根据一定的目标，利用配置理论与方法将资源科学配置给各个配置主体的过程。科学配置的决策方法涉及多目标规划、两阶段随机规划及多指标决策等，其在统计学、经济学、管理学等学科中皆有广泛应用，下面以水资源配置为例来阐述科学配置的决策理论。

为解决日益复杂的水资源问题，我国实行了最严格水资源管理制度。明晰省区初始水权是保障各区域的合理用水需求，实现水权交易、发挥市场在资源配置中起决定性作用的重要前提，是缓解省区用水矛盾的重要技术支撑之一，也是落实最严格水资源管理制度的重要途径。

省区初始水权配置的理论与实践如何适应最严格水资源管理制度的要求，以用水总量控制、用水效率控制和纳污量控制为基准，形成与省区用水实际相匹配，结构合理的省区初始水权有效配置方案，从根本上缓解当前水资源短缺的严峻形势。

"怎么配置"的配置模型是省区初始水权量质耦合配置理论框架的核心，结合省区初始水权量质耦合配置的逐步寻优过程，分3个部分阐述量质耦合配置模型的构建：①省区初始水权量配置模型的构建；②省区初始排污权配置模型的构建；③省区初始水权量质耦合配置模型的构建。

1. 两阶段随机规划理论

省区初始排污权的配置对象是多种污染物入河湖限制排污总量，污染物的多样性，使得设计一套共用的配置指标体系实现多种污染物入河湖限制排污总量在省区间进行有效配置变得不切实际。多种污染物入河湖限制排污总量被产权界定后产生的多重复杂属性，导致省区初始排污权配置问题具有复杂性特征。同时，排污权权益配置和减排负担配置是省区初始排污权配置的两个方面，具有多阶段性；且决策者很难对规划年减排责任做出精确的判断，这其中包含很多的不确定性。因此，省区初始排污权配置模型构建的难点是：如何处理配置过程中存在的复杂性、多阶段性和不确定性。在全面考虑省区初始排污权配置的基础性分析结论的基础上，构建省区初始排污权的区间两阶段随机规划配置模型。

两阶段随机规划(Two-Stage Stochastic Programming，TSP)理论是一种处理模型右侧决策参数具有已知概率分布函数(Probability Distribution Functions，PDFs)的不确定性问题的有效方法，它能够对期望的情景进行有效分析。Birge和Louveaux指出TSP过程包括两个阶段：第一个阶段决策是在随机事件发生之前，第二阶段的决策是在随机事件发生之后，对随机事件所引起的问题进行追索补偿，进而减少不可行事件对决策结果的影响。近年来，TSP理论已经被广泛地应用于水资源管理的过程中。

TSP理论能够有效地处理目标函数和约束条件中存在的多重不确定性问题。省区初始排污权配置过程涉及水生态条件、气候条件、区域政策等因素，具有技术复杂性和政治敏锐性，其中包含很多不确定因素。同时，由于流域主要控制污染物指标的多样性和关联性，省区初始排污权的配置与水量权这类单一资源的配置不一样，不能采用一套指标体系的混合配置模式，仅核定规划年水污染物的流域入河湖限制排污总量就具有较多的不确定性，另外追求排污权经济效益最大化的目标函数、体现社会效益、生态环境效益和社会经济发展连续性的约束条件也都存在不确定性。

2. 区间两阶段随机规划理论

为了更好地量化不以概率分布形式表现的不确定性信息以及由此引起的经济惩罚，Huang和Loucks提出区间两阶段随机规划(Inexact Two-stage Stochastic Programming，ITSP)理论，其理论要点是将区间参数规划(Interval-parameter Programming，IPP)和TSP两种方法整合在同一个优化体系中，不仅可以处理以概率分布和区间形式表示的不确定性信息，还可以分析违反不同水资源管理政策所受到的不同级别的经济处罚情况。面对规划年一系列如来水量(Annual Inflow，AI)、流域历年入河湖污染物排放量(Water Pollutant Emissions into the Lakes，WPEL)、减排政策情景(Policy Scenarios)、技术革新等不确定条件的改变，ITSP理论可为决策者提供一个有效的决策区间，帮助决策者识别、应对复杂水环境管理系统中的不确定变化，并制定有效的初始排污权配置方案。

ITSP 理论对于解决省区初始排污权配置问题具有较强的实用性。省区初始排污权配置既是一种利益或权益可能性配置过程，也是一种负担（减排责任）配置过程，利益和负担配置构成初始排污权配置的两个方面。规划年 t 省区 i 对污染物 d 的期望减排量是一个期望值 EW_{idt}，其数值因受到来水量水平、流域历年入河湖污染物排放量、相关政策实施等因素的影响，而具有技术复杂性和政治敏锐性，包含很多不确定因素，难以用一个确定值表示。因此，可表示为一个区间、随机期望变量，这也是 ITSP 理论处理不确定问题的优势所在。

3. 多指标决策方法理论

在构建省区初始水量权配置模型时，利用动态投影寻踪技术，进行多指标降维处理，构建动态区间投影寻踪配置模型，并采用遗传算法技术求解，可以获得不同用水效率控制约束情景下各省区的初始水量权。因此，省区初始水量权配置实际上是一个具有不确定性、多情景约束的多指标混合配置问题。

投影寻踪技术是典型的多指标决策方法。Friedman 和 Tukey 在 1974 年的 *A projection pursuit algorithm for exploratory data analysis* 一文中提出一种直接由样本数据驱动的探索性数据分析方法，可将高维数据投影到一维或二维子空间上，被命名为"投影寻踪（Projection Pursuit，PP）技术"。投影寻踪技术（简称 PP 技术）的要点包括两方面：①投影（Projection），是指将高维空间的数据投影到低维空间（1～3 维）；②寻踪（Pursuit），利用投影在低维空间中的投影数据的几何分布形态，寻找决策者感兴趣的数据内在结构和相应的投影方向，达到研究和分析高维数据的目的。投影寻踪的目的是通过高维数据在低维空间中的直观表现，揭示决策者感兴趣的分布结构。寻踪方法主要包括人工寻踪和自动寻踪，自动寻踪因其良好性能而应用较广。常用的投影指标包括两类：一是密度型投影指标，包括 Friedman－Tukey 投影指标、Shannon 一阶熵投影指标、Friedman 投影指标等；二是非密度型投影指标，包括 Jones 距投影指标和线性判别分析（Linear Discriminant Analysis，LDA）投影指标。

省区初始水权量配置需要综合考虑资源、经济、社会、生态环境等各方面的因素，是一个多原则量化的多指标（高维）混合配置过程。PP 技术是处理多维变量的一种有效统计方法，与其他传统方法相比，具有如下可借鉴的优势：①PP 技术能成功地克服"维数祸根"所带来的困难，而省区初始水权量的配置是一个多原则量化的多指标高维数据处理问题，可利用 PP 技术予以解决；②PP 技术在数据处理上对数据结构或特征无任何条件限制，具有直接审视数据的优点，可以干扰和冲淡与数据结构无关的指标对配置结果的影响。同时，PP 技术与 AHP 方法、多层次半结构性多目标模糊优选法、接近理想解的排序方法（简称 TOPSIS 法）等方法相比，它可以解决已有方法中确定时间与指标权重的问题。

2.2 科学评价的决策理论

科学评价的本质就是对受多个指标或者多个因素影响的问题做出全面的评价。对一个问题的决策，经常涉及多个指标或者多个因素，这时就需要根据多个指标或因素对事物做出科学评价，而不能只从事物的某一因素情况去评价。其在水安全评价、水质指标和环境保护措施研究、生态环境质量评价指标体系研究等方面得到广泛应用，下面以水利工程项目的评标问题为例来阐述科学评价的决策理论。

招投标制度在国际、国内已广泛实施于工程项目建设当中，是工程承发包的主要形式。水利工程项目在我国一般属于公益性事业，资金主要来源于国家财政部门。因此水利工程建设在我国的基础设施建设中的地位越来越重要，而水利工程项目评标定标又直接影响到工程质量和政府的信誉。为了体现水利工程项目招标的公平、公正、公开，在水利工程项目评标过程中采用科学、有效的评价方法尤为重要。

根据水利工程项目评标中普遍使用的指标体系，在各评价指标权重信息确定且指标取值为区间直觉模糊数的情况下，可以引入逼近理想解排序法（Technigue for Order Preference by Similary to Ideal Solution，TOPSIS）根据各投标方案与正、负理想解的相对贴近度，构建基于区间直觉模糊数的 TOPSIS 决策模型，对水利工程项目评标中的各投标方案进行优选。

1. 模糊数学理论

在客观世界中，存在着大量的模糊概念和模糊现象。一个概念和与其对立的概念无法划出一条明确的分界，它们是随着量变逐渐过渡到质变的。例如"年轻"和"年老"就是如此，人们无法画出一条严格的年龄界线来区分"年轻"和"年老"。生活中，类似这样的事例很多，如"高与矮""胖与瘦""美与丑"等，这些没有确切界限的对立概念都是所谓的模糊概念。

凡涉及模糊概念的现象被称为模糊现象。现实生活中的绝大多数现象，存在着中间状态，并不是非此即彼，而是表现出亦此亦彼，存在着许多甚至无穷多的中间状态。模糊性是事物本身状态的不确定性，或者说是指某些事物或者概念的边界不清楚，这种边界不清楚，不是因为人的主观认识与客观实际不一致造成的，而是事物的一种客观属性，是事物的差异之间存在着中间过渡过程的结果。

模糊数学就是试图利用数学工具解决模糊事物方面的问题。1965 年，美国加州大学的控制论专家扎德根据科技发展的需要，经过多年的潜心研究，发表了一篇题为《模糊集合》的重要论文，第一次成功地运用精确的数学方法描述了模糊概念，从而宣告了模糊数学的诞生。从此，模糊现象进入了人类科学研究的领域。

模糊数学着重研究"认知不确定"类的问题，其研究对象具有"内涵明确，外延不明确"的特点。模糊数学的产生把数学的应用范围,从精确现象扩大到模糊现象的领域,去处理复杂的系统问题。模糊数学绝不是把已经很精确的数学变得模模糊糊,而是用精确的数学方法来处理过去无法用数学描述的模糊事物。从某种意义上来说,模糊数学是架在形式化思维和复杂系统之间的一座桥梁,通过它可以把多年积累起来的形式化思维,也就是精确数学的一系列成果,应用到复杂系统里去。

2. 多准则决策理论

多准则决策(Multiple Criteria Decision Making,MCDM)理论广义上可分为多属性决策(Multiple Attribute Decision Making,MADM)与多目标决策(Mult-objective Decision Making,MODM)两大类,其目的是对多个互有冲突、不可共度的属性或目标进行利弊权衡,进而为决策者提供或设计最佳折中方案。

从相同点上来看,多属性决策与多目标决策的逻辑顺序可如图 2-1 中所示进行建模与求解。根据 Changkong 和 Haimes 的阐述,该过程包含 5 个步骤:①初始步骤是对决策问题的定义与特征化处理;②问题描述是指将评价或优化总目标转化为更具操作性的多个评价属性或多个子目标的集合,并界定基本要素与系统边界;③系统建模是指根据属性集或目标集建立逻辑或物理关系,进而对系统进行有效的综合分析;④分析评价则是指在明确属性值或目标值的基础上,借用上步所构造模型,采用特定尺度与手段实现方案评估与决策输出;⑤可通过上述步骤的实施,建立新的问题描述,在闭环条件下进行新一轮的多准则决策。

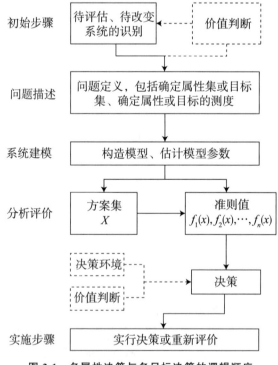

图 2-1 多属性决策与多目标决策的逻辑顺序

多属性评价决策是对具有多个属性的有限个预先设定的决策方案的排序与优选，其基础为利用某种数学逻辑将互有冲突、不可共度的多个属性集合成备选方案的最终表现，以实现对方案的择优选择。

在多属性评价决策框架中，各属性的相对重要性不尽相同；而在多目标优化过程中，目标的相对优先度也有所区别。因此，合理确定评价属性、决策目标的权重是决策结果是否可信的关键步骤。赋权方法可分为主观赋权法、客观赋权法和组合赋权法3大类。其中，主观赋权法是根据评价准则（属性或目标）对决策者主观目标影响程度的大小来确定的；客观赋权法是根据各备选系统之间准则的差异程度或目标系统携带的客观信息状态来确定的；而组合赋权法是利用一定数学手段，将主观权重与客观权重进行数学集成而确定的。

在主观赋权法中，主观赋权结果的科学性与合理性主要受到赋权主体，即评价专家的影响。因此，主观赋权法应力求将专家的主观判断进行准确的定量表达。常见的主观赋权方法包括层次分析法与网络层次分析法，其区别在于是否认为决策准则之间具有相互影响关系。与主观赋权法依赖于专家判断不同，客观赋权法是依据评价系统本身所携带的客观数据来确定评价准则的相对重要性。主流的客观赋权法包括熵权法（Entropy Weighting Method）、CRITIC（Criteria Importance Through Intercrieria Correlation）法等。组合赋权法是指通过一定数学手段，将主观权重和客观权重予以综合集成，以兼顾两者优点并实现更为全面的权重赋值。常见的主客观权重组合手段包括加法集成和乘法集成，其优点在于决策者可根据自身偏好与实际决策条件，设定主观权重与客观权重在最终赋权结果中的相对重要程度。

3. 逼近理想解排序法

逼近理想解排序（Technique for Order Preference by Similarity to Ideal Solution，TOPSIS）法，国内常简称为优劣解距离法。TOPSIS法是一种常用的综合评价方法，它能充分利用原始数据的信息，其结果能精确地反映各评价方案之间的差距。为了对众多方案给出一个排序，在给出所有方案之后，可以根据这些方案中的数据，构造出一个所有方案组成的系统中的理想最优解和最劣解。而TOPSIS法就是通过一定的计算，评估方案系统中任何一个方案距离理想最优解和最劣解的综合距离。如果一个方案距离理想最优解越近，距离最劣解越远，我们就有理由认为这个方案更好。那理想最优解和最劣解又是什么呢？很简单，理想最优解就是该理想最优方案的各指标值都取到系统中评价指标的最优值，最劣解就是该理想最劣方案的各指标值都取到系统中评价指标的最劣值。

2.3 因素分解的决策理论

设有一个二元函数 $Z=F(X, Y)$，基期自变量的值为 (X_0, Y_0)，报告期自变量的值为 (X_1, Y_1)，那么函数值的改变量为

$$F(X_1, Y_1) - F(X_0, Y_0) \tag{2-1}$$

这个函数值的改变可以分解为两个自变量的影响之和，或者说设 Z 是一个事物，影响这个事物的因素有多个，这里先分析两个因素 X、Y，当事物改变之后，是由 X 与 Y 两个因素的改变引起的，那么现在我们的问题是考察每个因素变化对于事物 Z 的影响各是多少，这称作因素分解或原因分解问题。这种问题在管理学、经济学等社会科学与物理学等自然科学中非常常见。下面分别以碳排放问题和水资源问题为例来阐述因素分解决策的理论。

1. Laspeyres 分解模型

长久以来，经济发展的传统理念认为降低碳排放强度抑或不断提升碳生产率是低碳发展的根本体现，然而，由于经济边际产出增加的客观存在，导致单纯依赖碳排放强度的测算来衡量低碳经济的发展状况变得不现实，因此，有必要对碳排放的绝对增长量进行研究，对其影响因素进行定量分析，以期为中国经济发展的低碳化提供必要的指导。在投入产出分析的基础上构建改进的 Laspeyres 分解模型，可以将碳排放影响因素分解为投入总量效应、投入结构效应和技术进步效应，在行业划分的基础上对中国在时间维度上的碳排放作用要素进行分解与测度，厘清碳排放影响效应的结构性来源，为合理调整产业结构、转变经济增长方式和碳排放空间的合理分配提供有的放矢的策略建议。

2. 结构分解模型

研究碳排放，还可以在现有的中国投入产出表的基础上编制其可比价格的"碳排"投入产出表，运用结构分解（Structural Decomposition Analysis，SDA）模型，对二氧化碳排放总量进行分解研究。

SDA 模型基于投入产出模型将总指标的变化分解到若干子因素中。使用 Leontief 提出的投入产出模型模拟了经济中生产与消费的关系，而经济研究中的投入产出模型被 Leontief 扩展到环境领域。SDA 模型首次应用于 20 世纪 70 年代，用于量化投入产出模型中变量变化的因素，如总产出、增值、劳动力、贸易等。20 世纪 80 年代，SDA 模型被应用到能源研究领域。自 2000 年以来，SDA 模型被越来越多地应用于研究二氧化碳排放量的增长。例如，欧洲环境局应用 SDA 模型研究欧洲消费端二氧化碳排放量的变化。

3. Shapley 值分解模型

资源型城市作为中国特殊的城市类型，其丰富的资源使其在城市经济发展方式、产业结构等方面与普通城市存在差异，尤其是在影响城市城镇化发展的主导因素和区域城镇化发展水平上与普通城市存在较大的差别，全国资源型城市城镇化发展的差异化，对中国经济发展带来诸多不利的影响。为研究城镇化率、非农就业、人均 GDP、第二产业增加值占 GDP 比重、第三产业增加值占 GDP 比重等影响因素对资源型城市城镇化发展水平的贡献度，可以运用 Shapley 值分解模型对影响资源型城市城镇化发展水平的差异化的因素进行分解。

Shapley 值分解模型是由 L. S. Shapley 在 1953 年给出的解决 n 个人合作对策问题的一种数学方法。当 n 个人从事某项经济活动时，对于他们之中若干人组合的每一种合作形式，都会得到一定的效益，当人们之间的利益活动是非对抗性时，合作中人数的增加不会引起效益的减少，这样，全体 n 个人的合作将带来最大效益。Shapley 值分解模型是分配这个最大效益的一种方案，其能够有效排除驱动因素间的依赖关系。Shapley 值最先由 Albrecht 应用于碳排放指数分解法中。由于 Shapley 值不受碳排放驱动因素间相互依赖关系的影响，Shapley 值在碳排放指数分解法中得到了广泛的讨论。

4. LMDI 分解模型

快速的经济增长伴随着资源消耗的不断增加，水资源是经济社会发展的关键资源，也是极其重要的生产要素。人多水少、水资源时空分布不均是中国的基本国情，水资源短缺等问题已成为制约经济社会可持续发展的瓶颈。研究用水量变化的影响因素，对解决水资源危机以及经济社会发展具有重要意义。LMDI 分解模型可以将中国用水量变化的影响因素分解为人口效应、区域人口分布效应、区域经济发展效应、区域产业结构效应和区域技术进步效应。

LMDI 模型是 IDA 模型的一个重要分支，是对于变量不多而且涉及时间序列性质的情况是比较好的分解模型，LMDI 模型在分解对象后没有无法解释的残差，并且可以使用加法分解和乘法分解相对简单的转换表达式。这个模型的使用不需要借助投入产出表的数据作为依托，所以使用比较方便，因此在很多领域都有广泛的应用。

习　题

1. 长江经济带是国家重大战略发展区域之一。请结合长江经济带发展状况，分别从科学配置、科学评价和因素分解三个方面来阐述如何开展相应的研究工作。

2. 碳排放权分配是一项涉及我国"双碳"目标实现及经济社会可持续发展的重要工作。请分别从科学配置、科学评价和因素分解三个方面来阐述如何开展相应的研究工作。

3. 数字经济是一种能够实现经济高质量发展的经济形态。请结合我国数字经济发展要求及现状，分别从科学配置、科学评价和因素分解三个方面来阐述如何开展相应的研究工作。

参考文献

张丽娜，吴凤平，2017. 基于 GSR 理论的省区初始水权量质耦合配置模型研究[J]. 资源科学，39(3)：461-472.

娄伟，2012. 情景分析理论与方法［M］. 北京：社会科学文献出版社.

刘俏，2013. 情景分析法在城市规划区域污染物排放总量中的预测研究：以安庆市为例［D］. 合肥：合肥工业大学.

张连蓬，2003. 基于投影寻踪和非线性主曲线的高光谱遥感图像特征提取及分类研究［D］. 青岛：山东科技大学.

田铮，林伟，2008. 投影寻踪方法与应用［M］. 西安：西北工业大学出版社.

徐迪，2018. 基于环境－经济－社会平衡的能源化工系统可持续性评价与优化决策模型的构建［D］. 重庆：重庆大学.

张丽娜，郝宵，庞庆华，等，2021. 城乡分异视角下居民食品消费碳排放驱动效应研究：以江苏省为例的实证分析［J］. 软科学，35(2)：54-59.

张永强，张捷，2017. 广东省经济增长与碳排放之间的脱钩关系：基于Laspeyres分解法的实证研究［J］. 生态经济(6)：46-52.

涂正革，2012. 中国的碳减排路径与战略选择：基于八大行业部门碳排放量的指数分解分析［J］. 中国社会科学(3)：78-94.

王凤婷，方恺，于畅，2019. 京津冀产业能源碳排放与经济增长脱钩弹性及驱动因素：基于Tapio脱钩和LMDI模型的实证［J］. 工业技术经济，38(8)：32-40.

高晶，2018. 中国城乡居民食物消费碳排放研究［D］. 兰州：兰州大学.

闫庆友，王雅娴，于振华，等，2018. 基于Shapley值的京津冀火电行业碳排放因素分解［J］. 生态经济，34(12)：29-34.

王佳，杨俊，2014. 中国地区碳排放强度差异成因研究：基于Shapley值分解方法［J］. 资源科学(3)：557-566.

廖明球，许雷鸣，2017. 二氧化碳排放的IO－SDA模型及其实证研究［J］. 统计研究，34(7)：62-70.

臧萌萌，吴娟，2021. 碳排放影响因素解析：基于改进的拉氏指数分解模型［J］. 科技管理研究，41(6)：179-184.

张陈俊，章恒全，陈其勇，等，2016. 中国用水量变化的影响因素分析：基于LMDI方法［J］. 资源科学(7)：1308-1322.

吴静，白中科，2019. 中国资源型城市城镇化发展差异的解释：基于Shapley值分解方法［J］. 中国土地科学，33(12)：72-79.

BIRGE J R, LOUVEAUX F V, 1988. A multicut algorithm for two-stage stochastic linear programs[J]. European journal of operational research, 34(3)：384-392.

BIRGE J R, LOUVEAUX F V, 1997. Introduction to stochastic programming[M]. New York：Springer Science & Business Media.

HUANG G H, LOUCKS D P, 2000. An inexact two－stage stochastic programming model for water resources management under uncertainty [J]. Civil engineering(17)：95-118.

FRIEDMAN J H, TUKEY J W, 1974. A projection pursuit algorithm for exploratory data analysis[J]. IEEE Trans On Computer, 23(9)：881-890.

XU D, LV L P, REN X S, et al, 2018. Route selection for low－carbon ammonia production：A sustainability prioritization framework based－on the combined weights and projection ranking by similarity to referencing vector method[J]. Journal of cleaner production(193): 263-276.

CHANKONG V, HAIMES Y Y, 1983. Multiobjective decision making: theory and methodology [M]. New York: North-Holland.

ANG B W, 2004. Decomposition analysis for policymaking in energy: which is the preferred method? [J]. Energy policy, 32(9): 1131-1139.

CANSINO J M, SÁNCHEZ BRAZA A, RODRÍGUEZ ARÉVALO M L, 2015. Driving forces of Spain's CO2 emissions: A LMDI decomposition approach[J]. Renewable & Sustainable energy reviews, 48(0): 749-759.

CHONG C H, LIU P, MA L W, et al, 2017. LMDI decomposition of energy consumption in Guangdong Province, China, based on an energy allocation diagram[J]. Energy(133): 525-544.

SU B, ANG B W, 2016. Multi-region comparisons of emission performance: The structural decomposition analysis approach[J]. Ecological indicators(67): 78-87.

BARGAIN O, CALLAN T, 2010. Analysing the effects of tax-benefit reforms on income distribution: a decomposition approach[J]. Journal of economic inequality, 8(1): 1-21.

第二篇 科学配置篇

- 第 3 章 多目标规划决策方法
- 第 4 章 两阶段随机规划决策方法
- 第 5 章 多指标决策方法

第 3 章
多目标规划决策方法

学习目标：
1. 掌握多目标规划决策方法的内涵；
2. 掌握单层多目标规划的转化及求解方法；
3. 掌握双层多目标规划的转化及求解方法；
4. 能够结合实际问题建立多目标规划模型。

多目标规划是数学规划的一个分支。多目标规划问题通常是研究两个及两个以上目标函数在所给定义域上的最优化。在处理经济、管理、企业运营等方向很多实际问题的过程中，一般来说一个目标往往不能判断一个方案的好坏，决策者通常会想要达到多个决策目标，而这些目标有时不甚协调，甚至是矛盾的。例如，企业生产产品的时候不仅要产量最大化，还要成本尽可能小以及质量尽可能高，这就涉及了多目标决策问题，很多学者都在致力于研究多目标规划。多目标规划的思想在史密斯关于经济平衡问题和埃奇沃思对均衡竞争问题的研究中早就体现过，法国经济学家帕累托将这种思想引入多目标规划问题的提出，并在经济福利理论的著作中不仅提出了多目标规划问题，而且还引进了帕累托最优的概念，对多目标规划这一学科的形成起着十分重要和深远的影响，之后，冯·诺伊曼、约翰·库恩、塔克尔、日夫里翁等数学家都对此做了深入的探讨。本章分别介绍单层多目标规划模型和双层多目标规划模型及其求解过程。

3.1 单层多目标规划模型及求解

在研究现实经济管理问题时，决策者通常不止一个。当涉及多个决策者且每个决策者的目标函数不止一个时，且决策者属于同一层次的，决策者之间没有递阶关系，所涉及的问题就属于单层多目标决策问题，研究单层多目标规划是研究多层多目标规划的基础。下面以一个简单的例子来引出单层多目标规划问题，方便读者理解。

长沙市某企业要求新员工进行业务能力培训,并且在培训结束后,该企业计划与员工代表共同策划,自愿参观当地的著名景点,费用自理。初步设想有以下路线可供选择:一号路线为岳麓山和岳麓书院;二号路线为谢子龙、李自健艺术馆;三号路线为橘子洲;四号路线为湖南省博物馆。

路线中含有多个景点的可以全部参观也可以只参观一个。每人所承担的费用与车费和车型、乘客人数、路况和里程数有关。企业对所有参加培训的员工进行参观意愿调查,充分考虑这些员工的意愿并且尽可能让员工花最少的费用游玩尽可能多的景点。策划部门和员工代表会尽可能达到以下目标:

目标一:员工参观意愿满意度尽可能高;

目标二:员工所承担的费用尽可能少;

目标三:员工参观景点尽可能多。

以上就属于单层多目标决策,一是所涉及的决策者,企业与员工代表之间没有递阶关系,共同策划;二是策划需尽可能达到三个决策目标,转化为数学函数形式表达的话就是求一个最小值以及两个最大值的问题。同时,也涉及约束条件,比如每个员工的旅游经费预算以及时间预算。

3.1.1 单层多目标规划模型形式

多目标规划问题是数学规划的一个分支,可将其转化成相应数学函数来描述。多目标规划的目标函数形式多种多样,涉及的最优化目标问题也不尽相同,但求最优化问题总体可以归为两大类:求最大值和最小值问题。下面以求最小值问题为例来进行详细的介绍。

单层多目标规划模型(M)形式如下:

$$\min F(x) = [f_1(x), f_2(x), \cdots, f_p(x)]^T \tag{3-1}$$

其中,约束条件如下:

$R = \{x \in E^n \mid g(x) = [g_1(x), g_2(x), \cdots, g_m(x)]^T \leqslant 0, h(x) = [h_1(x), h_2(x), \cdots, h_n(x)]^T = 0\}, p \geqslant 2$。

定义1:设 $\tilde{x} \in R$,如果不存在 $x \in R$,使 $F(x) \leqslant F(\tilde{x})$,则称 $\tilde{x}$ 为模型(3-1)的有效解,所有有效解组成的集合叫作有效解集,记为 E;如果不存在 $x \in R$,使 $F(x) < F(\tilde{x})$,则称 $\tilde{x}$ 为模型(3-1)的弱有效解,所有弱有效解组成的集合叫作弱有效解集,记为 E'。

定义2:若 $\tilde{x} \in R$,且 $F(\tilde{x}) < F(x)$,$\forall x \in R$,则称 $\tilde{x}$ 为模型(3-1)的最优解。

若模型(3-1)的目标函数和约束条件中至少有一个为非线性函数时,称该模型为非线性的单层多目标规划。

3.1.2 单层多目标规划模型求解

关于单层多目标规划的研究,其基本思路大多是将有约束的规划问题采用"化非线性为线性""化多为少"的方法进行求解。

1. 化非线性为线性

对于非线性单层多目标模型首先需要做的是化非线性为线性，具体来说，当目标函数为非线性而约束条件为线性时，可以化非线性目标函数为线性；如果目标函数和约束条件都为非线性，则可以将它们都化为线性；再将不等式约束化为等式约束，然后用 Frank-Wolfe 方法进行求解。

步骤如下：

Step1：设迭代点 $x^{(k)} \in R$，利用泰勒公式可以得到非线性的目标函数 $f_i (i=1, 2, \cdots, p)$ 在 $x^{(k)}$ 处的线性近似：

$$\min f_i(x^{(k)}) + \nabla f_i(x^{(k)})^T (x - x^{(k)}) \tag{3-2}$$
$$\text{s.t. } x \in R$$

则原模型变为

$$\min f_i(x^{(k)}) + \nabla f_i(x^{(k)})^T (x - x^{(k)}) \tag{3-3}$$
$$\text{s.t. } x \in R$$

Step2：去掉上述问题的常数项，变为

$$\min \nabla f_i(x^{(k)})^T x \tag{3-4}$$
$$\text{s.t. } x \in R$$

Step3：按照各个目标函数在决策中的重要程度，给出一组相应的权系数 $\lambda_1, \lambda_2, \cdots, \lambda_p$，要求 $\lambda_1, \lambda_i > 0$, $i=1, 2, \cdots, p$, $\sum_{i=1}^{p} \lambda_i = 1$。

Step4：利用线性加权法变为

$$\min \sum_{i=1}^{p} \lambda_1 \nabla f_i(x^{(k)})^T x \tag{3-5}$$
$$\text{s.t. } x \in R$$

Step5：给定初始可行点 $x^{(l)}$，允许误差 $\varepsilon > 0$，置 $k=1$。

Step6：求解线性规划式(3-5)，得最优解 $y^{(k)}$。

Step7：若 $f(x^{(k)}) - f(y^{(k)}) \leqslant \varepsilon$，则停止计算，得到点 $x^{(k)}$；否则，进行下一步。

Step8：从 $x^{(k)}$ 出发，沿方向 $y^{(k)} - x^{(k)}$ 在连接 $x^{(k)}$ 和 $y^{(k)}$ 的线段上搜索，

$$\min \sum_{i=1}^{p} \lambda_1 f_i(x^{(k)}) + \lambda(y^{(k)} - x^{(k)}) \tag{3-6}$$
$$\text{s.t. } 0 \leqslant \lambda \leqslant 1$$

得到步长 λ_k。

Step9：令 $x^{(k+1)} = x^{(k)} + \lambda_k (y^{(k)} - x^{(k)})$，置 $k = k+1$，返回步骤 Step6。

如上所述，求解单层多目标规划模型时，当目标函数是非线性的，需要将目标函数化为线性的，同样约束条件也需要进行相应的处理。约束条件处理方法如下：约束条件为线性等式时直接按上述方法处理；约束条件为线性不等式时，采用松弛变量法化为等式再用上述方法处理；约束条件是非线性时用其线性近似代替处理。

下面以一个简单的计算例子来说明该方法是如何使用的。

$$\min_x f_1(x) = x_1^4 + x_2^2$$

$$\min_x f_2(x) = (x_1 - 2)^2 + (x_2 - 2)^2$$

$$\min_x f_3(x) = -2x_1 - 2x_2$$

$$\text{s. t.} \begin{cases} g_1(x) = x_1^2 - x_2 \leqslant 0 \\ g_2(x) = x_1 - x_2 - 3 \leqslant 0 \\ h_1(x) = x_1 - x_2 - 2 = 0 \\ h_2(x) = 2x_1^2 + x_2^3 - 3 = 0 \end{cases} \quad (3\text{-}7)$$

首先,将目标函数线性化,并且去掉常数项后变为

$$\nabla f_1(x^{(k)}) = (4x_1^{(k)3}, \ 2x_2^{(k)})^T x$$

$$\nabla f_2(x^{(k)}) = [2(x_1^{(k)} - 2), \ 2(x_2^{(k)} - 2)]^T x \quad (3\text{-}8)$$

$$f_3(x) = -2x_1 - 2x_2$$

其次,给出相应的权系数,在本例中分别取 $\lambda_1 = \dfrac{1}{3}$,$\lambda_2 = \dfrac{1}{3}$,$\lambda_3 = \dfrac{1}{3}$,那么,原问题就可以化为如下:

$$\lambda_1 \nabla f_1(x^{(k)}) + \lambda_2 \nabla f_2(x^{(k)}) + \lambda_3 f_3(x) = \left[\dfrac{2}{3}(2x_1^{(k)3} + x_1^{(k)} - 2), \ \dfrac{4}{3}(x_2^{(k)} - 1)\right]^T x - \dfrac{2}{3}(x_1 + x_2) \quad (3\text{-}9)$$

再次,设松弛变量 $x_3 > 0, x_4 > 0$,将上述不等式约束条件化为等式:

$$\text{s. t.} \begin{cases} g_1(x) = x_1^2 - x_2 + x_3 = 0 \\ g_2(x) = x_1 - x_2 + x_4 - 3 = 0 \end{cases} \quad (3\text{-}10)$$

将上述非线性的约束条件线性化:

$$\text{s. t.} \begin{cases} g_1(x) \approx x_1^{(k)2} - x_2^{(k)} + x_3^{(k)} + (2x_1^{(k)}, \ -1, \ 1, \ 0)^T (x - x^{(k)}) \\ h_2(x) \approx 2x_1^{(k)2} + x_2^{(k)2} - 3 + (4x_1^{(k)}, \ 2x_2^{(k)}, \ 0, \ 0)^T (x - x^{(k)}) \end{cases} \quad (3\text{-}11)$$

根据上述,原问题就变为如下:

$$\min \left[\dfrac{2}{3}(2x_1^{(k)3} + x_1^{(k)} - 2), \ \dfrac{4}{3}(x_2^{(k)} - 1)\right]^T x - \dfrac{2}{3}(x_1 + x_2)$$

$$\text{s. t.} \begin{cases} g_1(x) \approx x_1^{(k)2} - x_2^{(k)} + x_3^{(k)} + (2x_1^{(k)}, \ -1, \ 1, \ 0)^T (x - x^{(k)}) \\ g_2(x) = x_1 - x_2 + x_4 - 3 = 0 \\ h_1(x) = x_1 - x_2 - 2 = 0 \\ h_2(x) \approx 2x_1^{(k)2} + x_2^{(k)2} - 3 + (4x_1^{(k)}, \ 2x_2^{(k)}, \ 0, \ 0)^T (x - x^{(k)}) \end{cases} \quad (3\text{-}12)$$

最后,取初始值 $x^{(0)} = (0, 2, 0, 0)^T$,精确度 $\varepsilon = 0.001$,用 MATLAB GA 求解器,计算可得最优解为 $\overline{x} = (0.995, 0.997, 0, 0)^T$。

2. 转化为一个单目标问题

该方法的基本思想是:根据决策问题本身的特点以及决策者自身的意愿,构造一

个评价函数，该评价函数的作用是对 p 个目标赋予权重使多个目标转化成一个单目标函数 $U(F)=U(f_1, f_2, \cdots, f_p)$，通过它对 p 个目标的"评价"，从而把求解单层多目标规划简化为求解与之相关的单目标规划。

定理 1：对于每个给定的 λ_i，$\lambda_i > 0$，$i=1, 2, \cdots, p$，$\sum_{i=1}^{p}\lambda_i = 1$，则相应于式(3-3)的最优解必是原单层多目标的有效解（或弱有效解）。

$$\min_{x \in R} U(F(x)) \tag{3-13}$$

其中，$R = \{x \in E^n \mid g(x) = [g_1(x), g_2(x), \cdots, g_m(x)]^T \leqslant 0, h(x) = [h_1(x), h_2(x), \cdots, h_n(x)]^T = 0\}$。

下面通过线性加权法来构造评价函数。线性加权法的基本思想是：根据决策者的意愿以及各个目标函数在决策中的重要程度，分别赋予它们一个正数，并把这个正数作为与之对应的各个目标函数的系数，再把这些带有系数的目标函数相加来构造评价函数，具体步骤如下。

Step1：给出权系数。按照各个目标函数在决策中的重要程度，给出一组相应的权系数 $\lambda_1, \lambda_2, \cdots, \lambda_p$，要求 λ_i，$\lambda_i > 0$，$i=1, 2, \cdots, p$，$\sum_{i=1}^{p}\lambda_i = 1$。

Step2：极小化评价函数。通过线性加权方法把问题转化为单目标规划后，用 MATLAB GUI 工具箱进行求解。

$$\min_{x \in R} U[F(x)] = \min_{x \in R} \sum_{l=1}^{p} \lambda_1 f_1(x) \tag{3-14}$$

其中，约束条件如下：

$$R = \{x \in E^n \mid g(x) = [g_1(x), g_2(x), \cdots, g_m(x)]^T \leqslant 0,$$
$$h(x) = [h_1(x), h_2(x), \cdots, h_n(x)]^T = 0\}。$$

下面举一个简单的例子来解释该解法。

某企业计划下个月生产三种产品，下面分别记为 A 类产品、B 类产品和 C 类产品，并且将该企业生产各类产品的能力依次记为 $b_a=0.5$，$b_b=0.6$，$b_c=0.2$；三类产品各生产 1 吨的利润（单位：万元）分别为 $r_a=20$，$r_b=15$，$r_c=40$；该企业下个月的生产总时长为 176 小时，可以适当地加班；根据市场调查，预测下个月三种产品的最大销售量（单位：吨）依次为 $q_a=33$，$q_b=54$，$q_c=14$。为了让这个企业下个月获得的利润最大，同时也要工人加班的时间尽可能地少，以及 A 类产品的产量尽可能地少，请问应如何制订该工厂下个月的生产计划。

设 A 类产品，B 类产品，C 类产品下月的生产工时依次为 x_1, x_2, x_3，由题意可知目标函数为

$$\begin{aligned} &\min f_1(x) = -(20 \times 0.5 x_1 + 15 \times 0.6 x_2 + 40 \times 0.2 x_3) = -10x_1 - 9x_2 - 8x_3 \\ &\min f_2(x) = x_1 + x_2 + x_3 - 176 \\ &\min f_3(x) = 0.5 x_1 \end{aligned} \tag{3-15}$$

将目标函数表示成一般的带约束的极小化问题：

$$\min F(x) = [f_1(x), f_2(x), f_3(x)]$$
$$\text{s.t. } x \in R \tag{3-16}$$

$R = \{x = (x_1, x_2, x_3)^T \mid 0.5x_1 \leqslant 33, 0.6x_2 \leqslant 54, 0.2x_3 \leqslant 14, x_1 + x_2 + x_3 \geqslant 176, x_1, x_2, x_3 \geqslant 0\}$，即 $R = \{x = (x_1, x_2, x_3)^T \mid x_1 \leqslant 66, x_2 \leqslant 90, x_3 \leqslant 70, x_1 + x_2 + x_3 \geqslant 176, x_1, x_2, x_3 \geqslant 0\}$。

设决策者给定的利润目标，加班目标，各类产量目标的权系数依次为 $\alpha_1 = 0.2$，$\alpha_2 = 0.4$，$\alpha_3 = 0.4$，即求解：

$$\min_{x \in R} 0.2(-10x_1 - 9x_2 - 8x_3) + 0.4(x_1 + x_2 + x_3 - 176) + 0.4(0.5x_1)$$
$$\text{s.t. } x \in R$$
$$R = \{x = (x_1, x_2, x_3)^T \mid x_1 \leqslant 66, x_2 \leqslant 90, x_3 \leqslant 70, x_1 + x_2 + x_3 \geqslant 176,$$
$$x_1, x_2, x_3 \geqslant 0\} \tag{3-17}$$

用 MATLAB GA 求解器解得 $x = (66, 90, 70)^T$，即 A 类产品，B 类产品，C 类产品下月的生产工时依次为 60 小时，90 小时和 70 小时，能够满足决策目标。

3.2 双层多目标规划模型及求解

在研究现实问题时，通常会涉及多个决策者，且每个决策者的决策目标有多个，和单层多目标规划不同的是这些决策者之间存在二层递阶关系，这样就涉及了双层多目标规划的问题。1977年，在一份科技报告中，坎德勒和诺顿正式提出了双层规划和多层规划的模型，随后，一些学者开始研究双层规划，使得双层规划在模型构建、求解算法等方面都取得了较大的进展，并在许多领域里得到成功的应用。例如，水资源优化配置的案例就属于双层多目标规划，水资源管理部门决策目标包括水资源社会总效益最大以及水质污染最小，这是上层规划，水资源用户的决策目标为用水效益最大化，这是下层规划。建立双层多目标规划之后，可以求解出兼顾水资源管理部门和水资源用户两者目标均最优化的结果。

3.2.1 双层多目标规划模型形式

多目标规划问题的目标函数形式多种多样，如有线性的、非线性的、抽象的以及三者的混合。有的规划问题是求目标函数的最大值，有的规划问题是求目标函数的最小值，下面同样用求目标函数的最小值为例进行详细介绍。

首先，双层单目标规划模型的一般形式为

$$\begin{aligned}
&\min_{x} F(x, y) \\
&\text{s.t. } G(x, y) \leqslant 0 \\
&\min_{y} f(x, y) \\
&\text{s.t. } g(x, y) \leqslant 0
\end{aligned} \quad (3\text{-}18)$$

其中，$F: R^n \times R^m \to R$，$f: R^n \times R^m \to R$ 分别是上层目标函数和下层目标函数，此时我们称该规划为双层单目标规划。式(3-18)上半部分称为上层单目标规划问题，式(3-18)下半部分称为下层单目标规划问题。向量值函数 $G: R^n \times R^m \to R^p$，$g: R^n \times R^m \to R^q$ 分别是上层约束和下层约束。假设所有的函数在 R^{n+m} 上关于 x、y 为二次可微的，记下层问题的可行解集为 $S(x) = \{y \mid g(x, y) \leqslant 0\}$。

其次，双层多目标规划模型(M)如下：

$$\begin{aligned}
&\min_{x} F_0(f(x)) = \min_{x}(f_{01}(x, y), f_{02}(x, y), \cdots, f_{0N_0}(x, y)) \\
&\text{s.t. } g_i(x, y) \leqslant 0, \ i = 1, 2, \cdots, p \\
&\min_{y} F_1(f(x, y)) = \min_{y}(f_{11}(x, y), f_{12}(x, y), \cdots, f_{1N_1}(x, y)) \\
&\text{s.t. } h_j(x, y) \leqslant 0, \ j = 1, 2, \cdots, q
\end{aligned} \quad (3\text{-}19)$$

其中，$x \in R^n$，$y \in R^m$，x、F_0 和 g_i 分别为上层的决策变量、目标函数和约束函数，式(3-19)的上半部分称为上层问题；y、F_1 和 h_j 分别为下层的决策变量、目标函数和约束函数，式(3-19)的下半部分称为下层问题；F_1 为凸向量函数，$\Omega = \{(x, y) \mid h_j(x, y) \leqslant 0\}$，$j = 1, 2, \cdots, q$ 为凸集。

该模型有以下特点：

(1) 上层有一个决策人，称为 UDM；下层有一个决策人，称为 LDM；

(2) UDM 有 N_0 个目标函数，LDM 有个 N_1 目标函数，$N_0 \geqslant 1$，$N_1 \geqslant 1$，但 N_0 和 N_1 中至少有一个是大于 2 的整数。

上述模型称为双层多目标规划模型。当 $N_0 = 1$，$N_1 \geqslant 2$ 时，该模型是上层为单目标，下层为多目标的双层多目标规划问题；当 $N_0 \geqslant 2$，$N_1 = 1$ 时，该模型是上层为多目标，下层为单目标的双层多目标规划问题。

3.2.2 双层多目标规划模型求解

双层多目标规划问题的求解有多种解法，下面讲到的这种方法是通过将双层多目标简化为单层多目标来求解的。该方法首先将下层多目标规划通过线性加权法转变为单目标规划，然后将下层问题用其 K-T 条件代替，最后通过求解带下层规划的 K-T 条件的上层多目标规划得到双层多目标规划的最优解。

1. 多目标问题转化为单目标问题

按照各个目标函数在决策中的重要程度，给出一组相应的权系数 $\lambda_1, \lambda_2, \cdots, \lambda_{N_l}$ ($\lambda_i > 0$，$i = 1, 2, \cdots, N_l$，$\sum_{i=1}^{N_l} \lambda_l = 1$)。可通过线性加权法将模型(M)的下层问题的

目标函数转化为

$$\min_y \sum_{l=1}^{N_1} \lambda_1 f_{1l}(x, y) \tag{3-20}$$

2. 下层问题用其 K-T 条件替代

由库恩塔克条件可知，存在 $u_j > 0$，$(j=1, 2, \cdots, q)$，使得模型(M)的下层问题与下述问题等价。

$$\nabla_y \sum_{l=1}^{N_1} \lambda_1 f_{1l}(x, y) + \nabla_y \sum_{j=1}^{q} u_j h_j(x, y) = 0 \tag{3-21}$$

$$u_j h_j(x, y) = 0$$

故模型(M)的下层问题用其 K-T 条件替代后，原模型(M)可转化为

$$\begin{aligned}
&\min_x F_0(f(x)) = \min_x (f_{01}(x, y), f_{02}(x, y), \cdots, f_{0N_0}(x, y)) \\
&\text{s.t. } g_i(x, y) \leqslant 0, i=1, 2, \cdots, p \\
&\nabla_y \sum_{l=1}^{N_1} \lambda_1 f_{1l}(x, y) + \nabla_y \sum_{j=1}^{q} u_j h_j(x, y) = 0 \\
&u_j h_j(x, y) = 0
\end{aligned} \tag{3-22}$$

3. 求解带 K-T 条件的上层多目标规划

记 $u = (u_1, u_2, \cdots, u_q)$，$z = (x, y, u)$，式(3-22)的约束集为 Ω，可以将式(3-19)简记为

$$\min_{z \in \Omega} (f_{01}(z), f_{02}(z), \cdots, f_{0N_0}(z)) \tag{3-23}$$

求解该问题(相当于求解单层多目标问题)即可得到模型(M)的有效解。

下面用一个简单的计算例子来说明该方法是如何使用的。假定某一双层目标规划问题如式(3-24)所示。

$$\begin{aligned}
&\min_x \left(\frac{5}{3}x^2, \frac{5}{2}(y-10)^2\right) \\
&\min_y (x+2y-30, x+0.5y^2) \\
&\text{s.t. } \begin{cases} -x+y \leqslant 0 \\ 0 \leqslant x \leqslant 15 \\ 0 \leqslant y \leqslant 15 \end{cases}
\end{aligned} \tag{3-24}$$

采取线性加权法，令 $\lambda_1 = \frac{3}{8}$，$\lambda_2 = \frac{5}{8}$，下层问题的目标函数变为

$$\min_y \left(\frac{3}{8}(x+2y-30) + \frac{5}{8}(x+0.5y^2)\right) = \min_y x + \frac{3}{4}y + \frac{5}{16}y^2 - \frac{45}{4} \tag{3-25}$$

存在 $u \geqslant 0$，下层问题的 K-T 条件为

$$\nabla_y \left(x + \frac{3}{4}y + \frac{5}{16}y^2 - \frac{45}{4}\right) + \nabla_y u(-x+y) = 0 \tag{3-26}$$

$$u(-x+y) = 0$$

解得 $y = x$，代入上层问题求得原问题的有效解为 $(x, y) = (6, 6)$。

3.3 应用案例

3.3.1 流域初始排污权配置的单层多目标规划问题

在全球气候变化和人类活动的双重影响下，水环境恶化、水生态退化等问题日益复杂。流域内区域间排污冲突不断爆发，流域初始排污权配置是解决该矛盾的有效途径，也是排污权交易中争议最大和最困难的问题。开展流域水功能区限制纳污红线管理，严格控制污染物入河湖总量，是落实最严格水资源管理制度的核心环节。COD、NH_3-N 和 TP 为某流域纳污控制的关键控制指标。通过统计年鉴、资源公报、环境状况公报等获得该流域各区域人口、面积、环境容量和主要污染物入河湖量的数据。

流域初始排污权配置模式包括面积配置模式、人口配置模式和水环境容量配置模式。三者配置原理基本相同，以水环境容量配置模式为例进行解析，该模式配置模型为

$$WP_{idt} = (WEC_{idt} / \sum_{i=1}^{m} WEC_{idt}) \times (WP_{dt})_0 \tag{3-27}$$

其中，WEC_{idt} 表示规划年 t 区域 i 关于水污染物 d 的水环境容量，吨/年；$(WP_{dt})_0$ 表示规划年 t 关于水污染物 d 的流域入河湖限制排污总量（吨/年）。按照人口配置模式、面积配置模式、水环境容量配置模式将相关数据代入式(3-27)，依次获得规划年三个区域关于 COD、NH_3-N 和 TP 的初始排污权量，见表 3-1。

表 3-1　不同配置模式下的某流域初始排污权配置方案

单位：吨/年

配置模式	行政区划	COD 排污权量	NH_3-N 排污权量	TP 排污权量
人口配置模式	A 省	145703.05	13667.26	1937.35
	B 省	105210.38	9868.96	1398.93
	C 省	142659.61	13381.78	1896.88
面积配置模式	A 省	208206.26	19530.20	2768.42
	B 省	129792.17	12174.79	1725.79
	C 省	55574.62	5213.02	738.95
水环境容量配置模式	A 省	143939.19	16623.00	2248.20
	B 省	104553.00	10704.60	1814.40
	C 省	133463.86	9225.05	1108.00

流域初始排污权配置是由水环境现状、社会经济发展水平、水环境资源禀赋差异等多种因素共同作用的结果，应充分考虑其产生的各种影响。本案例以"纳污总量控制、兼顾公平和效益、尊重区域水环境容量差异、保障社会经济发展连续性"为配置原则，对人口配置模式、面积配置模式、水环境容量配置模式的配置结果进行加权综

合，构建多因素混合配置模式，确定各区域初始排污权量，其配置模型为

$$WP_{idt} = \sum_{j=1}^{n} \omega_j \cdot WP_{ijdt} \tag{3-28}$$

其中，$\omega_j(\sum_{j=1}^{n}\omega_j) = 1$，表示 j 种配置模式的加权值。权重确定的关键是合理融合各个配置模式所蕴含的信息。由于 AHP 以定性与定量相结合的方式融合决策者对多因素重要性的经验和判断，简单实用，尤其在处理涉及意愿、偏好等难以量化的影响因素权重确定方面优势显著，因此，本案例采用 AHP 法确定各种配置模式的权重。

利用 AHP 法融合决策者对人口配置、面积配置、水环境容量配置三种排污权配置模式重要性的经验与判断，确定三种排污权配置模式的权重分别为 0.4、0.4、0.2，将相关数据代入式(3-28)，从而得基于多因素混合配置模式的配置方案，具体结果见表 3-2。

表 3-2 多因素混合配置模式的配置方案

单位：吨/年

配置模式	行政区划	COD 排污权量	NH_3-N 排污权量	TP 排污权量
多因素混合配置模式	A 省	170351.562	16603.584	2331.948
	B 省	114911.62	10958.42	1612.768
	C 省	105986.464	9282.93	1275.932

按照面积配置模式，A 省占较大优势，B 省处于劣势，这与该流域经济产业发展布局不匹配；人口配置模式与水环境容量配置模式相差不大，相比于 B 省，C 省常住人口多，略占优势，主要体现社会公平。将三种配置模式结合，可以较好地兼顾公平和效益、尊重区域水环境容量差异、保障社会经济发展连续性。多因素混合配置模式下 A 省获得较大的排污权量，B 省次之。

3.3.2 水资源优化配置中的双层多目标规划应用问题

水资源优化配置是实现水资源合理开发利用的基础，是水资源可持续利用的根本保证。因为水资源优化配置中存在层次关系，即水资源管理部门和水资源用户之间的层次关系，所以可以建立双层多目标规划模型来优化配置水资源。因此，本案例以水资源优化配置为例建立双层多目标规划模型。其中上层决策者为水资源管理部门，它们追求的目标是为水资源社会总效益最大，即上层目标函数为水资源社会总效益最大；下层决策者为水资源用户，他们追求取水效益最大，因此下层的目标函数为取水效益最大。

本案例假设在某一流域水资源管理部门能够分配的总水量为 100 亿 m^3，在该流域内有两个用水户，分别是用水者 1 和用水者 2，他们的需水量分别为 45 亿 m^3 和 58 亿 m^3。用水者 1 的取水效益函数和节水成本函数分别为 $f_1(q_1) = 0.6q_1$，$s_1(d_1-q_1) = 0.2(d_1-q_1)^2$。用水者 2 的取水效益函数和节水成本函数分别为 $f_2(q_2) = 0.7q_2$，$s_2(d_2-q_2) = 0.25(d_2-q_2)^2$。又因为水资源是公共产品，即水资源具有公益性，所以水资源管理机构应该分配一定的公共水权从而保证公益用水。在此假设公共水权为 ω，

公共效益函数为 $h(\omega)=0.4\omega$。水资源费率为 t 元/立方米,水市场价格函数为 $p=0.9-0.02x$。用水者水权下限为 $r_1\geqslant35$, $r_2\geqslant45$, $\omega\geqslant6$, 水资源费率 $0.3\leqslant t\leqslant2.0$。$P_i$ 表示第 i 个用水者,其初始水权为 r_i, 那么有下式成立:

$$\sum_{i=1}^{2}r_i+\omega=100 \tag{3-29}$$

式(3-29)表示用水者的初始水权与公共水权之和等于可供水资源管理部门分配的总水量。

再假设水权是可以在水市场上交易的,即如果第 i 个用水者 P_i 实际需水量为 d_i,直接取水量为 q_i, ($d_i\geqslant r_i$, $d_i\geqslant q_i$),那么这个用户的需水差值为 d_i-q_i, 当 $q_i>r_i$, 即引水量大于水权时,多引的水量 q_i-r_i 需要在水权交易市场上购买;反之,当 $q_i<r_i$ 时,可以在水市场上出售多余的水权。

下面建立水资源优化配置的双层多目标规划模型。

下层规划: 下层决策者为水用户,假定每个用水者都是理性的,那么作为理性的个体用水户,其取水的目的是追求自身的利益最大。因此,将用水者 P_i 追求效益最大作为双层规划模型的下层问题,即

$$\begin{aligned}\max V_1&=0.6q_1-0.2(45-q_1)2-q_1t+0.9(r_1-q_1)-\\&\quad 0.02(r_1-q_1)(r_1+r_2-q_1-q_2)\\ \max V_2&=0.7q_2-0.25(58-q_2)2-q_2t+0.9(r_2-q_2)-\\&\quad 0.02(r_2-q_2)(r_1+r_2-q_1-q_2)\end{aligned} \tag{3-30}$$

$$\text{s.t. } q_i\geqslant0$$

上层规划: 上层决策者为水资源管理部门,记 V_0 为水资源管理机构征收的水资源费与公共收益,则有

$$V_0=h(\omega)+t\sum_{i=1}^{2}q_i \tag{3-31}$$

其中,$h(\omega)$ 为公共用水效益函数,并且 $h(0)=0$, $h'(\omega)>0$。

记 V_T 为社会总收益,那么 $V_T=V_0+\sum_{i=1}^{2}V_i$, 将式(3-30)和式(3-31)代入该式,可得社会总收益最大目标如下:

$$\max_{r_1,r_2,\omega,t}\{0.4\omega+t(q_1+q_2)+V_1+V_2\} \tag{3-32}$$

作为水资源管理机构,其分配初始水权以及制定水资源费的目的是对水市场进行调控,从而使得水资源产生的社会总效益最大,因此模型的上层规划问题可表示为

$$\max_{r_1,r_2,\omega,t}\{0.4\omega+t(q_1+q_2)+V_1+V_2,\ -100q_1-300q_2\}$$

$$\text{s.t.}\begin{cases}r_1+r_2+\omega=100\\ q_1+q_2+\omega\leqslant100\\ r_1\geqslant35\\ r_2\geqslant45\\ \omega\geqslant6\\ 0.3\leqslant t\leqslant2.0\end{cases} \tag{3-33}$$

其中，35 为用水者 i 的最低供水保证；6 是流域最小生态需水量。上层规划问题中的 q_i 是由下层规划问题所求出来的。

综上所述，可以建立如下的水资源优化配置的双层多目标规划模型：

$$\max_{r_1,r_2,\omega,t}\{0.4\omega+t(q_1+q_2)+V_1+V_2,-100q_1-300q_2\}$$

$$\text{s.t.}\begin{cases}r_1+r_2+\omega=100\\q_1+q_2+\omega\leqslant100\\r_1\geqslant35\\r_2\geqslant45\\\omega\geqslant6\\0.3\leqslant t\leqslant2.0\end{cases}\tag{3-34}$$

$$\max_{q_1}0.6q_1-0.2(45-q_1)2-q_1t+0.9(r_1-q_1)-$$
$$0.02(r_1-q_1)(r_1+r_2-q_1-q_2)$$
$$\text{s.t. } q_1\geqslant0$$

$$\max_{q_2}0.7q_2-0.25(58-q_2)2-q_2t+0.9(r_2-q_2)-$$
$$0.02(r_2-q_2)(r_1+r_2-q_1-q_2)$$
$$\text{s.t. } q_2\geqslant0$$

模型(3-34)是上层为多目标，而下层具有2个决策者的双层多目标规划问题。它很直观地反映出，水资源管理机构通过其控制的决策变量，即初始水权 r_i 的分配以及水资源费 t 的制定来影响用水者的直接取水量 q_i。

该案例模型求解步骤如下。

Step1：通过线性加权法将下层多目标规划转化为下层单目标规划。

取 $\lambda_1=\dfrac{1}{2}$，$\lambda_2=\dfrac{1}{2}$，下层规划转化为

$$\max_{q_1,q_2}\left\{\frac{1}{2}[0.6q_1-0.2(45-q_1)^2-q_1t+0.9(r_1-q_1)-0.02(r_1-q_1)\cdot\right.$$
$$(r_1+r_2-q_1-q_2)]+\frac{1}{2}[0.7q_2-0.25(58-q_2)^2-q_2t+$$
$$\left.0.9(r_2-q_2)-0.02(r_2-q_2)(r_1+r_2-q_1-q_2)]\right\}\tag{3-35}$$

Step2：下层目标规划用其 K-T 条件替换，可得

$$\frac{1}{2}\left\{0.6-0.4(45-q_1)-0.9-t+0.02[(r_1-q_1)+(\sum_{j=1}^{2}(r_j-q_j))]+\lambda_1\right\}=0$$

$$\frac{1}{2}\left\{0.7-0.5(58-q_2)-0.9-t+0.02[(r_2-q_2)+(\sum_{j=1}^{2}(r_j-q_j))]+\lambda_2\right\}=0$$

$$\tag{3-36}$$

则原双层多目标规划问题可转换为

$$\max_{r_1, r_2, \omega, t} \{0.4\omega + t(q_1 + q_2) + V_1 + V_2, \ -100q_1 - 300q_2\}$$

$$\text{s. t.} \begin{cases} \dfrac{1}{2}\left\{0.6 - 0.4(45 - q_1) - 0.9 - t + 0.02\left[(r_1 - q_1) + \left(\sum_{j=1}^{2}(r_j - q_j)\right)\right] + \lambda_1\right\} = 0 \\ \dfrac{1}{2}\left\{0.7 - 0.5(58 - q_2) - 0.9 - t + 0.02\left[(r_2 - q_2) + \left(\sum_{j=1}^{2}(r_j - q_j)\right)\right] + \lambda_2\right\} = 0 \\ r_1 + r_2 + \omega = 100 \\ q_1 + q_2 + \omega \leqslant 100 \\ r_1 \geqslant 35 \\ r_2 \geqslant 45 \\ \omega \geqslant 6 \\ 0.3 \leqslant t \leqslant 2.0 \end{cases} \quad (3\text{-}37)$$

Step3：求解带 K-T 条件的上层多目标规划。用 MATLAB GA 求解器可得

$$q_1 = 39.396, \ q_2 = 54.585, \ \omega = 6.017, \ t = 2$$
$$r_1 = 35.43, \ r_2 = 58.555, \ \lambda_1 = 2.331, \ \lambda_2 = 1.915$$

用水者 1 的直接取水量为 39.396 亿立方米，用水者 2 的直接取水量为 54.585 亿立方米，用水费率为 2 元/立方米；用水者 1、用水者 2 的初始水权分别为 35.43 亿立方米、58.555 亿立方米，可兼顾水资源管理部门以及用水户两者的目标最大化。

习　题

1. 将下列单层多目标规划模型转换为线性规划模型，并利用软件进行求解。设各目标权重均相等。

(1)
$$\min_x f_1(x) = x_1^3 + x_2^2$$
$$\min_x f_2(x) = x_1 + (x_2 - 3)^2$$
$$\min_x f_3(x) = 3x_1 + 2x_2$$
$$\text{s. t.} \begin{cases} g_1(x) = 3x_1^2 - 5x_2^3 \leqslant 0 \\ g_2(x) = 3x_1 - 2x_2 \leqslant 0 \\ h_1(x) = x_1^2 - x_2 - 2 = 0 \\ h_2(x) = 2x_1^3 + x_2^3 - 3 = 0 \end{cases}$$

(2)
$$\min_x f_1(x) = x_1^2 + x_2^3$$
$$\min_x f_2(x) = (x_1 - 4)^2 + x_2$$
$$\text{s. t.} \begin{cases} g_1(x) = x_1 - 2x_2^2 \leqslant 0 \\ g_2(x) = 2x_1 - x_2 - 3 \leqslant 0 \\ h_1(x) = 4x_1 - x_2 - 2 = 0 \\ h_2(x) = 2x_1^2 + x_2^3 - 3 = 0 \\ h_3(x) = x_1^2 x_2 - 4 = 0 \end{cases}$$

2. 将如下单层多目标规划模型转换为单目标规划模型，并利用软件进行求解。设各目标权重均相等。

$$\max f_1(x) = 9x_1 + 6x_2 - 8x_3$$
$$\min f_2(x) = 3x_1 + 2x_2 + x_3 - 10$$
$$\max f(x) = 7x_1 + 4x_3$$

其中：
$\mathbf{R} = \{x = (x_1, x_2, x_3)^T \mid x_1 \leqslant 50, x_2 \leqslant 70, x_3 \leqslant 60, x_1 + 2x_2 \geqslant 90, x_2 + x_3 \leqslant 120, x_1, x_2, x_3 \geqslant 0\}$

3. 求解下列双层多目标规划模型转换为线性规划模型。设上下层目标权重分别为 $\lambda_1 = \frac{2}{3}$，$\lambda_2 = \frac{1}{3}$。

(1) $\min\limits_{x}\left(\frac{1}{6}x^2, \frac{4}{3}(5-y)^2\right)$
$\min\limits_{x}(2x^2 - 30, x^2 + x + 2y^2)$
s.t. $\begin{cases} x - 2y \leqslant 0 \\ 0 \leqslant x \leqslant 20 \\ 0 \leqslant y \leqslant 15 \end{cases}$

(2) $\min\limits_{x}\left(\frac{5}{3}(x-1)^2, y^2 - 2y\right)$
$\min\limits_{x}(x^2 - 2y + y^2, x + 2y^2)$
s.t. $\begin{cases} -2x + 3y \leqslant 0 \\ 0 \leqslant x \leqslant 10 \\ 0 \leqslant y \leqslant 15 \end{cases}$

参考文献

杜英阁, 2011. 多目标非线性规划算法的研究[D]. 西安：西安建筑科技大学.

张娣, 2016. 双层多目标规划问题的若干算法研究[D]. 兰州：兰州交通大学.

崔逊学, 2006. 多目标进化算法及其应用[M]. 北京：国防工业出版社.

林芳, 2007. 一类双层多目标规划的解法[J]. 丽水学院学报(5)：21-24.

刘钢, 王慧敏, 仇蕾, 2012. 湖域工业初始排污权合作配置体系构建：以太湖流域为例[J]. 长江流域资源与环境(10)：1223-1229.

黄彬彬, 王先甲, 胡振鹏, 等, 2011. 基于纳污红线的河流排污权优化分配模型[J]. 长江流域资源与环境, 20(12)：1508-1513.

吴凤平, 陈艳萍, 2010. 流域初始水权和谐配置方法研究[M]. 北京：中国水利水电出版社.

张丽娜, 沈俊源, 于倩雯, 2018. 基于纳污控制的流域初始排污权配置模式研究[J]. 水资源与水工程学报, 29(2)：13-18.

吕一兵, 万仲平, 胡铁松, 2011. 水资源优化配置的双层多目标规划模型[J]. 武汉大学学报（工学版）, 44(1)：53-57.

ELIASSON J, 2015. The rising pressure of global water shortages [J]. Nature, 517(7532)：6.

BURROWS W, DOHERTY J, 2016. Gradient-based model calibration with proxy-model assistance[J]. Journal of hydrology, 533(0)：114-127.

WANG S F, YANG S L, 2012. Carbon permits allocation based on two-stage optimization for equity and efficiency: A case study within China[J]. Advances in environmental science and engineering(518-523)：1117-1122.

Matlab 优化工具箱

第 4 章
两阶段随机规划决策方法

学习目标：
1. 掌握两阶段随机规划模型及其求解；
2. 掌握区间两阶段随机规划模型及其求解；
3. 能够结合实际问题建立两阶段随机规划模型。

人们在对事件进行计划、规划、管理的过程中，无法掌握完全的信息资料，也无法精准预测事件的后续发展，但是必须提前做出部分或者全部安排、决策，以保证完成预期目标。丹泽在研究航班最优次数的问题中发现某些航线上的航次需求并不是固定不变的，而是随机的，据此提出了随机规划。随机规划就是用于对存在不确定性条件或风险不确定性的问题，寻找最优解的一种规划方法。由于随机规划的普适性，其在各个领域中应用越来越广泛，尤其是在环境科学、管理科学、水利等方面，其理论研究也得以快速发展。

康托洛维奇把随机规划理论应用在制订最优计划中。在线性规划模型 $AX=B$ 中，系数 A 和资源 B 都是被假定为确定型数据，也就是说对模型的不可控参数拥有绝对准确的信息。若经济系统的基本特征没有发生重大变化，对系数和资源的肯定性假定是可以成立的，但是在长期计划里，误差不可避免存在。康托洛维奇认为，技术、自然资源、农作物产量、需求和消耗等在未来都是随机变量，只能以某种概率知道一个可能的数值范围，无法得到准确肯定的精确值。如果在长期计划中不考虑这些不可控参数的随机性，就有可能在计划决策中犯严重错误。基于此，他在随机规划问题研究中提出了将原计划和调整两个阶段结合起来，即两阶段随机规划（TSP）模型。第一阶段是选择预期成本最小的计划，第二阶段是考虑随机事件发生后可能出现的不可控问题进行方案调整以追索补偿，减少不可控事件对最终决策结果的影响，使所获平均收益最大化。比如农场生产规划中，既要考虑生产成本来分配不同农作物的种植面积，又要考虑天气可能导致产量的不确定性，以选择不同天气状况下平均收益最大的各农作物出售与采购数量。TSP 模型能有效处理决策参数具有不确定性但已知概率分布函数的问题，可以对多种情景进行有效分析。

4.1 两阶段随机规划模型及求解

一般情况下，TSP模型可以表述为

$$Z = \max C^T X - E_{\omega \in \Omega}[Q(X, \omega)]$$
$$\text{s.t.} \begin{cases} A_r X \leqslant b_r \\ T(\omega)x + D(\omega)y \leqslant k(\omega) \\ x \in X, y \in Y \end{cases} \quad (4\text{-}1)$$

其中，$C \subseteq R^{n_1}$；$X \subseteq R^{n_1}$，是第一阶段的决策变量；$C^T X$ 是第一阶段收益函数；$A_r \subseteq R^{m_1 \times n_1}$，$b_r \subseteq R^{m_1}$，$A_r X \leqslant b_r$ 为第一阶段约束条件；ω 是概率空间 (Ω, F, P) 中的一个随机变量，$\Omega \subseteq R^h$；$Q(X, \omega)$ 是第二阶段的成本函数；$E_{\omega \in \Omega}[Q(X, \omega)]$ 是第二阶段成本函数的期望值；$y \subseteq R^{n_2}$，即第二阶段的决策变量也是补偿变量；$k:\Omega \rightarrow R^{m_2}$ 为补偿向量；$D:\Omega \rightarrow R^{m_2 \times n_2}$ 为补偿矩阵；$T:\Omega \rightarrow R^{m_2 \times n_1}$ 是技术矩阵，用于把第一阶段的 x 转换到第二阶段。R^{n_1}，R^{n_2} 表示第一阶段、第二阶段 n 维列向量；R^{m_1}，R^{m_2} 表示第一阶段、第二阶段 m 维行向量。

TSP模型多为非线性模型，在特定分布下其可行约束集为凸。以概率分布 p_k（$k=1, 2, \cdots, K$；$\sum_{k=1}^{K} p_k = 1$）给随机变量 ω 取离散值 ω_k，则能将非线性的TSP模型转化为线性规划（LP）模型：

$$\max f = \max C_{T1} X - \sum_{k=1}^{K} p_k D_{T2} Y$$
$$\text{s.t.} \begin{cases} A_r X \leqslant b_r, \ r = 1, 2, \cdots, m_1 \\ A_t X + A_t' Y \leqslant w_k, \ t = 1, 2, \cdots, m_2 \\ x_j \geqslant 0, \ x_j \in X, \ j = 1, 2, \cdots, n_1 \\ y_{jk} \geqslant 0, \ y_{jk} \in Y, \ j = 1, 2, \cdots, n_2 \end{cases} \quad (4\text{-}2)$$

其中，$A_t \subseteq R^{m_2 \times n_2}$ 为第二阶段约束条件系数；$w_k \subseteq R^{m_2}$ 为第二阶段资源数；m_1，m_2 分别为第一、二阶段约束条件个数。可参照一般线性规划模型求解方法对TSP模型进行求解。

现用一案例来说明两阶段随机规划问题。假设某农场主有500亩的土地用于种植小麦、稻谷和油菜，表4-1为三种产物的产量、成本等信息。由于牧场养殖的需要，最少需要200吨的小麦和240吨的稻谷，可以由自身农场种植获得也可通过购买获得，采买价格包括供应商的运输成本和仓储成本，故比农场的出售价格高40%。对于油菜，受到限售令的影响，售出数量超过6000吨时，超出部分价格降至20元/吨。

表 4-1 农作物产量及价格

	小麦	稻谷	油菜
产量(吨/亩)	2.5	3	20
播种成本(元/亩)	300	460	520
出售价格(元/吨)	340	300	低于 6000 吨时,72;超出 6000 吨时,20
采买价格(元/吨)	476	420	
最小需求量(吨)	200	240	

假设 x_1、x_2 和 x_3 分别为播种小麦、稻谷和油菜的土地大小;y_1、y_2 分别为出售小麦、稻谷的吨数;y_3 为以更高价出售油菜的吨数;y_4 为以更低价出售油菜的吨数;z_1、z_2 分别为购买小麦、稻谷的吨数。则可构建模型为

$$\max f = 340y_1 + 300y_2 + 72y_3 + 20y_4 - 300x_1 - 460x_2 - 520x_3 - 476z_1 - 420z_2$$

$$\text{s.t.} \begin{cases} 2.5x_1 - y_1 + z_1 \geqslant 200 \\ 3x_2 - y_2 + z_2 \geqslant 240 \\ y_3 + y_4 \leqslant 20x_3 \\ y_3 \leqslant 6000 \\ x_1 + x_2 + x_3 = 500 \\ x_1, x_2, x_3, y_1, y_2, y_3, y_4, z_1, z_2 \geqslant 0 \end{cases} \tag{4-3}$$

运用 MATLAB 的 linprog 求解器可解得一阶段的最优决策结果,见表 4-2。

表 4-2 一阶段的最优决策结果

	小麦	稻谷	油菜
种植量(吨)	120	80	300
产量(吨)	300	240	6000
出售量(吨)	100	0	6000
采买量(吨)	0	0	0
总利润(元):23720			

天气的好坏对作物的产量有较大影响,而农场主无法确定播种后的天气,故一阶段的最优决策结果可能并不是最优决策。

假设各有 1/3 的概率出现以下三种天气情况:风调雨顺、天气良好、天气恶劣;分别对应作物产量:丰收、适中、歉收。表 4-2 为收成适中产量,丰收产量和歉收产量分别为收成适中产量的 120% 和 80%。农场主为风险中性投资者,想要追求长期收益。

则两阶段随机规划模型建立如下：

$$\max f = -300x_1 - 460x_2 - 520x_3 + \\
(340y_{11} - 476z_{11} + 300y_{21} - 420z_{21} + 72y_{31} + 20y_{41})/3 + \\
(340y_{12} - 476z_{12} + 300y_{22} - 420z_{22} + 72y_{32} + 20y_{42})/3 + \\
(340y_{13} - 476z_{13} + 300y_{23} - 420z_{23} + 72y_{33} + 20y_{43})/3$$

$$\text{s.t.} \begin{cases} x_1 + x_2 + x_3 \leqslant 500 \\ 3x_1 - y_{11} + z_{11} \geqslant 200 \\ 3.6x_2 - y_{21} + z_{21} \geqslant 240 \\ y_{31} + y_{41} \leqslant 24x_3 \\ y_{31} \leqslant 6000 \\ 2.5x_1 - y_{12} + z_{12} \geqslant 200 \\ 3x_2 - y_{22} + z_{22} \geqslant 240 \\ y_{32} + y_{42} \leqslant 20x_3 \\ y_{32} \leqslant 6000 \\ 2x_1 - y_{13} + z_{13} \geqslant 200 \\ 2.4x_2 - y_{23} + z_{23} \geqslant 240 \\ y_{33} + y_{43} \leqslant 16x_3 \\ y_{33} \leqslant 6000 \\ x_i, y_{ij}, z_{ij} \geqslant 0, i=1,2,3,4; j=1,2,3 \end{cases} \quad (4\text{-}4)$$

其中，y_{ij} 表示作物 i（小麦、稻谷、高价油菜、低价油菜）在产量 j（丰收、适中、歉收）情况下的出售量；z_{ij} 表述作物 i（小麦、稻谷、油菜）在产量 j（丰收、适中、歉收）情况下的购买量。运用 MATLAB 的 linprog 求解器可解得两阶段随机规划最优决策结果，见表 4-3。

表 4-3　两阶段随机规划最优决策结果

			小麦	稻谷	油菜
第一阶段		种植量(吨)	120	80	300
第二阶段	产量丰收	产量(吨)	510	288	6000
		出售量(吨)	310	48	6000
		购买量(吨)	0	0	0
	产量适中	产量(吨)	425	240	5000
		出售量(吨)	225	0	5000
		购买量(吨)	0	0	0
	产量歉收	产量(吨)	340	192	4000
		出售量(吨)	140	0	4000
		购买量(吨)	0	48	0
		总利润(元)：21650			

在第一阶段，小麦、稻谷、油菜的种植面积已经确定的情况下，若天气风调雨顺，产量丰收，则增加小麦、稻谷的售出量至 310 吨、48 吨；若天气恶劣，产量歉收，则小麦的售出量减少至 140 吨且不出售稻谷。

4.2 区间两阶段随机规划模型及求解

Huang 和 Loucks 指出 TSP 模型要求的所有不确定参数表示为概率分布的条件过于苛刻，在现实中难以实现。在诸多实际问题里，表示信息质量的参数往往是不服从概率分布的，这是 TSP 模型面临的极大的挑战。同时，这也是提出区间两阶段随机规划(ITSP)理论的客观要求。比如对流域污染物的期望减排量，因受到来水量水平、流域历年入河湖污染物排放量、相关政策实施等因素的影响，而具有技术复杂性和政治敏锐性，包含很多不确定因素，难以用一个确定值表示，也不服从某种特定分配。ITSP 模型是指对一优化体系同时用区间参数规划(IPP)和 TSP 进行分析，对非概率分布形式表示的或区间形式表示的不确定性信息及其导致的经济惩罚进行量化。ITSP 可为决策者提供一个有效的决策区间，帮助决策者识别、应对系统中的不确定变化，并制定有效的方案。

4.2.1 区间数理论

人类有限的认知和局限的思维，在面对复杂的、不确定的现实世界时，能够用来表示事物性质的数据通常是一个区间数表示的区间范围而非单个确定的数值。比如一天的天气信息无法用单个数值表述，运用区间数可以更好地表示出变量的不确定性或不精确性。区间数理论的理论要点即运用极值统计理论，以区间数描述不确定现象或事物的本质和特征，以便更好地综合所获得的信息。

1. 区间数

区间数可表示为
$$X^{\pm}=(X^{-}, X^{+})=\{T \in X \mid X^{-} \leqslant T \leqslant X^{+}\} \quad (4\text{-}5)$$

$X^{\pm}$ 表示下限是 X^{-}、上限是 X^{+} 的一个区间数。若 $X^{-}=X^{+}$，则 $X^{\pm}$ 表示为某个确定的实数，即 $X^{\pm}=X^{-}=X^{+}$；若 $X^{-}\geqslant 0$ 且 $X^{+}\geqslant 0$，则 $X^{\pm}\geqslant 0$；若 $X^{-}\leqslant 0$ 且 $X^{+}\leqslant 0$，则 $X^{\pm}\leqslant 0$。

对于 $X^{\pm}$，有符号函数如下：
$$\text{sig } n(a_{rj}^{\pm}) = \begin{cases} 1, & a_{rj}^{\pm} \geqslant 0 \\ -1, & a_{rj}^{\pm} < 0 \end{cases} \quad (4\text{-}6)$$

对于 $X^{\pm}$，有绝对值如下：
$$|X^{\pm}| = \begin{cases} X^{\pm}, & X^{\pm} \geqslant 0 \\ -X^{\pm}, & X^{\pm} \leqslant 0 \end{cases} \quad (4\text{-}7)$$

即

$$|X|^+ = \begin{cases} X^+, & X^\pm \geqslant 0 \\ -X^-, & X^\pm \leqslant 0 \end{cases} \tag{4-8}$$

$$|X|^- = \begin{cases} X^-, & X^\pm \geqslant 0 \\ -X^+, & X^\pm \leqslant 0 \end{cases} \tag{4-9}$$

2. 区间参数规划(IPP)模型

一般情况下，IPP 模型可以表述为

$$\min f^\pm = C^\pm X^\pm$$

$$\text{s.t.} \begin{cases} A_i^\pm X^\pm - B_i^\pm \leqslant 0 \\ A_i^\pm \in A^\pm, B_i^\pm \in B^\pm, \forall i \\ X^\pm \geqslant 0 \end{cases} \tag{4-10}$$

其中，$C^\pm \in \{R^\pm\}^{l \times n}$，$X^\pm \in \{R^\pm\}^{n \times l}$，$A^\pm \in \{R^\pm\}^{m \times n}$，$B^\pm \in \{R^\pm\}^{m \times l}$，$\{R^\pm\}$ 是区间数或区间变量的集合。

黄国和等针对 IPP 模型，提出了三步走的简化求解方法：第一步，将目标函数拆分为目标函数上限模型和目标函数下限模型两个子模型；第二步，对这两个子模型分别求解，可得两个最优解；第三步：将这两个最优解组合成区间形式，得到目标函数区间形式的解。

在这个 IPP 模型中，其目标函数是为得到最小值，故先求解该模型的目标函数下限模型，再根据下限模型的结果求解上限模型。目标函数下限模型为

$$\min f^- = \sum_{j=1}^{h_1} c_j^- x_j^- + \sum_{j=h_1+1}^{n} c_j^- x_j^+$$

$$\text{s.t.} \begin{cases} \sum_{j=1}^{h_1} |a_{ij}|^+ \text{sign}(a_{ij}^+) x_j^- / b_i^- + \sum_{j=h_1+1}^{n} |a_{ij}|^- \text{sign}(a_{ij}^-) x_j^+ / b_i^+ \leqslant 1, \forall i \\ x_j^\pm \geqslant 0, \forall j \end{cases} \tag{4-11}$$

对式(4-11)求解，可得最优解 $x_{jopt}^-(j=1, 2, \cdots, h_1)$ 和 $x_{jopt}^+(j=h_1+1, h_1+2, \cdots, n)$。

基于目标函数下限模型的求解结果，目标函数上限模型可表示为

$$\min f^+ = \sum_{j=1}^{h_1} c_j^+ x_j^+ + \sum_{j=h_1+1}^{n} c_j^+ x_j^-$$

$$\text{s.t.} \begin{cases} \sum_{j=1}^{h_1} |a_{ij}|^- \text{sign}(a_{ij}^-) x_j^+ / b_i^+ + \sum_{j=h_1+1}^{n} |a_{ij}|^+ \text{sign}(a_{ij}^+) x_j^- / b_i^- \leqslant 1, \forall i \\ x_j^\pm \geqslant 0, \forall j \\ x_j^+ \geqslant x_{jopt}^-, j=1, 2, \cdots, h_1 \\ x_j^+ \leqslant x_{jopt}^-, j=h_1+1, h_1+2, \cdots, n \end{cases} \tag{4-12}$$

对上式求解，可得最优解 $x_{jopt}^+(j=1, 2, \cdots, h_1)$ 和 $x_{jopt}^-(j=h_1+1, h_1+2, \cdots, n)$。

根据目标函数下限模型和上限模型的对应最优解，可得目标函数的最优解为

$$\begin{cases} x_{jopt}^{\pm} = [x_{jopt}^{-}, \ x_{jopt}^{+}], \ \forall j \\ f_{jopt}^{\pm} = [f_{jopt}^{-}, \ f_{jopt}^{+}], \ \forall j \end{cases} \quad (4-13)$$

4.2.2 区间两阶段随机规划模型

结合 IPP 模型与 TSP 模型，有区间两阶段随机规划(ITSP)模型：

$$\max f^{\pm} = \max C_{T_1}^{\pm} X^{\pm} - \sum_{k=1}^{K} p_k D_{T_2}^{\pm} Y^{\pm}$$

$$\text{s.t.} \begin{cases} A_r^{\pm} X^{\pm} \leqslant B_r^{\pm}, \ r=1, 2, \cdots, m_1 \\ A_t^{\pm} X^{\pm} + A_t^{\pm} Y^{\pm} \leqslant \omega_k^{\pm}, \ t=1, 2, \cdots, m_2; \ k=1, 2, \cdots, K \\ x_j^{\pm} \geqslant 0, \ x_j^{\pm} \in X^{\pm}, \ j=1, 2, \cdots, n_1 \\ y_{jk}^{\pm} \geqslant 0, \ y_{jk}^{\pm} \in Y^{\pm}, \ j=1, 2, \cdots, n_2; \ k=1, 2, \cdots, K \end{cases} \quad (4-14)$$

其中，$A_r^{\pm} \in \{R^{\pm}\}^{m_1 \times n_1}$，$A_t^{\pm} \in \{R^{\pm}\}^{m_2 \times n_2}$，$B_r^{\pm} \in \{R^{\pm}\}^{m_1 \times 1}$，$C_{T_1}^{\pm} \in \{R^{\pm}\}^{1 \times n_1}$，$D_{T_2}^{\pm} \in \{R^{\pm}\}^{1 \times n_2}$，$X^{\pm} \in \{R^{\pm}\}^{n_1 \times 1}$，$Y^{\pm} \in \{R^{\pm}\}^{n_2 \times 1}$，$\{R^{\pm}\}$ 是区间数或区间变量的集合。

根据 IPP 模型的求解思想，可将式(4-14)转化为两个确定性的上限子模型和下限子模型。设 $B^{\pm} \geqslant 0$，$f^{\pm} \geqslant 0$，由于该目标函数是为了取得最大值，故先求目标上限值子模型 f^{+}：

$$\max f^{+} = \sum_{j=1}^{h_1} c_j^{+} x_j^{+} + \sum_{j=h_1+1}^{n_1} c_j^{+} x_j^{-} - \sum_{j=1}^{h_2} \sum_{k=1}^{K} p_k d_j^{-} y_{jk}^{-} - \sum_{j=h_2+1}^{n_2} \sum_{k=1}^{K} p_k d_j^{+} y_{jk}^{+}$$

$$\text{s.t.} \begin{cases} \sum_{j=1}^{h_1} |a_{rj}^{\pm}|^{-} \operatorname{sign}(a_{rj}^{\pm}) x_j^{+} + \sum_{j=h_1+1}^{n_1} |a_{rj}^{\pm}|^{+} \operatorname{sign}(a_{rj}^{\pm}) x_j^{-} \leqslant b_r^{+}, \ \forall r \\ \sum_{j=1}^{h_1} |a_{tj}^{\pm}|^{-} \operatorname{sign}(a_{tj}^{\pm}) x_j^{+} + \sum_{j=h_1+1}^{n_1} |a_{tj}^{\pm}|^{+} \operatorname{sign}(a_{tj}^{\pm}) x_j^{-} + \\ \sum_{j=1}^{h_2} |a_{tj}^{\pm}|^{+} \operatorname{sign}(a_{tj}^{\pm}) y_{jk}^{-} + \sum_{j=h_2+1}^{n_2} |a_{tj}^{\pm}|^{-} \operatorname{sign}(a_{tj}^{\pm}) y_{jk}^{+} \leqslant \omega_k^{+}, \ \forall t, k \\ x_j^{+} \geqslant 0, \ j=1, 2, \cdots, h_1 \\ x_j^{-} \geqslant 0, \ j=h_1+1, h_1+2, \cdots, n_1 \\ y_{jk}^{-} \geqslant 0, \ \forall k; \ j=1, 2, \cdots, h_2 \\ y_{jk}^{+} \geqslant 0, \ \forall k; \ j=h_2+1, h_2+2, \cdots, n_2 \end{cases} \quad (4-15)$$

其中，决策参数 $c_j^{+}(j=1, 2, \cdots, h_1) > 0$；$c_j^{-}(j=h_1+1, h_1+2, \cdots, n_1) < 0$；$d_j^{-}(j=1, 2, \cdots, h_2) > 0$；$d_j^{+}(j=h_2+1, h_2+2, \cdots, n_2) < 0$。第一阶段的决策变量为 $x_j^{+}(j=1, 2, \cdots, h_1)$ 和 $x_j^{-}(j=h_1+1, h_1+2, \cdots, n_1)$；第二阶段的决策变量为 $y_{jk}^{-}(j=1, 2, \cdots, h_2; k=1, 2, \cdots, K)$ 和 $y_{jk}^{+}(j=h_2+1, h_2+2, \cdots, n_2; k=1, 2, \cdots, K)$。

通过对目标上限子模型(4-15)优化求解可得该模型的优化解为 $x_{jopt}^{+}(j=1, 2, \cdots, h_1)$，$x_{jopt}^{-}(j=h_1+1, h_1+2, \cdots, n_1)$，$y_{jkopt}^{-}(j=1, 2, \cdots, h_2; k=1, 2, \cdots, K)$

和 $y_{jkopt}^+(j=h_2+1, h_2+2, \cdots, n_2, k=1, 2, \cdots, K)$。基于目标上限值子模型的求解结果，目标下限值子模型 f^- 可表示为如式(4-16)所示：

$$\min f^- = \sum_{j=1}^{h_1} c_j^- x_j^- + \sum_{j=h_1+1}^{n_1} c_j^- x_j^+ - \sum_{j=1}^{h_2}\sum_{k=1}^{K} p_k d_j^+ y_{jk}^+ - \sum_{j=h_2+1}^{n_2}\sum_{k=1}^{K} p_k d_j^- y_{jk}^-$$

$$\text{s.t.} \begin{cases} \sum_{j=1}^{h_1} |a_{rj}^\pm|^+ \text{sign}(a_{rj}^\pm) x_j^- + \sum_{j=h_1+1}^{n_1} |a_{rj}^\pm|^- \text{sign}(a_{rj}^\pm) x_j^+ \leqslant b_r^-, \ \forall r \\ \sum_{j=1}^{h_1} |a_{tj}^\pm|^+ \text{sign}(a_{tj}^\pm) x_j^- + \sum_{j=h_1+1}^{n_1} |a_{tj}^\pm|^- \text{sign}(a_{tj}^\pm) x_j^+ + \sum_{j=1}^{h_2} |a_{tj}^\pm|^- \\ \quad \text{sign}(a_{tj}^\pm) y_{jk}^+ + \sum_{j=h_2+1}^{n_2} |a_{tj}^\pm|^+ \text{sign}(a_{tj}^\pm) y_{jk}^- \leqslant \omega_k^-, \ \forall t, k \\ 0 \leqslant x_j^- \leqslant x_{jopt}^+, \ j=1, 2, \cdots, h_1 \\ x_{jopt}^- \leqslant x_j^+, \ j=h_1+1, h_1+2, \cdots, n_1 \\ y_{jk}^+ \geqslant y_{jkopt}^-, \ \forall k; \ j=1, 2, \cdots, h_2 \\ 0 \leqslant y_{jk}^- \leqslant y_{jkopt}^+, \ \forall k; \ j=h_2+1, h_2+2, \cdots, n_2 \end{cases} \quad (4\text{-}16)$$

其中，决策参数 $c_j^-(j=1, 2, \cdots, h_1)>0$；$c_j^-(j=h_1+1, h_1+2, \cdots, n_1)<0$；$d_j^+(j=1, 2, \cdots, h_2)>0$；$d_j^-(j=h_2+1, h_2+2, \cdots, n_2)<0$。决策变量为 $x_j^-(j=1, 2, \cdots, h_1)$，$x_j^+(j=h_1+1, h_1+2, \cdots, n_1)$，$y_{jk}^-(j=h_2+1, h_2+2, \cdots, n_2, k=1, 2, \cdots, K)$ 和 $y_{jk}^+(j=1, 2, \cdots, h_2, k=1, 2, \cdots, K)$。

通过对目标下限值子模型(4-16)优化求解可得该模型的优化解为 $x_{jopt}^-(j=1, 2, \cdots, h_1)$，$x_{jopt}^+(j=h_1+1, h_1+2, \cdots, n_1)$，$y_{jkopt}^+(j=1, 2, \cdots, h_2, k=1, 2, \cdots, K)$ 和 $y_{jkopt}^-(j=h_2+1, h_2+2, \cdots, n_2, k=1, 2, \cdots, K)$。将上下限值子模型的求解结果合并，得到 ITSP 模型(4-14)的优化解为 $f_{opt}^\pm = [f_{opt}^-, f_{opt}^+]$，$x_{jopt}^\pm = [x_{jopt}^-, x_{jopt}^+]$，$y_{jhopt}^\pm = [y_{jhopt}^-, y_{jhopt}^+]$。

4.3 应用案例

排污权权益和减排负担分配是省区初始排污权配置的两个方面或阶段，多种污染物入河湖限制排污总量被产权界定后产生的多重复杂属性，导致初始排污权配置问题具有复杂性特征。同时，面对各省区的多种污染物排放需求水平，决策者很难对规划年的减排情形做出精确的判断，包含很多的不确定性，且该种不确定性能够被表述为某种概率水平下的随机变量。因此，省区初始排污权配置是一个处理多阶段、多种需求水平和多种选择条件下以概率和区间数形式表示的不确定性问题，具有多阶段性、复杂性和不确定性。而 ITSP 理论在处理多阶段、多种需求水平和多种选择条件下以区间数和概率形式表示不确定性的问题上有较大优势。因此，ITSP 理论对于解决省区初始排污权配置问题具有较强的实用性。现以某流域为例，构建基于纳污控制的流域省区初始排污权 ITSP 配置模型。

1. 目标函数

构建以因省区初始排污权配置而获得的初始排污权所产生的经济效益为第一阶段，以因承担减排责任而可能产生的减排损失为第二阶段，以经济效益最优为目标，构建基于纳污能力控制的省区初始排污权 ITSP 配置模型的目标函数如下：

$$\max f^{\pm} = \sum_{t=1}^{T}\sum_{i=1}^{m}\sum_{d=1}^{D} L_t \cdot \alpha_{it}^{\pm} \cdot WP_{idt}^{\pm} \cdot BWP_{idt}^{\pm} - \sum_{t=1}^{T}\sum_{i=1}^{m}\sum_{d=1}^{D}\sum_{h=1}^{H} L_t \cdot p_{dh} \cdot EWP_{idt}^{\pm} \cdot CWP_{idt}^{\pm} \quad (4-17)$$

其中：

(1) L_t 为规划时长，年；

(2) $\alpha_{it}^{\pm}$ 为规划年 t 中央政府或流域环境主管部门对经济效益边际贡献大的省区 i 的偏好，其中 $\alpha_{it}^{\pm} = [\alpha_{it}^{-}, \alpha_{it}^{+}]$，$0 \leqslant \sum_{i=1}^{m}\alpha_{it}^{-} \leqslant 1 \leqslant \sum_{i=1}^{m}\alpha_{it}^{+}$，$0 \leqslant \alpha_{it}^{-} \leqslant \alpha_{it}^{+} \leqslant 1$；

(3) $BWP_{idt}^{\pm}$ 为规划年 t 省区 i 获得污染物 d 排放权的单位收益，10^4 元/吨；

(4) $CWP_{idt}^{\pm}$ 为规划年 t 省区 i 因减排污染物 d 而受到的单位损失，10^4 元/吨；

(5) $WP_{idt}^{\pm}$ 是规划年 t 省区 i 配得水污染物 d 的初始排污权量，吨/年，是第一阶段的决策变量；

(6) $EWP_{idt}^{\pm}$ 是规划年 t 省区 i 对污染物 d 的减排量，吨/年，是第二阶段的决策变量；

(7) p_{dh} 为不同来水量和污染物排放情形下，水污染物 d 的减排责任概率分布值。当 $h=1$ 时，表示规划年内来水量最少，排污需求最高，减排责任最大；当 $h=2$ 时，表示规划年内来水量较少，排污需求较高，减排责任较大；当 $h=H$ 时，表示规划年内来水量最多，排污需求最少，减排责任最小。

2. 约束条件

(1) 体现社会效益的约束条件。

规划年 t 基于人口数量指标的污染物 d 排放量的基尼系数 $G_{dt}^{\pm}$，则其不大于现状值的约束条件可表示为

$$G_{dt}^{\pm} = \left[1 - \sum_{i=1}^{m}(X_{it}^{\pm} - X_{(i-1)t}^{\pm})(Y_{idt}^{\pm} - Y_{(i-1)dt}^{\pm})\right] \leqslant G_{dt_0}^{\pm} \quad (4-18)$$

其中，$X_{it}^{\pm} = X_{(i-1)t}^{\pm} + M_{it}^{\pm} / \sum_{i=1}^{m} M_{it}^{\pm}$ 为规划年 t 流域所辖省区 i 人口数量的累计百分比，%；$M_{it}^{\pm}$ 为规划年 t 流域所辖省区 i 的人口数量，万人；$Y_{idt}^{\pm} = Y_{(i-1)dt}^{\pm} + WP_{idt}^{\pm} / \sum_{i=1}^{m} WP_{idt}^{\pm}$ 为规划年 t 省区 i 关于污染物 d 的初始排污权量的累计百分比，%；$WP_{idt}^{\pm}$ 是规划年 t 省区 i 分配到的关于污染物 d 的初始排污权量，吨/年；$G_{dt_0}^{\pm}$ 为人口数量指标对应污染物 d 排放量的基尼系数现状值；当 $i=1$ 时，$(X_{(i-1)t}^{\pm}, Y_{(i-1)dt}^{\pm})$ 视为 $(0, 0)$。

(2) 体现生态环境效益的约束条件。

流域内各省区的主要污染物的排放总量控制在该流域污染物入河湖允许排放量区间，则体现生态环境效益的约束条件可表述为

$$\sum_{i=1}^{m} WP_{idt}^{\pm} \leqslant \widetilde{WP}_{dt}^{\pm} \tag{4-19}$$

其中，$\widetilde{WP}_{dt}^{\pm}$ 为规划年 t 流域内污染物 d 的年排污总量限制区间。

(3) 体现社会经济发展连续性的约束条件。

各省区配置到的初始排污权与各省区历年配置到的平均排污权相比，变化幅度控制在一定的范围内。即体现社会经济发展连续性的约束条件可表述为

$$\left| WP_{idt}^{\pm} - \overline{WP}_{id}^{\pm} \right| \leqslant \lambda_{idt}^{\pm} \widetilde{WP}_{id}^{*} \tag{4-20}$$

其中，$\lambda_{idt}^{\pm}$ 为矫正系数，$0 < \lambda_{idt}^{-} \leqslant \lambda_{idt}^{+} < 1$，它将规划年 t 省区 i 理论配置到的污染物 d 的初始排污权 $WP_{idt}^{\pm}$ 与历年配置到的平均排污权 $\overline{WP}_{id}^{\pm}$ 之间的差异，控制在该省区基准年 t_0 污染物 d 排放量 $\widetilde{WP}_{idt_0}^{*}$ 的某个百分比之内；$\lambda_{idt}^{\pm}$ 的取值越小，体现省区社会经济发展连续性的效果就越显著，其取值范围将根据流域内各个省区的经济发展趋势、水量大小、河流的自净能力等具体实际情况而定。

(4) 一般性的约束条件。

规划年 t 省区 i 理论配置到的污染物 d 的初始排污权 $WP_{idt}^{\pm}$ 不大于省区 i 关于污染物 d 的限制排污总量 $GWP_{idt}^{\pm}$；以及决策变量 $WP_{idt}^{\pm}$ 和 $EWP_{idt}^{\pm}$ 的非负性约束。即

$$\begin{cases} WP_{idt}^{\pm} \leqslant GWP_{idt}^{\pm} \\ WP_{idt}^{\pm}, EWP_{idt}^{\pm} \geqslant 0 \end{cases} \tag{4-21}$$

综上，可知需要求解的基于纳污能力控制的省区初始排污权 ITSP 配置模型如下：

$$\max f^{\pm} = \sum_{t=1}^{T}\sum_{i=1}^{m}\sum_{d=1}^{D} L_t \cdot \alpha_{it}^{\pm} \cdot WP_{idt}^{\pm} \cdot BWP_{idt}^{\pm} - \sum_{t=1}^{T}\sum_{i=1}^{m}\sum_{d=1}^{D}\sum_{h=1}^{H} L_t \cdot p_{dh} \cdot EWP_{idt}^{\pm} \cdot CWP_{idt}^{\pm}$$

$$\text{s.t.} \begin{cases} G_{dt}^{\pm} = \left[1 - \sum_{i=1}^{m}(X_{it}^{\pm} - X_{(i-1)t}^{\pm})(Y_{idt}^{\pm} - Y_{(i-1)dt}^{\pm})\right] \leqslant G_{dt_0}^{\pm} \\ X_{it}^{\pm} = X_{(i-1)t}^{\pm} + M_{it}^{\pm} / \sum_{i=1}^{m} M_{it}^{\pm} \\ Y_{idt}^{\pm} = Y_{(i-1)dt}^{\pm} + WP_{idt}^{\pm} / \sum_{i=1}^{m} WP_{idt}^{\pm} \\ \sum_{i=1}^{m} WP_{idt}^{\pm} \leqslant \widetilde{WP}_{jt}^{\pm} \\ \left| WP_{idt}^{\pm} - \overline{WP}_{id}^{\pm} \right| \leqslant \lambda_{t}^{\pm} \widetilde{WP}_{id}^{*} \\ WP_{idt}^{\pm} \leqslant GWP_{idt}^{\pm} \\ WP_{idt}^{\pm}, EWP_{idth}^{\pm} \geqslant 0 \\ i=1,2,\cdots,m; d=1,2,\cdots,D; t=1,2,\cdots,T; \\ h=1,2,\cdots,H \end{cases} \tag{4-22}$$

3. 参数的率定

(1) 规划时长 L_t：由于本案例的计算目的是获得下一年规划年的某省区初始排污权配置方案，故可设 $t=1$，规划时长为 $L_1=1$ 年。为了表述方便，后文 $t=1$ 省略不记。

(2) 规划年中央政府或流域环境主管部门对各省区的偏好 $\alpha_i^{\pm}$ 的率定：

$$(\alpha_i^{\pm})_{3\times 1} = \begin{pmatrix} [0.39, \ 0.47] \\ [0.13, \ 0.17] \\ [0.39, \ 0.46] \end{pmatrix} \tag{4-23}$$

(3) 单位排污收益 $BWP_{id}^{\pm}$ 的率定：

$$(BWP_{id})_{3\times 3} = \begin{bmatrix} 7.48 & 71.75 & 471.39 \\ 4.01 & 36.33 & 226.43 \\ 9.94 & 131.56 & 725.4 \end{bmatrix} \tag{4-24}$$

(4) 单位减排的损失 $CWP_{id}^{\pm}$ 的率定：若省区 i 未减排单位污染物 d，则污染物排放权量可为省区 i 创造 $BWP_{id}^{\pm}$ 的收益，故可令规划年省区 i 因减排污染物 d 而受到的单位损失为 $BWP_{id}^{\pm}$，万元/吨。

(5) 概率分布值 p_{dh}：

$$(p_{dh})_{3\times 3} = \begin{bmatrix} 0.49 & 0.25 & 0.26 \\ 0.40 & 0.25 & 0.35 \\ 0.26 & 0.43 & 0.31 \end{bmatrix} \tag{4-25}$$

(6) 人口数量指标对应污染物 d 排放量的基尼系数现状值 $G_{dt_0}^{\pm}$ 的率定：

$$(G_{dt_0}^{\pm})_{3\times 1} = \begin{pmatrix} [0.329, \ 0.329] \\ [0.294, \ 0.294] \\ [0.289, \ 0.289] \end{pmatrix} \tag{4-26}$$

(7) 规划年各省区人口数量 $M_i^{\pm}$ 的率定：

$$(M_i^{\pm})_{3\times 1} = \begin{pmatrix} 2688.15 \\ 1941.08 \\ 2632.00 \end{pmatrix} \tag{4-27}$$

(8) 规划年流域内污染物 d 的年排污总量限制区间 $\widetilde{WP}_{dt}^{\pm}$：

$$(\widetilde{WP}_{dt}^{\pm})_{3\times 1} = \begin{pmatrix} [393573.05, \ 440015.82] \\ [36918.00, \ 38703.85] \\ [5233.16, \ 5814.62] \end{pmatrix} \tag{4-28}$$

(9) 矫正系数 $\lambda_{id}^{\pm}$：

$$(\lambda_{id}^{\pm})_{3\times 3} = \begin{pmatrix} [0.15, \ 0.20] & [0.13, \ 0.18] & [0.33, \ 0.38] \\ [0.23, \ 0.28] & [0.29, \ 0.34] & [0.17, \ 0.22] \\ [0.14, \ 0.19] & [0.20, \ 0.25] & [0.43, \ 0.48] \end{pmatrix} \tag{4-29}$$

(10) 各省区历年分配到的平均排污权 $\overline{WP}_{id}^{\pm}$：

$$(\overline{WP}_{id}^{\pm})_{3\times 3} = \begin{pmatrix} [180818.58, 190267.75] & [19977.78, 21134.97] & [3598.22, 3741.29] \\ [150042.65, 164424.3] & [16460.95, 17180.69] & [2537.82, 2626.15] \\ [164939.38, 169238.11] & [12660.14, 13761.84] & [2228.34, 2316.59] \end{pmatrix}$$

(4-30)

4. 配置模型的求解

基于 ILP 思想，将模型(4-22)转化为目标上限值子模型和目标下限值子模型。

目标上限子模型 f^+ 如式(4-31)所示。

$$\max f^+ = \sum_{t=1}^{T}\sum_{i=1}^{m}\sum_{d=1}^{D} L_t \cdot \alpha_{it}^+ \cdot WP_{idt}^+ \cdot BWP_{idt}^+ - \sum_{t=1}^{T}\sum_{i=1}^{m}\sum_{d=1}^{D}\sum_{h=1}^{H} L_t \cdot p_{dh} \cdot CWP_{idt}^- \cdot EWP_{idth}^-$$

$$\text{s.t.} \begin{cases} \left(1 + \sum_{i=1}^{m}\left|-M_{it}^{\pm}/\sum_{i=1}^{m}M_{it}^{\pm}\right|^{-} \cdot \text{sign}\left(-M_{it}^+/\sum_{i=1}^{m}M_{it}^+\right)\right) \cdot \left(2Y_{(i-1)dt}^+ + WP_{idt}^+/\sum_{i=1}^{m}WP_{idt}^+\right) \leqslant G_{dt_0}^+ \\ \sum_{i=1}^{m} WP_{idt}^+ \leqslant \widetilde{WP}_{dt}^+ \\ WP_{idt}^+ \leqslant DWP_{idt}^+ \\ \left|WP_{idt}^+ - \overline{WP}_{id}^-\right| \leqslant \lambda_t^+ \widetilde{WP}_{id}^* \\ WP_{idt}^{\pm}, EWP_{idth}^{\pm} \geqslant 0 \\ i = 1, 2, \cdots, m; \ d = 1, 2, \cdots, D; \ t = 1, 2, \cdots, T; \ h = 1, 2, \cdots, H \end{cases}$$

(4-31)

运用 MATLAB 的 GA 求解器进行优化求解，可得 WP_{idtopt}^+，$EWP_{idthopt}^-$，并计算出 f_{opt}^+。

基于目标上限值子模型的求解结果，可得到满足目标上限约束的目标下限值子模型如式(4-32)所示。

$$\min f^- = \sum_{t=1}^{T}\sum_{i=1}^{m}\sum_{d=1}^{D} L_t \cdot \alpha_{it}^- \cdot WP_{idt}^- \cdot BWP_{idt}^- - \sum_{t=1}^{T}\sum_{i=1}^{m}\sum_{d=1}^{D}\sum_{h=1}^{H} L_t \cdot p_{dh} \cdot EWP_{idth}^+ \cdot CWP_{idt}^+$$

$$\text{s.t.} \begin{cases} \left(1 + \sum_{i=1}^{m}\left|-M_{it}^{\pm}/\sum_{i=1}^{m}M_{it}^{\pm}\right|^{+} \cdot \text{sign}\left(-M_{it}^-/\sum_{i=1}^{m}M_{it}^-\right)\right) \cdot \left(2Y_{(i-1)dt}^- + WP_{idt}^-/\sum_{i=1}^{m}WP_{idt}^-\right) \leqslant G_{dt_0}^- \\ \sum_{i=1}^{m} WP_{idt}^- \leqslant \widetilde{WP}_{dt}^- \\ WP_{idt}^- \leqslant DWP_{idt}^- \\ \left|WP_{idt}^- - \overline{WP}_{id}^+\right| \leqslant \lambda_t^- \widetilde{WP}_{id}^* \\ WP_{idt}^- \leqslant WP_{idtopt}^+, \ EWP_{idthopt}^- \leqslant EWP_{idth}^+ \\ i = 1, 2, \cdots, m; \ d = 1, 2, \cdots, D; \ t = 1, 2, \cdots, T; \ h = 1, 2, \cdots, H \end{cases}$$

(4-32)

运用 MATLAB 的 GA 求解器进行优化求解，可得该模型的 WP^-_{idtopt}，$EWP^+_{idthopt}$，并计算得出 f^-_{opt}。

结合上下限子模型的解，可得 ITSP 配置模型（4-22）的解为 $WP^\pm_{idtopt} = [WP^-_{idtopt}, WP^+_{idtopt}]$，$EWP^\pm_{idthopt} = [EWP^-_{idthopt}, EWP^+_{idthopt}]$，$f^\pm_{opt} = [f^-_{opt}, f^+_{opt}]$，则在减排情形 h 下，规划年 t 省区 i 配得污染物 d 的初始排污权区间量为 $OPT^\pm_{idthopt} = WP^\pm_{idtopt} - EWP^\pm_{idthopt}$，为了表述方便，仍记为 $WP^\pm_{idtopt}$。综合上述结果，可得不同减排情形 h 下，规划年 t 污染物 d 的配置方案 $Q_h = (WP^\pm_{1dtopt}, WP^\pm_{2dtopt}, \cdots, WP^\pm_{mdtopt})$，其中，$d = 1, 2, \cdots, D$；$t = 1, 2, \cdots, T$；$h = 1, 2, \cdots, H$；$m, D, T, H$ 分别表示配置省区、水污染物种类、时间样本点和减排情形类别的总数；opt 表示该配置量为基于 ITSP 配置模型得到的优化配置结果。

5. 配置结果

利用 GA 求解器对目标上限子模型求解得 W^+_{idhopt} 和 f^+_{hopt}，$h = 1, 2, 3$，优化迭代过程及结果见图 4-1、图 4-2 和图 4-3。

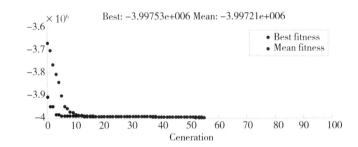

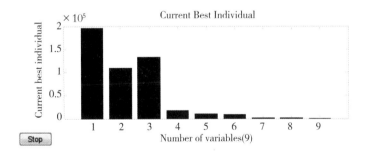

图 4-1　f^+_{1opt} 的优化过程及结果

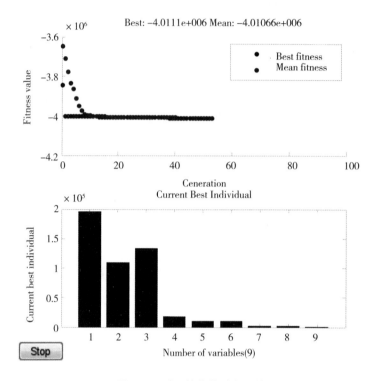

图 4-2 f_{2opt}^{+} 的优化过程及结果

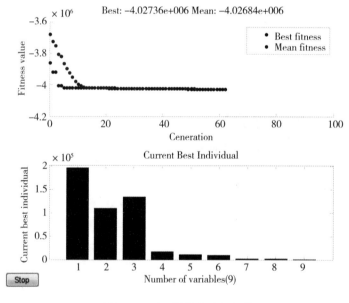

图 4-3 f_{3opt}^{+} 的优化过程及结果

利用 GA 求解器对目标下限子模型求解得 W_{idhopt}^- 和 f_{hopt}^-，$h=1$，2，3，优化迭代过程及结果见图 4-4、图 4-5 和图 4-6。

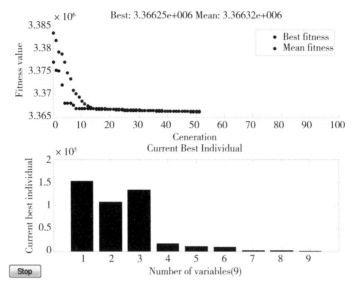

图 4-4　f_{1opt}^- 的优化过程及结果

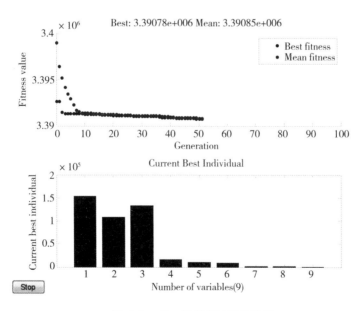

图 4-5　f_{2opt}^- 的优化过程及结果

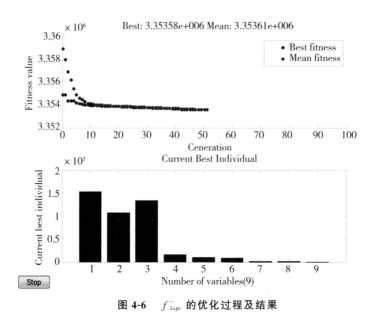

图 4-6 f_{3opt}^- 的优化过程及结果

三种减排情形下 2020 年太湖流域省（市）区初始排污权配置方案可见表 4-4。

表 4-4 2020 年太湖流域省（市）区初始排污权配置方案

单位：吨/年

配置对象	行政区划	最优配置量	配置方案		
			减排情形 $h=1$（减排责任大）	减排情形 $h=2$（减排责任中）	减排情形 $h=3$（减排责任小）
COD 排污权量	江苏省	$WP_{11hopt}^\pm$	[153700.60, 196712.08]	[152764.34, 196728.90]	[152680.75, 196701.72]
	浙江省	$WP_{21hopt}^\pm$	[108295.98, 109667.01]	[107603.81, 109653.88]	[107429.62, 109664.97]
	上海市	$WP_{31hopt}^\pm$	[133465.42, 133634.92]	[133473.14, 133633.04]	[133463.87, 133649.03]
NH_3-N 排污权量	江苏省	$WP_{12hopt}^\pm$	[16743.88, 17654.72]	[16745.53, 17855.13]	[16746.56, 18044.63]
	浙江省	$WP_{22hopt}^\pm$	[10833.38, 10702.36]	[10932.05, 10822.73]	[10943.18, 10943.18]
	上海市	$WP_{32hopt}^\pm$	[9345.41, 9463.46]	[9365.48, 9594.66]	[9346.53, 9707.62]
TP 排污权量	江苏省	$WP_{13hopt}^\pm$	[2268.48, 2451.48]	[2360.53, 2498]	[2455.79, 2498.00]
	浙江省	$WP_{23hopt}^\pm$	[1868.31, 1868.31]	[1886.39, 1886.39]	[1889.42, 1889.42]
	上海市	$WP_{33hopt}^\pm$	[1108.16, 1287.01]	[1166.17, 1339.59]	[1253.96, 1387.25]
经济效益最优区间数（亿元）		$f_{hopt}^\pm$	[335.08, 399.75]	[336.63, 401.11]	[339.08, 402.74]

从表 4-4 可以看出，在 $h=1,2,3$ 三种减排情形下，江苏省、浙江省和上海市的 COD 初始排污权配置区间量没有明显变化，NH_3-N 和 TP 初始排污权配置区间量总体呈上升或递增趋势。在 $h=1,2,3$ 三种减排情形下，太湖流域各省（市）区因初始排污权的配置产生的总体经济效益呈上升或递增趋势，这表明若太湖流域在规划年来水量较少，排污需求较高，减排责任较大时，其因初始排污权配置而产生的总体经济效益较少。

习 题

1. 某工厂生产两种产品 A 和 B。A 产品需要 1 个单位人工工时和 4 个单位的设备 1 的工时，B 产品需要 2 个单位的人工工时和 4 个单位的设备 2 的工时。该厂可提供人工工时、设备 1 的工时和设备 2 的工时分别为 8、16 和 12。生产单位产品 A、B 净利润分别为 2 和 3。假定工厂经营者为风险中性。

(1) 假设该工厂生产的产品需求是平稳的，试问：该工厂应该如何生产使得净利润最大化。

(2) 假定市场需求各有 1/4 的可能出现以下四种市场需求情况：需求旺盛、需求良好、需求平稳、需求下降，则对应的产品净利润表现为迅速上涨、缓慢上涨、不变、下跌。假设题目中给定的净利润为需求平稳时的单位产品净利润，市场需求旺盛、良好和下降时的产品净利润分别为产品需求平稳时净利润的 200%、120% 和 70%。假定该工厂经营者为风险中性投资者，问其应如何安排生产计划。

2. 某工厂用原料 A、B、C 加工制成三种不同型号的产品甲、乙、丙。已知在各种型号的产品中原料 A、B、C 含量、原料成本及各原料每月限用量、三种型号产品的单位加工费用及价格如表 4-5 所示。假定工厂经营者为风险中性。

表 4-5 原料 A、B、C 相关信息

原料	甲	乙	丙	原料成本(元/千克)	每月限用量(千克)
A	≥60%	≥30%		2.00	2000
B				1.50	2500
C	≤20%	≤50%	≤60%		
加工费(元/千克)	0.50	0.40	0.30		
售价(元/千克)	3.40	2.85	2.25		

试问：

(1) 该工厂每月如何安排生产计划才能使其获利最大。

(2) 当产品生产出来，市场需求对其价格影响较大。假定各有 1/3 的可能出现以下三种市场需求情况：需求旺盛、需求平稳、需求下降，分别对应的产品售价表现为：上涨、不变、下跌。假设上表中出现的产品价格为市场需求平稳时的产品销售价格，市场需求旺盛和下降时的产品售价分别为产品需求平稳时售价的 150% 和 60%。假定该工厂经营者为风险中性投资者，问其应如何安排生产计划。

3. 某农场有 800 亩的土地用于种植小麦、稻谷和油菜三种作物，表 4-6 为三种产物的产量、成本等信息。由于养殖的需要，最少需要 250 吨的小麦和 300 吨的稻谷，可以由农场种植获得也可通过购买获得；若购买，则价格比农场的售价高 40%。对于油菜，受到限售令的影响，售出数量超过 5000 吨时，超出部分价格降至 30 元/吨。假定农场主为风险中性投资者。

表 4-6 三种产物的产量、成本等信息

	小麦	稻谷	油菜
产量（吨/亩）	2.5	3	20
播种成本（元/亩）	300	460	520
出售价格（元/吨）	340	300	72（低于 5000 吨时）；30（超过 5000 吨时）
采买价格（元/吨）	476	420	
最小需求量（吨）	200	240	

试问：

（1）该农场应该如何安排种植才能使得自身收益最大。

（2）天气的好坏对作物的产量有较大影响，假设各有 1/4 的可能出现以下四种天气情况：风调雨顺、天气良好、天气一般和天气恶劣；分别对应作物产量：丰收、微涨、适中、歉收。上表中为收成适中时的产量，丰收产量、微涨产量和歉收产量分别为收成适中产量的 150%、120% 和 80%。该农场应该如何安排种植才能使得自身收益最大。

参考文献

刘敬生，2009. 两阶段随机规划的若干算法及应用研究[D]. 泰安：山东科技大学.
施正一，2003. 外国历代经济思想家百人小传[M]. 北京：中央民族大学出版社.
邢丽娟，冯丽娜，苏惠芝，2015. 诺贝尔经济学大师的创新视角[M]. 北京：中国商务出版社.
赵可，2016. 基于适应性水权交易的区间两阶段随机规划模型研究[D]. 哈尔滨：东北农业大学.
王深，2020. 不确定性条件下区域能源系统规划及关联要素互动影响研究[D]. 北京：华北电力大学.
张丽娜，2018. 太湖流域初始水权量质耦合配置研究[M]. 南京：河海大学出版社.
BIRGE J R, LOUVEAUX F V, 1997. Introduction to stochastic programming [M]. New York：Springer Science & Business Media.
JOHN R. B, LOUVEAUX F O, 2011. Introduction to stochastic programming[M]. 2nd. Germany：Springer Science Business Media，LLC.
HUANG G H, LOUCKS D P, 2000. An inexact two-stage stochastic programming model for water resources management under uncertainty [J]. Civil engineering(17)：95-118.
XIE Y L, HUANG G H, LI W, et al, 2013. An inexact two-stage stochastic programming model for water resources management in Nansihu Lake Basin, China[J]. Journal of environmental management(127)：188-205.
HUANG G H, BAETZ B W, PATRY G G, 1995. Grey integer programming：An application to waste management planning under uncertainty[J]. European journal of operational research，83(3)：594-620.

第 5 章
多指标决策方法

学习目标:
1. 掌握理想解法及求解;
2. 掌握主成分分析法及求解;
3. 掌握投影寻踪法及求解;
4. 能够结合实际问题建立多指标决策模型。

多指标决策(MADM)是多目标决策的一种特殊决策问题,其通过有限个指标对有限、离散个可行方案进行排序及选择。多指标决策在统计学、经济学、管理学等学科中皆有广泛应用。MADM 与多目标规划(MOP)的区别如表 5-1 所示。

表 5-1 MADM 与 MOP 的区别

	MADM	MOP
评价准则	指标数据	目标数据
指标	清晰	模糊
目标	模糊	清晰
约束	无作用	作用
方案	有限、离散	无限、连续
迭代次数	较少	较多
用途	排序/评估	规划/设计

多指标决策问题通常由 3 大要素构成:①有 m 个决策方案 A_i ($1 \leqslant i \leqslant m, m \geqslant 2$);②有 n 个评价指标 f_j ($1 \leqslant j \leqslant n, n \geqslant 2$);③有一个决策矩阵 $D=(x_{ij})_{m \times n}$,其中 x_{ij} 表示第 i 个决策方案的第 j 个评价指标的值。多指标决策问题的常用求解方法有逼近理想解排序法(TOPSIS)、主成分分析(Principal Component Analysis,PCA)法、投影寻踪(PP)法等。

5.1 理想解法及求解

5.1.1 理想解法的提出

TOPSIS 法是一种常用、有效的多目标决策方法，是决策分析中一种逼近于理想解的排序方法。TOPSIS 法是由 C. L. Hwang 和 K. Yoon 于 1981 年所发展出来的方法，被选择的方案应是距理想解（Ideal Solution）最近，同时距负理想解（Negative-Ideal Solution）最远。TOPSIS 法的核心是寻找决策方案的"理想解"和"负理想解"。所谓理想解顾名思义是指设想中最理想的解，其各项指标值为所有决策方案中最好的值，而负理想解是设想中最不理想的解，它的指标值是各方案中最坏的值。通过理想解和负理想解，可以对各个方案进行考察，寻找距离理想解最近，同时距离负理想解最远的方案，这个方案即为所有方案中最好的。TOPSIS 法选优的过程也是一个排序的过程。TOPSIS 法可广泛用于供应商选择、招标项目评标等多方面。

5.1.2 理想解法主要步骤

设有 m 个决策方案 $X_1, X_2, \cdots, X_m$，每个方案有 n 个指标变量，则决策方案观测值矩阵如式(5-1)所示。

$$\boldsymbol{X} = \begin{bmatrix} x_{11} & x_{12} & \cdots & x_{1n} \\ x_{21} & x_{22} & \cdots & x_{2n} \\ \vdots & \vdots & & \vdots \\ x_{m1} & x_{m2} & \cdots & x_{mn} \end{bmatrix} \tag{5-1}$$

$\boldsymbol{X}$ 的每一行对应一个方案，每一列对应一个指标变量。x_{ij} 表示第 i 个决策方案的第 j 个指标值。

Step1：配置指标值的无量纲化处理。

为了消除各指标值的量纲，采用式(5-2)和式(5-3)将方案观测值矩阵 $\boldsymbol{X}$ 转化成规范化矩阵 $\boldsymbol{Y} = (y_{ij})_{m \times n}$。

$$y_{ij} = \frac{x_{ij} - x_j^{\min}}{x_j^{\max} - x_j^{\min}}, \ j \in J_1 \tag{5-2}$$

$$y_{ij} = \frac{x_j^{\max} - x_{ij}}{x_j^{\max} - x_j^{\min}}, \ j \in J_2 \tag{5-3}$$

J_1 表示效益型配置指标的下标集，J_2 表示成本型配置指标的下标集。由于适中型配置指标可以转化为成本型配置指标，故这里仅对效益型配置指标和成本型配置指标的无量纲化处理方法进行说明。当然，也可以根据方案、指标的需要选择其他规范化方法处理。

Step2：构造加权的规范化矩阵。

根据需要，可选择层次分析法、熵权法、专家赋权法等方法确定各指标的权重。将各指标权重乘以规范化矩阵 $\boldsymbol{Y}=(y_{ij})_{m\times n}$，构造加权规范化矩阵 $\boldsymbol{Z}=(z_{ij})_{m\times n}$：

$$\boldsymbol{Z}=(z_{ij})_{m\times n}=\begin{bmatrix} \omega_1 y_{11} & \omega_2 y_{12} & \cdots & \omega_n y_{1n} \\ \omega_1 y_{21} & \omega_2 y_{22} & \cdots & \omega_n y_{2n} \\ \vdots & \vdots & \vdots & \vdots \\ \omega_1 y_{m1} & \omega_2 y_{m2} & \cdots & \omega_n y_{mn} \end{bmatrix} \tag{5-4}$$

Step3：计算理想解和负加权理想解。

$$Z^+=\{(\max_i z_{ij} \mid j\in J_1),(\min_i z_{ij} \mid j\in J_2)\mid i=1,2,\cdots,m\} \tag{5-5}$$

$$Z^-=\{(\min_i z_{ij} \mid j\in J_1),(\max_i z_{ij} \mid j\in J_2)\mid i=1,2,\cdots,m\} \tag{5-6}$$

其中，Z^+ 是加权理想解，Z^- 为负加权理想解，由于式(5-2)和式(5-3)采用的是极差法进行指标无量纲处理，有：

$$\begin{cases} Z^+=\{\omega_1,\omega_2,\cdots,\omega_n\} \\ Z^-=\{0,0,\cdots,0\} \end{cases} \tag{5-7}$$

Step4：计算欧式距离。

各方案到正、负理想解的欧式距离的计算公式为

$$S_i^+=\sqrt{\sum_{j=1}^n (z_{ij}-z_j^+)^2}\ (i=1,2,\cdots,m) \tag{5-8}$$

$$S_i^-=\sqrt{\sum_{j=1}^n (z_{ij}-z_j^-)^2}\ (i=1,2,\cdots,m) \tag{5-9}$$

Step5：计算相对贴近度并排序。

各投标方案到正、负理想解的相对贴近度的计算公式为

$$C_i=S_i^-/S_i^+ + S_i^-\ (i=1,2,\cdots,m) \tag{5-10}$$

根据相对贴近度 C_i 值的大小，对方案的进行优先排序，确定最优方案，其排序原则是 C_i 值越大越优。

5.2 主成分分析法及求解

5.2.1 主成分分析法的提出

若多指标决策问题涉及的指标数较少，采用 TOPSIS 法可以简单有效地对该问题进行分析。若指标数较多，则需通过主成分分析法、投影寻踪法等方法进行降维处理。主成分分析法最早可追溯至皮尔逊提出的非随机变量的多元转换分析，后由霍特林应用至随机变量并提出主成分分析这一概念。主成分分析法是把多个存在一定相关性的指标降维成少数个没有相关性的主成分的多元统计方法。这些主成分通常表现为原始

指标的线性组合，包含了原始指标的大多数信息，但主成分个数远远低于原始指标个数，且相互间没有相关性以保证其所包含的信息没有重叠。主成分分析法可以有效解决现实中指标多，信息重叠的问题。比如，评价水体污染的指标有 $KMnO_4$、NH_3-N、TN、TP、Zn、Cu、Se、As 等，通过对某流域的这些指标数据进行主成分分析，发现该流域的水质主要与 $KMnO_4$、TN、Zn、Cu、Se 有关，可以认为该流域水质主要受到重金属污染和有机物污染，就将最初的八个水质评价指标降维成了主要的两个指标。

5.2.2 主成分分析基本模型

设有 m 个样本 $X_1, X_2, \cdots, X_m$，每个样本有 n 个指标变量，则样本观测值矩阵如式(5-11)所示：

$$\boldsymbol{X} = \begin{bmatrix} x_{11} & x_{12} & \cdots & x_{1n} \\ x_{21} & x_{22} & \cdots & x_{2n} \\ \vdots & \vdots & & \vdots \\ x_{m1} & x_{m2} & \cdots & x_{mn} \end{bmatrix} \tag{5-11}$$

$\boldsymbol{X}$ 的每一行对应一个样本，每一列对应一个指标变量。x_{ij} 表示 i 第个样本的第 j 个指标值。

对 $\boldsymbol{X}$ 做线性变换，得到新的变量，如式(5-12)所示：

$$\begin{cases} Y_1 = u_{11}X_1 + u_{12}X_2 + \cdots + u_{1n}X_n \\ Y_2 = u_{21}X_1 + u_{22}X_2 + \cdots + u_{2n}X_n \\ \vdots \qquad \vdots \\ Y_n = u_{n1}X_1 + u_{n2}X_2 + \cdots + u_{nn}X_n \end{cases} \tag{5-12}$$

其中，$u_{k1}^2 + u_{k2}^2 + \cdots + u_{kn}^2 = 1$，$k = 1, 2, \cdots, n$。

由于原始变量可任意进行上述线性变换，得到不同统计特性的新的综合变量，为了得到最好的效果，对系数 u_{ij} 进行如下约束：

(1) Y_i 与 Y_j 不相关 ($i \neq j; i, j = 1, 2, \cdots, n$)；

(2) 在所有满足 $u_{k1}^2 + u_{k2}^2 + \cdots + u_{kn}^2 = 1$ 的 $X_1, X_2, \cdots, X_n$ 线性组合中，选取方差最大的线性组合为 Y_1，选取与 Y_1 不相关的方差最大的线性组合为 Y_2，以此类推，选取与 $Y_1, Y_2, \cdots, Y_{n-1}$ 都不相关的方差最大的线性组合为 Y_n。

满足上述条件的综合变量 $Y_1, Y_2, \cdots, Y_n$ 就称为原始指标变量的第一主成分、第二主成分、……、第 n 主成分。各主成分在总方差中占的比重依次递减，在实际问题中，通常挑选方差占比前几位的主成分，以达到降维和简化问题的目的。

5.2.3 主成分分析主要步骤

Step1：对样本矩阵做标准化处理。

$$x_{ij}^* = \frac{x_{ij} - \bar{x}_j}{s_j}, \ i = 1, 2, \cdots, m; \ j = 1, 2, \cdots, n \tag{5-13}$$

其中，$\bar{x}_j = \sum_{i=1}^{m} x_{ij}/m$；$s_j^2 = \sum_{i=1}^{m}(x_{ij} - \bar{x}_j)^2/m - 1$。

Step2：求矩阵 $\boldsymbol{X}^*$ 的协方差矩阵 S。

$$s_{ij} = \frac{\sum_{k=1}^{m}(x_{ki} - \bar{x}_i)(x_{kj} - \bar{x}_j)}{m-1} (i, j = 1, 2, \cdots, n) \tag{5-14}$$

Step3：求 S 的特征值与特征向量。

常用雅可比法求特征方程 $|\lambda I - S| = 0$ 的解 λ_i 并排序，即 S 有 n 个特征值 $\lambda_1 \geqslant \lambda_2 \geqslant \cdots \geqslant \lambda_n \geqslant 0$，然后求出各特征值相应的正交单位特征向量 $t_1, t_2, \cdots, t_n$，有 $\sum_{j=1}^{n} t_{ij}^2 = 1$，其中 t_{ij} 表示特征向量 t_i 的第 j 个分量。

Step4：计算主成分的贡献率和累积贡献率。

主成分 j 的贡献率为

$$y_j = \lambda_j / \sum_{k=1}^{n} \lambda_k (j = 1, 2, \cdots, n) \tag{5-15}$$

主成分 j 的累积贡献率为

$$z_j = \sum_{k=1}^{j} \lambda_k / \sum_{k=1}^{n} \lambda_k (j = 1, 2, \cdots, n) \tag{5-16}$$

在实际问题中，通常选择累积贡献率达到 85% 的前几个主成分。

Step5：计算主成分载荷。

主成分载荷指主成分与原指标变量的相关系数，相关系数的绝对值越大表示主成分对该指标的代表性越大，其计算公式为

$$u_{in} = \sqrt{\lambda_i} t_{in} \tag{5-17}$$

Step6：计算样本的主成分得分。

样本 i 的前 p 个主成分得分计算公式为

$$y_{ip} = \sum_{n=1}^{p} u_{ip} \times x_{ip}^* \tag{5-18}$$

5.3 投影寻踪法及求解

5.3.1 投影寻踪法的提出

主成分分析法是通过对原始指标进行线性变化从而得到新的主成分，但对于非线性问题，主成分分析法则难以解决，此时可以采用投影寻踪法。投影寻踪法最早由弗里德曼和图基提出，是一种直接由样本数据驱动的探索性数据分析方法，可将高维数据投影到 1~3 维子空间上，寻找决策者感兴趣的数据内在结构和相应的投影方向，达

到研究和分析高维数据的目的。例如在省区初始水量权配置中，需要综合考虑资源、经济、社会、生态环境等各方面的因素，运用投影寻踪法可将这些 n 维数据综合成不同投影方向的一维的投影值。

投影寻踪法要点主要包括以下两方面。

(1)投影(Projection)，是指将高维空间的数据投影到低维空间(1～3 维)。

(2)寻踪(Pursuit)，利用投影在低维空间中的投影数据的几何分布形态，寻找决策者感兴趣的数据内在结构和相应的投影方向，达到研究和分析高维数据的目的。

投影指标函数是将数据从高维降为一维所遵循的规则，也是寻找最优投影方向的依据，合理选择描述感兴趣结构的投影指标函数是投影寻踪法能否成功的关键。常用的投影指标包括密度型和非密度型两大类，其中密度型投影指标有 Friedman-Tukey 投影指标、Friedman 投影指标、Shannon 一阶熵投影指标等；非密度型投影指标有 Jones 矩阵指标和线性判别分析投影指标。寻踪方法主要包括人工寻踪和自动寻踪，自动寻踪因其良好性态而应用较广。

主成分分析法与投影寻踪法有如下一些区别。

(1)主成分分析法适用于处理线性问题，而投影寻踪法可以处理一定程度的非线性问题。

(2)主成分分析法对异常值敏感，个别异常值的出现就可能对主成分分析法结果产生较大影响；而投影寻踪法是处理非正态的高维数据的一种有效方法，可以排除与数据结构无关或关系不大的异常值的干扰。

(3)主成分分析法能通过构建几个互不相关的主成分，尽可能包含原始指标的大多数信息，很好地解决了原信息大量重叠、原指标存在相关性的问题；而投影寻踪法则要求选取的指标间不能有较大相关性。

5.3.2 投影寻踪法主要步骤

设有 m 个样本 $X_1, X_2, \cdots, X_m$，每个样本有 n 个指标变量，则样本观测值矩阵如式(5-19)所示。

$$\boldsymbol{X} = \begin{bmatrix} x_{11} & x_{12} & \cdots & x_{1n} \\ x_{21} & x_{22} & \cdots & x_{2n} \\ \vdots & \vdots & & \vdots \\ x_{m1} & x_{m2} & \cdots & x_{mn} \end{bmatrix} \tag{5-19}$$

$\boldsymbol{X}$ 的每一行对应一个样本，每一列对应一个指标变量。x_{ij} 表示第 i 个样本的第 j 个指标值。投影寻踪法主要步骤如下。

Step1：配置指标值的无量纲化处理。

为了消除各指标值的量纲，采用式(5-20)和式(5-21)将样本观测值矩阵 $\boldsymbol{X}$ 转化成规范化矩阵 $\boldsymbol{X}^*$。

$$x_{ij}^* = x_{ij} \Big/ \sqrt{\sum_{i=1}^{m}(x_{ij})^2}, \quad j \in J_1 \tag{5-20}$$

$$x_{ij}^* = (1/x_{ij}) / \sqrt{\sum_{i=1}^m (1/x_{ij})^2}, \ j \in J_2 \tag{5-21}$$

J_1 表示效益型配置指标的下标集，J_2 表示成本型和适中型配置指标的下标集。

Step2：线性投影。

把 n 维数据 $\{x_{ij}^* | j = 1, 2, \cdots, n\}$ 综合成以 $a = \{a_1, a_2, \cdots, a_n\}$ 为投影方向的一维投影值 Z_i：

$$Z_i = \sum_{j=1}^n a_j x_{ij}^* \tag{5-22}$$

其中，a 为单位向量。

Step3：构造投影指标函数。

在构造投影指标时，为了更好反映出原多维指标的数据结构特征，要求投影值 z_i 在局部的投影点尽可能集中，最好汇聚成数个投影点团；同时，投影点团在整体上尽可能散开，即投影值 z_i 的类间距尽量大一些。因此，投影指标函数可构造如下：

$$Q(a) = S_Z \cdot D_Z$$
$$\text{s. t.} \begin{cases} S_Z = \sqrt{\dfrac{1}{m-1} \sum_{i=1}^m [Z_i - E(Z)]^2} \\ D_Z = \sum_{i=1}^m \sum_{j=1}^m [(R - r_{ij}) \cdot u(R - r_{ij})] \end{cases} \tag{5-23}$$

其中，S_Z 表示投影数据总体的离散度，D_Z 表示投影数据的局部密度，$E(Z)$ 为序列 $\{Z_i | i = 1, 2, \cdots, m\}$ 的平均值；R 为局部密度的窗口半径，一般可取值为 $0.1 S_Z$；r_{ij} 为一维投影值之间的距离，$r_{ij} = |z_i - z_j|$；$u(R - r_{ij})$ 为单位阶跃函数，当 $R - r_{ij} \geqslant 0$ 时，其函数值为 1，当 $R - r_{ij} < 0$ 时，其函数值为 0。

Step4：优化投影指标函数。

根据投影原理，不同的投影方向反映不同的数据结构特征，最佳投影方向最大可能暴露配置指标矩阵的数据结构特征。因此，可通过求解投影目标函数最大化问题来确定最佳投影方向。即

$$\max Q(a) = S_Z \cdot D_Z$$
$$\text{s. t.} \sum_j^n a_j^2 = 1 \tag{5-24}$$

通常采用遗传算法求解式(5-24)，得到投影方向的最优解 a^*。

Step5：综合评价。

根据最佳投影方向 a^*，可计算出样本点的投影值 z^*，公式如下：

$$z_i^* = \sum_{j=1}^n a_j x_{ij}^* (i = 1, 2, \cdots, m) \tag{5-25}$$

z_i^* 值越接近的两个样本，表示这两样本越倾向于分为同一类。对 z_i^* 的值进行降序排序，即可得到样本优到劣的排序。

5.4 应用案例

5.4.1 政府工程采购项目评标中的理想解法应用

某建筑工程是某市政府投资新建的重点工程，依据公平、公开、公正三大原则，采用公开招标方式，通过研究及初步筛选，拟定了中铁八局、无锡二建、江苏顺联、光大建筑共4个投标单位。选取总报价、施工工期、施工方案、企业财务状况、企业资质、以往业绩、项目人员素质、工程质量、环境保护9个评价指标建立评价指标体系，其中，除了总报价和施工工期为成本型指标外，其他的都为效益型指标。通过收集各投标文件中的相关数据，作为模型的原始数据，定量指标直接采用实际数据，定性指标由专家按10分制打分得到。如表5-2所示。

表5-2 某建筑工程评标的原始数据

投标单位	总报价/万元	施工工期/天	施工方案	企业财务状况/万元	企业资质	以往业绩	项目人员素质	工程质量	环境保护
中铁八局	3840	195	8.5	9500	8.3	6	7	9.1	8.4
无锡二建	3900	188	7.8	8000	7.8	5	7.5	7.9	9.3
江苏顺联	3800	174	7.9	7500	8.1	4	6	8.4	7.9
光大建筑	4080	190	9.0	8500	8.6	5	7.5	8.9	7.6

根据TOPSIS模型对以上4家投标单位进行优选排序，选出最优方案。具体步骤如下。

Step1：配置指标值的无量纲化处理。

采用式(5-2)和式(5-3)将表5-2数据转化成规范化矩阵 $Y=(y_{ij})_{m\times n}$。

$$Y_{ij} = \begin{bmatrix} 0.857 & 0.000 & 0.583 & 1.000 & 0.625 & 1.000 & 0.667 & 1.000 & 0.471 \\ 0.643 & 0.333 & 0.000 & 0.250 & 0.000 & 0.500 & 1.000 & 0.000 & 1.000 \\ 1.000 & 1.000 & 0.083 & 0.000 & 0.375 & 0.000 & 0.000 & 0.417 & 0.176 \\ 0.000 & 0.238 & 1.000 & 0.500 & 1.000 & 0.500 & 1.000 & 0.833 & 0.000 \end{bmatrix}$$

Step2：构造加权的规范化矩阵。

运用三角模糊数法确定主观权重，采用熵权法得到客观权重，并采用乘法组合法进行组合赋权，得到各指标的组合权重为

$\omega_j = (0.286, 0.098, 0.091, 0.115, 0.158, 0.074, 0.065, 0.084, 0.029)$

将各指标权重乘以规范化矩阵 $Y=(y_{ij})_{m\times n}$，构造加权规范化矩阵 $Z=(z_{ij})_{m\times n}$：

$$Z_{ij} = \begin{bmatrix} 0.251 & 0.000 & 0.053 & 0.115 & 0.099 & 0.074 & 0.043 & 0.084 & 0.014 \\ 0.184 & 0.033 & 0.000 & 0.029 & 0.000 & 0.000 & 0.065 & 0.000 & 0.029 \\ 0.286 & 0.098 & 0.008 & 0.000 & 0.059 & 0.028 & 0.000 & 0.035 & 0.005 \\ 0.000 & 0.023 & 0.091 & 0.057 & 0.158 & 0.074 & 0.065 & 0.070 & 0.000 \end{bmatrix}$$

Step3：计算正加权理想解和负加权理想解。

根据式(5-7)可得：

$Z^+ = \{0.286, 0.098, 0.091, 0.115, 0.158, 0.074, 0.065, 0.084, 0.029\}$

$$Z^- = \{0, 0, 0, 0, 0, 0, 0, 0, 0, 0\}$$

Step4：计算欧式距离。

根据式(5-8)和式(5-9)可得

$$S_i^+ = \{0.1283, 0.2604, 0.1983, 0.1319\}$$
$$S_i^- = \{0.3096, 0.2001, 0.3097, 0.2162\}$$

Step5：计算相对贴近度并排序。

$$C_i = \{0.7070, 0.4345, 0.6096, 0.6211\}$$

根据相对贴近度的大小，得到相对贴近度的排序结果为 $C_1 > C_4 > C_3 > C_2$。由此可以得出该建筑工程选择的最佳投标单位为中铁八局，其次是光大建筑，排在末位的是无锡二建。

5.4.2 城市生态环境评价中的主成分分析法应用

城市生态环境化是城市发展的必然趋势，表现为社会、经济、环境与生态全方位的现代化水平，一个符合生态规律的生态城市应该是结构合理、功能高效和城市生态协调的城市生态系统。一个城市要实现生态城市的发展目标，关键是在市场经济的体制下逐步改善城市的生态环境质量、防止生态环境质量恶化，因此，对城市的生态环境水平调查评价很有必要。这里调查了江苏省十个城市的生态环境状态，并得到部分生态环境指标值如表5-3所示。考虑到环境指标个数较多，且存在一定相关性，可运用主成分分析法对这10个城市生态环境状态进行评估。

表 5-3 部分生态环境指标

一级指标	结构				功能			协调度	
二级指标	人口结构	基础设施	地理结构	城市绿化	物质还原	资源配置	生产效率	城市文明	可持续性
无锡	0.788	0.766	0.475	0.825	0.879	0.954	0.879	0.631	0.893
常州	0.739	0.729	0.513	0.760	0.874	0.926	0.854	0.619	0.783
镇江	0.811	0.763	0.881	0.689	0.818	0.929	0.854	0.631	0.561
张家港	0.659	0.855	0.89	0.898	0.945	0.944	0.903	0.742	0.842
连云港	0.654	0.756	0.829	0.793	0.92	0.915	0.873	0.64	0.846

(续表)

一级指标	结构				功能			协调度	
扬州	0.826	0.746	0.785	0.786	0.926	0.887	0.849	0.614	0.762
泰州	0.849	0.780	0.803	0.651	0.919	0.936	0.847	0.573	0.823
徐州	0.683	0.950	0.886	0.890	0.951	0.876	0.904	0.898	0.638
南京	0.849	0.891	0.398	0.679	0.862	0.955	0.886	0.618	0.960
苏州	0.784	0.895	0.397	0.987	0.887	0.974	0.903	0.738	0.851

Step1：对样本矩阵做标准化处理。

根据式(5-13)对样本矩阵做标准化处理。

$$X^* = \begin{bmatrix} 0.311 & -0.609 & -0.995 & 0.269 & -0.461 & 0.787 & 0.153 & -0.401 & 0.820 \\ -0.334 & -1.088 & -0.816 & -0.334 & -0.581 & -0.124 & -0.911 & -0.534 & -0.109 \\ 0.613 & -0.648 & 0.921 & -0.994 & -1.931 & -0.026 & -0.911 & -0.401 & -1.984 \\ -1.387 & 0.542 & 0.964 & 0.948 & 1.131 & 0.429 & 1.175 & 0.736 & 0.389 \\ -1.452 & -0.738 & 0.676 & -0.028 & 0.528 & -0.481 & -0.102 & -0.317 & 0.423 \\ 0.810 & -0.868 & 0.468 & -0.093 & 0.673 & -1.392 & -1.123 & -0.586 & -0.286 \\ 1.113 & -0.428 & 0.553 & -1.347 & 0.504 & 0.202 & -1.206 & -1.009 & 0.229 \\ -1.071 & 1.757 & 0.945 & 0.873 & 1.276 & -1.750 & 1.217 & 2.368 & -1.334 \\ 1.126 & 1.020 & -1.3538 & -1.078 & -0.870 & 0.917 & 0.494 & -0.534 & 1.386 \\ 0.271 & 1.059 & -1.3632 & 1.784 & -0.268 & 1.438 & 1.217 & 0.695 & 0.465 \end{bmatrix}$$

Step2：求矩阵 X^* 的相关系数矩阵。

根据式(5-14)可得矩阵 X^* 的相关系数矩阵为

$$R = \begin{bmatrix} 1 & -0.170 & -0.411 & -0.548 & -0.531 & 0.307 & -0.484 & -0.590 & 0.118 \\ -0.170 & 1 & -0.099 & 0.484 & 0.295 & 0.085 & 0.847 & 0.780 & 0.057 \\ -0.411 & -0.099 & 1 & -0.106 & 0.438 & -0.668 & -0.173 & 0.238 & -0.630 \\ -0.548 & 0.484 & -0.106 & 1 & 0.431 & 0.067 & 0.756 & 0.720 & 0.053 \\ -0.531 & 0.295 & 0.438 & 0.431 & 1 & -0.473 & 0.325 & 0.484 & 0.119 \\ 0.307 & 0.085 & -0.668 & 0.067 & -0.473 & 1 & 0.245 & -0.311 & 0.599 \\ -0.484 & 0.847 & -0.173 & 0.756 & 0.325 & 0.245 & 1 & 0.782 & 0.235 \\ -0.590 & 0.780 & 0.238 & 0.720 & 0.484 & -0.311 & 0.782 & 1 & -0.328 \\ 0.118 & 0.057 & -0.630 & 0.053 & 0.119 & 0.599 & 0.235 & -0.328 & 1 \end{bmatrix}$$

Step3：求 R 的特征值并排序。

根据雅可比法可求 R 的特征值并排序，如下：

$\lambda = (3.873 \quad 2.648 \quad 1.059 \quad 0.682 \quad 0.411 \quad 0.264 \quad 0.050 \quad 0.013 \quad 0.0000579)'$

Step4：计算主成分的贡献率和累积贡献率，确定主成分个数。

根据式(5-15)和式(5-16)计算主成分的贡献率和累积贡献率，见表5-4所示。

表 5-4　主成分的贡献率和累积贡献率

贡献率	43.037	29.423	11.766	7.572	4.569	2.933	0.558	0.142	0.001
累积贡献率	43.037	72.460	84.226	91.797	96.366	99.300	99.857	99.999	100

从表 5-4 可以看出前四个主成分累积贡献率为 91.797%，满足一般选取主成分条件，故该案列选取前四个主成分。

Step5：计算主成分荷载（表 5-5）。

表 5-5　主成分荷载

标准化变量	人口结构	基础设施	地理结构	城市绿化	物质还原	资源配置	生产效率	城市文明	可持续性
主成分一荷载	−0.368	0.370	0.137	0.405	0.336	−0.136	0.421	0.482	−0.065
主成分二荷载	−0.146	−0.235	0.529	−0.182	0.161	−0.525	−0.316	0.025	−0.456
主成分三荷载	−0.326	−0.352	0.045	0.059	0.565	−0.030	−0.094	−0.280	0.598
主成分四荷载	0.548	0.498	0.046	−0.393	0.418	−0.256	−0.013	0.032	0.231

从表 5-5 可以看出主成分一荷载在标准化指标变量 x_4^*，x_7^*，x_8^* 有较大的正荷载，即当 x_4^*，x_7^*，x_8^* 增大时，y_1 也增大，y_1 对 x_4^*，x_7^*，x_8^* 有较大代表性；主成分二荷载在标准化指标变量 x_3^* 有较大的正荷载，在标准化指标变量 x_6^* 有较大的负荷载，即 x_3^* 增大时，y_2 增大，x_6^* 增大时，y_2 减小。主成分三荷载在标准化指标变量 x_5^*，x_9^* 有较大的正荷载，主成分四荷载在标准化指标变量 x_1^*，x_2^*，x_5^* 有较大的正荷载。这四个主成分荷载较好地代表了原 9 个指标变量。

Step6：计算样本前四个主成分得分，评估样本，见表 5-6。

表 5-6　样本主成分得分

地区	第一主成分得分	第二主成分得分	第三主成分得分	第四主成分得分	前四主成分得分
徐州	3.933	1.494	−0.978	0.722	5.171
张家港	2.372	−0.160	0.902	−0.357	2.757
连云港	0.362	0.917	1.426	−0.688	2.017
扬州	−0.914	1.66	0.577	0.637	1.960
泰州	−1.906	0.703	0.547	1.1462	0.49
常州	−1.338	0.228	0.28	−0.873	−1.703
无锡	−0.814	−1.399	0.391	−0.504	−2.326
苏州	1.36	−2.711	−0.643	−0.453	−2.447
南京	−1.215	−2.348	−0.438	1.185	−2.816
镇江	−1.839	1.616	−2.064	−0.816	−3.103

从表 5-6 可以看出考虑前四个主成分总得分,排名前三的是徐州、张家港和连云港,排名后三的是苏州、南京和镇江。

5.4.3 省(市)区初始水量权差别化配置中的投影寻踪法应用

面对日益突出的水资源问题,我国提出要实行最严格的水资源管理制度,明确省(市)区初始水量权是落实最严格水资源管理制度的重要途径和技术支撑。省(市)区初始水量权配置需要综合考虑资源、经济、社会、生态环境等各方面的因素,是一个多原则量化的多指标(高维)混合配置过程,故可采用投影寻踪法用于获得省(市)区初始水量权的配置量。现构建用水效率多情景约束下省(市)区初始水量权差别化配置指标体系,如图 5-1 所示。

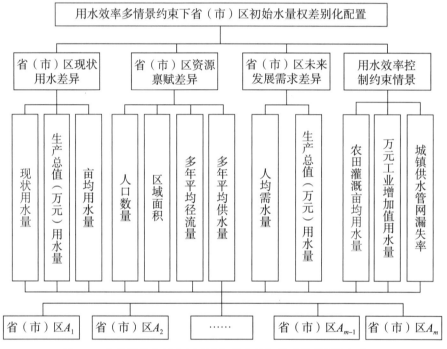

图 5-1 多情景约束下省(市)区初始水量权差别化配置指标体系

用水总量控制下的省(市)区初始水量权差别化配置指标值见表 5-7。

表 5-7 用水总量控制下的省(市)区初始水量权差别化配置指标值

配置指标	江苏省	浙江省	上海市	属性
现状用水量(亿 m^3)	188.20	51.40	109.70	效益型
人均用水量(m^3)	0.52	0.52	0.72	适中型
亩均用水量(m^3)	14.00	12.10	10.80	适中型
人口数量(万人)	2453.31	1165.07	2296.01	效益型

(续表)

配置指标	江苏省	浙江省	上海市	属性
区域面积(km^2)	19399	12093	5178	效益型
多年平均径流量(亿 m^3)	66.00	72.80	20.10	效益型
多年平均供水量(亿 m^3)	164.57	59.40	112.10	效益型
人均需水量(m^3)	778	612	668	成本型
生产总值(万元)需水量(m^3)	66	69	48	成本型

太湖流域规划年各省(市)区用水效率控制约束指标值设置,如表 5-8 所示。

表 5-8 太湖流域规划年各省(市)区用水效率控制约束指标值设置

情景类别	行政区划	各省(市)区用水效率控制约束指标值设置		
		水田亩均灌溉水量(m^3)	万元工业增加值用水量(m^3)	城镇供水管网漏失率(%)
属性		成本型	成本型	成本型
WECS1 (弱约束)	江苏省	[393.64, 413.83]	[42.93, 45.13]	[11.70, 12.30]
	浙江省	[383.65, 403.32]	[19.42, 20.41]	[10.73, 11.28]
	上海市	[364.24, 382.91]	[40.49, 42.56]	[7.80, 8.20]
WECS2 (中约束)	江苏省	[354.28, 393.64]	[38.63, 42.93]	[10.53, 11.70]
	浙江省	[345.28, 383.65]	[18.45, 19.42]	[9.65, 10.73]
	上海市	[327.81, 364.24]	[36.44, 40.49]	[7.02, 7.80]
WECS3 (强约束)	江苏省	[311.77, 354.28]	[34.00, 38.63]	[9.27, 10.53]
	浙江省	[303.85, 345.28]	[17.52, 18.45]	[8.49, 9.65]
	上海市	[288.47, 327.81]	[32.06, 36.44]	[6.18, 7.02]

注:考虑到太湖流域所辖省(市)区的水田较多,用水田亩均灌溉水量指标替换农田亩均灌溉水量指标。

综合表 5-7 和表 5-8 中基础数据,可得本研究所需的三个情景下 12 个配置指标的基础数据。下面对 WECS1 情境进行分析。

Step1:配置指标值的无量纲化处理。

根据区间数的运算法则,配置指标值的无量纲化处理公式如下:

$$\begin{cases} y_{ij}^- = x_{ij}^- \Big/ \sqrt{\sum_{i=1}^{m}(x_{ij}^+)^2} \\ y_{ij}^+ = x_{ij}^+ \Big/ \sqrt{\sum_{i=1}^{m}(x_{ij}^-)^2} \end{cases} \quad j \in J_1 \quad (5\text{-}26)$$

$$\begin{cases} y_{ij}^- = (1/x_{ij}^+) \Big/ \sqrt{\sum_{i=1}^{m}(1/x_{ij}^-)^2} \\ y_{ij}^+ = (1/x_{ij}^-) \Big/ \sqrt{\sum_{i=1}^{m}(1/x_{ij}^+)^2} \end{cases} \quad j \in J_2 \quad (5\text{-}27)$$

由式(5-26)和式(5-27)可得 WECS1 情境下规范化指标矩阵如下：

$$X_1 = \begin{bmatrix} 0.84 & 0.76 & 0.41 & 0.69 & 0.83 & 0.66 & 0.79 & 0.50 & 0.51 & [0.53, 0.59] & [0.36, 0.40] & [0.45, 0.50] \\ 0.23 & 0.44 & 0.18 & 0.33 & 0.52 & 0.73 & 0.29 & 0.64 & 0.49 & [0.54, 0.60] & [0.79, 0.88] & [0.49, 0.54] \\ 0.49 & 0.48 & 0.89 & 0.65 & 0.22 & 0.20 & 0.54 & 0.58 & 0.70 & [0.57, 0.63] & [0.38, 0.42] & [0.68, 0.75] \end{bmatrix}$$

Step2：确定下限投影指标函数最佳投影方向及投影值。

对 50 个下限投影指标函数最大值的运行结果，从大到小依次进行有效性判别，直到获取通过有效性判别的下限目标函数值为止。判别过程如表 5-9 所示。

表 5-9　下限目标函数值有效性判别过程

运行结果	一维投影值 $(Z^-_{i_1})_{s_1}$	迭代次数	是否通过判别	理由
34.331	(0.0347, 0.4511, −0.6857)	3	否	未通过判别条件 1、2
33.920	(1.0546, 0.1179, 1.1580)	4	否	未通过判别条件 1
33.815	(0.7765, 0.0947, 1.2205)	4	否	未通过判别条件 1
33.637	(1.1229, 0.1335, 1.1209)	4	否	未通过判别条件 1
33.598	(0.8834, 0.1590, 1.2691)	6	否	未通过判别条件 1
33.523	(0.2665, −0.1237, 0.9861)	4	否	未通过判别条件 2
33.383	(0.5466, −0.0070, 1.1128)	4	否	未通过判别条件 2
33.031	(1.3976, 0.3137, 1.0711)	7	是	通过判别条件 1、2

通过表 5-9 可知，均通过有效性判别条件 1 和条件 2 的最佳投影值为 $((Z^-_{11})^*_{s_1}, (Z^-_{21})^*_{s_1}, (Z^-_{31})^*_{s_1}) = (1.398, 0.313, 1.071)$，其对应的最佳投影方向为 $(a_1)^*_{s_1} = (0.551, 0.264, 0.331, 0.350, 0.188, -0.066, 0.479, -0.100, 0.059, -0.001, -0.335, 0.014)$。

判别条件 1：衡量 "省(市)区对"（任意两个省(市)区）的一维投影值与其判别指标值之间的匹配程度，对投影值 $(Z^-_i)^*_{s_1}$ 进行程度性判别，构建判别准则如下：

$$\begin{cases} \gamma_{\min} \cdot \gamma_{(A_{i_1}, A_{i_2})} \leqslant \gamma_{((Z^-_{i_1})^*_{s_1}, (Z^-_{i_2})^*_{s_1})} \leqslant \gamma_{\max} \cdot \gamma_{(A_{i_1}, A_{i_2})} \\ \gamma_{((Z^-_{i_1})^*_{s_1}, (Z^-_{i_2})^*_{s_1})} \geqslant 1 \Rightarrow (Z^-_{i_1})^*_{s_1} \geqslant (Z^-_{i_2})^*_{s_1} \\ i_1, i_2 = 1, 2, \cdots, n; i_1 \neq i_2 \end{cases} \quad (5-28)$$

其中，$\gamma_{((Z^-_{i_1})^*_{s_1}, (Z^-_{i_2})^*_{s_1})}$ 是 "省(市)区对"(A_{i_1}, A_{i_2}) 的一维投影值的比例系数；$\gamma^{\pm} = [\gamma_{\min}, \gamma_{\max}]$ 是代表匹配程度优劣的程度性判别阈值区间数，需根据流域及各省(市)区的特点分析，并通过专家咨询予以确定；$\gamma_{(A_{i_1}, A_{i_2})}$ 是省(市)区 i_1 和省(市)区 i_2 社会经济指标加权综合值的比例系数，具体指标包括现状用水量、人口数量、区域面积、人均需水量、生产总值（万元）需水量等；式 $\gamma_{((Z^-_{i_1})^*_{s_1}, (Z^-_{i_2})^*_{s_1})} \geqslant 1 \Rightarrow (Z^-_{i_1})^*_{s_1} \geqslant (Z^-_{i_2})^*_{s_1}$ 表示若 $\gamma_{((Z^-_{i_1})^*_{s_1}, (Z^-_{i_2})^*_{s_1})} \geqslant 1$，则省(市)区 i_1 的投影值 $(Z^-_{i_1})^*_{s_1}$ 不小于省(市)区 i_2

的投影值 $(Z_{i\iota'}^-)_{s_1}^*$。

判别条件 2：由于各个省（市）区都有获得生产用水、建筑业和第三产业用水等一系列保障经济社会发展用水的权利，故规划年 t 任意省（市）区 i 的一维投影值应满足正性约束，即 $(Z_{it}^-)_{s_1}^* \geqslant 0$，同时，这也是维持生产连续性的必要条件。

Step3：确定上限投影目标函数最佳投影方向及投影值。

对 50 个上限投影目标函数最大值的运行结果，从大到小依次进行有效性判别，直到获取均通过判别条件的最佳投影值为止，即 $((Z_{11}^+)_{s_1}^*, (Z_{21}^+)_{s_1}^*, (Z_{31}^+)_{s_1}^*) = (1.431, 0.336, 1.116)$，其对应的最佳投影方向为 $(a_1)_{s_1}^{**} = (0.551, 0.264, 0.334, 0.352, 0.188, -0.066, 0.480, -0.041, 0.084, 0.000, -0.335, 0.015)$。

Step4：确定各省（市）区的初始水量权差别化配置比例区间量。

WECS1 情境下江苏省、浙江省、上海市初始水量权配置的最佳投影值 $([(Z_{i1}^-)_{s_1}^*, (Z_{i1}^+)_{s_1}^*])_{i=1}^3 = ([1.398, 1.431], [0.313, 0.336], [1.071, 1.116])$。

习 题

1. 已知 15 条河流水质量各指标的数据见表 5-10。其中含氧量越高越好；pH 越接近 7 越好；细菌总数越少越好；植物性营养物量介于 10~20 之间最佳。请利用 TOPSIS 法分析下列 15 条河流的水质情况。如果考虑到三个指标的权重分别为 1/3、2/9 和 4/9，则 15 条河流的评价情况发生了怎样的变化？

表 5-10　15 条河流水质量各指标的数据

河流	含氧量/ppm	pH	细菌总数（个/毫升）	植物性营养物量/ppm
1	4.69	6.59	51	11.94
2	2.03	7.86	19	6.46
3	9.11	6.31	46	8.91
4	8.61	7.05	46	26.43
5	7.13	6.50	50	23.54
6	2.39	6.78	38	24.63
7	7.69	6.94	27	6.01
8	9.30	7.03	5	31.57
9	5.45	7.62	17	18.46
10	6.19	7.27	9	7.65
11	7.93	7.53	23	6.52

(续表)

河流	含氧量/ppm	pH	细菌总数(个/毫升)	植物性营养物量/ppm
12	4.40	7.28	17	25.30
13	7.46	8.24	32	14.42
14	2.01	5.55	47	26.31
15	2.04	6.40	23	17.91

2. 某市为了全面分析机械类 14 个企业的经济效益，选择了 8 个不同的指标，具体数据如表 5-11 所示。试问：

(1) 可以提取几个主成分？为什么？

(2) 写出主成分的表达式。

(3) 对主成分的意义作一个较合理的解释。

表 5-11　机械类 14 个企业的经济效益指标　　　　　　　　单位:%

企业	净产值利润率	固定资产利润率	总资产利润率	销售收入利润率	产品成本利润率	物耗利润率	人均利润率	流动资金利润率
1	40.4	24.7	7.2	6.1	8.3	8.7	2.442	20.0
2	25.0	12.7	11.2	11.0	12.9	20.2	3.542	9.1
3	13.2	3.3	3.9	4.3	4.4	5.5	0.578	3.6
4	22.3	6.7	5.6	3.7	6.0	7.4	0.176	7.3
5	34.3	11.8	7.1	7.3	8.0	8.9	1.726	27.5
6	35.6	12.5	16.4	16.7	22.8	29.3	3.017	26.6
7	22.0	7.8	9.9	10.2	12.6	17.8	0.874	10.6
8	48.4	13.4	10.9	9.9	10.9	13.9	1.772	17.8
9	40.6	19.1	19.8	19.0	29.7	39.6	2.449	35.8
10	26.4	8.0	9.8	8.9	11.9	16.2	0.789	13.7
11	12.5	9.7	4.2	4.2	4.6	6.5	0.875	3.9
12	18.2	0.6	0.7	0.7	0.8	1.1	0.056	1.0
13	32.3	13.9	9.4	8.3	9.8	13.2	2.126	17.1
14	38.5	9.1	11.3	9.5	12.2	16.3	1.327	11.6

3. 水资源压力是指某一区域为了满足人类生存发展需求及维持整个社会经济活动正常运行而对水资源产生的数量上的压力。已知某省的各地市水资源压力评价指标体系及相应数据如表 5-12 所示。现要求计算出该省水资源压力指标的最优投影方向，并对各地市的水资源压力进行排序。

表 5-12　某省的各地市水资源压力评价指标体系及相应数据

评价指标	A市	B市	C市	D市	E市	F市	G市	H市	I市	J市	K市
人均水资源(立方米/人)	107	205	212	266	376	360	529	179	266	199	265
水资源密度(立方米/公顷)	542	462	618	629	898	519	657	433	503	413	669
耕地面积(公顷)	13.2	37.7	6.9	34.7	19.4	36.9	65.3	53.1	36.4	49.5	55.3
人口(万人)	347	318	131	328	223	153	312	507	309	419	360
GDP(亿元)	1468	579	354	682	528	435	315	654	568	755	692
新鲜用水量占供水量之比(%)	86	93	75	89	88	93	96	98	95	95	100
地下取水量占总供水量之比(%)	50	69	27	46	57	55	54	51	65	49	73
第一产业用水量占总供水量之比(%)	28	54	11	43	30	65	68	63	67	64	75
第一产业单位用水量的GDP(元/立方米)	10	10	24	17	25	12	10	8	9	9	11
第二产业单位用水量的GDP(元/立方米)	327	233	217	339	245	435	196	386	300	434	226
第三产业单位用水量的GDP(元/立方米)	292	263	303	296	228	367	223	217	241	243	237

参考文献

赖明勇，林正龙，孙枫林，1994. 国际市场预测与决策[M]. 成都：电子科技大学出版社.

刘增良，1998. 模糊技术与应用选编：3[M]. 北京：北京航空航天大学出版社.

余继峰，张涛，宋召军，2019. 数学地质方法与应用[M]. 徐州：中国矿业大学出版社.

高爽，2019. 主成分分析：BP 神经网络法在漳河水质评价中的联合应用[D]. 邯郸：河北工程大学.

马慧慧，2016. Stata 统计分析与应用[M]. 3 版. 北京：电子工业出版社.

王和勇，2018. 面向大数据的高维数据挖掘技术[M]. 西安：西安电子科技大学出版社.

林强，2019. 机器学习、深度学习与强化学习[M]. 北京：知识产权出版社.

张连蓬，2003. 基于投影寻踪和非线性主曲线的高光谱遥感图像特征提取及分类研究[D]. 青岛：山东科技大学.

田铮，林伟，等，2008. 投影寻踪方法与应用[M]. 西安：西北工业大学出版社.

李建鹃，洪伟，林晗，等，2009. 主成分分析和投影寻踪法在雷公藤优树选择中的应用[J].

西南林学院学报(3)：26-30.

陈健，孙济庆，吉久明，2014. 基于定量方法的外国教学参考书评价研究[J]. 图书馆论坛(3)：34-39+33.

李如意，束龙仓，鲁程鹏，等，2018. 济宁市水资源承载能力评价方法的应用与对比[J]. 水资源保护，34(6)：65-70.

许国根，贾瑛，2012. 模式识别与智能计算的 MATLAB 实现[M]. 北京：北京航空航天大学出版社.

刘爱兰，刘振忠，2010. 基于主成分分析的江苏省城市生态发展水平分析[J]. 四川文理学院学报，20(2)：70-72.

张丽娜，2018. 太湖流域初始水权量质耦合配置研究[M]. 南京：河海大学出版社.

胡启洲，张卫华，2010. 区间数理论的研究及其应用[M]. 北京：科学出版社.

谢中华，2015. MATLAB 统计分析与应用：40 个案例分析[M]. 2版. 北京：北京航空航天大学出版社.

主成分分析和投影寻踪介绍

第三篇 科学评价篇

- 第6章 层次分析法与网络层次分析法
- 第7章 模糊综合评价决策方法
- 第8章 灰色决策方法
- 第9章 DEA评价方法
- 第10章 其他常用的科学评价决策方法

第 6 章
层次分析法与网络层次分析法

学习目标:
1. 掌握 AHP 及求解;
2. 掌握 ANP 及求解;
3. 能够结合实际问题建立 AHP 评价模型和 ANP 评价模型。

层次分析法(Analytic Hierarchy Process,AHP)是美国著名的运筹学家萨蒂教授在 20 世纪 70 年代提出的,是一种将决策者的定性判断和定量计算有效结合起来的决策分析方法。层次分析法因有着定性与定量相结合地处理各种决策因素的特点,以及系统灵活简便实用的优点,迅速地在我国社会经济各个领域中得到了广泛的重视和应用,如企业发展战略选择、能源系统分析、城市规划、生态环境评价、医疗健康分析等。但 AHP 只考虑了上层次元素对下层次元素的支配作用,且同一层次中的元素被认为是彼此独立的,所以它在解决复杂问题时有一定的局限性。因为现实生活中的绝大部分决策问题中,元素集之间、元素集内部并不是彼此独立的,而是存在着相互作用、反馈及依赖性。因此,萨蒂教授在 1996 年基于 AHP 又提出了网络层次分析法(Analytic Network Process,ANP)的理论与方法,它是复杂化的 AHP,可应用在更加广泛的领域中。网络层次分析法采用灵活的网络结构,既可以是由纯粹元素集组成的网络结构,也可以是网络结构与递阶层次结构的集合体,适用于绝大部分的现实复杂问题。本章将介绍 AHP 和 ANP 的相关概述、建模求解步骤以及在实例中的应用。

6.1 AHP 及求解

6.1.1 AHP 概述

运用 AHP 进行决策时,它会把问题层次化,即把复杂问题中的各种因素通过划分为互相联系的有序层次,使之条理化,形成一个多层次的分析结构模型。AHP 把人的思维过程层次化、数量化，并用数学为分析、决策、预报或控制提供定量的依据。首先，把专家意见和分析者的客观判断结果有效结合起来；其次，定量描述同一层次的元素进行两两比较的重要性；再次，利用数学方法计算出某一层次对于上一层次某一个元素的相对重要性权值；最后，在此基础上，用上一层次因素本身的权值加权综合，即可计算出层次总排序权值。总之，AHP依次按照由上而下的顺序，就可以计算出最低层因素相对于最高层因素的相对重要性权值或相对优劣次序的排序值。

6.1.2 AHP模型构建

本节用一个简单例子来说明AHP的步骤。假设某厂要扩大规模，新建一个厂房，现在需要对新厂房进行选址，选址主要考虑交通便利程度、租金价格和厂房面积3个因素。备选地址有M_1、M_2、M_3。M_1交通比较便利，租金一般，厂房面积较大；M_2交通很便利，租金贵，厂房面积小；M_3交通不便利，租金很便宜，厂房面积大。该工厂想选择一个相对交通便利、租金合理、厂房面积大一些的新厂址。

运用AHP对该问题进行决策时，决策步骤大致可分为以下4步进行：①分析系统中各因素之间的关系，建立系统的递阶层次结构；②对同一层次的各元素关于上一层次中某一准则的重要性进行两两比较，构造两两比较判断矩阵；③由判断矩阵计算被比较元素对于该准则的相对权重；④计算各层元素对系统目标的合成权重，并进行排序。

1. 建立层次结构

应用AHP解决问题时，首先要把问题条理化、层次化，构造出一个层次分析结构模型。在这个结构模型中，复杂问题被分为不同的元素，然后，这些元素又根据其属性和关系形成若干个不同的层次，上一层次的元素作为准则对下一层次的相关元素存在着支配关系。这些层次一般分有三个大类。第一，目标层：这一层只有一个元素，它表示解决问题的目的，即应用AHP所要达到的目标；第二，准则层：实现预定目标所涉及的中间环节，它可以由若干个层次组成，包括所有需要考虑的指标层、子指标层；第三，方案层：表示解决问题的具体方案、各种措施等。

另外，各个层次之间的支配关系并不一定是完全的，即上一层某一元素，不完全支配下一层的所有元素，而是仅支配其中的部分元素。这种自上而下的支配关系所形成的层级结构，称为递阶层级结构。

如图6-1所示，就是一个典型的递阶层级结构示例。

例如，在厂房选址的例子中，该问题的递阶层级结构可用图6-2来表示。.

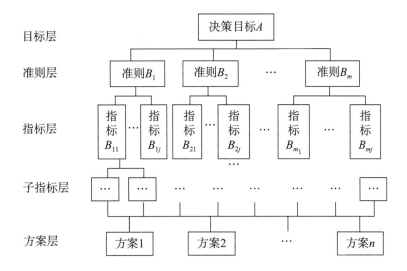

图 6-1 典型的递阶层级结构示例

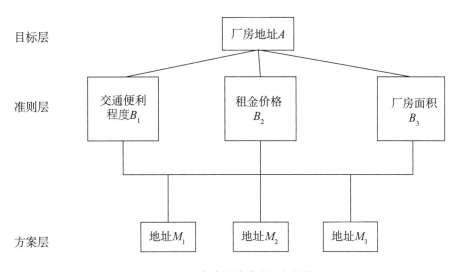

图 6-2 厂房选址的递阶层级结构

2. 构造两两比较的判断矩阵

建立了递阶层级结构后,上下层次元素之间的支配关系就确定了。接下来就是要确定各个层次元素的权重。假定以上一层次元素 C 为准则,所支配的下一层次的元素为 $u_1, u_2, \cdots, u_n$,通过两两比较构造判断矩阵。决策者要反复确认的是:针对准则 C,两个元素 u_i 和 u_j 哪一个更重要,并按五标度法或九标度法对重要程度赋值。相对来说,九标度法的运用更为普遍,九标度法的含义如表 6-1 所示。

表 6-1　九标度法的含义

u_{ij} 的取值	含义
1	元素 i 和元素 j 相比，元素 i 和元素 j 同等重要
3	元素 i 和元素 j 相比，元素 i 稍微重要
5	元素 i 和元素 j 相比，元素 i 比较重要
7	元素 i 和元素 j 相比，元素 i 十分重要
9	元素 i 和元素 j 相比，元素 i 绝对重要
2, 4, 6, 8	上述相邻判断的中间值
倒数	若元素 i 与元素 j 的重要性之比为 u_{ij}，那么元素 j 与元素 i 重要性之比为 $u_{ji}=1/u_{ij}$

对于准则 C，n 个被比较元素构成一个两两比较判断矩阵：

$$U=(u_{ij})_{n\times n}=\begin{bmatrix} u_{11} & u_{12} & \cdots & u_{1n} \\ u_{21} & u_{22} & \cdots & u_{2n} \\ \vdots & \vdots & & \vdots \\ u_{n1} & u_{n2} & \cdots & u_{nn} \end{bmatrix}$$

其中，u_{ij} 就是元素 u_i 和 u_j 相对于准则 C 的重要性比例标度。

假设三个准则（B_1，B_2，B_3）是关于决策目标 A 的优先顺序为交通便利程度、租金价格和厂房面积；对准则交通便利程度 B_1、租金价格 B_2、厂房面积大小 B_3，以及地址 M_1、M_2 和 M_3 来说，其判断矩阵见表 6-2 所示。

表 6-2　各层次判断矩阵

新工厂选址 A				交通便利程度 B_1			
准则	B_1	B_2	B_3	地址	M_1	M_2	M_3
B_1	1	4	3	M_1	1	3/5	3
B_2	1/4	1	1/3	M_2	5/3	1	5
B_3	1/3	3	1	M_3	1/3	1/5	1
租金价格 B_2				厂房面积大小 B_3			
地址	M_1	M_2	M_3	地址	M_1	M_2	M_3
M_1	1	3/5	3	M_1	1	3	2/5
M_2	5/3	1	6	M_2	1/3	1	1/5
M_3	1/3	1/6	1	M_3	5/2	5	1

3. 单一准则下元素相对权重的计算

这一步要确定 n 个元素对于准则 C 的相对权重。相对权重可以写成向量形式，即 $\boldsymbol{\omega}=(\omega_1,\omega_2,\cdots,\omega_n)^{\mathrm{T}}$。除了计算权重值，还要进行判断矩阵的一致性检验。判断矩阵是计算排序权重向量的依据,所以不能出现"A 比 B 极端重要,B 比 C 极端重要,C 比 A 极端重要"的矛盾结果。因此,要求判断矩阵具有一致性。

根据判断矩阵计算相对权重 $\omega_1, \omega_2, \cdots, \omega_n$,可以采用和法、根法、特征根法和最小平方法等方法进行计算。常用计算方法为和法和根法,其计算公式分别如式(6-1)和式(6-2)所示。

$$\omega_i = \frac{1}{n}\sum_{j=1}^{n}\left(u_{ij}\bigg/\sum_{k=1}^{n}u_{kj}\right), \quad i=1,2,\cdots,n \tag{6-1}$$

$$\omega_i = \left(\prod_{j=1}^{n}u_{ij}\right)^{1/n}\bigg/\sum_{k=1}^{n}\left(\prod_{j=1}^{n}u_{kj}\right)^{1/n}, \quad i=1,2,\cdots,n \tag{6-2}$$

对判断矩阵 U 进行一致性检验,步骤如下。

Step1:计算一致性指标 $C.I.$(Consistency Index),其计算公式为

$$C.I. = \frac{\lambda_{\max} - n}{n-1} \tag{6-3}$$

计算矩阵的最大特征根 $\lambda_{\max}$ 的公式为

$$\lambda_{\max} = \frac{1}{n}\sum_{i=1}^{n}\frac{(U\omega)_i}{\omega_i} = \frac{1}{n}\sum_{i=1}^{n}\left(\sum_{j=1}^{n}u_{ij}\omega_j\bigg/\omega_i\right) \tag{6-4}$$

其中,$(U\omega)_i$ 表示向量 $U\omega$ 的第 i 个分量。

Step2:查找平均随机一致性指标 R.I.(*Random Index*)。表 6-3 的 R.I. 矩阵阶数表是 1—12 阶正反矩阵计算 1000 次得到的平均随机一致性指标。

表 6-3 *R.I.* 矩阵阶数表

矩阵阶数	1	2	3	4	5	6
R.I.	0	0	0.52	0.89	1.12	1.26
矩阵阶数	7	8	9	10	11	12
R.I.	1.36	1.41	1.46	1.49	1.52	1.54

Step3:计算一致性比例 $C.R.$(Consistency Ratio),计算公式如下:

$$C.R. = \frac{C.I.}{R.I.} \tag{6-5}$$

当 $C.R. < 0.1$ 时,判断矩阵通过一致性检验;当 $C.R. \geqslant 0.1$ 时,则应该对判断矩阵作适当的修正。另外,因为一阶、二阶矩阵的 $R.I. = 0$,所以一阶、二阶矩阵的 $C.R. = 0$。

Step4:计算各层次元素对目标层的合成权重。合成权重,即各个元素对总目标的相对权重,特别是最低层次中各个方案对目标的排序权重。根据合成权重的结果来进行决策。合成权重的计算是自上而下的,将单准则下的权重进行合成,并逐步进行总的一致性检验。

层次总排序是指同一层次所有因素对于最高层次(目标层)相对重要性的排序权值。

这一计算过程是最高层次到最低层次逐层进行的。假设上一层次 A 包含 n 个指标 A_1，A_2，…，A_n，其层次总排序权值分别为 a_1，a_2，…，a_n；下一层次 B 对应 A_i 指标下的子指标有 m 个，分别为 B_{i1}，B_{i2}，…，B_{im}，那么 B 层次的指标 B_{ij} 相对于目标层的合成权重为 $\omega_{ij}=a_i \cdot b_{ij}(i=1,2,\cdots,n;j=1,2,\cdots,m)$。

Step5：对层次总排序进行一致性检验。层次总排序的一致性检验也是从高到低进行的。即若 B 层次某些因素对于 A_i 单排序的一致性指标为 $C.I._i$，则相应的平均随机一致性指标为 $R.I._i$，那么 B 层次总排序随机一致性比例为

$$C.R. = \sum_{i=1}^{n} a_i C.I._i \Big/ \sum_{i=1}^{n} a_i R.I._i \tag{6-6}$$

当 $C.R.<0.1$ 时，层次总排序通过一致性检验；当 $C.R.\geqslant 0.1$ 时，则应该对判断矩阵的元素取值作适当的修正。

对于新工厂选址问题，首先利用和法公式求得各个判断矩阵相对权重，其次求各个判断矩阵的最大特征根，再次进行一致性检验，最后进行合成权重的计算和一致性检验，得到的结果如表 6-4 所示。

表 6-4 合成权重的计算和一致性检验结果

判断矩阵	ω^T	$\lambda_{\max}$	C.I.	R.I.	C.R.	一致性检验
G	0.6080	3.0741	0.0371	0.52	0.0713	通过
	0.1199					
	0.2721					
B_1	0.3333	3.0646	0.0323	0.52	0.0622	通过
	0.4074					
	0.1111					
B_2	0.3243	3.0037	0.0018	0.52	0.0036	通过
	0.5739					
	0.1018					
B_3	0.2814	3.0183	0.0092	0.52	0.0176	通过
	0.1077					
	0.6109					

4. 计算方案的总得分，选择最优方案

将合成权重 ω_{ij} 表示成一个序列，记为 ω。那么，合成后第 j 项指标权重为 ω_j，再将第 k 个方案的第 j 个指标值进行规范化处理后的指标值表示为 y_{kj}，则各个方案的总得分如表 6-5 所示。

表 6-5　各个方案的总得分

方案	指标合成权重及规范化值				B 层次总排序权值
	W_1	W_2	...	W_n	
1	y_{11}	y_{12}	...	y_{1n}	$\sum_{j=1}^{n} W_j y_{1j} = v_1$
2	y_{21}	y_{22}	...	y_{2n}	$\sum_{j=1}^{n} W_j y_{2j} = v_2$
⋮	⋮	⋮	⋮	⋮	⋮
m	y_{m1}	y_{m2}	...	y_{mn}	$\sum_{j=1}^{n} W_j y_{mj} = v_m$

令 $\max\{v_1, v_2, \cdots, v_m\} = v_S$，则方案 S 为最优方案。

对新工厂选址问题的 3 个备选地址 M_1、M_2、M_3 进行方案总评分，得到表 6-6。

表 6-6　方案总评分

地址	B_1	B_2	B_3	层次总排序
	0.6080	**0.1199**	**0.2721**	
M_1	0.3333	0.3243	0.2814	0.3182
M_2	0.4074	0.5739	0.1077	0.3458
M_3	0.1111	0.1018	0.6109	0.2460

从表 6-6 中可以看到，地址 M_2 的层次总排序位居第一，从综合评价来看是最满意的备选地址。

层次分析法可以用 Excel 直接计算，也可以用专业软件 yaahp 建模计算（见本章附录）。

6.2　ANP 及求解

6.2.1　ANP 概述

在很多实际问题中，结果的影响因素是复杂多样的。例如政府采购的招标工作，需要知道各个投标因素的影响程度。投标方给出了报价、货物质量、包装运输等一级评标因素。报价还包括已支付或将支付产品税和其他税费、货物验收时的鉴定测试费、至合同约定交货地点的运费等二级评标因素。报价与货物质量、包装运输等因素之间不是互相独立的，而是互相影响的。而且二级评标因素中，至合同约定交货地点的运费会受到货物质量中人力投入、包装运输中运输方式等的影响。也就是说，各个一级指标下的二级指标之间也是互相影响的。在这种情况下,再应用多因素彼此互相独立的层次分析法进行描述显然不合适。对这类问题,系统的结构更类似于网络结构。

ANP 正是适应这种需要,在 AHP 的基础上发展而形成的一种新的实用决策方法。它是复杂化的层次分析法,能够应用在更加广泛的领域中。ANP 采用灵活的网络结构,既可以是由纯粹元素集组成的网络结构,也可以是网络结构与递阶层次结构的集合体。遇到决策问题较为复杂时,可以通过 ANP 进行网络结构的构造,其中的每个元素集都有相互影响、相互支配的可能,运用极限超矩阵进行综合分析得出其混合权重。

AHP 和 ANP 的共同点是都能够处理不易定量化变量的多准则问题,可以将定性的判断用数量的形式表达和处理。AHP 和 ANP 的不同点在于,AHP 处理的层次结构的内部元素是独立的,在同一层次间的任意两个元素不存在支配和从属关系;不相邻的两个层次之间的任意两个元素也不存在支配和从属关系,是简单的递阶层次结构。ANP 相对于 AHP 的结构更加复杂,ANP 虽然也存在递阶层次结构,但是它的层次结构之间存在循环和反馈,并且每一层次结构内部存在内部依存和相互支配的结构。ANP 弥补了层次分析法在复杂决策问题中的缺陷,在多目标决策和层级间双向反馈方面具备诸多优势,更适合于对一般社会经济系统的评估。

6.2.2　ANP 模型构建

这里以政府采购招标为例来说明网络层次分析法的分析过程。假设招标因素如表 6-7 所示。

表 6-7　招标因素

一级指标	二级指标
报价 C_1	已支付或将支付产品税和其他税费 C_{11}
	货物验收时的鉴定测试费 C_{12}
	至合同约定交货地点的运费 C_{13}
货物质量 C_2	人力 C_{21}
	财力 C_{22}
	设备 C_{23}
包装运输 C_3	包装方法 C_{31}
	运输方式 C_{32}

运用 ANP 进行决策时,大致可分为 4 个步骤:①分析系统中各因素之间的关系,构建网络层次结构;②对控制层的元素和网络层的元素组分别进行重要性比较,构建超矩阵;③对超矩阵进行加权操作,得到加权超矩阵;④计算极限超矩阵,即解加权超矩阵,得到具体权重值。

1. 构建网络层次结构

ANP 的典型结构包括控制层和网络层两大部分。控制层包括决策目标和决策准则。决策准则均被认为是彼此独立的，且只受目标元素的支配。控制层中可以没有决策准则，但至少有一个目标。控制层的结构是典型的层次分析法中的递阶层次结构，每个准则的权重均可用传统的 AHP 获得。网络层是由所有受控制层支配的元素组成的，元素之间是相互依存、相互支配的，且元素和层次间内部不独立，递阶层次结构中的每个准则支配的不是一个简单的内部独立的元素，而是一个相互依存、反馈的网络结构。在网络结构中，元素组之间的联系是通过元素组内部的元素来决定的。典型 ANP 的层次结构如图 6-3 所示，是由控制层和网络层组成的。

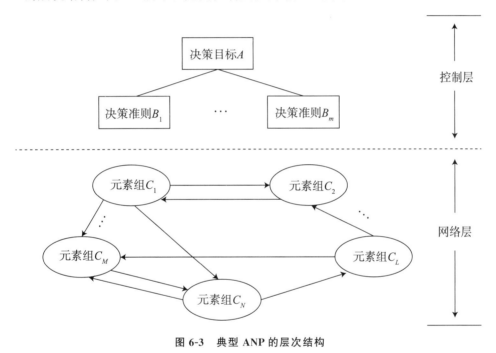

图 6-3　典型 ANP 的层次结构

例如，在政府采购招标案例中，其招标因素的网络层次分析法结构可表示为图 6-4 所示的结构。

2. 构建超矩阵

ANP 中，由于网络结构中的元素之间可能不是独立的，而是相互依存的，因此在进行元素重要性比较时，不能再采用 AHP 中两两比较构建判断矩阵的方法，而是用以下两种方式进行比较。

（1）直接优势度：给出一个准则，将两元素对于该准则的重要程度进行比较。这种比较适用于比较元素间互相独立的情形。

（2）间接优势度：给出一个准则，将两个元素在该准则下对第 3 个元素（称为次准则）的影响程度进行比较。这种方式适合比较元素间互相依存的情形。

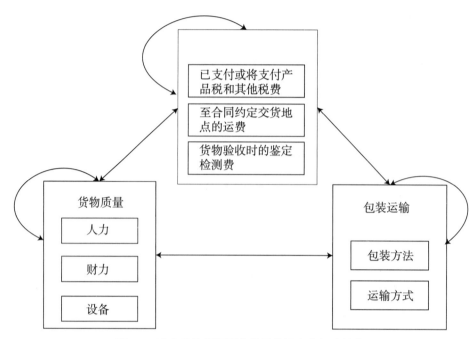

图 6-4 政府采购招标因素的网络层次分析法结构

假设网络层次分析法结构的控制层中有准则 B_1，B_2，…，B_m，在控制层下，网络层有元素集 C_1，C_2，…，C_N，其中 C_i 中有元素 e_{i1}，e_{i2}，…，e_{in}，$i = 1, 2, …, N$。将控制层中的元素 $C_P(P = 1, 2, …, m)$ 作为准则，C_j 中的 $e_{jl}(l = 1, 2, …, n_j)$ 作为次准则，把元素组 C_i 中的元素按其对 e_{jl} 的影响力大小，进行优势度两两比较，由此构建判断矩阵，从而得到归一化特征向量 $(W_{i1}, W_{i2}, …, W_{in})^T$，这也是网络元素排序向量，记为 W_{ij}，另外，它也需要进行一致性检验。

$$W_{ij} = \begin{bmatrix} W_{i1}^{(j1)} & W_{i1}^{(j2)} & \cdots & W_{i1}^{(jn_j)} \\ W_{i2}^{(j1)} & W_{i2}^{(j2)} & \cdots & W_{i2}^{(jn_j)} \\ \vdots & \vdots & & \vdots \\ W_{in_i}^{(j1)} & W_{in_i}^{(j2)} & \cdots & W_{in_i}^{(jn_j)} \end{bmatrix}$$

这里 W_{ij} 的列向量就是 C_i 中元素 e_{i1}，e_{i2}，…，e_{in_i} 对 C_j 中元素 e_{j1}，e_{j2}，…，e_{jn_j} 的影响程度排序向量。若 C_j 中元素不受 C_i 中元素的影响，则 $W_{ij} = 0$。这样最终可以获得 C_P 下超矩阵 W。

$$W = \begin{bmatrix} W_{11} & W_{12} & \cdots & W_{1N} \\ W_{22} & W_{22} & \cdots & W_{2N} \\ \vdots & \vdots & & \vdots \\ W_{N1} & W_{N2} & \cdots & W_{NN} \end{bmatrix}$$

对于政府采购招标而言，假设在 3 个元素集下，元素集之间的两两判断矩阵都如表 6-8 所示。

表 6-8　元素集之间的两两判断矩阵

元素集	C_1	C_2	C_3
C_1	1	1/7	1/3
C_2	7	1	5
C_3	3	1/5	1

接着建立不同元素集之下，元素之间的两两判断矩阵。以报价 C_1 为例，假设报价 C_1 元素集下面的 3 个因素与报价 C_1、货物质量 C_2、包装运输 C_3 相关的因素之间的两两判断矩阵如表 6-9、表 6-10、表 6-11 所示。

表 6-9　报价与报价的两两判断矩阵

C_{11}			C_{12}			C_{13}		
C_1	C_{12}	C_{13}	C_1	C_{11}	C_{13}	C_1	C_{11}	C_{12}
C_{12}	1	1/3	C_{11}	1	6	C_{11}	1	1/3
C_{13}	3	1	C_{13}	1/6	1	C_{12}	3	1

表 6-10　报价与货物质量的两两判断矩阵

C_{11}				C_{12}				C_{13}			
C_2	C_{21}	C_{22}	C_{23}	C_2	C_{21}	C_{22}	C_{23}	C_2	C_{21}	C_{22}	C_{23}
C_{21}	1	1/3	1/5	C_{21}	1	1/3	1/6	C_{21}	1	1/3	1/5
C_{22}	3	1	1/3	C_{22}	3	1	1/3	C_{22}	3	1	1/3
C_{23}	5	3	1	C_{23}	6	3	1	C_{23}	5	3	1

表 6-11　报价与包装运输的两两判断矩阵

C_{11}			C_{12}			C_{13}		
C_3	C_{31}	C_{32}	C_3	C_{31}	C_{32}	C_3	C_{31}	C_{32}
C_{31}	1	1/3	C_{31}	1	1/5	C_{31}	1	1/4
C_{32}	3	1	C_{32}	5	1	C_{32}	4	1

然后利用 yaanp 软件得到政府采购招标因素的超矩阵为

表 6-12 超矩阵

招标因素		报价 C_1			货物质量 C_2			包装运输 C_3	
		C_{11}	C_{12}	C_{13}	C_{21}	C_{22}	C_{23}	C_{31}	C_{32}
报价 C_1	C_{11}	0.0000	0.8571	0.2500	0.6530	0.7545	0.7225	0.7545	0.7235
	C_{12}	0.2500	0.0000	0.7500	0.0960	0.0919	0.1033	0.0919	0.0833
	C_{13}	0.7500	0.1429	0.0000	0.2510	0.1535	0.1741	0.1535	0.1932
货物质量 C_2	C_{21}	0.1062	0.0960	0.1062	0.0000	0.2000	0.1667	0.0738	0.0819
	C_{22}	0.2605	0.2510	0.2605	0.1667	0.0000	0.8333	0.2828	0.3431
	C_{23}	0.6333	0.6530	0.6333	0.8333	0.8000	0.0000	0.6434	0.5750
包装运输 C_3	C_{31}	0.2500	0.1667	0.2000	0.2500	0.2000	0.2000	0.0000	1.0000
	C_{32}	0.7500	0.8333	0.8000	0.7500	0.8000	0.8000	1.0000	0.0000

3. 构建加权超矩阵

在控制层准则 C_P 下，对 C_j 中的 e_{jl} 元素相对于准则进行优势度比较，从而可以得到归一化的排序列向量 $(a_{1j}, a_{2j}, \cdots, a_{nj})$，由此可以得到一个加权矩阵 A。

$$A = \begin{bmatrix} a_{11} & a_{12} & \cdots & a_{1n} \\ a_{21} & a_{22} & \cdots & \vdots \\ \vdots & \vdots & & \vdots \\ a_{n1} & a_{n2} & \cdots & a_{nn} \end{bmatrix}$$

其中，$a_{ij} \in [0, 1]$。若两个比较元素之间没有影响，则 $a_{ij} = 0$，因此可以构建加权超矩阵 $\overline{W}$，$\overline{W} = \overline{W}_{ij} = A \times W = (a_{ij} \times W_{ij})$，$(i = 1, 2, \cdots, N; j = 1, 2, \cdots, N)$。加权超矩阵的列和为 1，称为列随机矩阵。

利用 yaanp 软件得到政府采购招标因素的加权超矩阵见表 6-13 所示。

表 6-13 加权超矩阵

招标因素		报价 C_1			货物质量 C_2			包装运输 C_3	
		C_{11}	C_{12}	C_{13}	C_{21}	C_{22}	C_{23}	C_{31}	C_{32}
报价 C_1	C_{11}	0.0000	0.0714	0.0208	0.0544	0.0629	0.0602	0.0629	0.0603
	C_{12}	0.0208	0.0000	0.0625	0.0080	0.0077	0.0086	0.0077	0.0069
	C_{13}	0.0625	0.0119	0.0000	0.0209	0.0128	0.0145	0.0128	0.0161
货物质量 C_2	C_{21}	0.0768	0.0695	0.0768	0.0000	0.1447	0.1206	0.0534	0.0593
	C_{22}	0.1885	0.1816	0.1885	0.1206	0.0000	0.6029	0.2046	0.2482
	C_{23}	0.4582	0.4724	0.4582	0.6029	0.5788	0.0000	0.4655	0.4160

(续表)

招标因素		报价 C_1			货物质量 C_2			包装运输 C_3	
		C_{11}	C_{12}	C_{13}	C_{21}	C_{22}	C_{23}	C_{31}	C_{32}
包装运输 C_3	C_{31}	0.0483	0.0322	0.0386	0.0483	0.0386	0.0386	0.0000	0.1932
	C_{32}	0.1449	0.1610	0.1545	0.1449	0.1545	0.1545	0.1932	0.0000

4. 计算极限超矩阵

设加权超矩阵为 W 的元素为 w_{ij}，则 w_{ij} 的大小反映了元素 i 对元素 j 的一步优势度。i 对 j 的优势度还可以用 $\sum_{k=1}^{n} w_{ik} w_{kj}$ 得到，称为二步优势度，它就是 W^2 的元素，W^2 仍然是列归一化的。当 $W^t \equiv \lim_{k \to 0} W^t$ 存在时，W^t 的第 j 列就是在 C_P 下网络层中各元素对应元素 j 的极限相对排序向量，其数值就是加权矩阵中的对应数值。网络层次分析法赋权的核心工作，就是解超矩阵。这是一个非常复杂的计算过程，手工运算几乎不可能。实际应用中一般都用计算机软件进行，如 Super Decision、yaanp 等软件。

利用 yaanp 软件得到政府采购招标因素的极限超矩阵见表 6-14 所示。

表 6-14 极限超矩阵

招标因素		报价 C_1			货物质量 C_2			包装运输 C_3	
		C_{11}	C_{12}	C_{13}	C_{21}	C_{22}	C_{23}	C_{31}	C_{32}
报价 C_1	C_{11}	0.0566	0.0566	0.0566	0.0566	0.0566	0.0566	0.0566	0.0566
	C_{12}	0.0095	0.0095	0.0095	0.0095	0.0095	0.0095	0.0095	0.0095
	C_{13}	0.0172	0.0172	0.0172	0.0172	0.0172	0.0172	0.0172	0.0172
货物质量 C_2	C_{21}	0.0994	0.0994	0.0994	0.0994	0.0994	0.0994	0.0994	0.0994
	C_{22}	0.2803	0.2803	0.2803	0.2803	0.2803	0.2803	0.2803	0.2803
	C_{23}	0.3438	0.3438	0.3438	0.3438	0.3438	0.3438	0.3438	0.3438
包装运输 C_3	C_{31}	0.0586	0.0586	0.0586	0.0586	0.0586	0.0586	0.0586	0.0586
	C_{32}	0.1346	0.1346	0.1346	0.1346	0.1346	0.1346	0.1346	0.1346

在这个例子中，影响政府采购招标的最重要因素是货物质量中的设备，其次是货物质量中的财力和包装运输中的运输方式等。

6.3 应用案例

6.3.1 煤炭企业绿色低碳发展战略选择中的层次分析法应用

中国是煤炭消费大国。在政策大力促进传统产业转型升级、供给侧结构性改革、产业结构优化以及能源清洁引进利用的背景下，煤炭企业迎来了转型发展的重要战略机遇与挑战。煤炭工业是重要的能源支柱产业，煤炭企业是社会经济发展的微观主体，在产业转型和资源可持续利用的政策号召下，其绿色低碳转型是迫在眉睫的。但是，"煤炭企业转型方向是什么，战略是什么"仍然是目前煤炭企业亟待解决的问题。

战略选择是由多个部分组成的一个综合过程，分析煤炭企业绿色低碳发展战略的影响因素，构建定量战略计划矩阵，通过定量评价得出煤炭企业的最优战略选择，可为煤炭企业的绿色低碳转型困惑提出解决方案。企业在对可行战略进行选择的时候，首先要考虑和梳理的就是企业的外部因素和内部因素，进而分析具体因素对企业绿色低碳转型的影响，完成企业发展战略的选择。

1. 层次结构的建立

根据专家打分法，将成功的煤炭企业绿色低碳发展战略作为目标层，将煤炭企业绿色低碳发展的外部机会（简称机会）、外部威胁（简称威胁）、内部优势（简称优势）和内部劣势（简称劣势）作为准则层，将具体关键因素作为方案层，构建层次结构模型如图 6-5 所示。

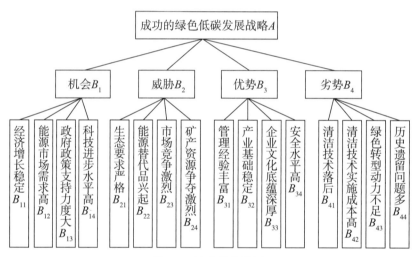

图 6-5　层次结构模型

2. 构造两两比较的判断矩阵

分别构建机会判断矩阵、威胁判断矩阵、优势判断矩阵和劣势判断矩阵，如表 6-15 所示。解题步骤为先基于判断矩阵，在 Excel 中构建 AHP 的矩阵运算模型，计算重要程度，并对排序结果进行一致性检验，确定偏离程度是否可接受，判断矩阵及检验结果。

表 6-15 判断矩阵

机会判断矩阵 U_1					威胁判断矩阵 U_2				
机会 B_1	B_{11}	B_{12}	B_{13}	B_{14}	威胁 B_2	B_{21}	B_{22}	B_{23}	B_{24}
B_{11}	1	2	5	1	B_{21}	1	5	4	2
B_{12}	1/2	1	3	1/2	B_{22}	1/5	1	1	1/3
B_{13}	1/5	1/3	1	1/5	B_{23}	1/4	1	1	1/2
B_{14}	1	2	5	1	B_{24}	1/2	3	2	1
优势判断矩阵 U_3					劣势判断矩阵 U_4				
优势 B_3	B_{31}	B_{32}	B_{33}	B_{34}	劣势 B_4	B_{41}	B_{42}	B_{43}	B_{44}
B_{31}	1	4/5	1/4	1/3	B_{41}	1	1/2	2	4
B_{32}	5/4	1	1/3	1/2	B_{42}	2	1	3	8
B_{33}	4	3	1	1	B_{43}	1/2	1/3	1	3
B_{34}	3	2	1	1	B_{44}	1/4	1/8	1/3	1

3. 单一准则下元素相对权重的计算

以机会判断矩阵 U_1 为例,利用和法可以求得式(6-1)机会中 B_{11},B_{12},B_{13},B_{14},特征向量 W,再根据式(6-4)可求得最大特征根 λ_{max},然后根据式(6-3)求得一致性指标 $C.I.$,最后根据式(6-5)得到一致性比例为 $C.R.$。

机会判断矩阵 U_1 计算过程和结果如表 6-16 所示。

表 6-16 机会判断矩阵 U_1 的计算过程和结果

机会 B_1	权重 ω^T	UW	最大特征根 λ_{max}	$C.I.$	$R.I.$	$C.R.$	一致性检验
B_{11}	0.3683	1.4746	4.0039				
B_{12}	0.1931	0.7725	4.0010	4.0042	0.0013	0.89	0.0015	通过
B_{13}	0.0704	0.2820	4.0078				
B_{14}	0.3683	1.4746	4.0039				

通过计算可得,机会判断矩阵的最大特征根 λ_{max} 约为 4.0042,一致性指标 $C.I.$ 约为 0.0013。根据表 6-3 的 $R.I.$ 矩阵阶数表,当阶数为 4 时,$R.I.=0.89$,因此,一致性比例 $C.R.$ 约为 0.0015,小于 0.1,认为判断矩阵的一致性是可以接受的,即一致性检验通过。

同理可得威胁判断矩阵 U_2、优势判断矩阵 U_3、劣势判断矩阵 U_4 的计算过程和结果,如表 6-17 所示。

表 6-17 U_2、U_3、U_4 的计算过程和结果

威胁 B_2	权重 ω^T	UW	最大特征根 λ_{max}		C.I.	R.I.	C.R.	一致性检验
B_{21}	0.5086	2.0441	4.0187					
B_{22}	0.1036	0.4152	4.0066	4.0155	0.0052	0.89	0.0058	通过
B_{23}	0.1209	0.4851	4.0122					
B_{24}	0.2668	1.0739	4.0246					
优势 B_3	权重 ω^T	UW	最大特征根 λ_{max}		C.I.	R.I.	C.R.	一致性检验
B_{31}	0.1100	0.4416	4.0133					
B_{32}	0.1469	0.5888	4.0072	4.0178	0.0059	0.89	0.0067	通过
B_{33}	0.4034	1.6240	4.0256					
B_{34}	0.3396	1.3670	4.0251					
劣势 B_4	权重 ω^T	UW	最大特征根 λ_{max}		C.I.	R.I.	C.R.	一致性检验
B_{41}	0.2719	1.0942	4.0238					
B_{42}	0.5044	2.0263	4.0171	4.0164	0.0055	0.89	0.0061	4.0164
B_{43}	0.1622	0.6506	4.0100					
B_{44}	0.0614	0.2465	4.0146					

$C.R.$ 分别为 0.0058、0.0067、0.0061，均小于 0.1，因此威胁判断矩阵 U_2、优势判断矩阵 U_3、劣势判断矩阵 U_4 都通过了一致性检验。

综上，便建立了指标层中每个关键因素的权重。接下来计算准则层的权重。假设专家判定外部机会、外部威胁、内部优势和内部劣势对于煤炭企业的相对重要程度、权重以及一致性检验结果等如表 6-18 所示。

表 6-18 准则层判断矩阵

关键因素	机会	威胁	优势	劣势	权重 ω^T	最大特征根 λ_{max}	C.R.	一致性检验
机会	1	4/5	1/4	1/3	0.2397			
威胁	5/4	1	1/3	1/2	0.1800	4.0404	0.0015	通过
优势	4	3	1	1	0.4061			
劣势	3	2	1	1	0.1741			

得到了准则层的权重，进一步确定关键因素对目标层权重（即层次权重）。在确定每个关键因素权重的基础上，专家也为煤炭企业现有战略对关键外部因素和关键内部因素的相对反应程度进行评分，把评分与权重相乘得出加权分数。评分结果见表 6-19。

表 6-19 各关键因素的加权评分结果

关键因素	二级因素	ω^T	层次权重	评分	加权分数	小计
外部机会 B_1	B_{11}	0.3683	0.0883	2	0.1766	0.4374
	B_{12}	0.1931	0.0463	3	0.1388	
	B_{13}	0.0704	0.0169	2	0.0337	
	B_{14}	0.3683	0.0883	1	0.0883	
外部威胁 B_2	B_{21}	0.5086	0.0916	3	0.2747	0.4516
	B_{22}	0.1036	0.0187	2	0.0373	
	B_{23}	0.1209	0.0218	2	0.0435	
	B_{24}	0.2668	0.0480	2	0.0961	
内部优势 B_3	B_{31}	0.1100	0.0447	2	0.0894	0.7080
	B_{32}	0.1469	0.0597	3	0.1790	
	B_{33}	0.4034	0.1638	1	0.1638	
	B_{34}	0.3396	0.1379	2	0.2758	
内部劣势 B_4	B_{41}	0.2719	0.0473	2	0.0947	0.3200
	B_{42}	0.5044	0.0878	2	0.1756	
	B_{43}	0.1622	0.0282	1	0.0282	
	B_{44}	0.0614	0.0107	2	0.0214	

从外部因素来看，对煤炭企业绿色低碳发展战略最为关键的外部因素是生态要求严格（B_{21}）；权重最大的外部因素是生态要求严格（B_{21}）。外部机会和外部威胁的加权小计得分分别为 0.4374、0.4516，总合计为 0.8890，小于平均加权分数 1.25，这暴露出煤炭企业的绿色低碳发展战略存在着外部环境的利用状况不佳的缺点，既没有充分抓住外部机会，也未能合理规避外部威胁。

从内部因素来看，对煤炭企业绿色低碳发展战略最为关键的内部因素是安全水平高（B_{34}）；权重最大的内部因素是清洁技术实施成本高（B_{42}）。内部优势和内部劣势的加权小计得分分别为 0.7080、0.3200，总合计为 1.0280，小于平均加权分数 1.25，这表明煤炭企业的绿色低碳发展战略并没有充分发挥内部条件，既对自身优势利用不充分，也对自身劣势没有科学的认识和弥补。

实现绿色低碳转型是现代煤炭企业进一步发展的必经之路。通过 AHP，正确识别出了对煤炭企业绿色低碳发展战略最为关键的外部因素和外部因素，进而分析得出现阶段的煤炭企业处于对外未充分抓住机会、合理规避风险，对内未扬长避短的状态，这为将来煤炭企业绿色低碳发展战略的选择提供了分析基础。

6.3.2 ANP 在新兴产业创业合成能力评价模型研究中的应用

新兴产业是指借助互联网等高新技术，以知识技术密集为主要特征的产业，它对促进经济转型、带动经济增长、提高人们生活水平等有重要作用。新兴企业在发展过程中，不可避免地会与产业中的商业主体或科研机构产生联系，并以此加强或巩固自身的市场地位。在激烈的市场竞争下，研发能力强、具有产品优势、运营能力较强的新兴企业会逐渐淘汰部分创新意识及效率低下和能力较差的弱势企业，这一创造性破坏过程在全球创业监测的新经济增长模型中被称为创业合成。这一过程代表着产业内资源、秩序、格局、机制等因素的破坏、选择和重组，因此创业合成是创业活动驱动经济创新发展，是实现经济系统自我再生的核心机制，也更适于新兴产业的发展与演化。

因此，对新兴产业的创业合成能力进行评价，既可以帮助企业明晰自身发展情况，加快新兴产业发展以及产业结构的优化，也可以有利于政府为创业企业认清新兴产业发展环境，科学进行企业战略选择和成长路径规划提供理论指导。

根据现有文献的分析，提炼对创业合成有影响的因素，假设有 4 个维度的新兴产业创业合成能力评价指标，如表 6-20 所示。

表 6-20 新兴产业创业合成能力评价指标

目标	一级指标	二级指标
新兴产业创业合成	行政制度情况 C_1	行业准入 C_{11}
		财税补贴 C_{12}
		政策法规宽松性 C_{13}
	技术创新能力 C_2	技术预见 C_{21}
		基础研究 C_{22}
		协同创新 C_{23}
		知识产权 C_{24}
	产业集聚情况 C_3	产业集聚区规模 C_{31}
		产业服务体系 C_{32}
	市场规模情况 C_4	市场需求 C_{41}
		市场容量 C_{42}
		市场成长性 C_{43}

在应用 ANP 对整个模型进行评价时，需考虑到新兴产业创业合成能力的各个指标之间相互影响的复杂关系。在对各指标之间的相互关系进行充分考虑后，根据各指标因素的影响与被影响关系，对整个新兴产业创业合成能力评价体系的关系进行梳理，其模型如图 6-6 所示。

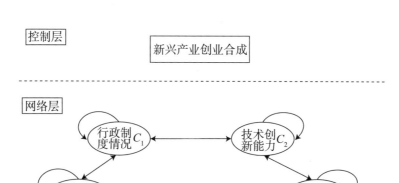

图 6-6　新兴产业创业合成能力评价模型

在这个能力评价模型中，新兴产业创业合成既是目标也是准则，所有元素直接以新兴产业创业合成能力为评价准则进行比较。网络层中共有 4 个元素集，即 $C_1 - C_4$，每个元素集下方对应各自的元素，共 12 个评价指标。

建立网络层次结构模型之后，先根据元素之间的关系建立两两判断矩阵。首先建立网络层中族之间的两两判断矩阵，假设在 4 个元素集下，元素集之间的两两判断矩阵都如表 6-21 所示。

表 6-21　元素集之间的两两判断矩阵

元素集	C_1	C_2	C_3	C_4
C_1	1	0.4613	0.9464	1.4099
C_2	2.1677	1	2.0516	3.0562
C_3	1.0566	0.4874	1	1.4897
C_4	0.7093	0.3272	0.6713	1

接下来要建立不同元素集之下，元素之间的两两判断矩阵。以行政制度情况 C_1 为例，假设行政制度情况 C_1 元素集下面的 3 个因素与行政制度情况 C_1、技术创新能力 C_2、产业集聚情况 C_3、市场规模情况 C_4 相关的因素之间的两两判断矩阵如表 6-22、表 6-23、表 6-24、表 6-25 所示。

表 6-22　行政制度情况与行政制度情况的两两判断矩阵

行业准入 C_{11}			财税补贴 C_{12}			政策法规宽松性 C_{13}		
C_1	C_{12}	C_{13}	C_1	C_{11}	C_{13}	C_1	C_{11}	C_{12}
C_{12}	1	3.5600	C_{11}	1	3.6000	C_{11}	1	0.2212
C_{13}	0.2809	1	C_{13}	0.2778	1	C_{12}	4.5200	1

表 6-23　行政制度情况与技术创新能力的两两判断矩阵

行业准入 C_{11}				
C_2	C_{21}	C_{22}	C_{23}	C_{24}
C_{21}	1	2.9200	0.3049	0.3521
C_{22}	0.3425	1	0.2066	0.2252
C_{23}	3.2800	4.8400	1	1.8800
C_{24}	2.8400	4.4399	0.5319	1
财税补贴 C_{12}				
C_2	C_{21}	C_{22}	C_{23}	C_{24}
C_{21}	1	2.9200	0.3086	0.3521
C_{22}	0.3425	1	0.2066	0.2252
C_{23}	3.2400	4.8400	1	1.9600
C_{24}	2.8400	4.4399	0.5102	1
政策法规宽松性 C_{13}				
C_2	C_{21}	C_{22}	C_{23}	C_{24}
C_{21}	1	2.9200	0.3290	0.3846
C_{22}	0.3425	1	0.2066	0.2137
C_{23}	3.0400	4.8400	1	1.8800
C_{24}	2.6000	4.6799	0.5319	1

表 6-24　行政制度情况与产业集聚情况的两两判断矩阵

行业准入 C_{11}			财税补贴 C_{12}			政策法规宽松性 C_{13}		
C_3	C_{31}	C_{32}	C_3	C_{31}	C_{32}	C_3	C_{31}	C_{32}
C_{31}	1	4.2800	C_{31}	1	4.2800	C_{31}	1	3.6800
C_{32}	0.2336	1	C_{32}	0.2336	1	C_{32}	0.2717	1

表 6-25　行政制度情况与市场规模情况的两两判断矩阵

行业准入 C_{11}				
C_4	C_{41}	C_{42}	C_{43}	C_{41}
C_{41}	1	0.1381	2.2400	1
C_{42}	7.2401	1	6.9200	7.2401
C_{43}	0.4464	0.1445	1	0.4464

(续表)

财税补贴 C_{12}				
C_4	C_{41}	C_{42}	C_{43}	C_4
C_{41}	1	0.1323	2.1600	C_{41}
C_{42}	7.5597	1	6.9600	C_{42}
C_{43}	0.4630	0.1437	1	C_{43}
政策法规宽松性 C_{13}				
C_4	C_{41}	C_{42}	C_{43}	C_4
C_{41}	1	0.1351	2.4000	C_{41}
C_{42}	7.3997	1	7.0800	C_{42}
C_{43}	0.4167	0.1412	1	C_{43}

同理，技术创新能力 C_2、产业集聚情况 C_3、市场规模情况 C_4 3个元素集都可以建立上述元素之间的两两判断矩阵，这里不再一一赘述。然后根据两两判断矩阵构建超矩阵，进一步构建加权超矩阵，最后计算极限矩阵，得到每一个指标的权重（具体求解过程可见本章附录），最后权重结果如表6-26所示。

表6-26 新兴产业创业合成能力评价体系指标的权重结果

一级指标	权重	二级指标	权重
行政制度情况 C_1	0.2027	行业准入 C_{11}	0.0503
		财税补贴 C_{12}	0.1263
		政策法规宽松性 C_{13}	0.0261
技术创新能力 C_2	0.4394	技术预见 C_{21}	0.0762
		基础研究 C_{22}	0.0361
		协同创新 C_{23}	0.1823
		知识产权 C_{24}	0.1447
产业集聚情况 C_3	0.2142	产业集聚区规模 C_{31}	0.1476
		产业服务体系 C_{32}	0.0665
市场规模情况 C_4	0.1438	市场需求 C_{41}	0.0277
		市场容量 C_{42}	0.1009
		市场成长性 C_{43}	0.0152

表6-26显示，从一级指标看，新兴产业创业合成能力最重要的一级评价指标依次是技术创新能力（0.4394）（表示权重，下同）、产业集聚情况（0.2142）、行政制度情况（0.2027）、市场规模情况（0.1438）；从二级指标看，新兴产业创业合成能力权重较高的二级评价指标依重要度排序依次为协同创新（0.1823）、产业集聚区规模（0.1476）、知识产权（0.1447）、财税补贴（0.1263）、市场容量（0.1009）、技术预见（0.0762）、产

业服务体系(0.0665)、行业准入(0.0503)、基础研究(0.0361)、市场需求(0.0277)、政策法规宽松性(0.0261)、市场成长性(0.0152)。

习　题

1. 假设某一企业经过发展，有一笔利润资金，要企业高层领导决定如何使用。企业高层领导经过实际调查和员工建议，现有如下方案可供选择：①作为奖金发给员工；②扩建员工宿舍、食堂等福利设施；③开办员工进修班；④修建图书馆、俱乐部等；⑤引进新技术、设备进行企业技术改造。

从调动员工工作积极性、提高员工技术水平和改善员工生活状况来看，这些方案都有其合理因素。假设该问题的层次结构如图 6-7 所示。

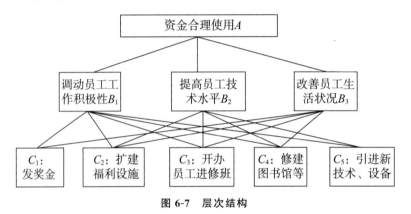

图 6-7　层次结构

通过调查，所构建的判断矩阵分别如下。

$$A = \begin{bmatrix} 1 & 1/5 & 1/3 \\ 5 & 1 & 3 \\ 3 & 1/3 & 1 \end{bmatrix} \quad B_1 = \begin{bmatrix} 1 & 2 & 3 & 4 & 7 \\ 1/3 & 1 & 3 & 2 & 5 \\ 1/5 & 1/3 & 1 & 1/2 & 1 \\ 1/4 & 1/2 & 2 & 1 & 3 \\ 1/7 & 1/5 & 1/2 & 1/3 & 1 \end{bmatrix},$$

$$B_2 = \begin{bmatrix} 1 & 1/7 & 1/3 & 1/5 \\ 7 & 1 & 5 & 3 \\ 3 & 1/5 & 1 & 1/3 \\ 5 & 1/2 & 3 & 1 \end{bmatrix} \quad B_3 = \begin{bmatrix} 1 & 1 & 3 & 3 \\ 1 & 1 & 3 & 3 \\ 1/3 & 1/3 & 1 & 1 \\ 1/3 & 1/3 & 1 & 1 \end{bmatrix}$$

试分析各方案的相对优先顺序。

2. 某企业准备在 A、B、C 项目中选择一个进行投资，其构建的层次结构如图 6-8 所示。

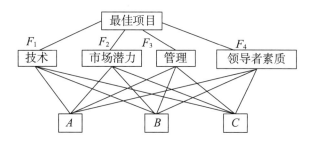

图 6-8　某企业构建的层次结构

通过专家打分，所构建的判断矩阵分别为

$$\boldsymbol{A} = \begin{bmatrix} 1 & 1/5 & 3 & 1/9 \\ 5 & 1 & 6 & 1/4 \\ 1/3 & 1/6 & 1 & 1/8 \\ 9 & 4 & 8 & 1 \end{bmatrix} \quad \boldsymbol{F}_1 = \begin{bmatrix} 1 & 2 & 5 \\ 1/2 & 1 & 3 \\ 1/5 & 1/3 & 1 \end{bmatrix} \quad \boldsymbol{F}_2 = \begin{bmatrix} 1 & 3 & 1 \\ 1/3 & 1 & 1/3 \\ 1 & 3 & 1 \end{bmatrix}$$

$$\boldsymbol{F}_3 = \begin{bmatrix} 1 & 1 & 2 \\ 1 & 1 & 2 \\ 1/2 & 1/2 & 1 \end{bmatrix} \quad \boldsymbol{F}_4 = \begin{bmatrix} 1 & 1/7 & 1/3 \\ 7 & 1 & 3 \\ 3 & 1/3 & 1 \end{bmatrix}$$

试分析该企业的最优投资项目及影响因素。

参考文献

杜栋，庞庆华，2021. 现代综合评价方法与案例精选[M]. 4 版. 北京：清华大学出版社.

王国红，许达，黄昊，2019. 基于网络层次分析法的新兴产业创业合成能力评价模型研究[J]. 科技管理研究，39(23)：75-82.

吴凤平，陈艳萍，2011. 现代决策方法[M]. 南京：河海大学出版社.

蒋海玲，潘晓晓，王冀宁，等，2020. 基于网络分析法的农业绿色发展政策绩效评价[J]. 科技管理研究，40(1)：236-243.

焦嶕，赵国浩，2019. 煤炭企业绿色低碳发展战略选择研究：基于层次分析法[J]. 华东经济管理，33(5)：168-176.

yaahp 软件和 ANP-yaanp 软件的操作步骤

第 7 章
模糊综合评价决策方法

学习目标：
1. 掌握模糊综合评价法建模过程及求解；
2. 掌握多级模糊综合评价决策方法及求解；
3. 能够结合实际问题建立模糊综合评价模型。

在人们做决策的过程中，不免存在一些难以通过单一数值进行量化分析的问题，即决策者对事物的认知具有不确定性，这种不确定性表现为模糊性。无论是在经济领域、技术领域，还是在社会领域等方面的研究中，很多问题并不是非黑即白，甚至会存在众多无法确切衡量的中间状态。无论是由客观因素导致的模糊性，还是源于人为的主观因素，只要它在决策中占据了重要分量时，便构成了模糊决策问题。一些问题由于无法定量去评判分析，只能采取模糊的定性分析方法来研究，这给决策者带来了一定的困扰，且决策结果缺乏一定程度的信服度和可比性。为了解决模糊性问题，帮助决策者更加精确地去评判事物，本章将介绍模糊综合评价模型、求解方法及应用举例。

7.1 模糊综合评价法建模过程及求解

为了解决模糊性问题，帮助决策者更加精确地去评判事物，美国加利福尼亚大学著名的控制论专家扎德教授发表了《模糊集合》，文章中提出用模糊数学来量化模糊性问题。模糊数学通过在具象与抽象之间搭建一座桥梁的方式，将抽象问题具体化，复杂的问题简单化，使原本只能通过定性评判的事物也能够用数字的形式将其表达出来。一件事物的评判并不是非此即彼，在高与矮之间还存在着许多模糊性的等级评语。而模糊性综合评价法就是借助模糊数学的概念，评判一件事物时，从多个模糊等级的因素入手，将影响该事物的各个因素进行权重衡量，从而对被评判事物的隶属等级状况做出综合评价。本章将介绍模糊综合评价法的基本原理、模型构建及其求解方法。

7.1.1 模糊综合评价法概述

模糊综合评价法的基本原理：首先，明确会对被评价对象产生影响的各类因素，确定因素集合和评价集合，将定性的评价转化为定量评价；其次，得到从评价指标集合到评价等级集合的模糊评价矩阵；最后，根据模糊评价矩阵和各个因素的权向量进行归一化模糊运算，得到模糊综合评价结果。通过模糊综合评价法可以将本来难以定量分析的事物定量化，得出具体的分值，便于将其和其他同质事物展开对比。模糊综合评价法能够精准地辅助决策者对于模糊性问题做出衡量比较，且该方法简单易懂，便于操作。

本节用一个简单实例来说明简单模糊性评价决策问题。假设某一家影院想要扩建场地，需要购置一批新型座椅，影院的负责人不知道该款新型座椅，观影者是否会喜欢。已知观影者是否喜欢这种座椅，与座椅的舒适度、品牌知名度和外观等因素有关。针对舒适度、品牌知名度和外观三个评判因素，将观影者对于座椅各方面的喜爱程度划分为喜爱、一般和不喜爱三个等级，开展问卷调查。

调查结果显示：观影者对这款座椅的舒适度表示喜爱、一般和不喜爱的占比分别为 20%、50% 和 30%；针对品牌知名度这一因素，观影者对其表示喜爱、一般和不喜爱的占比分别为 30%、60% 和 10%；此外，关于座椅外观，观影者对于三个评价等级的分类占比分别为 30%、50% 和 20%。因此，分别得到单因素评价集为 $R_1=\{0.2, 0.5, 0.3\}$，$R_2=\{0.3, 0.6, 0.1\}$，$R_3=\{0.3, 0.5, 0.2\}$，得到被评价对象整体的模糊评价矩阵 R，R 如式(7-1)所示。

$$R = \begin{bmatrix} 0.2 & 0.5 & 0.3 \\ 0.3 & 0.6 & 0.1 \\ 0.3 & 0.5 & 0.2 \end{bmatrix} \tag{7-1}$$

其中，R 反映了三个因素(舒适度、品牌知名度和外观)与三个评价等级(喜爱、一般和不喜爱)之间的模糊关系。

对于座椅喜爱程度的判断，受判断者年龄、性别的影响，因人而异。相应地，对于各个影响因素的侧重也不尽相同。结合前期所做的市场调查，根据家居领域的专家意见，确定三个评价因素的权重集 $A=(0.4, 0.4, 0.2)$，即观影者相较于座椅的外观形式，更加侧重于舒适度和品牌知名度。因此，评判模型 B 为

$$B = A \cdot R = (0.4, 0.4, 0.2) \cdot \begin{bmatrix} 0.2 & 0.5 & 0.3 \\ 0.3 & 0.6 & 0.1 \\ 0.3 & 0.5 & 0.2 \end{bmatrix} = (0.26, 0.64, 0.12) \tag{7-2}$$

针对得到的评判结果，还需将其进行归一化处理，处理后的结果为 $B=\{0.28, 0.57, 0.15\}$，该结果表明 28% 的群体对于该款座椅是喜爱的，57% 的群体对于座椅的喜爱程度一般，15% 的群体不喜爱该款座椅。总的来看，该款座椅在观影者的心中还是受欢迎的，仅有 15% 的人会排斥该款座椅。同理，这种方法还可用于评判其他型号的座椅在观影者心中的喜爱程度，从而帮助影院的负责人进行排序比较，以便更好地做出采购决策。

根据上述的简单实例可以看出,模糊综合评价法在不确定性决策中发挥了重要作用,它能够帮助决策者对模糊事物开展定量评判。

7.1.2 模糊综合评价模型

模糊综合评价模型的求解过程可分以下6个步骤。

Step1:针对被评判事物,明确备择对象集:$X=\{x_1, x_2, \cdots, x_t\}$。$x_i$为第$i$个被评判的对象,在上述实例中,座椅就是我们要进行评判的对象。

Step2:明确因素集(指标集):$U=\{u_1, u_2, \cdots, u_m\}$。因素集是指对于被评判事物具有影响的各个因素的集合,其中,u_i表示为第i个因素,m为评价因素的个数。u_i是评价指标,所以也称因素集U为指标集。如上述实例中就选择了座椅的舒适度、品牌知名度和外观三个因素对该款座椅进行评价,即$U=\{u_1, u_2, u_3\}$,u_1, u_2, u_3分别代表舒适度指标、品牌知名度指标和外观指标。该实例中所示的是一个简单的单级评判模型,但在一些复杂的评判系统中,存在评判指标过多且因素之间还存在着层次关系的情况,这时可以将U划分为不同层级,如第一层因素指标集合为$U=\{u_1, u_2, \cdots, u_m\}$,第二层为$U_p=\{u_{p1}, u_{p2}, \cdots, u_{pq}\}$($u_{p1}$指第$p$个具备第二层细分因素的第一个二级指标,$q$为$p$的二级指标因素个数,且$p\in N+$,$q\in N+$。),依此类推,根据实际的问题将因素集划分为不同级别的层次结构。具体求解时,先对每一层级进行评判,然后根据评判结果,按照层次的高低进行综合评价得到最终结果,即多层次综合评判模型。

假设在上述座椅的评判实例中,将因素集$U=\{u_1, u_2, u_3\}$划分为两层进行评判(实例2),则构建而成的新的座椅评判两级模型如表7-1所示。指标u_1舒适度由座椅柔软程度u_{11}和座椅高度u_{12}两个细分因素构成;而外观因素u_3又由座椅色彩搭配u_{31}和座椅形状设计u_{32}两个因素构成。

表7-1 座椅评判两级模型

一级指标	二级指标
舒适度u_1(0.4)	座椅柔软程度u_{11}(0.6)
	座椅高度u_{12}(0.4)
品牌u_2(0.4)	—
外观u_3(0.2)	座椅色彩搭配u_{31}(0.5)
	座椅形状设计u_{32}(0.5)

Step3:构建评语集(等级集):$V=\{v_1, v_2, \cdots, v_n\}$。评语集实际上就是对被评判事物变化区间的一个划分。v_j代表第j个评语,n表示评语的个数。评价等级一般被划分为3~5个。在上述决策者评判新款座椅的例子中,评语集$V=\{v_1, v_2, v_3\}$,评价等级v_1, v_2, v_3分别代表喜爱、一般和不喜爱。

Step4:确定权重集:$A=(a_1, a_2, \cdots, a_m)$,$a_i \geqslant 0$且$\sum_{i=1}^{m}a_i=1$,$a_i$为第$i$个评

判因素在综合评价中所占的比重。人们在对某一事物进行多因素评判时，每个因素对于该事物的影响程度并不是完全相同的，即每个因素在综合评价中所占的比重也是不同的，每个因素对于被评判事物的影响程度组成的合集则为权重集合。权重集合的确定如果与实际情况相差太大则会导致最后的综合评价结果失真，致使决策者做出误判。在实际的运用中，权重的确定主要有两种方法：一是根据主观经验确定权重集合，即寻找一些属于被评判对象领域的权威人士共同商榷敲定；二是采用数学方法，如层次分析法。模糊综合评价法在当前的应用中，大多选取第一种方法来确定权重，但是此法存在着一定的主观性。上述实例中的权重集 $A=(0.4,0.4,0.2)$，是选用的第一种方法，即根据家居领域的多名专家多年的经验累积得来。

若是多层次评判模型，如上述实例中的座椅评判因素又被逐层细分为表 7-1 所示的两级评判模型。其各因素的权重分布根据专家评分法，由该领域具有权威性的专家通过打分综合确定，最后为 $A_1=(0.6,0.4)$，$A_3=(0.5,0.5)$。

Step5：确定评判矩阵：$R=(r_{ij})_{m\times n}$。为得到最终的评判矩阵，可以先得到单因素 $u_i(i=1,2,\cdots,m)$ 的评判集合。从因素 u_i 切入，该事物对抉择等级 $V_j(j=1,2,\cdots,n)$ 的隶属度为 $r_{ij}(r_{ij}\in[0,1])$，这样就得出第 i 个因素 u_i 的单因素模糊评价：$r_i=\{r_{i1},r_{i2},\cdots,r_{im}\}$。隶属度越接近于 1，表明 u_i 属于 v_j 的程度越高。以此类推，由 m 个因素的评判集就可以共同组成最终模糊综合评价的评判矩阵，该评判矩阵确立了评判对象从 U 到 V 的模糊关系。在确定隶属关系时，首先通常是由该领域的专家依据评判等级对评判对象进行打分，然后统计打分结果，最后根据绝对值减数法求得。除此之外，评判矩阵的确定还有许多其他的方法，但是无论运用哪种方式方法，都要本着尊重事实的原则。上述实例，单层因素评判模型中的评判矩阵为

$$R=\begin{bmatrix} 0.2 & 0.5 & 0.3 \\ 0.3 & 0.6 & 0.1 \\ 0.3 & 0.5 & 0.2 \end{bmatrix}$$

R 就是由单因素评判集 R_1、R_2 和 R_3 组合而来，R_1 中的 0.2 就表示在调查者心中，座椅的舒适度关乎喜爱等级的隶属程度。

在新构建的多层因素评判模型中，根据专家打分，得到各个因素关于不同等级的隶属度：

$$R_1=\begin{bmatrix} 0.3 & 0.5 & 0.2 \\ 0.1 & 0.6 & 0.3 \end{bmatrix},\quad R_2=[0.3\ 0.6\ 0.1],\quad R_3=\begin{bmatrix} 0.2 & 0.3 & 0.5 \\ 0.2 & 0.2 & 0.6 \end{bmatrix}$$

Step6：合成计算。最终评判对象的评价结果为 B，B 为 V 上的一个模糊子集，需要运用一定的算法将 R 与 A 相结合方可得到。另外 $B=(B_1,B_2,\cdots,B_n)$，$0\leqslant b_j\leqslant 1$。而 R 矩阵中的每一行为被评判对象各个单因素对于评判等级模糊子集的隶属度。将模糊权重集合 A 与 R 中的每一行进行综合，就可以得到被评判对象总体上对于评判等级模糊子集的隶属程度。因此，一般运用公式 $B=A\cdot R$（·为算子符号）来求得被评价对象在整体上对于评判等级的隶属程度，隶属程度集合里的各个数值分别对应被评判对象属于各个等级水平的程度大小。评价对象关于各个等级的隶属度在区间[0，1]，当

评判结果 **B** 中评判对象整体关于各个等级的隶属度相加不为"1"时，还会将其进行归一化处理。且当评判对象关于某个等级的隶属度在所有等级的隶属度中为最大值，那么我们就判定该评判对象整体上属于该等级水平，该种评判方法也被称为最大隶属度原则。在实际操作的过程中，若出现评判对象关于各个等级之间隶属度的差距较小等情况时，采用最大隶属度原则来进行判断决策会产生一定的误差。这时，可以通过给予各个等级一定的参数分值与评判结果进行结合的方法来做出更加精准的判断。

与此同时，为得到评判对象关于各个等级的隶属程度时，所采用的模糊算子有很多种。在实际运用的过程中，应依照具体问题的特性来选择合适的算子，而不是由算子决定研究问题的性质。目前常用的合成算子主要分为两种：一种是主因素突出型；另一种是加权平均型。

主因素突出型算子如 $M(\wedge, \vee)$ 和 $M(\cdot, \vee)$，分别如式(7-3)和式(7-4)所示。

$$M(\wedge, \vee): b_j = V_{i=1}^m (a_i \wedge r_{ij}) = \max_{1 \leqslant i \leqslant m} \{\min(a_i, r_{ij})\}, j = 1, 2, \cdots, n \qquad (7\text{-}3)$$

$$M(\cdot, \vee): b_j = V_{i=1}^m (a_i \cdot r_{ij}) = \max_{1 \leqslant i \leqslant m} \{a_i \cdot r_{ij}\}, j = 1, 2, \cdots, n \qquad (7\text{-}4)$$

其中，"$\wedge$"表示取小，"$\vee$"表示取大，"$\cdot$"表示相乘。若采用主因素突出型算子进行合成运算时，当主因素在综合评价中起到主导作用时，优先选用 $M(\wedge, \vee)$ 算法，当 $M(\wedge, \vee)$ 算法失效时，再利用 $M(\cdot, \vee)$ 算法模型进行运算处理。但是，相较于 $M(\cdot, \vee)$，$M(\wedge, \vee)$ 算法并不能将权数的作用明显体现出来。$M(\wedge, \vee)$ 和 $M(\cdot, \vee)$ 算法并没有将 R 的信息进行全面地利用，利用这两种算法得到的结果，其综合程度较弱。

加权平均型算子，如：$M(\wedge, \oplus)$ 和 $M(\cdot, \oplus)$，分别如式(7-5)和式(7-6)所示。

$$M(\wedge, \oplus): b_j = \sum_{i=1}^m a_i \wedge r_{ij}, j = 1, 2, \cdots, n \qquad (7\text{-}5)$$

$$M(\cdot, \oplus): b_j = \sum_{i=1}^m a_i \cdot r_{ij}, j = 1, 2, \cdots, n \qquad (7\text{-}6)$$

其中，"$\oplus$"表示求和，"$\cdot$"表示相乘，"$\wedge$"表示取小。根据加权平均型算法合成得来的评价结果的综合程度较强，与主因素突出型算法相比，能够将 **R** 的信息更加充分地利用起来。加权平均型算法适用于将各类因素考虑进去，且给予每个因素一定权重的情况，$M(\cdot, \oplus)$ 合成算法比 $M(\wedge, \oplus)$ 算法过程更能体现出权数的作用。

最初，主因素突出型合成算法被广泛使用，但是当评价因素过多，且权数之间差别较小时，利用主因素突出型算法合成的评判结果 B 与实际情况会有较大出入，不能得到一个全面综合的评价结果。而加权平均型合成算法能够克服上述主因素突出型算法的缺陷，因此，在后来的模糊综合评价模型中，加权平均型合成算法被推广开来。另外，在实际应用过程中，我们利用模糊综合评价法时所采用的合成算法不一定局限于目前已知的几种算子，可以结合具体的情况进行合理的创新设计。选择合适的合成算法计算得来被评判对象 X 的评价结果 **B** 后，若 $\sum_{j=1}^n b_j \neq 1$，需对其进行归一化处理。

测算处理后，最终得到 $\boldsymbol{B}$，其描述了被评判目标在每个等级区间的隶属程度，决策者若利用 $\boldsymbol{B}$ 来辅助决策，还需进行进一步的分析。一般来说，可以根据最大隶属度原则，即根据最大 b_j 值所在的等级区间来决定被评判对象 X 的等级水平。在上述影院采购座椅的实例中，就是根据最大隶属度原则做出的评判：依据 $\boldsymbol{B} = (0.28, 0.57, 0.15)$ 结果，在 b_1、b_2 和 b_3 三个值中，b_2 值最大，为 0.57，因此，判定该款座椅在观影顾客心中的喜爱程度为一般水平。

在多层模糊综合评价模型中，则要层层测算，从高级别指标向低级别指标依次计算评判结果，最后再进行综合评价。如实例 2 中的两级评判模型，先从最高级别，即第二级别指标开始测算，得到 B_1 和 B_3。

$$\boldsymbol{B}_1 = \boldsymbol{A}_1 \cdot \boldsymbol{R}_1 = (0.6, 0.4) \cdot \begin{bmatrix} 0.3 & 0.5 & 0.2 \\ 0.1 & 0.6 & 0.3 \end{bmatrix} = (0.22, 0.54, 0.24) \qquad (7\text{-}7)$$

$$\boldsymbol{B}_3 = \boldsymbol{A}_3 \cdot \boldsymbol{R}_3 = (0.5, 0.5) \cdot \begin{bmatrix} 0.2 & 0.3 & 0.5 \\ 0.2 & 0.2 & 0.6 \end{bmatrix} = (0.20, 0.25, 0.55) \qquad (7\text{-}8)$$

再测算第一级别指标，得到 $\boldsymbol{B}$，根据最大隶属度原则，该款座椅受欢迎程度为一般水平。

$$\begin{aligned}
\boldsymbol{B} = \boldsymbol{A} \cdot \boldsymbol{R} &= \boldsymbol{A} \cdot \begin{bmatrix} B_1 \\ B_2 \\ B_3 \end{bmatrix} \\
&= (0.4, 0.4, 0.2) \cdot \begin{bmatrix} 0.22 & 0.54 & 0.24 \\ 0.30 & 0.60 & 0.10 \\ 0.20 & 0.25 & 0.55 \end{bmatrix} \\
&= (0.288, 0.556, 0.178)
\end{aligned} \qquad (7\text{-}9)$$

但是若 b_j 值之间差距较小，这时依然根据最大隶属度原则进行决断，则失之偏颇，会导致决策结果严重失真。在这种情况下，可以将等级的评级参数和评判结果 B 相结合进行综合考量。依据评判对象的属性，选定各个等级 v_j 所对应的分值向量为 $\boldsymbol{S} = (s_1, s_2, \cdots, s_n)^{\mathrm{T}}$，依据 $\boldsymbol{B} \cdot \boldsymbol{S} = \boldsymbol{Z}$ 的模型公式，通过乘法运算，将两者结合起来，得到等级参数评判结果 Z。Z 为一个实数，根据 Z 值，判断其属于哪一等级区间，从而对评判对象 X 进行综合评价。当计算过于复杂时，可以通过 MATLAB 等软件编制程序来实现最终结果。

7.2 应用案例

7.2.1 模糊综合评价法在企业拟定生产方案中的应用

企业在生产过程中需要保持敏锐的市场嗅觉，与时俱进，找寻市场痛点，瞄准客户所需，不断研发并生产新型产品。但是由于企业的资源有限性，决定了其产品在投入生产前应该经过全面的评估，以此确保该产品在未来市场中的占有率。当面临多款待开发产品时，如何对这些产品分别进行全面的综合评价，成了企业亟待解决的问题。企业可以利用模糊综合评价法对每一种待开发产品未来的收益进行评估，从而选择最优的方案进行生产，并投放于市场中去销售。

在这里以某冰箱生产厂家为例，该厂家为节能促销，迎接即将到来的销售旺季，特准备开发一批新型产品。但是由于公司经费和人力的有限性，只能从以下几种方案中选择一种能给公司带来最大收益的产品进行研发和生产。可供选择的研发产品方案分别为新型风冷冰箱、新型直冷冰箱和风直冷混合式冰箱。已知 3 种产品的销售状态可以分为优、良、一般、较差和差 5 种，且对其年度收益的预测如表 7-2 所示。

表 7-2　年度收益的预测表

单位：万元

方案	销售状态				
	优	良	一般	较差	差
新型风冷冰箱	750	500	350	100	100
新型直冷冰箱	900	850	500	50	400
风直冷混合式冰箱	1400	1000	650	100	500

根据对消费者的调查，在购买冰箱时优先考虑冰箱材质、噪声大小、耗电量和制冷效果的消费者分别占 10%、30%、20% 和 40%。根据厂家前期的调查得知，就新型风冷冰箱的冰箱材质而言，没有人认为能达到优的效果，10% 的人认为效果为良，30% 的人认为一般，40% 的人认为较差，20% 的人认为为差。对于新型风冷冰箱的噪声大小因素，40% 的被调查者认为几乎无噪声，30% 的人认为防噪声效果良好，20% 的人认为防噪声效果一般，10% 的人认为防噪声效果较差，没有人认为该款冰箱的防噪声效果为差。相应地，就 3 款冰箱产品的冰箱材质、噪声大小、耗电量和制冷效果 4 个评价因素的评价分类详情如表 7-3 所示。

表 7-3　评价分类表

方案	评价因素	评判等级				
		优	良	一般	较差	差
新型风冷冰箱	冰箱材质	0	10	30	40	20
	噪声大小	40	30	20	10	0
	耗电量	5	15	20	30	30
	制冷效果	20	40	30	5	5

(续表)

方 案	评价因素	评判等级				
		优	良	一般	较差	差
新型直冷冰箱	冰箱材质	30	40	20	10	0
	噪声大小	10	15	15	25	15
	耗电量	10	15	40	25	10
	制冷效果	5	10	20	40	25
风直冷混合式冰箱	冰箱材质	40	40	20	0	0
	噪声大小	5	10	30	30	25
	耗电量	40	35	15	10	0
	制冷效果	10	10	30	30	20

为明确以上 3 种产品能给厂家带来的具体收益，帮助厂家作出正确的决策，根据前文所述的单层模糊综合评价模型基本思想，具体求解步骤如下。

Step1：明确备择的对象集：$X = \{x_1, x_2, x_3\}$，其中 x_1, x_2, x_3 分别代表新型风冷冰箱、新型直冷冰箱和风直冷混合式冰箱。

Step2：构建因素集(指标集)：$U = \{u_1, u_2, \cdots, u_m\}$，在本案例中的因素集则是由 4 个因素所构成：$U = \{u_1, u_2, u_3, u_4\}$。其中，$u_1$ 为冰箱材质，u_2 为噪声大小，u_3 为耗电量，u_4 为制冷效果。

Step3：取评价集(等级集)：$V = \{v_1, v_2, \cdots, v_n\}$，则本案例中的 $V = \{v_1, v_2, v_3, v_4, v_5\}$。其中 v_1 为优，v_2 为良，v_3 为一般，v_4 为较差，v_5 为差。相应地，根据表 7-2 各款冰箱在不同等级下得到的收益值，得到关于 v_j 的参数列向量：$S_1 = (750, 500, 350, 100, 100)^T$，$S_2 = (900, 850, 500, 50, 400)^T$，$S_3 = (1400, 1000, 650, 100, 500)^T$。

Step4：为了区分各个因素的重要程度，根据对于消费者的问卷调查得到其在购买冰箱时，优先考虑的各因素权重。10% 的消费者优先考虑冰箱材质，30% 的消费者希望冰箱噪声低，20% 的消费者在购买冰箱时会着重考虑耗电量，40% 的消费者看重冰箱的主要功能，即制冷效果。则本案例的权重集 $A = (0.1, 0.3, 0.2, 0.4)$。

Step5：确定单因素模糊评价矩阵。假设评价对象按因素集 U 中的第 i 个因素 u_i 进行评价，对评价集 V 中第 j 个元素 V_j 的隶属度为 r_{ij}，则按 u_i 的评价结果可用模糊集合表示为 $R_i = \{r_{i1}, r_{i2}, \cdots, r_{in}\}$。对所有因素进行分别评价后，即可得到单因素评价矩阵。由表 7-3 可知，本案例的评价矩阵为

$$R_1 = \begin{bmatrix} 0.00 & 0.10 & 0.30 & 0.40 & 0.2 \\ 0.40 & 0.30 & 0.20 & 0.10 & 0.00 \\ 0.05 & 0.15 & 0.20 & 0.30 & 0.30 \\ 0.20 & 0.40 & 0.30 & 0.05 & 0.05 \end{bmatrix}$$

$$R_2 = \begin{bmatrix} 0.30 & 0.40 & 0.20 & 0.10 & 0.00 \\ 0.10 & 0.15 & 0.15 & 0.25 & 0.15 \\ 0.10 & 0.15 & 0.40 & 0.25 & 0.10 \\ 0.05 & 0.10 & 0.20 & 0.40 & 0.25 \end{bmatrix}$$

$$R_3 = \begin{bmatrix} 0.40 & 0.40 & 0.20 & 0.00 & 0.00 \\ 0.05 & 0.10 & 0.30 & 0.30 & 0.25 \\ 0.40 & 0.35 & 0.15 & 0.10 & 0.00 \\ 0.10 & 0.10 & 0.30 & 0.30 & 0.20 \end{bmatrix}$$

Step6：合成计算进行综合评价。将单因素评价矩阵分别与权重集进行模糊变换，得到模糊综合评价模型 B，$B=A \cdot R$。这里，"·"表示 A 与 R 的一种合成方法，即模糊算子的组合。用此模型对新型风冷冰箱、新型直冷冰箱和风直冷混合式冰箱三种方案的未来收益分别进行模糊评价，得：

$B_1 = A \cdot R_1 = (0.210, 0.290, 0.250, 0.150, 0.100)$

$B_2 = A \cdot R_2 = (0.100, 0.155, 0.225, 0.295, 0.165)$

$B_3 = A \cdot R_3 = (0.175, 0.180, 0.260, 0.230, 0.155)$

此外，因为 B_2 方案评判结果的评判对象总体上对于等级模糊子集的隶属程度之和小于1，因此还需对 B_2 进行归一化处理，处理之后的结果为

$B_2 = (0.106, 0.165, 0.239, 0.314, 0.176)$

该结果表明对于新型风冷冰箱，隶属于优的程度是0.21，隶属于良的程度是0.29，隶属于一般的程度是0.25，隶属于较差的程度是0.15，隶属于差的程度是0.1。新型直冷冰箱和风直冷混合式冰箱的隶属程度也可以按照此种方法依次得出：新型直冷冰箱隶属于优、良、一般、较差和差的程度分别为0.106、0.165、0.239、0.314和0.176；风直冷混合式冰箱隶属于优、良、一般、较差和差的程度分别为0.175、0.18、0.26、0.23和0.155。

因为各个隶属度之间的差别较小，且为充分利用评判结果 B 给我们带来的信息，下一步将评判结果 B 与评级参数相结合进行综合考量。即分别将三种产品的评判结果集合与相应评价参数下会给厂家带来的收益额进行加权平均，分别得到厂家3种方案的未来期望收益。

$Z_1 = B_1 \cdot S_1 = (0.21, 0.29, 0.25, 0.15, 0.1) \cdot (750, 500, 350, 100, 100)^T = 415$

$Z_2 = B_2 \cdot S_2 = (0.106, 0.165, 0.239, 0.314, 0.176) \cdot (900, 850, 500, 50, 400)^T = 441.25$

$Z_3 = B_3 \cdot S_3 = (0.175, 0.18, 0.26, 0.23, 0.155) \cdot (1400, 1000, 650, 100, 500)^T = 694.50$

因为，$Z_1 < Z_2 < Z_3$，Z_3 的值最大，为694.50，因此实行第三种方案，即生产风直冷混合式冰箱能给厂家带来最大收益。该模糊综合评价模型也可应用于其他企业的生产或销售战略决策中去，事先定量评估每种方案的预期收益能够避免决策失误的概率，助推企业发展。

7.2.2　模糊综合评价法在企业发展循环经济中的应用

随着我国经济的不断发展，相关部门将注意力更多地放在可持续健康绿色发展上，在提升经济产出的同时，兼顾对环境的保护。而企业发展循环经济是保护环境，促进节能减排的一个重要途径。国家发展和改革委员会更是于 2021 年印发了《"十四五"循环经济发展规划》，鼓励相关企业抓住市场机会，大力发展循环经济，提升资源使用效率，以此加快碳达峰与碳中和的实现步伐。与此同时，发展循环经济并不是一蹴而就的事情，想要大力推行循环经济，则需对循环经济的发展水平展开合理的评价。在评价的同时，也能够从对于循环经济发展水平具有影响的各类评价因素入手，加大改善力度，从而提升我国整体的循环经济发展水平。本案例运用模糊综合评价法，建立企业循环经济发展水平的模糊综合评价模型，以期给予我国企业发掘循环经济市场一些灵感。

1. 企业循环经济发展水平评价指标体系的设计

以 3R 原则为评价指标体系选取基础，秉持着科学、系统、可操作的理念，选取经济效益、减量化、再利用及资源化、无害化、技术性能、管理水平、社会效益这 7 个指标用以评价企业循环经济发展水平。

(1) 经济效益：企业经营的最终目标是获取利润，经济效益指标由企业经营劳动生产率、企业投入产出比、资本收益率、成本费用利用率、人均年收入、废弃物处置运营中的总费用和二次资源效益细分指标数据构成。

(2) 减量化：企业施行循环经济策略，其效果必须体现在对于原始能源需求的减少，污染物排放的减少上。

(3) 再利用及资源化：循环经济的实施方案即表现为相关资源的再循环使用，将一件没有用处的物品再次加工，使其变为具备价值的产品。

(4) 无害化：发展循环经济的目标之一就是为了减轻环境负担，因此，不再额外创造污染物的排放是评价企业循环经济发展水平的一大指标。

(5) 技术性能：企业想要发展循环经济的一个重要途径就是通过相关技术设备将"废品"变为能够再次创造经济效益的物品。

(6) 管理水平：企业内部的治理水平、组织结构和员工素质决定了企业的决策水平，其对企业循环经济发展的影响是不可忽略的。

(7) 社会效益：当企业决定发展循环经济、开拓相关市场时，外界的顾客、民众也会根据企业的社会效益对企业的循环经济发展水平作出评判。

2. 企业循环经济发展水平模糊综合评价模型的建立

根据上面建立的企业循环经济发展水平评价指标体系，对某制药企业的循环经济发展水平进行测度研究。

Step1：构建因素集(指标集)$U = \{u_1, u_2, \cdots, u_m\}$，本案例所建立的评价指标体系如上文所述，因此 $U = \{u_1, u_2, u_3, u_4, u_5, u_6, u_7\}$。$u_1$ 至 u_7 分别为经济效益指

标、减量化指标、再利用及资源化指标、无害化指标、技术性能指标、管理水平指标、社会效益指标。

Step2：取评价集(等级集)$V=\{v_1, v_2, \cdots, v_n\}$。在这里，将评价等级划分为高、较高、一般和差四个等级，$V=\{v_1, v_2, v_3, v_4\}$，v_1, v_2, v_3, v_4 分别代表高水平、较高水平、一般水平和差水平。采用德尔菲法对等级区间进行赋值，即 $S=\{s_1, s_2, \cdots, s_m\}$，即 v_i 等级的分值为 s_i，在此则假定 $S=\{s_1, s_2, s_3, s_4\}=\{15, 11, 7, 3\}$。

Step3：确定权重集合。在目前关于循环经济发展水平的相关研究中，大多是运用的单一赋值法，但其具有很大的局限性。因此，在这里可以采用熵值法和层次分析法相结合的方式来确定权重。

首先，选取企业内外相关领域的 10 位专家形成评判小组，对 7 个指标进行 1～9 标度的评判，得到相关的评价矩阵，并经过了一致性经验。最终利用 AHP 方法得到的权重为

$$A_1=(0.120, 0.214, 0.165, 0.165, 0.131, 0.110, 0.095)$$

其次，利用企业在实际发展循环经济中得到的有关数据，并经过有关处理，利用熵值法得到的指标权重为

$$A_2=(0.144, 0.208, 0.172, 0.156, 0.120, 0.108, 0.092)$$

则各指标的组合权重[①]为

$$A=\alpha A_1+\beta A_2=0.6A_1+0.4A_2=(0.129, 0.212, 0.168, 0.161, 0.127, 0.109, 0.094)$$

Step4：确定模糊评价矩阵。确定模糊评价矩阵是一个从评价指标集合到评价等级集合的模糊关系矩阵，例如，对于第一项指标，即经济效益指标来说，它在四个评价等级上的隶属度的模糊子集为 $R_1=\{r_{11}, r_{12}, r_{13}, r_{14}\}$。因此，评价企业循环经济发展水平的各个指标所构成的模糊综合评价矩阵为

$$R=\begin{bmatrix} r_{11} & r_{12} & r_{13} & r_{14} \\ r_{21} & r_{22} & r_{23} & r_{24} \\ \vdots & \vdots & \vdots & \vdots \\ r_{n1} & r_{n2} & \cdots & r_{n4} \end{bmatrix}$$

在本案例中，专家根据各评判指标所建立的企业循环经济发展水平模糊评价矩阵为

$$R=\begin{bmatrix} 0.3 & 0.4 & 0.2 & 0.1 \\ 0.5 & 0.2 & 0.2 & 0.1 \\ 0.4 & 0.4 & 0.2 & 0 \\ 0.3 & 0.2 & 0.3 & 0.2 \\ 0.4 & 0.4 & 0.1 & 0.1 \\ 0.2 & 0.2 & 0.3 & 0.3 \\ 0.1 & 0.3 & 0.4 & 0.2 \end{bmatrix}$$

---

① 注：α 和 β 的取值可以根据决策者的偏好以及具体情况来制定，在这里：$\alpha=0.6$，$\beta=0.4$。

Step5：计算评判指标。根据模糊综合评价模型 $B=A\cdot R$，即可计算出该企业循环经济发展水平的相关隶属度。但存在的问题是，利用该公式计算出的各隶属度差距往往较小，不宜根据最大隶属度原则进行判断，否则也无法准确地反映出企业循环经济的发展水平，故还需要综合计算。因此，利用公式 $Z=B\cdot S^{\mathrm{T}}$ 即可计算出该企业循环经济发展水平的相应分值，利用此分值可判断出该企业循环经济发展水平所处的评价等级，并可与其他企业的循环经济发展水平进行比较。具体测算过程如下所示。

$$B=A\cdot R=(0.129,0.212,0.168,0.161,0.127,0.109,0.094)$$

$$\begin{bmatrix} 0.3 & 0.4 & 0.2 & 0.1 \\ 0.5 & 0.2 & 0.2 & 0.1 \\ 0.4 & 0.4 & 0.2 & 0 \\ 0.3 & 0.2 & 0.3 & 0.2 \\ 0.4 & 0.4 & 0.1 & 0.1 \\ 0.2 & 0.2 & 0.3 & 0.3 \\ 0.1 & 0.3 & 0.4 & 0.2 \end{bmatrix}=(0.342,0.294,0.233,0.131)$$

$Z=B\cdot S^{\mathrm{T}}=10.388$。根据最大隶属度原则，该企业的循环经济发展处于高水平，但是根据该企业的循环经济发展水平评判分值来看，它接近于较高水平。因此，总的来说，这一企业的循环经济发展状况还是处于较高等级的。其他企业的循环经济发展水平也可以根据上述综合模糊评价模型依次得到。

7.2.3 模糊综合评价法在 CAI 课件综合评价领域的应用

计算机辅助教学(Computer Assisted Instructing，CAI)课件相较于之前传统的教学方式，便于教师教学的同时，能够给学生带来更加直观的学习感受和体会。但是，在 CAI 课件带给教学极大便利的同时，大量 CAI 课件涌现，造成市场上课件质量参差不齐的现象也不容小觑。因此，建立合理具体的评判系统来衡量 CAI 课件的质量是十分必要的，与此同时，评判机制也能倒逼 CAI 课件制作者不断提升课件质量，实现优胜劣汰。CAI 课件的评价是一个多目标评价问题，且使用的评语也往往带有模糊性，因此适宜采用模糊综合评价法。

1. 评价指标体系的设计

要建立 CAI 课件综合评价模型，首先要建立 CAI 课件的评价指标体系。因为 CAI 课件是一门涉及众多领域的新兴学科，对其评估要从多角度、多层次、多方位入手。因此，构建如下评判指标体系，且该评价体系适用于各类 CAI 课件，与此同时，评价不同类别的 CAI 课件时，需根据具体情况增减相关指标。

(1) 教学性。服务于教学是 CAI 课件诞生的根本目的。评判一个 CAI 课件是否具备教学性的特点，具体来说其应该满足教学目的，符合教学大纲要求；教学对象明确，内容适合被教学者的年龄特点、认知水平；选题合理并能解决教学中的重点、难点问题；课件内容应该是将知识点进行简单阐述，具有通俗易懂的特性等条件。因此，教学性又具体包含了课件内容及编排、教学效果和教学管理 3 个细分因素。

（2）科学性。即 CAI 课件所涉及的内容是否准确、真实、符合常理；相较于传统的板书，CAI 课件所涉及的图片、视频、动画的运用是否能准确、科学地模拟客观事实，完整地表达教学内容；是否具有交互操作的稳定可靠性，软件结构是否合理，系统运行是否可靠、安全。

（3）技术性。这里表现为 CAI 课件在制作过程中所运用的技术工具是否恰当以及教师在使用 CAI 课件教学时，是否便于操作，不会出现卡顿等操作问题。根据部分教师的反馈，一些 CAI 课件在运用的过程中，会因为计算机软件不兼容等原因出现使用技术故障，浪费教学时间，降低教学体验感。

（4）艺术性。与传统板书教学相比，CAI 课件的一大特点就是更加地丰富多彩，充满了教学艺术性。课件的艺术性主要指授课工具界面生动形象，页面布局简洁美观，寓教于乐，讲究构图，画面清晰；除了视觉上的教学，还可以配备语言、音乐等听觉上的体验，加深学生理解。

除了以上 4 个指标，还有许多细分因素会影响 CAI 课件的质量评判，各评价指标构成的多层次指标体系如图 7-1 所示。

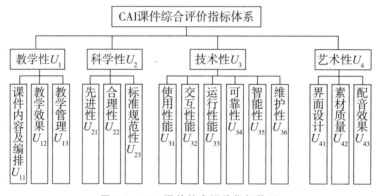

图 7-1　CAI 课件综合评价指标体系

2. 模糊综合评价模型的建立

选取某一 CAI 课件，寻找 9 位专家对其进行评价。

Step1：构建因素集（指标集）$U = \{u_1, u_2, \cdots, u_m\}$，本案例所建立的因素集分两个层次，其中第一层次为 $U = \{U_1, U_2, U_3, U_4\}$；第二层次为 $U_1 = \{U_{11}, U_{12}, U_{13}\}$，$U_2 = \{U_{21}, U_{22}, U_{23}\}$，$U_3 = \{U_{31}, U_{32}, U_{33}, U_{34}, U_{35}, U_{36}\}$，$U_4 = \{U_{41}, U_{42}, U_{43}\}$。

Step2：取评价集（等级集）$V = \{v_1, v_2, \cdots, v_n\}$。其中 v_i 表示第 i 等评价级别，n 表示评价等级数。这里采用四级评判方法，即 $n = 4$，v_1, v_2, v_3, v_4 分别代表着优、良、中、差四个等级。采用德尔菲方法对上述评价等级进行评分，记为 $S = \{s_1, s_2, \cdots, s_m\}$，即 v_i 等级的分值为 s_i。因本文采用的为四级评判方法，故假定 $S = \{s_1, s_2, s_3, s_4\} = \{10, 7, 5, 2\}$。

Step3：确定权重集合 $\boldsymbol{A}=(a_1, a_2, a_3, \cdots, a_j)$，且 $\sum_{i=1}^{j} a_i = 1$。此处以灰色理论中的灰色关联度来确定各个指标的权重，因涉及本书下一章节的灰色关联度内容，本章将不对此进行赘述。综合 9 位专家的意见后，得到权重集合为 $\boldsymbol{A}=(0.08, 0.07, 0.07, 0.06, 0.05, 0.08, 0.07, 0.06, 0.09, 0.07, 0.07, 0.04, 0.07, 0.06, 0.04)$。

Step4：确定模糊评价矩阵。设有 r 位专家参加评价。我们把第 s 位专家对第 j 个指标的评价量样本记为 l_{sj}，将 r 位专家对所评价的某 CAI 课件的评价数据记为样本矩阵

$$\begin{bmatrix} l_{11} & l_{12} & \cdots & l_{1n} \\ l_{21} & l_{22} & \cdots & l_{2n} \\ \vdots & \vdots & & \vdots \\ l_{r1} & l_{r2} & \cdots & l_{rn} \end{bmatrix}。$$

用灰色统计法由确定的各评价标准函数（灰数的白化函数），求出 l_{sj} 属于第 i 类评价等级的权 $f_i(l_{sj})$，据此求出评判矩阵的灰色统计数 n_{ji} 和总灰色统计数 n_j，其中：$n_{ji} = \sum_{s=1}^{r} f_i(l_{sj})$，$n_j = \sum_{i=1}^{m} n_{ji}$。综合 r 位专家对第 j 个评价因素主张第 i 等评价级别的灰色权值为 $r_{ji} = n_{ji}/n_i$，则由 r_{ji} 构成的矩阵为 $\boldsymbol{R} = \begin{bmatrix} r_{11} & r_{12} & \cdots & r_{1m} \\ r_{21} & r_{22} & \cdots & r_{2m} \\ \vdots & \vdots & \vdots & \vdots \\ r_{n1} & r_{n2} & \cdots & r_{nm} \end{bmatrix}$。

在本案例中，模糊评价矩阵为

$$\boldsymbol{R} = \begin{bmatrix} 0.49 & 0.44 & 0.45 & 0.38 & 0.37 & 0.47 & 0.45 & 0.40 & 0.55 & 0.46 & 0.46 & 0.26 & 0.45 & 0.38 & 0.27 \\ 0.38 & 0.39 & 0.39 & 0.39 & 0.40 & 0.39 & 0.39 & 0.40 & 0.37 & 0.39 & 0.39 & 0.44 & 0.38 & 0.40 & 0.44 \\ 0.13 & 0.17 & 0.16 & 0.22 & 0.23 & 0.14 & 0.16 & 0.19 & 0.07 & 0.15 & 0.15 & 0.30 & 0.16 & 0.22 & 0.29 \\ 0 & 0 & 0 & 0 & 0 & 0 & 0 & 0 & 0 & 0 & 0 & 0 & 0 & 0 & 0 \end{bmatrix}^{\mathrm{T}}$$

Step5：计算评判指标。根据 $\boldsymbol{B} = \boldsymbol{A} \cdot \boldsymbol{R}$ 公式可以计算出该 CAI 课件的相关隶属度，本 CAI 课件的计算结果为 $\boldsymbol{B} = \boldsymbol{A} \cdot \boldsymbol{R} = (0.4253, 0.3846, 0.1673, 0)$。将计算结果 $\boldsymbol{B}$ 进行归一化处理之后得到：$\boldsymbol{B} = (0.4352, 0.3936, 0.1712, 0)$。根据最大隶属度原则，该 CAI 课件的质量水平为优。但是从模糊评价矩阵可以看出，该 CAI 课件属于优隶属度与属于良隶属度之间的差别比较小，不能精确体现出所研究课件的隶属关系，故仍要通过综合运算来对该 CAI 课件的质量水平进行精确评判。综合评价结果为 $\boldsymbol{Z} = \boldsymbol{B} \cdot \boldsymbol{S}^{\mathrm{T}} = 7.96$，根据综合评价分值可以看出该 CAI 课件的水平位于优与良之间，更加接近良好状态。

该评判方法还可应用于其他 CAI 课件质量水平的测算中去，用以比较不同 CAI 课件的质量水平，以便取长补短，激励 CAI 课件市场的蓬勃发展。

习 题

1. 某服装厂生产某种服装,欲了解顾客对该种服装的欢迎程度(很欢迎,欢迎,一般,不欢迎)。顾客是否喜欢这种服装,与这种服装的花色、样式、价格、耐用度和舒适度等因素有关。该服装厂随机调查了 10 人,其中有 2 人、5 人和 3 人分别认为其花色为很欢迎、欢迎和一般;有 1 人、3 人、5 人和 1 人分别认为其样式很欢迎、欢迎、一般和不欢迎;有 1 人、6 人和 3 人分别认为其价格受到欢迎、一般和不欢迎;有 4 人、5 人和 1 人分别认为其耐用度受到欢迎、一般和不欢迎;有 5 人、3 人和 2 人分别认为其舒适度很欢迎、欢迎和一般。假定男性和女性对 5 个服装因素的权重分别为 (0.10, 0.10, 0.15, 0.30, 0.35) 和 (0.20, 0.35, 0.15, 0.10, 0.20)。请分别从男性和女性的角度对此进行综合评价分析。

2. 物流中心选址受到许多因素的影响,根据这些因素特点,对其进行分类并初步确定了权重,如表 7-4 所示。

表 7-4 权重表

第一级指标		第二级指标		第三级指标	
自然环境 u_1	(0.1)	气象条件 u_{11}	(0.25)		
		地质条件 u_{12}	(0.25)		
		水文条件 u_{13}	(0.25)		
		地形条件 u_{14}	(0.25)		
交通运输 u_2	(0.2)				
经营环境 u_3	(0.3)				
候选地 u_4	(0.2)	面积 u_{41}	(0.1)		
		形状 u_{42}	(0.1)		
		周边干线 u_{43}	(0.1)		
		地价 u_{44}	(0.1)		
公共设施 u_5	(0.2)	三供 u_{51}	(0.4)	供水 u_{511}	(1/3)
				供电 u_{512}	(1/3)
				供气 u_{513}	(1/3)
		废物处理 u_{52}	(0.3)	排水 u_{521}	(0.5)
				固体废物处理 u_{522}	(0.5)
		通信 u_{53}	(0.2)		
		道路设施 u_{54}	(0.1)		

假设某区域有 8 个候选地址,其中 $V=\{A, B, C, D, E, F, G, H\}$ 代表 8 个不同的候选地址。经过实地调查,有关数据进行处理后得到诸因素的模糊综合评判如表 7-5 所示。问最优选址方案是什么?

表 7-5　数据进行处理后得到的诸因素的模糊综合评判

因素	A	B	C	D	E	F	G	H
气象条件	0.91	0.85	0.87	0.98	0.79	0.60	0.60	0.95
地质条件	0.93	0.81	0.93	0.87	0.61	0.61	0.95	0.87
水文条件	0.88	0.82	0.94	0.88	0.64	0.61	0.95	0.91
地形条件	0.90	0.83	0.94	0.89	0.63	0.71	0.95	0.91
交通运输	0.95	0.90	0.90	0.94	0.60	0.91	0.95	0.94
经营环境	0.90	0.90	0.87	0.95	0.87	0.65	0.74	0.61
候选地面积	0.60	0.95	0.60	0.95	0.95	0.95	0.95	0.95
候选地形状	0.60	0.69	0.92	0.92	0.87	0.74	0.89	0.95
候选地周边干线	0.95	0.69	0.93	0.85	0.60	0.60	0.94	0.78
候选地地价	0.75	0.60	0.80	0.93	0.84	0.84	0.60	0.80
供水	0.60	0.71	0.77	0.60	0.82	0.95	0.65	0.76
供电	0.60	0.71	0.70	0.60	0.80	0.95	0.65	0.76
供气	0.91	0.90	0.93	0.91	0.95	0.93	0.81	0.89
排水	0.92	0.90	0.93	0.91	0.95	0.93	0.81	0.89
固体废物处理	0.87	0.87	0.64	0.71	0.95	0.61	0.74	0.65
通信	0.81	0.94	0.89	0.60	0.65	0.95	0.95	0.89
道路设施	0.90	0.60	0.92	0.60	0.60	0.84	0.65	0.81

参考文献

杜栋，庞庆华，2021. 现代综合评价方法与案例精选[M]. 4 版. 北京：清华大学出版社.

吴凤平，陈艳萍，2011. 现代决策方法[M]. 南京：河海大学出版社.

庞庆华，王普查，2012. 企业循环经济发展水平的模糊综合评价研究[J]. 江西理工大学学报（6）：49-53.

匡佳丽，唐德善，2021. 基于熵权模糊综合模型的水污染风险评价：以鄱阳湖流域为例[J]. 人民长江，52(9)：32-37.

庞庆华，2007. CAI 课件的灰色模糊综合评价模型[J]. 计算机应用与软件(11)：218-221.

第 8 章
灰色决策方法

学习目标：
1. 掌握灰色关联分析内涵及其求解；
2. 掌握灰靶决策模型及其求解；
3. 掌握灰色聚类模型及其求解；
4. 能够结合实际问题建立灰色决策模型。

生活中，当人们对一些事物进行评判时，由于对评判对象的某些因素不完全了解，致使评判根据不足；或者由于事物不断发展变化，人们的认识落后于实际；或者由于人们受事物伪信息或反信息的干扰，导致判断发生偏差，等等。所有这些情况归结为一点，就是信息不完全，即"灰"。在控制论中，颜色的深浅被用来形容信息的明确程度。用"黑"表示信息未知，用"白"表示信息完全明确，用"灰"表示部分信息明确、部分信息不明确。灰色系统是介于信息完全知道的白色系统和一无所知的黑色系统之间的中介系统，即信息部分明确、部分不明确的系统。灰色系统理论是我国著名学者邓聚龙教授于1982年首创的一种系统科学理论，它是从信息的非完备性出发研究和处理复杂系统的理论，是通过对系统某一层次的观测资料加以数学处理，达到在更高层次上了解系统内部变化趋势、相互关系等机制。本章将介绍灰色关联分析、灰靶决策模型、灰色聚类决策模型的相关概述和建模求解步骤，以及相关的实例分析。

8.1 灰色关联分析及求解

8.1.1 灰色关联分析概述

灰色决策是指运用灰色系统理论，对灰色系统中的决策问题进行的决策。换句话说，灰色决策是在决策模型中含有不完全或不确定信息，或者一般决策模型与灰色模型相结合的情况下进行的决策，它重点研究方案的选择问题。灰色决策具有 3 大特点：

一是决策结果不唯一；二是决策者不唯一；三是决策方法不唯一。灰色决策模型是灰色系统理论中十分活跃的一个分支，它包括灰靶决策、灰色关联决策、灰色发展决策、灰色聚类决策等决策模型以及在这些模型基础上的改进模型。

灰色关联分析（Grey Relational Analysis，GRA）是灰色系统理论应用的主要方面之一。GRA 是灰色系统分析、评价和决策的基础。简单来说，GRA 就是一种多因素统计分析方法，它是用灰色关联度来描述因素间关系的强弱、大小和次序的。作为一个发展变化的系统，GRA 是动态过程发展态势的量化分析，即是发展态势的量化比较分析。发展态势的比较，也就是历年来有关统计数据列几何关系的比较，实质上是几种曲线间几何形状的分析比较，即认为几何形状越接近，则发展变化态势越接近，关联程度越大。

GRA 方法的最大优点是对数据样本量要求低，4 个及 4 个以上的样本数据都可以使用该方法。它的数学方法是非统计方法，在系统数据资料较少和条件不满足统计要求的情况下，更具有实用性。目前，GRA 方法的应用已经涉及社会科学和自然科学的各个领域，例如各经济部门投资收益、区域经济优势分析、产业结构调整等。

8.1.2　GRA 建模

运用 GRA 进行因素分析时，分析步骤大致可分为以下 4 步进行：①确定反映系统行为特征的参考数列和比较数列；②计算比较数列上的元素对参考数列的关联系数；③将各个时刻的关联系数集中为一个值，即计算关联度；④根据关联度的计算结构进行排序，分辨出哪些是主要因素，哪些是次要因素。

1. 确定分析数列

反映系统行为特征的数据序列，称为参考序列，又称母序列，一般记为 X_0，表示为

$$X_0 = \{X_0(1), X_0(2), \cdots, X_0(n)\} \tag{8-1}$$

其中，$X_0(n)$ 表示 n 时刻的数据。

影响系统行为的因素组成的数据序列，称为比较序列，又称子序列，常记为 X_i，它代表的是评价对象。假设比较序列为由 n 个因素构成的 m 个序列，即比较序列表示为

$$X_i = \{X_i(1), X_i(2), \cdots, X_i(n)\}, \quad i = 1, 2, \cdots, m \tag{8-2}$$

假设要衡量城市的经济发展水平，那么就需要明晰影响城市经济发展的重要因素有哪些以及这些因素的影响程度。在这里，用人均生产总值来代表城市的经济发展水平，即参考序列；比较序列的因素假设为固定资产投资、社会消费品零售总额、农村人均纯收入、科研机构数量、卫生机构数量。表 8-1 给出了 6 个省（直辖市）的经济发展水平及其影响因素。

表 8-1 各地区经济发展水平及其影响因素

地区	人均生产总值/元	固定资产投资/亿元	社会消费品零售总额/亿元	农村人均纯收入/元	科研机构数量/千个	卫生机构数量/个
北京	10256	30.81	6235	3223	65	4955
上海	15204	128.93	7191	4245	45	5286
江苏	5785	101.09	4634	2456	67	12039
山东	4473	102.54	4264	1715	48	10463
湖南	2701	43.01	4699	1425	47	9137
四川	2518	80.97	4002	1158	64	18885

这里 5 个因素和人均生产总值的单位并不统一，因此，首先要进行数据的无量纲化处理。

2. 计算关联系数

计算关联系数，即计算 X_i 对 X_0 在第 k 个元素上的关联系数（$k=1, 2, \cdots, n$），计算公式如下：

$$\zeta_i(k) = \frac{\min\limits_i \min\limits_k |x_0(k) - x_i(k)| + \zeta \max\limits_i \max\limits_k |x_0(k) - x_i(k)|}{|x_0(k) - x_i(k)| + \zeta \max\limits_i \max\limits_k |x_0(k) - x_i(k)|} \tag{8-3}$$

式中，$\zeta_i(k)$ 是第 k 个时刻比较曲线 X_i 与参考曲线 X_0 的相对差值，这种形式的相对差值称为 X_i 对 X_0 在 k 时刻的关联系数。ζ 为分辨系数，$\zeta \in [0, 1]$，引入它是为了减少极值对计算的影响。在实际使用时，应根据序列间的关联程度选择分辨系数，一般取 $\zeta \leqslant 0.5$ 最为恰当。

这里假设记：

$$\Delta\min = \min\limits_i \min\limits_k |x_0(k) - x_i(k)| \tag{8-4}$$

$$\Delta\max = \max\limits_i \max\limits_k |x_0(k) - x_i(k)| \tag{8-5}$$

$\Delta\min$ 与 $\Delta\max$ 分别为各时刻 X_0 与 X_i 的最小绝对差值与最大绝对差值。于是式(8-3)可以变形为

$$\zeta_i(k) = \frac{\Delta\min + \zeta\Delta\max}{|x_0(k) - x_i(k)| + \zeta\Delta\max} \tag{8-6}$$

需要特别注意的是，如果计算关联程度的数列量纲不同，要转化为无量纲。无量纲化的方法，常用的有初值化与均值化。初值化是指所有数据均用第一个数据去除，然后得到一个新的数列，这个新的数列即是各不同时刻的值相对于第一个时刻的值的百分比。均值化就是用序列平均值除以所有数据，即得到一个占平均值百分比的数列。

3. 计算关联度

关联系数只表示各时刻数据间的关联程度，由于关联系数的数很多，信息过于分散，为便于比较，需要将各个时刻的关联系数集中为一个值，求平均值便是作为这种

信息集中处理的一种方法。因此,引进一个新概念关联度,它表示曲线 X_i 对参考曲线 X_0 的关联度,其一般表达式为

$$r_i = \frac{1}{n}\sum_{k=1}^{n}\zeta_i(k) \tag{8-7}$$

关联度是反映事物之间关联程度的一种指标,它能指示具有一定样本长度的给定因素之间的关联情况。但也要认识到它是有明显缺点的,就是关联度受数据中极大值和极小值的影响,一旦数据序列中出现某个极值,关联度就会发生变化。因此,关联度有时不能真正反映数据列之间的关联程度。另外,计算关联度时,需要对原数据作无量纲化处理。而且,分辨系数的取值不同,也会导致关联系数的不唯一。

对于上述地区经济发展水平中的影响因素,可以求得各个因素的关联度系数和关联度如表 8-2 所示。

表 8-2 各个因素的关联系数和关联度

地区	固定资产投资	社会消费品零售总额	农村人均纯收入	科研机构数量	卫生机构数量
北京	0.3890	0.6181	0.4806	0.3897	0.5511
上海	0.7235	1.1042	0.8895	0.7231	0.9843
江苏	1.3272	1.9869	1.6117	1.3253	1.5649
山东	1.9572	2.9596	2.3414	1.9525	2.1190
湖南	2.6787	3.7347	3.1851	2.6743	2.6359
四川	3.4953	4.6144	4.0737	3.4898	3.0346
关联度	0.5826	0.7691	0.6789	0.5816	0.5058

4. 关联度排序

灰色关联分析的目的,是在影响某参考数列 X_0 的诸因素 X_i 中找出主要因素,也就是按对 X_0 的关联程度大小对 X_i 进行排序。第(3)步所求的灰色关联度就可以直接反映各个比较序列对于参考序列的优劣关系。关联度排序的规则如下。

假设 X_i 与 X_0, X_j 与 X_0 的关联度分别为 r_i, r_j, 则

(1) 当 $r_i > r_j$ 时,则称 X_i 优于 X_j;
(2) 当 $r_i < r_j$ 时,则称 X_i 劣于 X_j;
(3) 当 $r_i = r_j$ 时,则称 X_i 等于 X_j;
(4) 当 $r_i \geqslant r_j$ 时,则称 X_i 不劣于 X_j;
(5) 当 $r_i \leqslant r_j$ 时,则称 X_i 不优于 X_j。

因此,将影响参考序列 X_0 的因素 X_i 按上述定义的优劣排队,即按各自对 X_0 的影响程度大小排序,它反映的是各评价对象对理想(标准)对象的接近次序,即评价对象的优劣次序,其中灰色关联度最大的评价对象为最佳。因此,利用灰色关联度可对评价对象的优劣进行分析比较。

根据表 8-1,在城市的经济发展水平的评价中,用人均生产总值表示经济发展水平

的情况下,社会消费品零售总额是影响经济发展水平的最重要因素,其次是农村人均纯收入、固定资产投资、科研机构数量、卫生机构数量。

8.2 灰靶决策模型及求解

8.2.1 灰靶决策模型概述

灰靶理论(Grey Target Theory)是处理模式序列的灰色关联分析理论。利用灰靶理论,可以进行模式识别、模式分级、模式优选等。这里的模式是指几何模型、方案、评估对象等。灰靶理论近年来在管理实践中得到了广泛的应用,在处理相关决策问题上能够发挥巨大作用,其主要思想就是在决策点中找到一个靶心作为标准模式,然后将诸多决策点和靶心进行比较,求出靶心距,通过比较靶心距来确定排序。

在一组模式序列中,找出最靠近目标 k 的数据构造标准模式,记为 r,然后各模式与标准模式一起构成灰靶,设 $d_1^{(1)}$,$d_2^{(1)}$,$d_1^{(2)}$,$d_2^{(2)}$,…,$d_1^{(s)}$,$d_2^{(s)}$ 分别为决策方案 s_{ij} 在 $1,2,…,s$ 目标下效果值的临界值,则称 S 维超平面区域 $S^s = \{r^1, r^2, …, r^s \mid d_1^{(1)} \leqslant r^1 \leqslant d_2^{(1)}, d_1^{(2)} \leqslant r^2 \leqslant d_2^{(2)}, …, d_1^{(s)} \leqslant r^s \leqslant d_2^{(s)}\}$ 为 S 维决策模型,且 $u_{ij}^{(k)} = \{u_{ij}^{(1)}, u_{ij}^{(2)}, …, u_{ij}^{(k)}\} \in S^s$ 为 $1,2,…,k$ 目标下的效果,称相应的决策方案 s_{ij} 为 k 目标下的可取方案,b_j 为 k 目标下的关于事件 a_1 的可取对策。

靶心距为在一组模式中,各模式与靶心的距离。设 $r_0 = \{r_0^1, r_0^2, …, r_0^s\}$ 为靶心,决策向量 $r_1 = \{r_1^1, r_1^2, …, r_1^s\} \in R$,则

$$|r_1 - r_0| = [(r_1^1 - r_0^1)^2 + (r_1^2 - r_0^2)^2 + … + (r_1^s - r_0^s)^2]^{\frac{1}{2}} \tag{8-8}$$

若 s_{ij},s_{hl} 为两个不同的决策方案,当其对应的决策向量 r_1,r_2 满足 $|r_1 - r_0| \geqslant |r_2 - r_0|$ 时,则表示决策方案 s_{hl} 是优于 s_{ij} 的。

8.2.2 灰靶决策模型建模

假设某工厂要购买一批空调,需要考虑空调的性能、价格、噪声、售后4个因素,现在有4个备选型号 A_1、A_2、A_3、A_4,它们在各个因素的得分情况(百分制)如8-3所示。

表8-3 各备选型号因素的得分情况

型号	性能	价格	噪声	售后
A_1	95	90	80	70
A_2	90	80	83	82
A_3	85	70	88	86
A_4	87	73	85	85

进行灰靶决策的步骤可分为以下 4 个步骤。

1. 确定效果矩阵 R

首先要确定决策方案集 S 对 k 目标(指标集)下的效果样本矩阵 R,并对 R 进行无量纲化处理,来消除量纲和量纲单位不同所带来的不可比较性。

空调采购案例中采取的是百分制评分,所以不需要无量纲化处理,确定效果矩阵为

$$R = \begin{bmatrix} 95 & 90 & 80 & 70 \\ 90 & 80 & 83 & 82 \\ 85 & 70 & 88 & 86 \\ 87 & 73 & 85 & 85 \end{bmatrix}$$

2. 确定标准模式

设指标的极性 P 分别为极大值极性 $P(\max)$、极小值极性 $P(\min)$ 和适中值极性 $P(\text{med})$,当 $Pr(n)=P(\max)$ 时,取 $r_0(n)=\max r_i(n)$,$r_i(n) \in r(n)$;当 $Pr(n)=P(\min)$ 时,取 $r_0(n)=\min r_i(n)$,$r_i(n) \in r(n)$;当 $Pr(n)=P(\text{med})$ 时,取 $r_0(n)=u_0$(指定值)或者 $r_0(n)=\text{avg} r_i(n)$,$r_i(n) \in r(n)$;则称序列 $r_0 = \{r_0(1), r_0(2), \cdots, r_0(n)\}$ 为标准模式,其中 i 为方案数,n 为指标数。

在空调采购案例中,性能和售后属于极大值极性因素,价格和噪声属于极小值极性因素,因此,标准模式可以确定为 $r_0 = \{95, 70, 83, 86\}$。

3. 灰靶变换

对上述指标集 R 做无量纲化处理后得到 R_1,对其进行灰靶变换就可以得到灰靶决策矩阵 T,即对第 i 个方案的指标序列 $r_i = \{r_i(1), r_i(2), \cdots, r_i(n)\}$ 做 T 变换,将 r_i 和 r_0 做灰靶变换。灰靶变换公式为

$$Tr_i(k) = \frac{\min\{r_i(k), r_0(k)\}}{\max\{r_i(k), r_0(k)\}} \tag{8-9}$$

如果 $Tr_0 = r_0$,$r_0 = \{r_0(1), r_0(2), \cdots, r_0(n)\} = \{1, 1, \cdots, 1\}$,那么就称 r_0 为靶心。

根据灰靶变换公式(8-9)可以求得灰靶决策矩阵 T 为

$$T = \begin{bmatrix} 1 & 1 & 1 & 1 \\ 1 & 1.2857 & 0.9639 & 0.8140 \\ 0.9474 & 1.1429 & 1 & 0.9535 \\ 0.8947 & 1 & 1.0602 & 1 \\ 0.9158 & 1.0429 & 1.0241 & 0.9884 \end{bmatrix}$$

4. 计算靶心距

利用式(8-8)可以计算靶心距。靶心距的大小反映了效果向量的优劣,或者说决策方案的优劣。简单来说,靶心距越小,决策方案越优。灰靶决策算法较为简单,可用 Excel 计算。

在空调采购案例中,最后求得每个备选型号的靶心距为 $D_1 = 0.3429$、$D_2 =$

0.1592、$D_3=0.1213$、$D_4=0.0982$，因为 $D_4<D_3<D_2<D_1$，所以购买备选型号 A_4 是最佳方案，其次是 A_3、A_2、A_1。

8.3 灰色聚类决策模型及求解

8.3.1 灰色聚类决策模型概述

1993 年，刘思峰提出基于三角白化权函数的灰色聚类决策方法，该方法是一种解决小样本、贫信息等不确定问题的评价与决策方法，在众多科学领域的评估实践中得到广泛运用，比如水质分析、大气污染评价、地质灾害领域的评价决策等。

灰色聚类按照聚类对象又可被分为两种。一是灰色关联聚类，主要用于同类因素的归并，判断众多因素是否属于同一大类。同一类的因素即可利用其综合平均指标或其中某一因素的数据来代表这一组数据。二是灰色白化权聚类，主要用于判断被检测对象的所属类别。在具体运用的过程中，依照被决策对象的性质，分为灰色变权聚类和灰色定权聚类。

8.3.2 灰色聚类模型建模及求解

1. 灰色关联聚类

假设有 n 个聚类对象，每个聚类对象的特征数据个数为 m，能得到以下序列：

$$\begin{aligned} X_1 &= \{x_1(1), x_1(2), \cdots, x_1(n)\} \\ X_2 &= \{x_2(1), x_2(2), \cdots, x_2(n)\} \\ &\cdots \qquad\qquad \cdots \\ X_m &= \{x_m(1), x_m(2), \cdots, x_m(n)\} \end{aligned} \qquad (8\text{-}10)$$

对于所有的 $i \leqslant j (i=1, 2, \cdots, m; j=1, 2, \cdots, m)$，计算出 X_i 与 X_j 之间的绝对关联度：ε_{ij}，从而得到上三角矩阵 $\boldsymbol{B}$（特征变量关联矩阵）

$$\boldsymbol{B} = \begin{bmatrix} \varepsilon_{11} & \varepsilon_{12} & \cdots & \varepsilon_{1m} \\ & \varepsilon_{22} & \cdots & \varepsilon_{2m} \\ & & \ddots & \vdots \\ & & & \varepsilon_{mm} \end{bmatrix}, (\varepsilon_{ii}=1, i=1, 2, \cdots, m) \qquad (8\text{-}11)$$

取临界值 $r \in [0, 1]$，一般要求 $r>0.5$，r 距离 1 越近，则表明分类越细致。当 $\varepsilon_{ij} \geqslant r(i \neq j)$ 时，就可认定 X_i 与 X_j 为同类因素。

2. 灰色变权聚类

设有 n 个聚类对象，m 个聚类指标，s 个不同灰类，对象 i 关于指标 j 的样本观测值为 x_{ij}，$i=1, 2, \cdots, n$；$j=1, 2, \cdots, m$。设 j 指标 k 子类的白化权函数为 $f_j^k(\cdot)$，将 n 个对象关于指标 j 的取值相应地分为 s 个灰类，我们称为 j 指标子类。其中，j 指标 k 子类的白化权函数就记为 $f_j^k(\cdot)$。白化权函数有多种，但是比较常见的 4 种类型如图 8-1～图 8-4 所示。

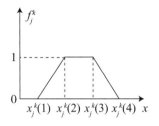

图 8-1　典型白化权函数

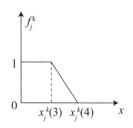

图 8-2　下限测度白化权函数

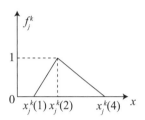

图 8-3　适中测度白化权函数

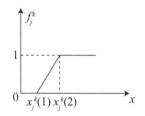

图 8-4　上限测度白化权函数

典型白化权函数记为 $f_j^k = [x_j^k(1), x_j^k(2), x_j^k(3), x_j^k(4)]$，典型白化权函数就是左右顶点确定且函数曲线为左升右降的连续函数。下限测度白化权函数与典型白化权函数相比，缺少了 $x_j^k(1)$ 和 $x_j^k(2)$ 两个转折点，适中测度白化权函数则是缺少了 $x_j^k(3)$ 转折点。上限测度白化权函数与典型白化权函数相比，缺少了 $x_j^k(3)$ 和 $x_j^k(4)$ 两个转折点。

相应地，可以得到以上 4 类白化权函数的表达式。以典型白化权函数为例，其表达式如式(8-12)所示。

$$f_j^k = \begin{cases} 0 & x \notin [x_j^k(1), x_j^k(4)] \\ \dfrac{x - x_j^k(1)}{x_j^k(2) - x_j^k(1)} & x \in [x_j^k(1), x_j^k(2)] \\ 1 & x \in [x_j^k(2), x_j^k(3)] \\ \dfrac{x_j^k(4) - x}{x_j^k(4) - x_j^k(3)} & x \in [x_j^k(3), x_j^k(4)] \end{cases} \tag{8-12}$$

令 λ_j^k 为 j 指标 k 子类的临界值，对于典型白化权函数，其临界值表达式为

$$\lambda_j^k = \frac{x_j^k(2) + x_j^k(3)}{2} \tag{8-13}$$

$\eta_j^k = \lambda_j^k / \sum_{j=1}^m \lambda_j^k$ 为 j 指标关于 k 子类的权，$\delta_i^k = \sum_{j=1}^m f_j^k(x_{ij}) \cdot \eta_j^k$ 为 i 关于 k 子类的灰色变权聚类系数。则 i 的聚类系数向量为

$$\delta_i = (\delta_i^1, \delta_i^2, \cdots, \delta_i^s) = (\sum_{j=1}^m f_j^1(x_{ij}) \cdot \eta_j^1, \sum_{j=1}^m f_j^2(x_{ij}) \cdot \eta_j^2, \cdots, \sum_{j=1}^m f_j^s(x_{ij}) \cdot \eta_j^s)$$

(8-14)

聚类系数矩阵表达式为

$$\sum \boldsymbol{\delta}_i^k = \begin{bmatrix} \delta_1^1 & \delta_1^2 & \cdots & \delta_1^s \\ \delta_2^1 & \delta_2^2 & \cdots & \delta_2^s \\ \vdots & \vdots & & \vdots \\ \delta_n^1 & \delta_n^2 & \cdots & \delta_n^s \end{bmatrix} \tag{8-15}$$

若 $\max\limits_{1 \leqslant k \leqslant s} \{\delta_i^k\} = \delta_i^{k*}$，那么灰类 i 就属于 k^*。

3. 灰色定权聚类

当聚类指标的量纲有所不同，且在数量上悬殊较大时，采用灰色变权聚类法进行决策，会弱化某些指标的作用，产生结果失真的情况。对此，可以采用灰色定权聚类法来进行决策评判。灰色定权聚类法，即先行对各个聚类指标赋予权重，再对被决策对象进行评判。其模型求解步骤和灰色变权聚类法类似，在这里简要概述。

Step1：确定白化权函数 $f_j^k(\cdot)(j=1,2,\cdots,m; k=1,2,\cdots,s)$。

Step2：对各聚类指标进行定性分析，确定权重 $\eta_j(j=1,2,\cdots,m)$。

Step3：计算灰色定权聚类系数 $\delta_i^k = \sum_{j=1}^m f_j^k(x_{ij}) \cdot \eta_j$。

Step4：如果 $\max\limits_{1 \leqslant k \leqslant s} \{\delta_i^k\} = \delta_i^{k*}$，则评判对象 i 属于 k^*。

8.4 应 用 案 例

8.4.1 企业信息化水平评价中的灰色关联分析应用

企业信息化是应对市场化、全球化和网络化等一系列变化的关键措施。企业信息化是指企业利用现代信息技术，充分开发信息资源，以调动资源潜能，并建立起与之相适应的管理和组织模式，从而推进企业的现代化，提高企业的经济效益和竞争力的过程，它的推广和应用已经成为一种必然趋势。客观评价企业信息化发展水平，比较企业之间信息化水平方面的差异和特点，对于政府制定经济发展战略、完善信息产业发展政策，提高企业的信息化水平和市场竞争能力，正确指导企业信息化的发展，具有重大战略意义和现实意义。

企业信息化水平是由多种指标决定的，确定哪些是主要指标，哪些是次要指标，是企业信息化水平评价的基础问题。只有分清了各种指标的重要程度，才有利于企业改进其信息化建设，避免企业信息化建设的盲目性。目前人们对企业信息化的认识处于一种灰色的系统状态,即人们对企业信息化的认识必然受个人的知识、经验和文化等许多已知和未知或非确定因素的影响,具有典型的灰色系统特征。在这种情况下,辨别影响因素仅仅依靠定性方法和一般的数学评价方法,很难做出合理、准确判断,因此用灰色系统理论评价企业信息化水平具有一定的适用性和科学性。

在设计企业信息化水平评价指标时,应该遵循科学性、动态性、全面性、导向性、综合性、可比性等基本原则,围绕企业信息化的各个方面来设计企业信息化水平评价指标体系。

1. 确定企业信息化水平评价指标

企业信息化水平受多种因素的影响。从企业信息化的基础、企业的经营效益与市场竞争能力、人才素质、管理和政策等方面考虑,将企业信息化水平评价指标分为5个部分。

(1) 信息设备装备,包括基础设施的投资、硬件平台、网络支持平台、系统和软件平台4项次级指标。

(2) 信息技术应用的广度和深度,包括企业信息采集与发布的信息化程度、生产及运作过程自动化、营销信息化水平、管理信息化水平与信息化目标的实现5项次级指标。

(3) 信息资源开发和利用,包括每人使用互联网的字节数、购买数据库的数目、开发数据库的数目、数据库信息总量等。

(4) 信息化人力资源开发,包括企业信息专业技术人员的比例、技术人才的职称结构比例、人才培养和培训的经费、吸引信息技术人才的专项资金数量等。

(5) 企业信息化组织和控制,包括信息化方面的方针和政策、管理制度和标准、企业业务流程再造的效果、企业信息系统维护和运行管理的质量等。

2. 确定分析数列

这里把企业实行信息化后得到的经济效益与企业提高的竞争力作为母序列,以上面列出的企业信息化水平评价指标作为子序列。为解决数列量纲不同的问题,先将各数列进行均值化处理,企业信息化总收益与相关指标序列的均值化结果如表8-4所示。

表8-4 企业信息化总收益与相关指标序列的均值化结果

企业	信息化总收益 X_0	信息设备装备 X_1	信息技术应用的广度和深度 X_2	信息资源开发和利用 X_3	信息化人力资源开发 X_4	企业信息化组织和控制 X_5
企业1	0.7886	0.2789	1.7390	0.5692	1.0358	0.8170
企业2	0.8873	0.7704	0.3511	0.9975	0.4437	0.9764
企业3	0.8599	1.0078	0.6433	0.757	0.7357	1.0219
企业4	0.9787	1.3695	0.9896	0.8123	0.6877	1.2007
企业5	1.0841	1.0824	1.5974	1.1174	1.1241	0.9606
企业6	1.4014	1.4910	0.6796	1.7465	1.9730	1.0234

3. 计算关联系数和关联度

这里将分辨系数 ζ 取值为 0.5，根据式(8-3)～式(8-7)，利用 MATLAB 代码，可得到企业信息化水平评价指标关联度，如表 8-5 所示。

表 8-5 企业信息化水平评价指标关联度

影响因素	关联度	排序
信息设备装备 X_1	0.2703	5
信息技术应用的广度和深度 X_2	0.4384	4
信息资源开发和利用 X_3	0.5406	3
信息化人力资源开发 X_4	0.5876	2
企业信息化组织和控制 X_5	0.7021	1

4. 关联度排序

根据表 8-5，可以发现企业信息化组织和控制的关联度最大，为 0.7021，这说明企业信息化组织和控制是企业信息化水平评价中最重要的指标。信息设备装备的关联度最小，为 0.2703，这说明其对企业信息化建设水平的影响最小。另外，信息化人力资源开发的状况和信息资源开发和利用的状况也对企业信息化水平有着相当的影响。企业在信息化建设过程中，可根据上表相对关联度，对不同指标进行不同程度的关注与投入。关联度较大的指标投入强度可大些，反之 r 可投入小些。但是，次要指标并不意味着它不重要，企业应研究如何才能提高它们的作用。

8.4.2 信息政策方案选优中的灰靶决策应用

当下是信息爆炸的时代，海量的信息使得我们不能仅仅追求所掌握信息的数量，而应更注重其质量。因此，建立对信息的生产、分配、交换和消费等各领域进行调控的信息政策就显得尤为重要。科学地确定信息政策方案是信息政策顺利实施的前提，如何在多种方案中选择最优方案成为关键问题。

灰靶决策理论适用于样本数据少或者样本数据不确定的情况，且计算简便，因此对于不能解决的小样本、多指标的信息政策方案的择优问题，灰靶决策理论有着独特的优势。

根据已有文献，设信息政策方案的指标为明确性、创新性、科学性、规范性、完整性、权威性、政策环境、可认知程度、利益调控程度、可执行程度，共 10 个指标。再选择 4 个备选方案 A_1、A_2、A_3、A_4，根据专家打分法，对 4 个方案的每一项指标进行评分(满分 100 分)，得到表 8-6。

表 8-6 各方案效果样本

方案	明确性	创新性	科学性	规范性	完整性	权威性	政策环境	可认知程度	利益调控程度	可执行程度
A_1	78	74	72	78	73	74	75	72	75	75

(续表)

方案	明确性	创新性	科学性	规范性	完整性	权威性	政策环境	可认知程度	利益调控程度	可执行程度
A_2	73	73	74	78	76	72	77	73	79	71
A_3	78	79	70	79	74	71	70	77	76	72
A_4	70	74	79	79	70	76	77	70	72	79

1. 确定效果矩阵 R

将各方案的效果样本记为效果矩阵 R。

$$R = \begin{bmatrix} 78 & 74 & 72 & 78 & 73 & 74 & 75 & 72 & 75 & 75 \\ 73 & 73 & 74 & 74 & 76 & 72 & 77 & 73 & 79 & 71 \\ 78 & 79 & 70 & 70 & 74 & 71 & 70 & 77 & 76 & 72 \\ 70 & 74 & 79 & 79 & 70 & 76 & 77 & 70 & 72 & 79 \end{bmatrix}$$

2. 确定标准模式

信息政策方案的指标属于极大值极性,其值越大越好。即 $Pr(n) = P(\max)$,取 $r_0(n) = \max r_i(n)$,$r_i(n) \in r(n)$,得到标准模式 $r_0 = \{78, 79, 79, 76, 76, 77, 77, 79, 79\}$。

3. 灰靶变换

根据式(8-9),得到灰靶决策矩阵 T。

$$T = \begin{bmatrix} 1 & 1 & 1 & 1 & 1 & 1 & 1 & 1 & 1 & 1 \\ 1 & 0.94 & 0.91 & 0.99 & 0.96 & 0.97 & 0.97 & 0.94 & 0.95 & 0.95 \\ 0.94 & 0.92 & 0.94 & 0.99 & 1 & 0.95 & 1 & 0.95 & 1 & 0.90 \\ 1 & 1 & 0.89 & 1 & 0.97 & 0.93 & 0.91 & 1 & 0.96 & 0.91 \\ 0.90 & 0.94 & 1 & 1 & 0.92 & 1 & 1 & 0.91 & 0.91 & 1 \end{bmatrix}$$

4. 计算靶心距

根据式(8-8),计算每个方案的靶心距,得到 $D_1 = 0.1558$、$D_2 = 0.1725$、$D_3 = 0.1886$、$D_4 = 0.1920$,有 $D_1 < D_2 < D_3 < D_4$,因此可以得出方案 A_1 优于方案 A_2,方案 A_2 优于方案 A_3,方案 A_3 优于方案 A_4。

8.4.3 城市生态安全评价中的灰色聚类应用

近年来,我国飞速发展的工业化和不断推进的城镇化带来了繁荣的经济发展和人民物质生活水平的提高,但是自然资源的过度开采、巨量且不充分的使用、粗犷式排放等资源使用方式,使得资源环境日益严峻,生态问题更加复杂。特别是沿江地区,工业行业聚集,化工行业环境风险隐患突出,守住环境安全底线压力大;部分地区城镇开发建设严重挤占江河湖库生态空间,与发展和保护矛盾凸显。因此,对沿江城市的生态安全评价研究迫在眉睫。

生态安全是指人类生存环境不受威胁的一种状态,其本质是自然资源在社会、经济和生态环境中有序稳定地发展。由于城市生态系统是一个复杂的系统,其安全状况由多种因素决定,指标的选取、权重的分配都是评价中的基本问题,受到个人经验、知识等已知和未知因素的影响,人们对生态安全的认知往往具有较强的模糊性,尚处于一种灰色的状态。因此,运用灰色聚类决策模型对城市的生态安全状态进行评价是十分必要的。

这里选取武汉作为样本城市开展生态安全研究。先根据已有文献构建城市生态安全指标体系,然后再根据主成分分析法压缩指标和确定权重,最后选择 4 个权重最高的指标,分别是工业 SO_2 排放量、城镇居民人均可支配收入、环境投入占财政支出比重、全市污水处理量,其权重均为 0.043。

灰色聚类评价模型先将评价指标划分灰类数,建立白化权函数,在此基础上进行加权综合,从而反映系统的整体状况,其具体步骤如下。

1. 构造样本矩阵

先对拟评价城市的统计数据进行规范化处理,规范化的数据可构成样本矩阵 $\boldsymbol{D}$,则样本矩阵表达式为

$$\boldsymbol{D} = \begin{bmatrix} d_{11} & d_{12} & \cdots & d_{1n} \\ d_{21} & d_{22} & \cdots & d_{2n} \\ \vdots & \vdots & & \vdots \\ d_{m1} & d_{m2} & \cdots & d_{mn} \end{bmatrix}$$

其中,m 表示年份,n 表示指标个数。

2. 构造白化权函数

首先要进行灰类的确定。将标准化后的数据划分为 4 个区域的评价灰类,设其相应的评价等级集合分别为 S1=0.9,S2=0.7,S3=0.5,S4=0.2。它们对应的评语集可设置为{优,良,中,差},用序号 $e=1,2,3,4$ 来分别表示"优""良""中""差"4 个等级,灰数 $\otimes$ 表示灰类下的一个数集区间。然后根据灰数、评价等级建立白化权函数 $f_e(e=1,2,3,4)$。

设置第 1 灰类"优"($e=1$),灰数 $\otimes_1 \in [0.9, \infty]$,白化权函数 f_1 为

$$f_1 = \begin{cases} d_{ij}/0.9, & d_{ij} \in [0, 0.9] \\ 1, & d_{ij} \in (0.9, \infty) \\ 0, & d_{ij} \notin (0, \infty) \end{cases}$$

第 2 灰类"良"($e=2$),灰数 $\otimes_2 \in [0, 0.7, 1.4]$,白化权函数 f_2 为

$$f_2 = \begin{cases} d_{ij}/0.7, & d_{ij} \in [0, 0.7] \\ 2 - d_{ij}/0.7, & d_{ij} \in (0.7, 1.4] \\ 0, & d_{ij} \notin (0, 1.4) \end{cases}$$

第 3 灰类"中"($e=3$),灰数 $\otimes_3 \in [0, 0.5, 1]$,白化权函数 f_3 为

$$f_3 = \begin{cases} d_{ij}/0.5, & d_{ij} \in [0, 0.5] \\ 2 - d_{ij}/0.5, & d_{ij} \in (0.5, 1] \\ 0, & d_{ij} \notin (0, 1) \end{cases}$$

第 4 灰类"差"（$e=4$），灰数 $\otimes_4 \in [0, 0.2, 0.4]$，白化权函数 f_4 为

$$f_4 = \begin{cases} 1, & d_{ij} \in [0, 0.2] \\ 2 - d_{ij}/0.2, & d_{ij} \in (0.2, 0.4] \\ 0, & d_{ij} \notin (0, 0.4) \end{cases}$$

3. 灰色统计数的确定

用灰色统计法由确定灰数的白化权函数，求出 d_{ij} 属于第 e 类评价等级的权数 f_e，据此求出评判矩阵的总灰数统计数 $U_{ie} = \sum_{e=1}^{4} f_e(d_{ij})$。

4. 灰色评价权系数及灰色模糊评价矩阵的确定

设城市生态安全评价指标 d_{ij} 对第 j 个评价对象第 e 个灰类的评价权系数为 r_{je}，其表达式为 $r_{je} = f_e(d_{ij})/U_{ie}$。

那么，武汉市 n 个评价指标对各个评价灰类的灰色模糊评价矩阵 $\boldsymbol{R}$ 为

$$\boldsymbol{R} = \begin{bmatrix} r_{11} & r_{12} & \cdots & r_{1e} \\ r_{21} & r_{22} & \cdots & r_{2e} \\ \vdots & \vdots & & \vdots \\ r_{j1} & r_{j2} & \cdots & r_{je} \end{bmatrix}$$

5. 综合评价矩阵的确定

武汉市生态安全综合评价矩阵 $\boldsymbol{B}$ 的表达式为

$$\boldsymbol{B} = \boldsymbol{W} \times \boldsymbol{R}$$

其中，$\boldsymbol{W}$ 是权重集。代入数据得到如下矩阵。

$$\boldsymbol{B} = \begin{bmatrix} 0.167 & 0.125 & 0.062 & 0.646 \\ 0.187 & 0.190 & 0.189 & 0.434 \\ 0.167 & 0.184 & 0.194 & 0.455 \\ 0.195 & 0.223 & 0.251 & 0.330 \\ 0.230 & 0.269 & 0.283 & 0.219 \\ 0.249 & 0.297 & 0.297 & 0.156 \\ 0.309 & 0.296 & 0.223 & 0.173 \\ 0.264 & 0.277 & 0.240 & 0.219 \\ 0.279 & 0.290 & 0.240 & 0.191 \\ 0.322 & 0.306 & 0.220 & 0.152 \\ 0.410 & 0.329 & 0.145 & 0.117 \\ 0.513 & 0.316 & 0.040 & 0.131 \end{bmatrix}$$

6. 评价等级的确定

武汉市生态安全评价等级 $\boldsymbol{P}$ 的表达式为

$$\boldsymbol{P} = \boldsymbol{B} \times \boldsymbol{S}$$

得到 2004—2015 年武汉市生态安全评价等级如表 8-7 所示。

表 8-7 武汉市生态安全评价等级

年份	P 值	等级	年份	P 值	等级
2004	0.398	较差	2010	0.631	较良好
2005	0.482	较差	2011	0.595	较良好
2006	0.467	较差	2012	0.613	较良好
2007	0.524	中	2013	0.644	较良好
2008	0.580	中	2014	0.649	较良好
2009	0.612	较良好	2015	0.729	良好

由此可以得出结论：武汉市 2004—2015 年生态安全水平大体呈上升趋势，生态安全等级也是呈现往良好方向发展的趋势。

习　题

1. 正确评价一个煤炭企业所属各矿井的管理水平以及相互之间的差距，不仅有助于加强矿井自身的企业管理，还能为企业管理部门考核矿井的管理水平提供可靠依据。现选择能够体现矿井生产特征和标志的 6 项指标，即产量、掘进、工效、质量、成本、安全。其中前 4 项指标希望越大越好，后 2 项指标希望越小越好。有关数据如表 8-8 所示。

表 8-8 煤炭企业相关指标　　　　　　　　　　　　　　　　　　单位：%

指标	一矿	二矿	三矿	四矿	五矿
产量	123.2	112.2	92.2	118.4	87.5
掘进	90.4	114.4	91.1	120.5	85.5
工效	115.6	108.6	90.4	16.3	96.8
质量	100.5	85.2	100.7	85.7	120.5
成本	80.2	87.3	15.6	80.5	140.1
安全	0.858	0.914	0.946	0.606	0.806

假设 6 项指标的权重分别为 (0.2, 0.2, 0.1, 0.15, 0.15, 0.2)。请采取灰色关联分析方法来对 5 个矿井的管理水平进行分析评价。

2. 某工厂要购买一批设备，需要考虑设备的性能、兼容性、价格、噪声、售后 5 个因素，现在有 5 个备选型号 A_1、A_2、A_3、A_4 和 A_5，它们在各个因素的得分情况（百分制）如表 8-9 所示。

表 8-9 备选型号因素的得分情况表

型号	性能	兼容性	价格	噪声	售后
A_1	95	90	90	80	70
A_2	90	82	80	83	82
A_3	85	85	70	88	86
A_4	87	94	73	85	85
A_5	89	91	85	87	83

请采取灰靶决策方法来分析哪种型号的设备最佳。

3. 已知某省下属的五市幼儿园教育数据如表 8-10 所示。试利用灰色定权聚类方法把五市幼儿园教育分为好、中等和差 3 个灰类。

表 8-10 幼儿园教育数据表

地区	常住人口/万人	幼儿园/所	教职工/人	在园幼儿/人
A	642	295	4643	104124
B	521	365	5367	73322
C	669	281	3138	133026
D	1004	405	4250	180493
E	350	134	3197	50971

参考文献

杜栋，庞庆华，2021. 现代综合评价方法与案例精选[M]. 4 版. 北京：清华大学出版社.

张婧文，2012. 三种灰色局势决策方法在企业经营决策中的运用[J]. 统计与决策(2)：82-84.

尤晨，吴利丰，2013. 灰色决策模型的逆序问题研究[J]. 统计与决策(22)：44-46.

邓聚龙，2002. 灰理论基础[M]. 武汉：华中科技大学出版社.

刘思峰，朱永达，1993. 区域经济评估指标与三角隶属函数评估模型[J]. 农业工程学报(2)：8-13.

庞庆华，2006. 企业信息化水平的灰色关联分析[J]. 情报杂志(6)：61-62.

孙铭蔚，马海群，2010. 基于加权灰靶决策理论的信息政策方案选优[J]. 情报理论与实践(7)：101-103.

柯小玲，向梦，冯敏，2017. 基于灰色聚类法的长江经济带中心城市生态安全评价研究[J]. 长江流域资源与环境，26(11)：1734-1742.

灰色关联分析代码

第 9 章
DEA 评价方法

学习目标：
1. 理解 DEA 方法的基本思想及原理；
2. 掌握投入导向的 CCR(BCC) 模型与产出导向的 CCR(BCC) 模型；
3. 掌握 SBM 模型与 DDF 模型；
4. 能够结合实际问题构建相应的 DEA 模型。

作为一种有效的非参数技术，数据包络分析（Data Envelopment Analysis，DEA）是以"相对效率"概念为基础，根据多指标投入和多指标产出来对同类型的单位或部门进行相对有效性或效率评价的一种新的系统分析方法，是运筹学、管理科学和数理经济学交叉研究的一个新的领域。本章主要介绍了 DEA 的基本模型——CCR 和 BCC 模型，以及 DEA 的拓展模型——SBM 和 DDF 模型，并通过举例来说明 DEA 模型的具体应用。

9.1 DEA 评价模型及求解

实际生产生活中衡量单位或部门的效益往往用"效益＝产出/投入"表示，这里产出与投入都是单一变量的投入与单一变量的产出。当有 m 种投入，s 种产出，简单的产出投入比就不再适用了。而 DEA 作为衡量多投入多产出的一种方法，特点在于通过构建一组线性规划模型评选出相对有效的被评价对象，与数据的测量单位无关。

例如，评价我国某 4 个省份 h_1、h_2、h_3 和 h_4 的相对生产水平。为了直观地进行定量衡量比较，我们利用各省的生产效率来衡量各省生产水平。而如何评判生产效率水平的高低？我们知道社会生活中所有的生产活动都有其各自的投入与产出，只有前期投入一系列人力与物力，例如资本劳动力，才能收获相应的产出，例如企业中的总利润。而定义效率高的标准是用最少的投入获取最大限度的产出。基于上述理解，我们选取固定资产净值年平均余额(亿元)、流动资金年平均余额(亿元)以及从业人员(万人)作为各省的投入,选取总产值(亿元)、财税收入(亿元)作为各省的产出,具体数据如表 9-1 所示。

表 9-1　各省企业的投入产出数据

省份	固定资产净值年平均余额/亿元	流动资金年平均余额/亿元	从业人员/万人	总产值/亿元	财税收入/亿元
h_1	1280.46	0.66	622.1	2478.76	345
h_2	610.94	0.35	406.7	1639.36	133.61
h_3	1869.38	15	673.1	4551.15	485.38
h_4	572.59	0.32	1636.5	1589.34	87.24

根据表格数据,先确定 h_1 省份的生产水平是否有效,构建线性规划模型如下:

$$\begin{cases} \min \theta \\ \text{s.t. } 1280.46\lambda_1 + 610.94\lambda_2 + 1869.38\lambda_3 + 572.59\lambda_4 \leqslant 1280.46\theta \\ 0.66\lambda_1 + 0.35\lambda_2 + 15\lambda_3 + 0.32\lambda_4 \leqslant 0.66\theta \\ 622.1\lambda_1 + 406.7\lambda_2 + 673.1\lambda_3 + 4551.15\lambda_4 \leqslant 485.38\theta \\ 2478.76\lambda_1 + 1639.36\lambda_2 + 4551.15\lambda_3 + 1589.34\lambda_4 \geqslant 2478.76 \\ 345\lambda_1 + 133.61\lambda_2 + 485.38\lambda_3 + 87.24\lambda_4 \geqslant 345 \\ \lambda_j \geqslant 0, j = 1, 2, 3, 4 \end{cases}$$

同理,可构建其他几个省份关于 DEA 的线性规划模型,只需将上述模型右端数字替换为其他省份的投入与产出的数据即可。求出相应 4 个线性规划模型的最优解,得到的评价结果如表 9-2 所示。

表 9-2　各省份评价结果

省份	最优值	结果分析
h_1	$\theta = 1$	DEA 有效
h_2	$\theta = 1$	DEA 有效
h_3	$\theta = 0.9134$	DEA 无效
h_4	$\theta = 0.8059$	DEA 无效

其中,表格第一列代表决策单元(Decision Making Units,DMU),表示不同的效率评价对象,在本案例中指 4 个省份,表明有 4 个 DMU。在 DEA 效率评价中,当 $\theta = 1$ 时表明该决策单元有效,即投入与产出在本组被评价对象中达到了相对最优水平;当 $0 < \theta < 1$ 时,表明该决策单元非有效。具体从结果来看,表明 h_1 和 h_2 为有效省份,而 h_3 和 h_4 为非有效省份。

需要注意的是,在本案例中仅选取了 4 个决策单元进行比较,呈现出的效率水平较为局限,要想提高结果的准确性,需进一步扩大决策单元集。

为进一步说明 DEA 模型适用于多投入多产出的情况,用简单的多投入单产出情况作图进行说明。假设为评价 4 家连锁企业的经营绩效,表明有 4 个 DMU,选取两项投入 x_1、x_2(如员工人数、建筑面积)和一项产出 y(如销售额)作为评价指标,以单位产出消耗的投入 x_1 的数量为横坐标(x_1/y),以单位产出消耗的投入 x_2 的数量为纵坐标(x_2/y),投入产出情况如图 9-1 所示。

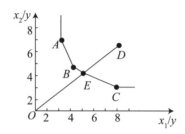

图 9-1　双投入单产出的 DEA 模型举例

假设 A、B、C 共 3 家连锁企业处于帕累托最优,在 DEA 模型中表示效率值为 1,即说明在保持 x_1 投入不变的情况下,为实现最优生产水平的目标,无法再减少另一项 x_2 的投入。以 A 点为例,表明为实现最优生产,每单位产出需耗费 3 个单位的劳动力投入以及增加 7 个单位的建筑面积。A、B、C 3 点连成的折线所构成的边界被称为生产前沿面,表示凡是位于前沿面上的点均为帕累托最优,同时这些点也是其他无效 DMU 的参考标杆。以 D 点为例,其不在前沿面上,表示为无效 DMU,其投影到前沿面上的点为 E 点,则表明 D 点的效率值为 OE/OD。其中,D 点的效率部分体现为 OE,无效部分体现为 ED。

9.1.1　基本思想和原理

DEA 由查恩斯等将其理论化和发展,已经成长为一种越来越流行的绩效评估工具。其原理是对一组给定的 DMUs,选定一组输入、输出的评价指标,通过一系列数学线性规划求出各 DMU 的产出投入比,并挑选出一组投入产出比最优的 DMUs 构成技术前沿面,该前沿面上的所有点为效率有效,效率值为 1,其余非有效 DMUs 通过与前沿面上的点相比较得到自身的相对效率,效率值处在 0 到 1 之间。据此将各决策单元定级排队,并可给出其他决策单元非有效的原因和程度。即,它不仅可对同一类型各决策单元的相对有效性做出评价与排序,而且还可以进一步分析各决策单元非 DEA 有效的原因及其改进方向,从而为决策者提供重要的管理决策信息。

在开篇案例中,决策单元 DMU 是各个省份,事实上,DMU 的概念很广泛。它可以是一所大学,一个企业或者一个国家。可以认为,每个 DMU 都代表着一定的经济意义。通常情况下,往往研究的是同类型的 DMU,即具有以下特征的 DMU 集合,具有相同的目标和任务;具有相同的外部环境;具有相同的输入和输出指标。另外,在外部环境和内部结构没有多大变化的情况下,同一个 DMU 的不同时段也可视为同类型

DMU。它的基本特征是包含特定的输入和输出,并在将输入转化为输出的过程中努力实现产出最大化而投入最小化的决策目标。

DEA 法最突出的优点是不需要人为赋予指标权重,即每一输入输出的权重不是根据评价者的主观认定,而是由决策单元的实际数据求得的最优权重。因此,DEA 法排除了很多主观因素,具有很强的客观性。

在应用方面,DEA 法不断得到完善并被广泛运用到技术进步、技术创新、成本收益、资源配置、金融投资等各个领域。其在一些非生产领域,特别是在对非单纯盈利的公共服务部门,如学校、医院、某些文化设施等的评价方面被认为是一个有效的方法。现在,有关的理论研究不断深入,应用领域日益广泛。应用 DEA 法评价部门的相对有效性的优势地位,是其他方法所不能取代的。或者说,它对社会经济系统多投入和多产出相对有效性评价,是独具优势的。DEA 法按照距离函数的不同,分为 CCR 模型、BCC 模型等,下面我们将介绍这些经典模型的工作原理及求解方法。

9.1.2 CCR 模型

CCR 模型,是由美国著名运筹学家查恩斯以相对效率概念为基础提出的一种崭新的系统分析方法。该方法将效率的定义推广到多输入、多输出系统的相对效率评价中,为 DMU 之间的相对效率评价提出了一个可行的方法和有效的工具。CCR 模型假设规模报酬不变(Constant Returns to Scale,CRS),指在技术水平和要素价格不变的条件下,投入和产出要素等比例变动的状态。为分别体现投入要素和产出要素的重要程度,我们将从投入导向和产出导向两种类型来介绍 CCR 模型,由于非投入产出导向原理同前两种导向类似,非投入产出导向 CCR 模型在此不再进一步展开。

1. 投入导向的 CCR 模型

设某个 DMU 在一项生产活动中的输入向量为 $x=(x_1,x_2,\cdots,x_m)^T$,输出向量为 $y=(y_1,y_2,\cdots,y_s)^T$。我们可以用 (x,y) 来表示这个 DMU 的整个生产活动。

假设有 n 个 $\text{DMU}_j(1 \leqslant j \leqslant n)$,$\text{DMU}_j$ 对应的输入、输出向量分别为 $x_j=(x_{1j},x_{2j},\cdots,x_{mj})^T>0$,$j=1,2,\cdots,n$;$y_j=(y_{1j},y_{2j},\cdots,y_{sj})^T>0$,$j=1,2,\cdots,n$。并且 $x_{ij}>0,y_{rj}>0,i=1,2,\cdots,m;r=1,2,\cdots,s$。即每个决策单元有 m 种类型的"输入"以及 s 种类型的"输出"。x_{ij} 为第 j 个决策单元对第 i 种类型输入的投入量;y_{rj} 为第 j 个决策单元对第 r 种类型输出的产出量。假定输入和输出的权重分别为 $v=(v_1,v_2,\cdots,v_m)^T$,$u=(u_1,u_2,\cdots,u_s)^T$,其中,v_i 为对第 i 种类型输入的一种度量(权);u_r 为对第 r 种类型输出的一种度量(权)。

假设当前要测量的 DMU_j 记为 DMU_j,产出投入比为

$$h_j = \frac{u_1 y_{1j}+u_2 y_{2j}+\cdots+u_s y_{sj}}{v_1 x_{1j}+v_2 x_{2j}+\cdots+x_m y_{mj}} = \frac{\sum_{r=1}^{s} u_r y_{rj}}{\sum_{i=1}^{m} v_i x_{ij}} \tag{9-1}$$

其中，$v \geqslant 0$；$u \geqslant 0$；$i=1, 2, \cdots, m$；$r=1, 2, \cdots, s$。根据式(9-1)对 DMU_j 进行效率评价。一般来说，h_{j0} 越大，表明 DMU_j 能够用相对较少的输入而获得相对较多的输出，即效率越高。这样，如果我们要对 DMU_j 进行评价，看 DMU_j 在 DMU 中相对来说是不是最优的。我们可以考察当尽可能地变化权重时，h_{j0} 的最大值究竟是多少。以第 j_0 个决策单元的效率指数为目标，以所有决策单元(含第 j_0 个决策单元)的效率指数为约束，保证所有 DMU 的产出投入比即效率值 θ_j 保持在 $(0, 1]$ 之间，需要在式(9-1)基础上添加限制条件，即

$$\max h_{j0} = \frac{\sum_{r=1}^{s} u_r y_{rj0}}{\sum_{i}^{m} v_i x_{ij0}}$$

$$\text{s.t.} \quad \frac{\sum_{r=1}^{s} u_r y_{rj}}{\sum_{i=1}^{m} v_i x_{ij}} \leqslant 1 \tag{9-2}$$

$$v \geqslant 0; \ u \geqslant 0$$

$$i=1, 2, \cdots, m; \ r=1, 2, \cdots s; \ j=1, 2, \cdots, n$$

其中，$v \geqslant 0$ 表示对于 $i=1, 2, \cdots, m$，$v_i \geqslant 0$，并且至少存在某 $i_0 (1 \leqslant i_0 \leqslant m)$，$v_{i0} \geqslant 0$。对于 $u \geqslant 0$ 含义相同。$\dfrac{\sum_{r=1}^{s} u_r y_{rj}}{\sum_{i=1}^{m} v_i x_{ij}} \leqslant 1$ 为不等式，需借助 Charnes 和 Cooper 创立的对于分式规划的 Charnes-Cooper 变换：

$$t = \frac{1}{\sum_{i=1}^{m} v_i x_0}, \ \mu = tu, \ v = tv \tag{9-3}$$

利用式(9-3)将式(9-2)转为线性规划(LP)，即

$$(LP) \begin{cases} \max h_{j0} = \sum_{r=1}^{s} \mu_r y_{rj0} \\ \text{s.t.} \ \sum_{r=1}^{s} \mu_r y_{rj} - \sum_{i=1}^{m} v_i x_{ij} \leqslant 0 \\ \sum_{i=1}^{m} v_i x_{ij} = 1 \\ v \geqslant 0; \ \mu \geqslant 0 \\ i=1, 2\cdots, m; \ r=1, 2\cdots, s; \ j=1, 2\cdots, n \end{cases} \tag{9-4}$$

模型(9-4)是以求解 DMU_j 为例来表述投入导向 CCR 模型的线性规划。用线性规划的最优解来定义 DMU_{j0} 的有效性。利用上述模型来评价 DMU_{j0} 是否有效是相对于其他所有决策单元而言的。我们注意到 CCR 可用线性规划(LP)来表达。我们进一步

求出该线性规划的对偶模型为

$$(LD')\begin{cases} \min \theta \\ \text{s.t.} \sum_{j=1}^{n} \lambda_j x_j \leqslant \theta x_0 \\ \sum_{j=1}^{n} \lambda_j x_j \geqslant y_0 \\ \lambda_j \geqslant 0 \quad j=1,2,\cdots,n \\ \theta \text{ 无约束} \end{cases} \quad (9\text{-}5)$$

其中，λ 表示 DMU 的线性组合系数，应用线性规划对偶理论，我们可以通过对偶规划来判断 DMU_{j_0} 的有效性。在模型(9-4)中，投入和产出权重系数与投入和产出在形式上是乘数和被乘数的关系，模型(9-4)通常称为 DEA 的乘数形式(Multiplier Form)。其对偶模型(9-5)确定的前沿形似包络，将所有 DMU 包裹在内，通常称为 DEA 的包络形式(Envelopment Form)。

CCR 对偶模型(9-5)是以产出既定的条件下，各项投入可以等比例缩减的程度来对无效率的状况进行测量，因此被称为投入导向(Input-Oriented)的 CCR 模型。

为了讨论及应用方便，进一步引入松弛变量 s^+ 和剩余变量 s^-，将上面的不等式约束变为等式约束，则可变为

$$(LD)\begin{cases} \min \theta \\ \text{s.t.} \sum_{j=1}^{n} \lambda_j x_j + s^+ = \theta x_0 \\ \sum_{j=1}^{n} \lambda_j y_j - s^- = y_0 \\ \lambda_j \geqslant 0 \quad j=1,2,\cdots,n \\ \theta \text{ 无约束} \quad s^+ \geqslant 0, s^- \geqslant 0 \end{cases} \quad (9\text{-}6)$$

以后直接称线性规划 LD 为线性规划 LP 的对偶规划。

以下为 CCR 模型的一些定理与定义。

定理 1 线性规划 LP 和其对偶规划 LD 均存在可行解，所以都存在最优值。假设它们的最优值分别为 $h_{j_0}^*$ 与 θ^*，则 $0 \leqslant h_{j_0}^* = \theta^* \leqslant 1$。

定义 1 若线性规划 LP 的最优值 $h_{j_0}^* = 1$，则称 DMU_{j_0} 有效，否则 ($0 < h_{j_0}^* < 1$) 表示该 DMU_{j_0} 无效。

定理 2 DMU_{j_0} 为弱有效的充分必要条件是线性规划 LD 的最优值 $\theta^* = 1$。

定理 3 DMU_{j_0} 为强有效的充分必要条件是线性规划 LD 的最优值 $q\theta^* = 1$，并且 $s^{*-} = 0$，$s^{*+} = 0$。

对于 DEA 有效性的经济意义，即我们能够用 CCR 判定生产活动是否同时技术有效和规模有效，主要有以下结论。

(1) 若 $\theta^* = 1$，且 $s^{*-} = 0$，$s^{*+} = 0$，则表示 DMU_{j_0} 强有效。DMU_{j_0} 的生产活动

同时为技术有效和规模有效。其中，s^{*+} 表示产出的不足，s^{*-} 表示投入的冗余。表明此时不存在冗余投入和产出不足的问题。

(2) 若 $\theta^*=1$，但至少有 $s^{*-}>0$ 或 $s^{*+}>0$。此时 DMU_{j0} 为弱有效。表示 DMU_{j0} 不是同时技术有效和规模有效。即，此时的经济活动不是同时技术效率最佳和规模效益最佳。表明该决策单元仍存在，投入冗余或产出不足的现象。

(3) 若 $\theta^*<1$，表示 DMU_{j0} 无效。DMU_{j0} 的生产活动既不是技术有效，也不是规模有效。

2. 产出导向的 CCR 模型

在具体应用中，往往需要依据研究目的来选择模型导向。具体到 CCR 模型中，投入导向是指在产出不变的条件下，为实现决策单元有效各项投入可以等比例减少的程度。而产出导向则是指投入不变，为使决策单元有效各项产出可以等比例增加的程度。依据实际问题更加偏好减少投入还是增加产出来选择不同导向的 CCR 模型。

产出导向 CCR 模型的规划式为

$$(LQ)\begin{cases} \min h_{j0} = \sum_{i=1}^{m} v_i x_{ij0} \\ \text{s.t.} \sum_{r=1}^{s} \mu_r y_{rj} - \sum_{i=1}^{m} v_i x_{ij} \leqslant 0 \\ \sum_{r=1}^{s} \mu_r y_{rj} = 1 \\ v \geqslant 0; \mu \geqslant 0 \\ i=1,2,\cdots,m; r=1,2,\cdots,s; j=1,2,\cdots,n \end{cases} \quad (9\text{-}7)$$

其对偶模型为

$$(LD)\begin{cases} \max \phi \\ \text{s.t.} \sum_{j=1}^{n} \lambda_j x_j \leqslant x_0 \\ \sum_{j=1}^{n} \lambda_j y_j \geqslant \phi y_0 \\ \lambda_j \geqslant 0 \\ i=1,2,\cdots,m; r=1,2,\cdots,s; j=1,2,\cdots,n \\ \phi\ \text{无约束} \end{cases} \quad (9\text{-}8)$$

对偶模型(9-8)表示在投入不变的条件下，通过各项产出可以等比例增加的程度来对无效率的状况进行测量，因此被称为产出导向(Output－Oriented)的 CCR 模型。

9.1.3 BCC 模型

CCR 模型作为 DEA 最基本的模型，其假设被评价对象的规模报酬不变。但在实际生产生活中，规模报酬不变被视为一种较为理想的情况，往往绝大部分生产单位处于规模报酬可变的状态,因此由 CCR 模型计算出来的技术效率是包含规模收益的成分的。为了进一步将 CCR 模型求出的技术效率进行分解,进行效率更加细化的分析,探讨效率的影响因素,班克对 CCR 模型加以修正后,发展出 BCC 模型。

在 BCC 模型中,由于假设规模报酬可变(Variable Returns to Scale,VRS),因此计算出的技术效率值不包含规模成分,即排除了规模的影响,从而得出的技术效率值通常被称为纯技术效率值(Pure Technical Efficiency,PTE),表明决策单元的无效率程度仅仅是由技术水平落后等因素引起的。若要进一步探究规模因素对无效率决策单元的影响,需借助 CCR 模型分离出规模效率值(Scale Efficiency,SE)。技术效率值(Technical Efficiency,TE)可分解得到纯技术效率值(PTE)和规模效率值(SE),即 TE=PTE×SE。三者的经济意义分别为:TE 是对决策单元综合效率的衡量;PTE 是对决策单元配置资源效率的衡量;SE 是对决策单元投入资源规模效率的衡量。

由于本节许多概念与 CCR 模型具有相似之处,在此只进行简要介绍。

1. 投入导向的 BCC 模型

BCC 模型与 CCR 模型的区别是在 CCR 对偶模型(9-5)的基础上添加了限制条件 $\sum_{j=1}^{n}\lambda_j=1$,目的在于令被评价对象的规模报酬可变,从而排除了规模因素的影响,使得求出的纯技术效率值相比于 CCR 模型求出的技术效率值更加具有针对性。

$$\begin{aligned}
\min & \quad \theta \\
\text{s.t.} & \quad \sum_{j=1}^{n}\lambda_j x_j \leqslant \theta x_0 \\
& \quad \sum_{j=1}^{n}\lambda_j y_j \geqslant y_0 \\
& \quad \sum_{j=1}^{n}\lambda_j = 1 \\
& \quad \lambda_j \geqslant 0 \\
& \quad i=1,2,\cdots,m;\ r=1,2,\cdots,s;\ j=1,2,\cdots,n
\end{aligned} \tag{9-9}$$

BCC 模型(9-9)的对偶规划式为

$$\begin{aligned}
\max & \quad h_{j0} = \sum_{j=1}^{s}\mu_r y_{rj0} - \mu_0 \\
\text{s.t.} & \quad \sum_{j=1}^{n}\mu_r y_{rj} - \sum_{j=1}^{n}v_i x_{ij} - \mu_0 \leqslant 0 \\
& \quad \sum_{i=1}^{m}v_i x_{ij} = 1 \\
& \quad v \geqslant 0;\ \mu \geqslant 0;\ \mu_0 \text{ 无约束} \\
& \quad i=1,2,\cdots,m;\ r=1,2,\cdots,s;\ j=1,2,\cdots,n
\end{aligned} \tag{9-10}$$

投入导向 BCC 模型得出的技术效率值 θ^* 同样也是各决策单元的产出投入比与前

沿面上的有效决策单元进行比较得出的相对效率值。与投入导向 CCR 模型的区别在于 BCC 模型构成的技术前沿为纯技术效率前沿，而 CCR 模型构成的技术前沿包含了规模的因素，因此 BCC 模型的参考标杆位于纯技术效率前沿上。

2. 产出导向的 BCC 模型

与 CCR 模型同理，投入导向被定义为不改变产出数量下，如何使投入最小；产出导向被定义为不改变投入要素的条件下，如何使产出最大。与 CCR 模型的区别在于，由于 CCR 模型基于规模报酬不变，因此投入和产出导向求出的效率值相等，而 BCC 模型投入导向和产出导向求出的效率值不等。

产出导向 BCC 模型的规划式为

$$\begin{aligned} &\max \phi \\ &\text{s.t.} \sum_{j=1}^{n} \lambda_j x_j \leqslant x_0 \\ &\quad \sum_{j=1}^{n} \lambda_j y_j \geqslant \lambda y_0 \\ &\quad \sum_{j=1}^{n} \lambda_j = 1 \\ &\quad \lambda_j \geqslant 0 \\ &\quad i=1,2,\cdots,m; \ r=1,2,\cdots,s; \ j=1,2,\cdots,n \end{aligned} \tag{9-11}$$

产出导向 BCC 模型也是在产出导向 CCR 模型(9-11)的基础上增加了约束条件 $\sum_{j=1}^{n} \lambda_j = 1$，其对偶规划式为

$$\begin{aligned} &\min h_{j0} = \sum_{i=1}^{m} v_i x_{rj0} + v_0 \\ &\text{s.t.} \sum_{r=1}^{s} \mu_r y_{rj} - \sum_{r=1}^{s} v_i x_{ij} - v_0 \leqslant 0 \\ &\quad \sum_{r=1}^{s} \mu_r y_{rj} = 1 \\ &\quad v \geqslant 0; \ \mu \geqslant 0; \ v_0 \text{ 无约束} \\ &\quad i=1,2,\cdots,m; \ r=1,2,\cdots,s; \ j=1,2,\cdots,n \end{aligned} \tag{9-12}$$

产出导向 BCC 模型得出的技术效率值为 $1/\phi^*$，同样是被评价 DMU 的生产率与参考标杆的生产率的比值。与产出导向 CCR 模型的不同之处在于 BCC 模型的参考标杆位于纯技术效率前沿上。

为进一步说明 BCC 模型与 CCR 模型的区别，我们用单投入单产出来举例说明，图 9-2 表示单投入单产出状态下的 CCR 模型，图 9-3 表示单投入单产出状态下的 BCC 模型，可见两者的区别在于前者为规模报酬不变，前沿面呈一条过原点的直线；后者由于加入了 $\sum_{j=1}^{n} \lambda_j = 1$ 约束条件，而使得 BCC 模型规模报酬可变，前沿面整体呈凸性，将所有点包络在其中。

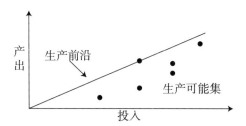

图 9-2　单投入单产出状态下的 CCR 模型

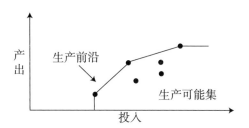

图 9-3　单投入单产出状态下的 BCC 模型

通过本节对基本 DEA 模型的学习，我们可以了解到当检验 DMU_{j_0} 的 DEA 有效时，可利用线性规划，也可利用对偶线性规划。然而如果某个决策单元不属于 DEA 有效，一个很自然的问题就会产生：它与相应的 DEA 有效的"差距"有多大，或者说，与同类型的其他决策单元相比，需要在哪些方面做何等程度的努力，才可达到 DEA 有效？这都是今后需要考虑的问题。

9.2　DEA 模型评价理论的拓展：SBM 模型与 DDF 模型

在前面介绍的基本 DEA 模型（BCC、CCR）中，无效 DMU 的改进方式为所有投入（产出）等比例缩减（增加），这类模型被称为径向 DEA 模型。径向距离函数是 DEA 模型的距离函数类型之一，无法进一步求出被评价 DMU 基于前沿面比较产生的松弛变量值，即并不能解决投入产出的松弛性问题，从而导致评价结果往往有所偏差。同时，径向距离函数的投入产出指标体系较为单一，难以将非期望产出考虑在内。基于此，学者们提出了一系列其他类型的距离函数，例如至强有效前沿最远距离函数、至强有效前沿最近距离函数、方向距离函数、至弱有效前沿最近距离函数、混合距离函数、成本函数等。本文由于篇幅有限，仅介绍至强有效前沿最近距离函数（Slack-Based Measure，SBM）以及方向距离函数（Directional Distance Function，DDF）。鉴于投入导向与产出导向距离函数的区别，在 CCR 模型和 BCC 模型中已经交代清楚，本节不再从投入导向与产出导向的视角来介绍 SBM 模型和 DDF 模型。

9.2.1 SBM 模型

在介绍强 SBM 模型之前,首先对其涉及的相关术语作以解释说明。

松弛问题,指在径向 DEA 模型中由于约束条件以不等式形式存在而产生松弛变量的问题。松弛问题产生的原因在于线性函数构成 DEA 模型的前沿,并且前沿函数是分段的,这就导致会出现线性分段函数与坐标轴平行的情况。而平行段投影至前沿上的点与前沿点相比会出现产出不足的一小段,即存在松弛问题。

还是以开篇介绍的 DEA 作图为例,现加入点 $G(9.5,4.8)$,在双投入单产出的 DEA 模型中,G 点在生产前沿面上的投影点为 $G'(7.2,3.5)$,然而 G' 与前沿面上的有效点 $C(4.5,3.5)$ 相比,仍存在一小段 x_1 投入冗余的距离 CG',表示 G' 点在保持最优效率的前提下仍可缩减 2.7 个单位 x_1 的投入,而这段距离即代表松弛问题的产生。

比例改进与松弛改进,无效率的 DMU 的改进值包括两部分:一是比例改进值;二是松弛改进值。只有同时完成比例改进与松弛改进,才能实现 DMU 的强有效。以图 9-4 中的 G 点为例,比例改进值表示为 GG' 段,而松弛改进值表示为 CG' 段。当仅完成 GG' 投影部分即比例改进部分时,代表 G 点弱有效;而当进一步完成松弛改进部分即 CG' 段时,表明 G 点实现强有效。

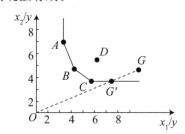

图 9-4 双投入单产出的 DEA 模型举例

基于上述相关概念,再对 SBM 模型作出进一步解释。在径向 DEA 模型中,由于对无效率程度的测量只包含了所有投入(产出)等比例缩减(增加)的比例,而松弛改进的部分并未得到较好的体现。因此,托恩(Tone)提出了 SBM 模型,将径向距离函数改进为非径向距离函数,考虑到松弛变量,将其放入目标函数中,既解决了投入产出的松弛性问题,又解决了存在非期望产出时的效率,在效率评价领域得到了广泛应用。

模型如下:

$$\min \rho = \frac{1 - \frac{1}{m}\sum_{i=1}^{m} s_i^- / x_{i0}}{1 + \frac{1}{s}\sum_{r=1}^{s} s_r^+ / y_{r0}}$$

$$\text{s.t.} \quad x\lambda + s^- = x_0$$
$$Y\lambda - s^+ = y_0$$
$$\lambda, s^-, s^+ \geqslant 0$$

(9-13)

在 SBM 模型中，投入的无效率主要体现在 $\frac{1}{m}\sum_{i=1}^{m} s_i^-/x_{i0}$，产出的无效率主要体现在 $\frac{1}{s}\sum_{r=1}^{s} s_r^+/y_{r0}$。被评价 DMU_{j0} 的投影值（目标值）为

$$\hat{x}_0 = x_0 - s^-; \quad \hat{y}_0 = y_0 + s^+ \tag{9-14}$$

由于其仍为非线性规划，需将其依据步骤作线性化处理：

（1）令 $t = \dfrac{1}{1+\dfrac{1}{s}\sum\limits_{r=1}^{s} s_r^+/y_{r0}}$，式(9-14)转换为

$$\begin{aligned}
\min \rho &= t - \frac{1}{m}\sum_{t=1}^{m} ts_i^-/x_0 \\
\text{s.t.} \quad & xt\lambda + ts^- - tx_0 = 0 \\
& Yt\lambda - ts^+ - ty_0 = 0 \\
& t = \frac{1}{1+\dfrac{1}{s}\sum\limits_{r=1}^{s} s_r^+/y_{r0}} \\
& \lambda, s^-, s^+ \geqslant 0
\end{aligned} \tag{9-15}$$

（2）令 $S^- = ts^-$；$S^+ = ts^+$；$\Lambda^- = t\lambda$，将模型转换为线性规划：

$$\begin{aligned}
\min \rho &= t - \frac{1}{m}\sum_{i=1}^{m} S_i^-/x_{i0} \\
\text{s.t.} \quad & x\Lambda + S^- - tx_0 = 0 \\
& Y\Lambda - S^+ - ty_0 = 0 \\
& t + \frac{1}{s}\sum_{r=1}^{s} S_r^+/y_{r0} = 1 \\
& \lambda, s^-, s^+ \geqslant 0
\end{aligned} \tag{9-16}$$

对于投入变量，其松弛变量在任何情况下不可能超过它本身，表示为 $s_i^- \leqslant x_{i0}$，$\forall i=1, 2, \cdots, m$；对于产出变量，其松弛变量只要是大于或等于 0 的数即可，其松弛变量有可能超过产出变量。因此得到 $0 \leqslant \dfrac{1}{m}\sum\limits_{i=1}^{m} s_i^-/x_{i0} \leqslant 1$；$\dfrac{1}{s}\sum\limits_{r=1}^{s} s_r^+/y_{r0} \geqslant 0$，即目标函数值满足 $0 \leqslant \rho \leqslant 1$。

记 ρ^* 表示为式(9-16)的最优解，即 SBM 模型被评价 DMU 的效率值。决策单元 DMU_{j0} 为 SBM 有效的充分必要条件是 $\rho^* = 1$，也等价于 $s^{-*} = 0, s^{+*} = 0$，即最优解中不存在投入的冗余和产出的短缺，说明被评价 DMU 为强有效，不存在径向模型的弱有效问题。

从式(9-16)的目标函数表达式可以看出：

（1）SBM 模型不受投入和产出变量的单位限制，即无论单位如何变化都不会影响到 SBM 的效率值；

(2) SBM 模型的目标函数是使 ρ^* 最小化，因此其效率值对投入和产出松弛变量具有单调递减性，松弛变量越大，SBM 效率值越小；

(3) 非导向性。因为 SBM 模型同时从投入和产出两个角度衡量无效率程度，同时包含了投入和产出的松弛变量。

此外，传统的径向模型与 SBM 模型存在以下一些区别和联系。

(1) 在径向模型中，无效率用所有投入（产出）可以等比例缩减（增加）的程度来测量；而在 SBM 模型中，无效率则用各项投入（产出）可以缩减（增加）的平均比例来衡量。

(2) 在径向模型和 SBM 模型求解的效率值，均存在以下关系：规模报酬可变的效率值≥规模报酬不变的效率值。

SBM 模型的优点是解决了径向模型对无效率的测量没有包含松弛变量的问题，但 SBM 模型也存在明显的缺点。SBM 即 DEA 法中的至前沿最远距离函数，顾名思义是将非有效的 DMU 投影至距离有效技术前沿上最远的点，而实际情况往往是通常希望被评价的决策单元能用最短距离到达前沿，此外 SBM 模型的目标函数是使效率值 ρ^* 最小化，也就是使投入和产出的无效率值最大化，这是 SBM 模型的不合理之处。

9.2.2 DDF 模型

由于 SBM 模型作为非径向距离函数，不具备方向性的特征，是将非有效的 DMU 从投入或产出的各个角度投影至距离有效技术前沿上最远的点，而当决策者有特定的决策要求需要按预期方向对非有效 DMU 进行投影时，DDF 模型就更为适合。DDF 模型是一种不受径向限制的、沿预先确定的方向向量估计决策单元相对效率的方法。与上节讲述的 SBM 模型相比，其主要优点是它能够通过给定一个确定的方向向量来同时扩大期望产出和缩减投入或非期望产出。近年来，DDF 模型已经成为测度被评价对象生产活动效率的一个非常重要的工具，被广泛应用于运营管理、能源管理和环境保护等领域。本节将从考虑非期望产出与不考虑非期望产出的视角介绍 DDF 模型的工作原理。

在 DDF 模型中，被评价 DMU 往前沿上投影的方向可以由评价者自主来定义。具体来看被评价 DMU 的投影方向由方向向量决定，该方向向量由投入方向向量 v 和产出方向向量 u 构成，这是方向向量模型的最主要特征。而投入方向向量 v 和产出方向向量 u 的具体值则表示了投入和产出的相对优先程度，例如如果有两项产出，产出向量设置为 $(1.5, 1)$，则代表在向前沿投影时，优先考虑产出 1 的改进，产出 1 每改进 1.5 个单位，产出 2 改进 1 个单位。

假设有 n 个 DMU，对于任一 $DMU_j (j=1, 2, \cdots, n)$，$x_{ij}(i=1, 2, \cdots, m)$ 为消耗的投入，$y_{rj}(r=1, 2, \cdots, s)$ 为期望产出，$b_{tj}(t=1, 2, \cdots, p)$ 为非期望产出（例如 SO_2、固废排放等），则包含非期望产出的生产可能集定义如下：

$$T = \{(x, y, b) \mid \text{投入 } x \text{ 可以得到期望产出 } y \text{ 以及非期望产出 } b\} \quad (9\text{-}17)$$

不含非期望产出的生产可能集定义如下：

$$T = \{(x, y, b) \mid \text{投入 } x \text{ 可以得到期望产出 } y\} \quad (9\text{-}18)$$

生产可能集(9-17)满足以下四个性质。

(1) 生产可能集为凸集。

(2) 投入和期望产出具有强可处置性，即如果$(x, y, b) \in T$，$(x', -y') \geqslant (x, -y)$，那么$(x', y', b') \in T$。表示若投入不变，期望产出可以无限地增加，期望产出具有强可处置性特征。

(3) 非期望产出具有弱可处置性，即如果$(x, y, b) \in T$，并且$0 \leqslant \eta \leqslant 1$，那么$(x, \eta y, \eta b) \in T$。其意义为要减少非期望产出，期望产出也必须相应减少。具体来说，非期望产出的减少必然伴随着期望产出的减少或者是投入的增加，即减少非期望产出需要付出一定的成本。

(4) 如果非期望产出为0，则期望产出也为0。即如果$(x, y, b) \in T$，并且$b=0$，那么$y=0$。表示非期望产出不存在的话，那么期望产出也就不存在，也可以说在得到期望产出的同时会得到非期望产出。

基于生产可能集式(9-17)和式(9-18)，可将DDF模型以是否包含非期望产出划分为两类。

1. 不考虑非期望产出的DDF模型

假设被评价决策单元为DMU_j，在CRS假设下的DDF线性规划模型为

$$\begin{aligned} \max \beta & \\ \text{s.t.} \quad & x\lambda + \beta g_x \leqslant x_j \\ & Y\lambda - \beta g_y \geqslant y_j \\ & \lambda \geqslant 0 \\ & g_x \geqslant 0, g_y \geqslant 0 \end{aligned} \qquad (9\text{-}19)$$

其中，$-g_x$，g_y表示投入和产出的方向向量，表示产出在g_y方向上最大程度增大和投入在g_x方向上最大程度地减少。对无效率程度的测量(β)表示实现期望产出增加和非期望产出减少的最大能力。β包含了投入和产出两个方面，因此属于非导向的DDF模型。此外，若在此基础上增加约束$\sum \lambda = 1$，即为VRS模型。

在模型(9-19)中，若$\beta=0$，则表示DMU_j是有效的；若$\beta=0$，则表示DMU_j是无效的。此外，投入和产出的方向向量$-g_x$，g_y的选择具有一定的灵活性，根据决策目的具体情况来分析，比如以每个元素都为1的向量作为方向向量。

此外，DDF模型的效率值(β)同样不受投入和产出变量的单位限制，只要方向向量不变，则模型结果不变。但需要注意的一点是方向向量值是有单位的数值，其单位应与对应的投入或产出指标的单位一致。

模型(9-19)的对偶模型为

$$\begin{aligned} \min \sum_i^m v_i x_{i0} &- \sum_{r=1i}^s u_r y_{r0} \\ \text{s.t.} \quad \sum_i^m v_i x_{ij} &- \sum_{r=1}^s u_r y_{rj} \leqslant 0 \\ \sum_i^m v_i g_x &+ \sum_{r=1}^s u_r g_y = 1 \\ v \geqslant 0, \mu &\geqslant 0 \\ g_x \geqslant 0, g_y &\geqslant 0 \end{aligned} \qquad (9\text{-}20)$$

2. 考虑非期望产出的 DDF 模型

非期望产出弱可处置下的 DDF 线性规划模型为

$$\begin{aligned}
\max\ & \beta \\
\text{s.t.}\ & x\lambda + \beta g_x \leqslant x_j \\
& Y\lambda - \beta g_y \geqslant y_j \\
& B\lambda + \beta g_b \leqslant b_k \\
& \lambda \geqslant 0 \\
& g_x \geqslant 0,\ g_y \geqslant 0,\ g_b \geqslant 0
\end{aligned} \quad (9\text{-}21)$$

$-g_x, g_y, -g_b$ 是投入、期望产出和非期望产出的方向向量，决定着被评价 DMU 往前沿投影的方向（减少投入、增加期望产出、减少非期望产出）。

当前关于 DDF 模型的应用方面，一个非常重要至今还未得到完美结局的问题就是如何选择合适的方向对决策单元进行效率评价。现有研究证实方向向量的选择会影响决策单元的技术效率、规模效率、生产率变化以及非期望产出的影子价格。DDF 模型的研究主要分为两大类：一类是决策者提前选择方向，称为外生方向 DDF 模型；另一类是通过某种内在的机制（比如成本最小化、利润最大化等）选择方向，称为内生 DDF 模型。不同的方向选择方法会提供给决策者不同的效率和生产力评价依据，这主要取决于研究者的目的以及技术发展水平。

9.3 应用案例

鉴于基于径向距离函数的 BCC 模型和 CCR 模型，难以解决投入产出的松弛性问题，本章仅介绍基于非径向距离函数的 DEA 方法应用，如 SBM 模型、DDF 模型。为了让读者更好地理解规模报酬不变与规模报酬可变、投入导向、产出导向与非投入产出导向，考虑非期望产出与不考虑非期望产出的区别，本节将利用 MaxDEA 软件结合案例进行介绍。

9.3.1 SBM 模型的案例应用

为评估环保上市企业的运营效率，运用 SBM 模型对 2015—2019 年中国 30 家环保企业的运营效率进行测度。以下为 MaxDEA 软件的具体操作步骤。

1. 准备工作

运用 MaxDEA 软件进行操作，选择导入数据，将收集完整的数据导入，并对数据赋予不同的变量类型（如时期、DMU、投入变量、产出变量等），以便进行后续的模型创建。在本案例中选择员工人数、主营业务成本作为企业的投入变量，表示企业的人力及资本投入；选择主营业务收入和总利润表示企业的产出变量，体现企业的收益水平。此外选择总资产作为时期连接变量（Carry-Over），时期连接变量作为 DEA 模型中的一种变量类型，表示两个时期间的中间变量，即选择总资产作为时期连接变量来体现动态面板数据的衔接性。可选择包络模型或乘数模型，乘数模型为包络模型的对偶模型，在这里以包络模型为例进行说明。MaxDEA 操作界面如图 9-5 所示。

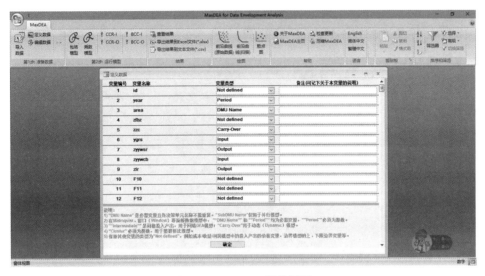

图 9-5　MaxDEA 操作界面

由于本案例为 2015—2019 年 30 家环保企业的面板数据，为体现动态变化过程，选择动态 DEA 作为面板数据类型，其选择界面如图 9-6 所示。

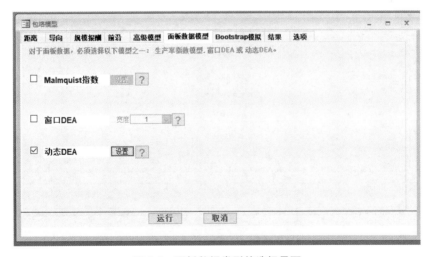

图 9-6　面板数据类型的选择界面

2. 距离函数的选择

根据数据特点及决策目的选择相应的距离函数，其选择界面如图 9-7 所示，在这里我们选择至强有效前沿的最远距离函数（SBM）模型进行举例说明。

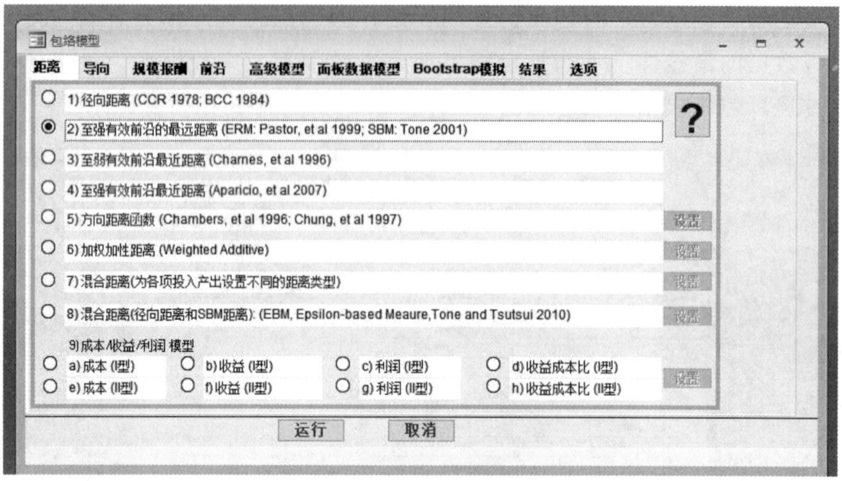

图 9-7　距离函数的选择界面

3. 投入导向、产出导向与非投入产出导向的选择

在确定距离函数类型后，可以选择不同的导向类型，主要取决于决策者在对数据进行考量时，是更加侧重于投入角度还是产出角度或是两者并重。在本案例中我们认为企业既要保证资源的节约利用又要实现收益最大化，因此，我们选择非导向，即同时考虑投入和产出。不同导向的选择界面如图 9-8 所示。

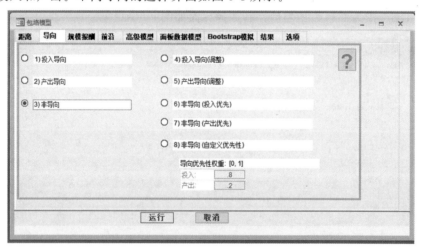

图 9-8　不同导向的选择界面

4. 规模报酬不变与规模报酬可变的选择

需作出规模报酬假设，常见的有 CRS 和 VRS 两种，除此之外还有其他规模报酬类型在此不再赘述。由于实际生活中企业的生产活动处于规模报酬可变状态，因此，在本案例中选择 VRS。规模报酬的选择界面如图 9-9 所示。

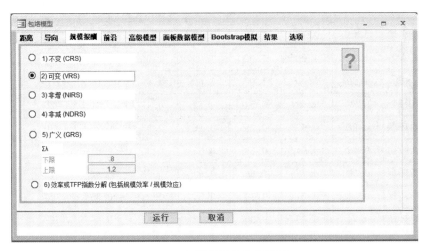

图 9-9 规模报酬的选择界面

5. 考虑非期望产出与不考虑非期望产出的选择

当存在需要考虑非期望产出的问题时,如 SO_2 排放等,在定义数据时先将该指标设定为"Output",在高级模型界面栏中单击"非期望产出",并设置该指标为非期望产出即可。本案例中未考虑环境污染等因素,因此不需要对此进行设置。非期望产出的选择界面如图 9-10 所示。

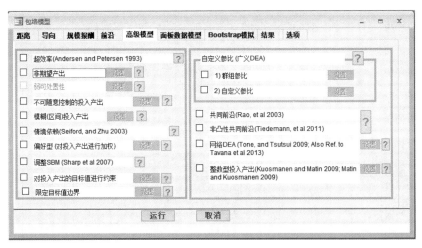

图 9-10 非期望产出的选择界面

在进行上述设置后,就可以运行模型,并将 MaxDEA 运行结果导出至 Excel 进行分析,结果见表 9-3 所示。

表 9-3 2015—2019 年 30 家环保企业运营效率值(SBM 模型)

序号	企业名称	2015	2016	2017	2018	2019	5年平均	排名	企业类型
1	巴安水务	1.00	1.00	1.00	1.00	1.00	1.00	1	污水处理
2	碧水源	1.00	1.00	1.00	1.00	1.00	1.00	1	污水处理
3	博世科	0.27	0.64	0.54	0.52	0.47	0.49	25	环保设备
4	德创环保	0.22	0.63	0.29	0.16	0.05	0.27	30	大气治理
5	迪森股份	0.48	0.61	0.68	0.63	0.95	0.67	15	新能源
6	东江环保	0.58	0.77	0.66	0.61	0.68	0.66	17	固废处理
7	富春环保	0.41	0.61	0.74	0.54	0.94	0.65	20	固废处理
8	高能环境	0.44	0.65	0.60	0.72	0.88	0.65	18	环境修复
9	国祯环保	0.32	0.56	0.45	0.57	0.59	0.50	22	污水处理
10	海峡环保	1.00	1.00	1.00	1.00	1.00	1.00	1	污水处理
11	金圆股份	0.52	0.74	0.59	0.71	1.22	0.76	13	固废处理
12	科融环境	0.25	0.12	0.08	1.00	1.00	0.49	24	新能源
13	岭南股份	0.36	0.73	0.78	0.97	0.73	0.71	14	环境修复
14	蒙草生态	0.83	1.00	1.00	0.77	0.22	0.76	12	环境修复
15	启迪环境	1.00	1.00	1.00	1.00	0.44	0.89	8	固废处理
16	清新环境	0.91	1.00	0.79	0.91	0.68	0.86	10	大气治理
17	上海环境	1.00	1.00	1.00	1.00	0.76	0.95	7	固废处理
18	天壕环境	0.50	0.38	0.34	0.10	0.17	0.29	29	大气治理
19	旺能环境	0.33	0.96	0.80	1.00	0.90	0.80	11	环保设备
20	维尔利	0.59	0.51	0.44	0.63	0.55	0.55	21	环保设备
21	伟明环保	1.00	1.00	1.00	1.00	1.00	1.00	1	固废处理
22	先河环保	0.56	0.71	0.64	0.59	0.80	0.66	16	环保设备
23	盈峰环境	1.00	1.00	1.00	1.00	1.00	1.00	1	新能源
24	远达环保	0.52	0.32	0.36	0.38	0.43	0.40	28	大气治理
25	长青集团	0.29	0.51	0.43	0.43	0.73	0.48	27	新能源
26	中材节能	0.35	0.60	0.45	0.40	0.60	0.48	26	环保设备
27	中电环保	1.00	1.00	1.00	1.00	1.00	1.00	1	污水处理
28	中国天楹	0.79	0.71	0.44	0.32	1.00	0.65	19	固废处理
29	中建环能	0.44	0.58	0.45	0.42	0.59	0.49	23	环保设备
30	中再资环	1.00	1.00	1.00	0.63	0.76	0.88	9	固废处理
	平均值	0.63	0.75	0.68	0.70	0.74	0.70	—	

由表 9-3 可知，选取的 30 家样本企业中，有 6 家企业在 5 年间均处于强有效状态，即运营效率值为 1。这 6 家企业依次为巴安水务、碧水源、海峡环保、伟明环保、盈峰环境和中电环保。说明这些企业经营管理已处于效率最优，无须做进一步投入或产出方面的改进，建议其余企业均以这 6 家企业作为参照标杆。企业间横向对比分析来看，共 4 家企业运营效率值大于或等于 0.80，处于效率良好状态；有 10 家企业效率值在 0.60 到 0.80 之间，处于效率中等状态；其余 10 家企业效率值均低于 0.60，处于经营无效率状态。结果显示，有三分之二的企业运营效率都低于 0.80，其中，德创环保与天壕环境企业运营效率甚至低于 0.30，分别为 0.27 与 0.29。这表明环保企业大部分仍处于效率低下的状态，存在经营管理不善的问题，具备较大的改进空间。

从时间变化趋势来看，所有样本企业 5 年的平均效率为 0.70，处于效率中等状态，5 年间整体平均效率在 0.60 到 0.80 之间波动。个体样本企业中，大部分企业随年份效率值波动上升或在某个范围内波动，表明企业通过技术进步或规模提升都不同程度地提高了自身运营效率。一些企业的运营效率一直处于低位状态，如德创环保、天壕环保等，这需要引起企业自身的重视，说明企业在实际运营过程中在资金、技术、资源配置等某一环节出现问题，导致了效率损耗。

从上述分析可以看出，SBM 模型能够较好对决策单元进行效率测度，决策单元效率值在 0 到 1 的范围内波动，通过对效率值划分不同区间段对决策单元进行评价，从而进一步分析引起效率损耗的原因。

9.3.2 DDF 模型的案例应用

鉴于 9.3.1 节已经详细地介绍规模报酬不变与规模报酬可变，投入导向、产出导向与非投入产出导向，考虑非期望产出与不考虑非期望产出的区别，本节采用同样环保企业的例子，将介绍重点放在同样假设条件下，仅将距离函数改为 DDF 模型，以此来研究 DDF 模型与 SBM 模型应用区别。30 家环保企业运营效率值如表 9-4 所示。

表 9-4　2015—2019 年 30 家环保企业运营效率值（DDF 模型）

序号	企业名称	2015	2016	2017	2018	2019	5 年平均		排名		企业类型
							DDF	SBM	DDF	SBM	
1	巴安水务	1.00	1.00	1.00	1.00	1.00	1.00	1.00	1	1	污水处理
2	碧水源	1.00	1.00	1.00	1.00	1.00	1.00	1.00	1	1	污水处理
3	博世科	0.59	0.55	0.69	0.78	0.78	0.68	0.49	24	25	环保设备
4	德创环保	0.39	0.56	0.44	0.34	0.23	0.39	0.27	30	30	大气治理
5	迪森股份	0.81	0.76	0.83	0.84	0.89	0.83	0.67	18	15	新能源
6	东江环保	0.74	1.00	0.99	0.94	0.90	0.91	0.66	12	17	固废处理
7	富春环保	0.75	0.77	0.81	0.74	0.78	0.77	0.65	21	20	固废处理

（续表）

序号	企业名称	2015	2016	2017	2018	2019	5年平均 DDF	5年平均 SBM	排名 DDF	排名 SBM	企业类型
8	高能环境	0.74	0.74	0.79	0.87	0.91	0.81	0.65	19	18	环境修复
9	国祯环保	0.46	0.76	0.72	0.83	0.86	0.73	0.50	23	22	污水处理
10	海峡环保	1.00	1.00	1.00	1.00	1.00	1.00	1.00	1	1	污水处理
11	金圆股份	0.75	0.95	0.74	0.90	0.92	0.85	0.76	17	13	固废处理
12	科融环境	0.53	0.27	0.25	1.00	1.00	0.61	0.49	28	24	新能源
13	岭南股份	0.70	0.81	0.90	0.98	0.96	0.87	0.71	16	14	环境修复
14	蒙草生态	1.00	1.00	1.00	1.00	0.78	0.96	0.76	10	12	环境修复
15	启迪环境	1.00	1.00	1.00	1.00	0.92	0.98	0.89	7	8	固废处理
16	清新环境	0.95	1.00	0.98	0.99	0.82	0.95	0.86	11	10	大气治理
17	上海环境	1.00	1.00	1.00	1.00	0.87	0.97	0.95	8	7	固废处理
18	天壕环境	0.58	0.55	0.63	0.37	0.56	0.54	0.29	29	29	大气治理
19	旺能环境	0.50	0.99	0.92	1.00	0.98	0.88	0.80	14	11	环保设备
20	维尔利	0.82	0.69	0.71	0.91	0.86	0.80	0.55	20	21	环保设备
21	伟明环保	1.00	1.00	1.00	1.00	1.00	1.00	1.00	1	1	固废处理
22	先河环保	0.91	0.95	0.88	0.88	0.82	0.89	0.66	13	16	环保设备
23	盈峰环境	1.00	1.00	1.00	1.00	1.00	1.00	1.00	1	1	新能源
24	远达环保	0.93	0.54	0.63	0.62	0.64	0.67	0.40	25	28	大气治理
25	长青集团	0.50	0.74	0.56	0.67	0.80	0.65	0.48	26	27	新能源
26	中材节能	0.52	0.69	0.65	0.62	0.71	0.64	0.48	27	26	环保设备
27	中电环保	1.00	1.00	1.00	1.00	1.00	1.00	1.00	1	1	污水处理
28	中国天楹	0.81	0.88	0.85	0.82	1.00	0.87	0.65	15	19	固废处理
29	中建环能	0.85	0.69	0.69	0.73	0.80	0.75	0.49	22	23	环保设备
30	中再资环	1.00	1.00	1.00	0.95	0.92	0.97	0.88	9	9	固废处理
	平均值	0.79	0.83	0.82	0.86	0.86	0.83	0.70	—	—	

从表 9-4 可以看出，相对于 SBM 模型，DDF 模型的测算结果表明，2015—2019 年企业运营效率值偏高，5 年平均值保持在 0.80 以上，整体呈现上升趋势，而 SBM 模型测度的 5 年平均值仅为 0.70。各企业 5 年平均运营效率值排名变动幅度较小，与 SBM 模型测度结果基本一致，同样存在 6 家相对有效企业。有超过 20 家样本企业运营效率值处于 0.80 以上，与 SBM 模型相比数目明显增多。处于 0.30 以下的企业数目与 SBM 模型相比有所减少，SBM 模型测度结果有 2 家企业运营效率值低于 0.30，而 DDF 模

型测试结果是所有样本企业运营效率值都高于 0.30。

此外，根据以往学者的研究来看，DDF 模型的测算结果出现极端值的可能性较小，结合表 9-3 和表 9-4 来看，SBM 模型测算的德创环保 2019 年运营效率值为 0.05，DDF 模型测算出的德创环保 2019 年运营效率值为 0.23，相比而言，DDF 模型的数据结果更加平稳。

习 题

1. 已知某市 2011—2020 年的物流业与制造业相关数据如表 9-5 所示。

表 9-5　某市 2011—2020 年的物流业与制造业相关数据

指标年份	货物周转量/亿吨·千米	物流业增加值/亿元	制造业固定资产投资完成额/亿元	规模以上工业增加值/亿元
2011	1 009.37	164.81	653.90	2 270.99
2012	1 180.81	179.18	773.10	2 186.69
2013	1 275.52	193.27	909.06	2 515.85
2014	1 336.86	221.00	905.56	2 798.11
2015	1 552.13	242.86	1 056.02	2 840.30
2016	1 713.50	264.91	1 248.26	2 907.74
2017	1 919.18	301.47	1 523.93	3 459.64
2018	2 188.77	308.45	2 055.78	3 911.97
2019	2 455.60	330.77	2 232.58	4 501.41
2020	2 663.71	344.21	2 159.17	4 914.04

利用相应的 DEA 模型，分别讨论以物流业为输入、制造业为输出时的 DEA 有效性和以制造业为输入、物流业为输出时的 DEA 有效性。

2. 表 9-6 是某城市的发展数据，请利用相应 DEA 模型对其可持续发展进行评价，其中城市环境质量指数表示环境发展情况。

表 9-6　某城市的发展数据

序号	指标年份	政府财政收入占生产总值的比重/%	环保投资占生产总值的比重/%	千人科技人员数/千人	人均生产总值/百元	城市环境指数
1	2011	14.40	0.65	31.30	3621	0.00
2	2012	16.90	0.72	32.20	3943	0.09

(续表)

序号	指标年份	政府财政收入占生产总值的比重/%	环保投资占生产总值的比重/%	千人科技人员数/千人	人均生产总值/百元	城市环境指数
3	2013	15.53	0.76	31.87	4086	0.07
4	2014	15.40	0.71	32.23	4904	0.13
5	2015	14.13	0.78	32.40	6311	0.37
6	2016	13.32	0.69	30.77	8173	0.59
7	2017	12.83	0.61	29.23	10236	0.51
8	2018	12.00	0.63	28.80	12094	0.44
9	2019	13.40	0.75	28.20	13603	0.58
10	2020	14.00	0.84	29.10	14841	1.00

3. 查找2016—2020年中国30家医药上市公司相关数据，并选择合适的投入与产出变量（如营业收入、总利润、研发投入、员工人数等），采用MaxDEA软件，分别利用SBM模型和DDF模型对其运行效率进行分析评价。

参考文献

杜栋，庞庆华，吴炎，2008. 现代综合评价方法与案例精选[M]. 2版. 北京：清华大学出版社.

梁敏，边馥萍，2003. 生产水平的相对有效性分析[J]. 数量经济技术经济研究(9)：91-94.

李美娟，陈国宏，2003. 数据包络分析法(DEA)的研究与应用[J]. 中国工程科学(6)：88.

成刚，2014. 数据包络分析方法与MaxDEA软件[M]. 北京：知识产权出版社.

焦国华，江飞涛，陈舸，2007. 中国钢铁企业的相对效率与规模效率[J]. 中国工业经济(10)：37-44.

罗艳，2012. 基于DEA方法的指标选取和环境效率评价研究[D]. 合肥：中国科学技术大学.

魏方庆，2018. 基于非径向距离函数DEA模型的效率评价方法研究[D]. 合肥：中国科学技术大学.

张俊岭，2007. 中国财产保险公司的规模效率DEA实证研究[J]. 统计与信息论坛，22(6)：45-48.

李伟，李光辉，李月娟，等，2009. 基于DEA模型的我国各省区建筑业生产效率评价实证研究[J]. 科技进步与对策，26(21)：153-155.

王素梅，陈桂香，2021. 非期望产出SBM模型的生态文明建设效率性评价指标构建与应用研究：基于审计的视角[J]. 生态经济，37(6)：199-204.

陈立芸，刘金兰，王仙雅，等，2014. 基于方向距离函数的中国制造业环境绩效分析[J]. 干旱区资源与环境(3)：17-22.

CHARNES A, COOPER W W, RHODES E, 1978. Measuring the efficiency of decision making units[J]. European journal of operational research, 2(6): 429-444.

BANKER R D, CHARNES A, COOPER W W, 1984. Some models for estimating technical and scale inefficiencies in data envelopment analysis[J]. Management science, 30(9): 1078-1092.

TONE K, 2001. A slacks-based measure of efficiency in data envelopment analysis[J]. European journal of operational research, 130(3): 498-509.

ZHANG L, ZHUANG Y, CHIU Y H, et al, 2021. Measuring urban integrated water use efficiency and spatial migration path in China: A dynamic two-stage recycling model within the directional distance function[J]. Journal of environmental management(298): 113379.

第 10 章
其他常用的科学评价决策方法

学习目标：
1. 掌握神经网络系统评价方法及其求解；
2. 掌握粗糙集评价方法及其求解；
3. 掌握结构方程评价方法及其求解；
4. 掌握支持向量机评价方法及其求解；
5. 能够结合实际问题建立有关评价模型。

在过去半世纪中，科学决策方法在我国的发展不断向纵向前进，在广泛应用于国民经济各领域中的同时，对理论的研究、方法的创新同样取得了瞩目的成果，在智能化、自动化、数字化、科学化等方面有了长足的进步。除前文提到的各类决策方法外，本章将介绍一些成熟且常用的智能化科学决策方法，包括神经网络系统、粗糙集评价、结构方程模型以及支持向量机模型，从系统评估、因素分解、结果分类等各方面，对现阶段智能决策领域的研究水平与发展方向进行阐述，试图从原理与应用角度出发，使读者对科学决策方法有更进一步的认识。

10.1 神经网络系统评价方法

10.1.1 神经网络系统评价方法的思想及原理

在当今高度发展的社会里，选择和决策成为一个重要问题，一个具有丰富经验的专家对决策提供的帮助是至关重要的，然而专家数量是远远不能满足待决策问题数量的，那么，如何高效地利用现有数据与专家经验解决实际问题将成为解决问题的关键。

例如，投资对象的选择问题就涉及经验性知识与决策成本、效率之间的权衡。一般地，决策者会首先分析影响投资的各种因素，包括宏观经济环境、市场健康水平等方面,并以此为基础构建数学模型,通过求解最优解来得到投资的最佳方案。考虑到数学模型的条件限制与现实投资决策对定性问题关注之间的矛盾,线性模型求解的方法逐渐显现出局限性,因此人们通过层次分析法和模糊理论的方法构建非线性模型并求最优解来进行决策。以上包括因素的选取、模型的构建大多是基于经验性知识完成的,尽管该类方法对部分投资问题拥有相对准确的判断能力,但这类方法的局限性较强,往往只适用于数据已知且固定的静态市场情境。事实上,市场是瞬息万变的,而影响投资的因素也会随之产生变化,如果利用原有的层次分析法或模糊理论方法则会产生较大的误差。面对这种情况,决策者只能重新对各种因素进行分析,重新构建非线性模型。一方面,浪费了前期的工作量与经验性知识;另一方面,重复工作导致了效率的降低。为了解决这些问题,人们提出模拟人脑的神经网络工作原理,建立能够"学习"的模型,通过对经验性知识的学习、积累与应用,求出与实际值之间误差最小的最优解。神经网络系统(Neural Network System,NNS)是由大量与自然神经细胞类似的神经元互联而成的网络系统。其工作原理与人脑相似,即首先要以一定的学习准则进行学习,然后才能进行判断评价等工作。它主要根据所提供的数据,通过学习和训练,找出输入与输出之间的内在联系,从而求取问题的解。神经网络系统反映了人脑功能的基本特性,是一定层次和程度上的模仿和简化。

生活中,决策者经常面对一些复杂的决策问题,如对企业信用等级进行评估。考虑到该问题的评价需兼顾企业经营者素质等定性指标与企业资金结构等定量指标,且该类评估的对象往往不是一家企业,因此依靠专家评估尽管具有较高可信度的优点,但巨大的信息量与工作量也导致人为失误难以避免,且效率较低。若利用神经网络系统构建评价体系进行决策,则是基于现有的专家对部分企业信用等级的评价(即训练集),通过设定模型与连接权,输入指标数据,让网络系统模拟专家进行评价,得出的结果与专家意见进行对比,并根据差距反向调整网络系统,从而训练出一个科学高效的企业信用等级评估体系,再将其他企业的数据输入网络即可立即得到与专家评估意见相似的评价结果,神经网络系统思路如图10-1所示。

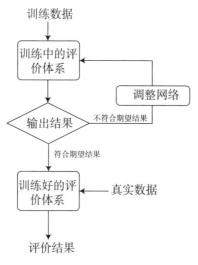

图10-1 神经网络系统思路

神经网络的特点是将信息或知识分布储存在大量的神经元或整个系统中。其具有较强的运算能力、学习能力和容错能力，能够高效地处理那些有噪声或不完全的数据。鉴于神经网络系统具有上述特征，神经网络可以用来解决多指标决策问题。尽管这类方法可以用于决策，但了解它的优势以及与其他方法的区别是有必要的。由于实际综合评价往往是非常复杂的，各个因素之间互相影响，呈现出复杂的非线性关系，神经网络系统在处理这类非线性问题时有着突出的表现。此外，它是一种智能化的数据处理方法，学习能力、修正能力等都是目前其他方法所无法比拟的。与其他综合评价方法相比，基于神经网络系统的科学决策方法已越来越显示出它的优越性。

神经网络决策方法通过神经网络的自学习、自适应能力建立更加接近人类思维模式的定性和定量相结合的综合评价模型。训练好的神经网络把专家的评价思想以连接权的方式赋予于网络上，这样该网络不仅可以模拟专家进行定量评价，而且避免了评价过程中的人为失误。由于模型的权值是通过实例学习得到的，这就避免了人为计取权重和相关系数的主观影响和不确定性。

在众多神经网络模型中，BP(Back Propagation)神经网络模型因其映射能力与学习算法的优越性而受到广泛的关注与运用。BP 神经网络模型在 1986 年由鲁梅尔哈特和麦克莱兰主编的 *Parallel Distributed Processing：Exploration in the Microstructure of Cognition* 中首次被提出，是一种具有非线性连续转移函数的多层前馈网络的误差反向传播模型，既可以用于输出层只有一个神经元的科学排序，又可以用于输出层有多神经元的分类科学决策。同时，该模型兼具理论体系成熟、运算速度快等优点，较好地模拟了专家进行科学决策的过程，具有强大的潜力和广阔的应用前景。

10.1.2 BP 神经网络系统评价方法及步骤

神经网络系统由处理单元，或称神经元以及连接权组成。一个神经网络系统中有许多处理单元，每个处理单元的具体操作都是从其相邻的其他单元中接受输入，然后产生输出送到与其相邻的单元中去。处理单元可以分为 3 种类型：输入单元、输出单元和隐含单元。输入单元是从外界环境接收信息，输出单元则给出神经网络系统对外界环境的作用。这两种处理单元与外界都有直接的联系。隐含单元则处于神经网络之中，不与外界产生直接的联系。它从网络内部接受输入信息，所产生的输出则只作用于神经网络系统中的其他处理单元，对网络系统的构建起到关键作用。

连接权是各个神经元之间相连的部分，一般不能预先准确地确定，而是根据样本模式逐渐调整权值，直至最优解与实际值之间的误差最小化。这种自主学习和自我调整的能力使神经网络具有卓越的处理信息的功能。

神经网络的工作过程具有循环特征。而在每个循环中又分为两个阶段，即工作期间与学习期间。在工作期间，各神经元之间的连接权值不变，但计算单元的状态发生变化。此期间的特点是：进行速度快，故又称快过程，并称此期间中的神经元处于短期记忆。在学习期间，各计算单元的状态不变，但对连接权值做修改。此阶段速度要慢得多，故又称慢过程，并称此期间中的神经元处于长期记忆。

神经网络的结构是随着研究的不断深入而完善的。最初的神经网络结构只有输入层(由输入处理单元组成)和输出层(由输出处理单元组成)。这种结构的神经网络能力极为有限。后来在这种双层神经网络的基础上,引入了中间(隐含)层(由隐单元组成),形成了三层神经网络模型,从而大大提高了神经网络的决策能力。

神经网络对事物的判断分析必须经过一个学习和训练过程。赫布在1949年率先提出了改变神经元连接强度的学习规则。其过程是:将样本(训练)数据赋予输入端,并将网络实际输出与期望输出相比较,得到误差信号,以此为依据来调整连接权值。重复此过程,直到收敛于稳态。神经网络通过一定的算法进行训练。当今,比较成熟的网络模型及相应算法有上百种,各种修正和演变的模型、算法就更多。本节并非系统介绍神经网络系统,只是对其中一个应用广泛、具有代表性的 BP 神经网络作简要介绍,其原理如图 10-2 所示。

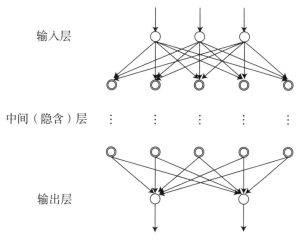

图 10-2　BP 神经网络系统原理

BP 神经网络是一种具有三层或三层以上的层次结构网络,相邻上、下层之间的各神经元实现全连接,即每个上层神经元均与下层所有神经元连接,而同一层内各神经元相互不存在连接。即输入层输入信号,传播到隐含层,经过作用函数后,再将隐含层节点数据输出到输出层,最终输出结果。在 BP 神经网络中,节点的作用函数通常选取 S 型函数。

就 BP 神经网络的神经元而言,输入层的神经元输入与输出相同,隐含层与输出层的神经元如下:

$$Y_{kj} = f\left(\sum_{i=1}^{n} W_{(k-1)i,\ kj} Y_{(k-1)i}\right) \tag{10-1}$$

其中,$Y_{(k-1)i}$ 是 $k-1$ 层第 i 个神经元的输出,也是 k 层神经元的输入;$W_{(k-1)i,kj}$ 是 $k-1$ 层第 i 个神经元的与 k 层第 j 个神经元的连接权值;Y_{kj} 是 k 层第 j 个神经元的输出,也是 $k+1$ 层神经元的输入;n 为第 $k-1$ 层神经元数目;f 是 Sigmoid 函数。

$$F(u) = 1/(1+e^{-u}) \tag{10-2}$$

某两层间的神经元与连接权结构图如图 10-3 所示。

可见,BP 神经网络的基本处理单元(输入层除外)为非线性的输入-输出关系。处

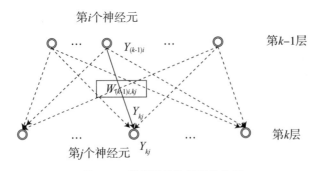

图 10-3 神经元及连接权结构图

理单元的输入、输出值可连续变化。由于一般情况下难以写出其表达式，故这是一个"黑箱"。

增加层数主要可以进一步降低误差，提高精度，但同时使网络复杂化，从而增加了网络权值的训练时间。误差精度的提高实际上也可以通过增加隐含层中的神经元数目来获得，其训练效果也比增加层数更容易观察和调整，所以一般情况下，应先考虑增加隐含层的神经元数目。隐含层单元数的选择在神经网络的应用中一直是一个复杂的问题。隐含层单元数过少，可能训练不出网络或者网络不够"强壮"，不能识别以前没有"看见"过的样本，容错性差；但隐含层单元数过多，又会使学习时间过长，误差也不一定最佳，因此存在一个如何确定合适的隐含层单元数的问题。在具体设计时，比较实际的做法是通过对不同神经元数进行训练对比，然后适当地加上一点余量。

BP 神经网络算法的学习过程由正向传播和反向传播组成。在正向传播过程中，输入信息从输入层经隐含层逐层处理，并传向输出层。每一层神经元的状态只影响下一层神经元的状态。如果输出层得不到期望的输出，则转入反向传播，将误差信号沿原来的连接通道返回，通过修改各层神经元的权值，使得误差信号最小。对多层网络进行训练时，首先要提供一组训练样本，其中的每个样本由输入样本和理想输出对组成。样本的实验输出作为期望输出（目标输出），计算得到的网络输出为模型输出（实际输出）。当网络的所有实际输出与理想输出一致时，表明训练结束；否则，通过修正权值，使网络的理想输出与实际输出一致。所以，BP 神经网络是一种有"教师"的学习算法。将输入和对应的"教师"给定于网络，则网络根据输出与"教师"的误差来调整权值。

假设 BP 神经网络每层有 N 个处理单元，训练集包含 M 个样本模式对。

对第 P 个学习样本（$p=1,2,\cdots,M$），节点 j 的输入总和记为 net_{pj}，输入记为 O_{pj}，则

$$net_{pj} = \sum_{i=1}^{N} W_{ji} O_{pi} \tag{10-3}$$

$$O_{pj} = f(net_{pj}) \tag{10-4}$$

如果任意设置网络初始权值，那么对每个输入样本 p，网络输出与期望输出（d_{pj}）间的误差为

$$E = \sum_p E_p = \left[\sum_j (d_{pj} - O_{pj})^2\right]/2 \qquad (10\text{-}5)$$

其中，d_{pj} 表示对第 p 个输入样本输出单元 j 的期望输出。

BP 神经网络学习过程中，输出层单元与隐含层单元的误差计算是不同的，BP 网络的权值修正公式为

$$W_{ji} = W_{ji}(t) + \eta \delta_{pj} O_{pj} \qquad (10\text{-}6)$$

$$\delta_{pj} = \begin{cases} f'(net_{pj})(d_{pj} - O_{pj}) \\ f'(net_{pj}) \sum_k \delta_{pk} W_{kj} \end{cases} \qquad (10\text{-}7)$$

上式中，η 为学习因子，引入 η 为了加快网络的收敛速度，但有时可能产生振荡。通常权值修正公式中还需加一个势态因子 α，因此有下式：

$$W_{ji} = W_{ji}(t) + \eta \delta_{pj} O_{pj} + \alpha[W_{ji}(t) - W_{ji}(t-1)] \qquad (10\text{-}8)$$

其中，α 为一常数项，它决定上一次的权值对本次权值更新的影响程度。

权值修正是在误差反向传播过程中逐层完成的。由输出层误差修正各输出层单元的连接权值，再计算相连隐含层单元的误差量，并修正隐含层单元连接权值。如此继续，整个网络权值更新一次后，称为网络的一个学习周期。要使实际输出模式达到输出期望模式的要求，往往需要经过多个学习周期的迭代。对于给定的一组训练模式，不断用一个个训练模式训练网络，重复此过程，当各个训练模式都满足要求时，称为 BP 神经网络学习完成。在网络的学习过程中，权重值是随着迭代的进行而更新的，并且一般是收敛的。但权值的初始值太大，可能导致网络很快就达到饱和，并且权值的初始值对网络的收敛速度也有一定影响。

学习步长是网络学习的另一个重要参数，在一定程度上也决定了网络的收敛速度，学习步长过小会导致权重值更新量过小，因而使收敛非常缓慢；学习步长过大又会导致在极值点附近振荡的可能性加大，乃至反复振荡而难以收敛。

一般来说，BP 神经网络的学习算法可总结为如下步骤。

Step1：初始化网络及学习参数，如设置网络初始权矩阵，学习因子 η，势态因子 α 等。

Step2：提供训练模式、训练网络，直到满足学习要求。

Step3：前向传播过程，对给定训练模式输入，计算网络的输出模式，并与期望模式比较，若有误差，则执行 Step4，否则，返回 Step2。

Step4：反向传播过程，计算同一层单元的误差，修正权值和阈值（即 $i=0$ 时的连接权值），返回 Step2。

网络的学习是通过用给定的训练集训练而实现的。网络学习成功的标志通常用网络的均方根误差来定量地反映。一般地，当网络的均方根误差值低于 0.1 时，则表明对给定训练集的学习已满足要求了。

BP 神经网络的实质就是依据所提供的样本数据，通过学习和训练，抽取样本所隐含的特征关系，以神经元间连接权值的形式存储专家的知识。具体地说，BP 算法的基本思想是将每次迭代的误差信号由输出层经隐含层至输入层反向传播，调整各个神经

元之间的连接权值,如此反复迭代,直到误差达到容许水平,这种调节过程具有自组织、自学习的优点。BP 网络及其算法增加了中间隐含层并有相应学习规则可循,使其具有对非线性模式的识别能力。特别是其数学意义明确,步骤分明的学习算法,更使其具有广泛的应用前景。

当给定样本集是客观科学的且具权威性的,利用 BP 神经网络模型实现多指标决策的结果一般是科学且可行的。相较于其他科学决策方法,BP 神经网络模型优势集中体现在以下 3 点:首先,相较于传统线性的数学方法,神经网络系统可以有效地构建非线性模型以适应现实问题;其次,BP 神经网络模型具有较强的修正能力,面对一般的评价方法在信息含糊、不完整、存在矛盾等复杂情境下结果缺乏可信度的缺陷,BP 神经网络模型可以通过对数据的反复学习与训练避免这一问题;最后,模型同时扮演了"专家"与"学生"两个角色,通过学习、指导、修正一系列行为训练出科学的综合评价系统,从典型问题中提炼并学习经验性知识,从而在面对类似具体问题时可以立即投入使用,高效地解决问题。

因此,神经网络系统,尤其是 BP 神经网络模型在科学决策方面拥有广阔的应用前景。包括对企业经济效益的评估、城市投资环境评价、企业创新能力评价、投资项目决策、个人信用评估等角度的各类问题均可以使用神经网络系统提高决策的科学性。

10.2 粗糙集评价方法

在自然界中,大部分事物所呈现的信息都是不完整和模糊的。对于这些信息,经典逻辑由于无法准确地描述,所以也就不能正确地处理。在现实世界中,有许多模糊现象不能简单地用好坏、真假来表示,比如某个地区的经济水平一般无法直接用高低评价,一般会设定一个区间,当地区生产总值处于某一区间时,则称其经济处于相应的水平。类似于经济水平的现象还很多,那么如何较好地表示和处理这类现象就成为一个问题。特别是在数据集合的边界上,也存在一些个体,既不能说它属于某个子集,也不能说它不属于某个子集。此时,可以通过模糊的方法识别出这类数据的存在,并且讨论这类数据在整体中所占的比例或对数据完整性的影响,但是,仅仅识别出这类特殊的数据在决策中是远远不够的,还需要对这类数据进行分析与分类,而这单凭模糊的方法是无法达成的。

为解决这一问题,1982 年波兰数学家帕夫拉克提出了粗糙集理论,着重从已知数据中归纳规律并预测问题的方向。尽管粗糙集理论与模糊集理论均针对数据的不完备问题,但模糊集强调对数据含糊程度(Vagueness)的研究,而粗糙集则强调数据的不可辨别性(Indiscernibility)、不精确性(Imprecision)等问题。以图片的清晰度为例,模糊集是在对图片像素大小进行测算而粗糙集则是研究各个像素之间灰度的区别,因此粗糙集理论相较于模糊集理论在对数据的分类方面表现更突出。此外,其寻找规律、预测未来的特点符合科学决策发展的主要方向,因此粗糙集评价方法具有广泛的应用范围,尤其在经济管理领域,覆盖经济数据分析、供应链绩效评估、银行风险评估、客户关系管理、精准营销等方面。

10.2.1 粗糙集评价方法的思想及原理

粗糙集评价方法的核心思路即根据观测数据删除冗余信息,比较知识的粗糙度(即不完整程度)、各属性之间的地位及依托关系,最终得出问题的解决方法与评价规则。

简单而言,粗糙集理论就是按照特征不同对样本进行分类从而进行决策的方法。为便于读者理解此处的概念,本节通过一个对是否患流感进行决策的例子简单解释:为判定患者是否患有流感,医院对 8 名患者简单特征进行了测定,特征包括头痛、肌肉痛、体温。具体数据如表 10-1 所示。

表 10-1 流感决策表

患者	条件特征			决策特征
	头痛	肌肉痛	体温	流感
e_1	√	√	正常	×
e_2	√	√	高	√
e_3	√	√	很高	√
e_4	×	√	正常	×
e_5	×	×	高	×
e_6	×	√	很高	√
e_7	×	×	高	√
e_8	×	√	很高	×

其中,所有患者的集合 $U=\{e_1, e_2, \cdots, e_8\}$ 为论域,而按任意标准对患者进行分类的结果定义为知识。对于患者的特征 $R=\{c_1, c_2, c_3\}$ 定义为特征集,其中,c_1,c_2,c_3 分别表示头痛、肌肉痛与体温。将患者按照是否头痛分类,可以得到 $U/c_1=\{\{e_1, e_2, e_3\}, \{e_4, e_5, e_6, e_7, e_8\}\}$,而这个就是论域上根据等价关系的一簇划分,即知识。表 10-1 被称为决策表,即一种特殊的知识表达系统。根据表 10-1,可发现若符合患者 e_1,e_2,e_3,e_4 中某人的特征组合即可判定该患者是否得了流感,即通过特征可以确切分类。因此得到正域 $pos_R(D)=\{e_1\}\bigcup\{e_2\}\bigcup(e_3)\bigcup(e_4)=4$。而这种可以确切分类的患者的数量占总病人数量的比例 $k=\gamma_R(D)=pos_R(D)/U=4/8=0.5$ 被称为特征对决策表的重要性程度。同样,可以对各条件特征的重要性程度进行度量,分析头痛、肌肉痛与体温对是否流感的判定重要性。

1. 知识、知识表达系统与决策表

在粗糙集理论中,知识是对某些客观对象的认识,准确而言,是对研究对象分类的能力。研究对象的集合 U 被称为论域，且任意子集 $X \subseteq U$ 称为 U 的一个概念。知识作为对 U 中的个体的分类，表现为 U 中的任意概念簇。知识表示系统是以通过一定方法从大量数据中发现有效知识或决策规则为目的，研究对象的知识并通过指定对象的基本特征和特征值描述。知识表达系统的基本成分是研究对象的集合，一般用 $S = \{U, R, V, f\}$ 表示。其中 U 是论域，R 是特征集合，$V = \bigcup_{r \in R} V_r$ 是特征值集合，V_r 即特征 R_r 的特征值范围，$f: U \times R \to V$ 指定 U 中的每一个对象 x 的特征值，构成一个信息函数。决策表是具有条件特征以及决策特征的一种特殊的知识表达系统，若特征集合 $R = C \cup D$，则称 C 和 D 分别为条件特征集和决策特征集。若 $D \neq \emptyset$，则称知识表达系统 $S = \{U, R, V, f\}$ 为决策信息系统，对应数据表记为决策表，即在某种前提下，决策将在一定的规律下进行。

2. 等价关系与等价划分

等价关系指特征相同的两个样品之间的关系。若是 R 上 U 的一个等价关系，则知识即为 R 下对 U 的划分，记为 U/R。U 上的一簇划分称为关于 U 的知识库，用 $K = (U, R)$ 表示，其 U 是非空有限集，R 是 U 上的一簇等价关系。

3. 上近似集和下近似集

粗糙集理论中的不确定性和模糊性是一种基于边界的概念，即一个集合在某特定的知识下有模糊的边界。设 U 是给定的论域，$X \subseteq U$，R 是 U 上的等价关系簇。当 X 能表达成 B 特征子集所确定的 U 上的基本集的并集时，X 称是 B 可定义的，而 B 的可定义集又称为 B 粗糙集。根据 B 定义，包含于 X 中的最大可定义集称为 X 的下近似集 $B\_(X)$；包含于 X 中的最小可定义集称为 X 的上近似集 $\overline{B}(X)$。

4. 冗余特征、特征简约与特征核

决策表中的所有条件特征并非都是必要的，对于非必要特征，将其去除并不会影响原表达效果，这类特征被称为冗余特征，即在保持分类能力不变的前提下，既不能肯定归入集合 X，又不能肯定归入集合 $\overline{X}$ 的元素构成的集合；正域 $pos_B(X)$ 是根据知识前提下，通过知识的约简导出概念的分类规则。对信息系统 $S = \{U, R, V, f\}$，设 $r_0 \in R$，如果 $IND(R - \{r_0\}) = IND(R)$，则称属性 r_0 在 R 中是冗余的，r_0 为冗余特征；否则称 r_0 在 R 中是绝对必要的。如果每个属性 $r_0 \in R$ 在 R 中都是绝对必要的，则称特征集 R 是独立的；否则称 R 是可约简的。R 中所有绝对必要属性组成的集合称为 R 的特征核，记作 $core(R)$。

设 P 和 Q 为论域 U 上的两个等价关系簇，且 $Q \leq P$。如果满足 $IND(Q) = IND(P)$，Q 是独立的这两个条件，则称 Q 是 P 的一个绝对约简，记为 $red(P)$。

5. 特征离散化

在运用粗糙集理论进行对象评价、处理决策表时，要求对决策表中的值用离散（如整型、字符串型、枚举型）数据表达。如果某条件特征或决策特征的值域为连续值，则在计算前必须进行离散化处理。特征离散化的算法有很多种，如等距离划分算法、等频率划分算法、Naive Scaler 算法、C-均值属性离散化算法等。

6. 特征重要度

为了找出某特征或特征集的重要性,需要从表中去掉另外一些特征,再来考察去掉该特征后分类会怎样变化。若去掉该特征会相应地改变分类,则说明该特征的强度大,即重要性高;反之说明该特征的强度小,即重要性低。

对于决策表 $S=\{U, R, V, f\}$,$R=C \cup D$,条件特征 $c_i \in C(i=1, 2, \cdots, n)$,$c_i$ 对于决策特征的重要性程度 k_i 可以用式(10-9)进行描述。

$$k_i = r_C(D) - r_{C/c_i}(D) = \frac{card(pos_C(D)) - card(pos_{C/c_i}(D))}{card(U)} \quad (10\text{-}9)$$

其中,$card(U)$ 表示集合 U 中元素的数量,$pos_{C/c_i}(D)$ 称为 D 的相对于 C/c_i 的正域;$card(pos_{C/c_i}(D))$ 表示集合 $pos_{C/c_i}(D)$ 中元素的数量。

k_i 越大,表明从条件特征中删除特征 c_i 后再分类时正域所受影响越大,即第 i 个指标对决策结果越重要。相反的,当 $k_i = 0$ 时,意味着其对决策结果影响很小,不必赋权与评价。

10.2.2 粗糙集评价方法的步骤

1. 建立关系数据模型

首先建立关系数据模型,将每个评价指标视为条件属性,则条件属性集合为 $C=\{c_1, c_2, \cdots, c_n\}$;将各个专家根据每个评价指标打分后的最后综合得分 y 视为决策属性,则决策属性集合为 $D=\{y\}$。第 k 个待评价对象的各个指标值和最后综合得分视为某个知识系统的一条信息,则可定义 $u_k = \{c_{1k}, c_{2k}, \cdots, c_{nk}, y_k\}$,从而论域为 $U=\{u_1, u_2, \cdots, u_m\}$,也称为样本集合,这时候研究对象 u 的属性值为 $c_i(u_k)=c_i$,$y(u_k)=y_k$,则由 u_k 构成的信息表就是关于要评价的关系数据模型。

2. 确定指标权重

Step1:从底层指标开始,构建其隶属指标的知识表达系统,各子指标构成条件特征集 C,设 $C=\{c_1, c_2, \cdots, c_n\}$,其隶属指标则为决策特征 D,设 $D=\{y\}$。

Step2:对知识表达系统进行数值化处理,并删去重复内容。

Step3:计算知识 R_D 对 R_C 的依赖度 $\gamma_{R_C}(R_D)$,如下式:

$$\gamma_{R_C}(R_D) = \frac{\sum_{[y]R_D \in \{U/R_D\}} card(R_C[y]R_D)}{card(U)} \quad (10\text{-}10)$$

Step4:对每个评价指标 c_j,计算知识 R_D 对 $R_{C-\{c_j\}}$ 的依赖度 $\gamma_{R_{C-\{c_j\}}}(R_D)$,$j=1, 2, \cdots, n$,如下式:

$$\gamma_{R_{C-\{c_j\}}}(R_D) = \frac{\sum_{[y]R_D \in \{U/R_D\}} card(R_{C-\{c_j\}}[y]R_D)}{card(U)} \quad (10\text{-}11)$$

Step5:计算第 j 种评价指标的重要性:

$$\sigma_D(c_j) = \gamma_{R_D}(R_D) - \gamma_{R_{C-\{c_j\}}}(R_D),\quad j=1, 2, \cdots, n \tag{10-12}$$

Step6:经归一化处理,可计算出第 j 种评价指标的重要性即权重:

$$w_j = \sigma_D(c_j) \Big/ \sum_{j=1}^{n} \sigma_D(c_j) \tag{10-13}$$

3. 综合权重计算

利用上述方法分别求出各指标对上一级指标的权重后,即可以从上一级开始,自上而下地求出各级指标关于评价目标的综合权重,由式(10-14)计算得出:

$$w_i = \sum_{j=1}^{n} a_j b_{ij} \tag{10-14}$$

其中,a_j 是一级指标相对于评价目标的权重;b_{ij} 是二级指标相对于一级指标的权重。

4. 确定各指标的隶属度

分析各指标的实际特点,确定出各个指标的隶属函数,然后把待评对象各个指标的参数值 x_i 代入其隶属函数,计算出隶属度 $\mu_A(x_i)$。

5. 综合评价

可以用线性加权法对各指标进行加权计算,计算公式为

$$T = \sum_{i=1}^{n} w_i \mu_A(x_i) \tag{10-15}$$

最后将待评价对象和参照对象的计算结果进行比较,得出待评价对象的质量。

基于粗糙集的科学决策评价模型结构如图10-4所示。

图 10-4 基于粗糙集的科学决策评价模型结构

粗糙集理论依靠其在解决不精确、难辨别数据以及复杂系统等问题方面的出色表现,具有很强的科学性与实用性,并被广泛应用于诸多领域,如解决图像处理问题、故障诊断、证券投资分析、灾害风险评估、数据管理、分析与预测等。

10.3 结构方程评价方法

在现实决策中,决策者所面对的问题往往都是复杂的、由多方因素共同影响的,因此需要通过多变量的分析方法,研究多个单一变量与某个因变量之间的关系。然而,

仅仅考虑多变量是不足够的,在实际决策过程中,也不能忽略各个自变量之间的关系,比如,在研究地区经济水平、劳动力结构、产业结构对地区城镇化的影响时,经济水平对劳动力结构、对产业结构的影响显然是不可忽略的。那么,面向多组自变量与因变量,且在研究单一自变量与因变量之间的相关性时,同时考虑其他变量的影响的方法显得格外有效。结构方程模型(Structural Equation Model,SEM)作为一种应用线性方程表示观测变量与潜变量及潜变量之间关系的一种多元因果分析模型满足了这一需求。SEM 结合因子分析与路径分析,分别解决理论变量的测量与变量间关系结构的研究等问题,最终检验某种结构关系或模型假设是否合理。

相较于传统多变量分析方法,SEM 可以分析和处理潜变量,从而研究与解释潜变量与因变量之间的相关关系,此外,结构方程模型允许自变量和因变量包含测量误差,允许更大弹性的测量模型。由于 SEM 可以对模型拟合程度进行测算,并通过修正模型的路径和对指标的修改不断调整拟合程度,最终达到模型的最佳可行性,且同样可以进行传统的回归分析、方法分析等,因此 SEM 在包括企业盈利结构的评价、委托代理问题研究、顾客满意度评估在内众多领域受到广泛应用。

10.3.1 结构方程评价方法的思想及原理

结构方程模型是一种以变量的协方差矩阵为出发点,分析变量之间关系的多元统计方法。在结构方程模型中包含两种主要变量:潜变量和显变量,两者分别指在实际中无法直接测量的变量与在实际中可以直接观测的变量。一个潜变量往往对应着若干个显变量,潜变量可以看作其对应显变量的抽象和概括。相应地,显变量可视为特定潜变量的反映指标。潜变量与显变量均有内生与外生两种变量类型。外生潜变量可被视为简单的自变量,在模型内不受其他潜变量影响;内生潜变量即会受到其他潜变量影响的潜变量。外生显变量与内生显变量则分别是反映外生潜变量与内生潜变量的指标。

结构方程在技术上是对因子分析与路径分析的结合,相应地,其模型主要由测量模型和结构模型组成。前者反映了潜变量与其测量指标之间的关系,因此也被称为验证性因子分析模型。后者主要表示潜变量之间的关系,且包括了模型中其余变量无法解释的变异量部分,因而也被称为潜变量因果模型。

测量模型一般由两个方程组成,包括外生潜变量与外生观测指标向量之间的关系,以及内生潜变量与内生观测指标向量之间的关系,表示为

$$x = \Lambda_x \xi + \delta \tag{10-16}$$

$$y = \Lambda_y \eta + \varepsilon \tag{10-17}$$

式(10-16)是测量方程的外生变量部分,x 是由 q 个外生观测指标组成的 $q \times 1$ 向量,Λ_x 是 x 在 ξ 上的 $q \times n$ 因子负荷矩阵,ξ 是由外生潜变量的因子组成的 $n \times 1$ 向量;式(10-17)是内生变量部分,y 是由 p 个内生观测指标组成的 $p \times 1$ 向量,Λ_y 是 y 在 η 上的因子负荷矩阵,η 是由内生潜变量的因子组成的 $m \times 1$ 向量,δ 和 ε 均为测量误差组成的向量,表示不能被潜变量解释的部分。

结构模型规定了系统中假设的外生潜变量与内生潜变量之间存在的因果关系,表示为

$$\boldsymbol{\eta} = \boldsymbol{B}\boldsymbol{\eta} + \boldsymbol{\Gamma}\boldsymbol{\xi} + \boldsymbol{\zeta} \tag{10-18}$$

其中，$\boldsymbol{\eta}$ 是内生潜变量向量，$\boldsymbol{\xi}$ 是外生潜变量向量，$\boldsymbol{B}$ 是 $m \times m$ 系数矩阵，其表示各内生潜变量向量 $\boldsymbol{\eta}$ 之间的影响；$\boldsymbol{\Gamma}$ 是 $m \times n$ 系数矩阵，其表示外生潜变量向量 $\boldsymbol{\xi}$ 对内生潜变量向量 $\boldsymbol{\eta}$ 的影响；$\boldsymbol{\zeta}$ 是残差矩阵，其表示模型中无法解释的部分。

为解释以上公式及概念，下文以企业构建绿色创新水平评价体系为例，体系包括 2 个内生潜变量、2 个外生潜变量、4 个内生观测指标、5 个外生观测指标，即 $p=4$，$q=5$，$m=n=2$，变量设定如表 10-2 所示。

表 10-2 观测指标与潜在变量

	潜在变量	观测指标	含义
外生变量	绿色水平 η_1	资源消耗水平 ε_1	对企业生产过程中资源消耗的描述与度量
		污染处理能力 ε_2	对企业处理污染的能力的描述与度量
	创新水平 η_2	技术创新能力 ε_3	对企业技术创新能力（如专利）的描述与度量
		创新转化水平 ε_4	对企业创新成果转换能力的描述与度量
内生变量	企业竞争力 ξ_1	市场份额 δ_1	对企业市场份额的描述与度量
		产品质量 δ_2	对企业产品质量的描述与度量
		服务能力 δ_3	对企业服务能力的描述与度量
	风险控制能力 ξ_2	技术退化规避能力 δ_4	对企业技术退化风险规避能力的描述与度量
		风险分担能力 δ_5	对企业创新风险分担能力的描述与度量

内生观测指标向量 $\boldsymbol{x} = \boldsymbol{\Lambda}_x \boldsymbol{\xi} + \boldsymbol{\delta}$ 表示为 $\begin{pmatrix} x_1 \\ x_2 \\ x_3 \\ x_4 \\ x_5 \end{pmatrix} = \begin{pmatrix} 1 & 0 \\ \lambda_{x21} & 0 \\ 0 & 1 \\ 0 & \lambda_{x42} \\ 0 & \lambda_{x52} \end{pmatrix} \begin{pmatrix} \xi_1 \\ \xi_2 \end{pmatrix} + \begin{pmatrix} \delta_1 \\ \delta_2 \\ \delta_3 \\ \delta_4 \\ \delta_5 \end{pmatrix}$；

外生观测指标向量 $\boldsymbol{y} = \boldsymbol{\Lambda}_x \boldsymbol{\eta} + \boldsymbol{\varepsilon}$ 表示为 $\begin{pmatrix} y_1 \\ y_2 \\ y_3 \\ y_4 \end{pmatrix} = \begin{pmatrix} 1 & 0 \\ \lambda_{x21} & 0 \\ \lambda_{x31} & 0 \\ 0 & \lambda_{y42} \end{pmatrix} \begin{pmatrix} \eta_1 \\ \eta_2 \end{pmatrix} + \begin{pmatrix} \varepsilon_1 \\ \varepsilon_2 \\ \varepsilon_3 \\ \varepsilon_4 \end{pmatrix}$；

内生潜变量向量 $\boldsymbol{\eta} = \boldsymbol{B}\boldsymbol{\eta} + \boldsymbol{\Gamma}\boldsymbol{\xi} + \boldsymbol{\zeta}$ 表示为 $\begin{pmatrix} \eta_1 \\ \eta_2 \end{pmatrix} = \begin{pmatrix} 0 & \beta_{12} \\ 0 & 0 \end{pmatrix} \begin{pmatrix} \eta_1 \\ \eta_2 \end{pmatrix} + \begin{pmatrix} \gamma_{11} & \gamma_{12} \\ \gamma_{21} & \gamma_{22} \end{pmatrix} \begin{pmatrix} \xi_1 \\ \xi_2 \end{pmatrix}$。

10.3.2 结构方程评价方法的步骤

由于结构方程模型可以通过对模型以及指标的修正得到最优拟合的评价模型，因此其在科学决策以及评价领域具有切实的应用价值。不同的具体问题涉及的模型及技术存在一定的区别，基本步骤包括以下 5 个部分。

1. 模型设定

结构方程模型作为一种统计分析方法，本质上是从验证角度出发的，所以在进行评价之前需要优先根据相关的理论假设条件，确定结构方程模型中的各种变量以及变量之间的关系，一般以路径图或矩阵方程的形式表示。

2. 模型识别

用于结构方程模型的数据资料必须满足一定的前提假设，才能保证在模型估计过程中不会产生错误的拟合结果。因此，在模型拟合之前需通过处理使对数据符合设定的假设条件。此外，为避免评价指标体系的单位与数量级的区分导致评价结果受到影响，在拟合之前对数据进行无量纲化处理是有必要的。

3. 模型拟合

在基于相关理论概念的模型和处理后的数据准备完毕后，下一步需对模型中参数进行估计，即模型拟合。以模型隐含的协方差矩阵与样本协方差矩阵"距离"最小化为目的，结构方程模型通过拟合，求得参数。根据不同的距离计算公式，结构方程模型中有 5 种常用的模型拟合方法：极大似然法（Maximum Likelihood，ML）、最小二乘法（Generalized Least Squares，GLS）、迭代法（Iterative Method，IM）、两阶段最小平方法（Two stage Least Squares，TSLS）、一般加权最小平方法（Generally Weighted Least Squares，GWLS）。

4. 模型评价

这一步骤主要考察模型对数据的拟合程度，主要包括模型整体的绝对拟合程度和相对拟合程度评价。绝对拟合程度指标是绝对意义上的假设模型的拟合效果，这一效果依赖于拟合指标的分布状况，其评价标准是客观的置信标准，主要指标包括卡方值、卡方自由度比、均方根残差、拟合优度、调整拟合优度等。相对拟合程度主要借鉴一些已知参考值与自身的计算结果进行比较来检验模型的拟合情况，主要评价指标包括定额拟合指数、增量拟合指数、相关拟合指数等。若发生模型拟合效果欠佳的情况，则应当优先从模型的理论假设、指标的选取、参数的设定等角度进行修正。

5. 模型修正

若结构方程模型通过了基于拟合水平的模型评价，则可以计算各潜在变量得分，给出评价结果，并进一步对评价结果进行分析给出相关的政策性建议。若未通过模型评价，则需对模型中的参数进行修正，以此提高模型的拟合程度，不断重复上述步骤直至模型拟合度达到可接受范畴。

基于结构方程模型的整体评价方法包括模型设定、模型识别、模型拟合、模型评价和模型修正 5 个部分，其评价方法步骤如图 10-5 所示。

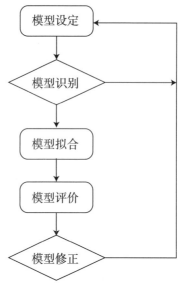

图 10-5　结构方程评价方法步骤

10.4　支持向量机评价方法

前文已经提供了许多对决策对象进行评价的方法，如数据包络分析、BP 神经网络模型等，一般情况下，通过该类方法将会得到对象的量化评估结果，且大多以得分形式呈现。然而，在信息化与大数据的背景下，评估对象往往数量众多，且有些情况下的决策目标需要选择某一类方案（而非单个方案），此时仅仅依靠对得分的等频、等宽等分类方法显然是缺乏科学性的，而支持向量机（Support Vector Machine，SVM）则为决策结果的分类化问题提供了解决方法。作为一个 20 世纪 90 年代提出的机器学习算法，支持向量机以统计学习理论为基础，通过寻找最优分类超平面，进而求得全局最优点，从而完成决策与评价。支持向量机基本思想如图 10-6 所示。

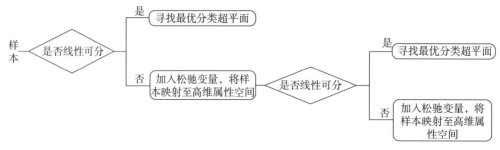

图 10-6　支持向量机基本思想

SVM 的本质是一种分类的方法，首先对样本是否线性可分进行判断，若线性可分则直接在原空间寻找样本分类的最优超平面，若样本线性不可分，则加入松弛变量进行进一步分析，将低维样本通过非线性映射至高维属性空间，使样本在高维属性空间中线性可分，从而在该空间中寻找最优分类超平面。为完成决策，支持向量机算法通过结构风险最小化原理在空间中构建最优分类超平面，使分类器得到全局最优，且保证样本空间的期望风险以一定概率满足上界。

由此，SVM 算法引出了几个基本概念，包括线性可分、最优分类超平面等，如图 10-7 所示。下文将对其进行具体解释。

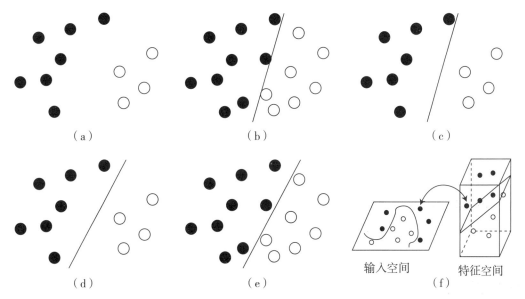

图 10-7　线性可分与最优分类超平面

如图 10-7(a)所示，样本依据颜色被分为两类，当在二维空间中这两类点被一条直线完全分开，如图 10-7(b)，则称该样本为线性可分。但这一分类方式并不是最佳的，若样本数量增加时，有可能造成分类错误，如图 10-7(c)所示。SVM 的思路则是将直线放置在最佳位置，使直线能分割两类样本的同时使距离最近的样本的距离最大化，如图 10-7(d)、(e)所示。当样本在二维空间中无法被一条直线分成两类时，则考虑通过将其映射至三维空间，利用某一平面将样本分成两类，如图 10-7(f)，而这一平面在最佳位置时则被称为最优分类平面，在高位空间中则称为最优分类超平面。

SVM 算法是基于结构风险最小原则，相较于传统方法可能造成的过度拟合和局部极值等问题，SVM 算法可以通过有限样本训练得到的小误差保证独立测试集仍保持小误差的特点。此外，SVM 算法为解决维数灾难问题，选取核函数的方法，从而简化向高维属性空间映射时的计算问题。正是因为具有以上优势，SVM 被广泛应用于机器学习领域，并进一步在科学决策领域得以发展。

10.4.1 支持向量机评价方法的思想及原理

上文对支持向量机的相关概念进行了抽象的介绍，下文将对最优分类面及非线性映射等概念做具体的、数学的介绍。

支持向量机是基于线性可分情况下的最优分类面问题，对各种维度的样本均可以在其各自维度或更高维度进行分类，如图10-8所示，存在分别由实心点和空心点代表的两类样本，则 H 代表两类样本之间的分类面，H_1 和 H_2 代表过离分类面最近样本且平行于分类面的超平面，两者之间的距离为分类间隔（Margin）。

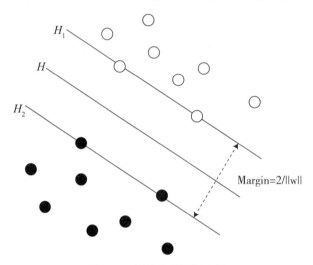

图 10-8　最优分类面示意图

最优分类面的基本思路，即在分类面可以正确分离两类样本的前提下使分类间隔最大。其中，正确分离样本的目的是使经验风险最小化，即训练错误率为 0；分类间隔最大意味着真实风险最小，即推广性的界中置信区间最小。在二维空间中最优分类为直线，三维空间中对应最优分类面，高维空间中对应最优分类超平面。

设线性可分样本集为 (x_i, y_i)，$i=1, \cdots, n$，$x \in R^d$，$y \in \{+1, -1\}$ 是类别符号。d 维空间中用类别符号作为线性判别函数形式，一般地，使用 $g(x)=wx+b$，分类线性方程为 $wx+b=0$。对判别函数进行归一化处理，即使两类样本均符合 $|g(x)|=1$，换言之，使离分类面最近的样本的 $|g(x)|=1$，此时的分类间隔 Margin$=2/\|w\|$，那么 Margin 最大化等价于 $\|w\|$ 最小化。若要满足另一个要求，即正确分类样本，则需满足：

$$y_i[(wx)+b]-1 \geqslant 0 (i=1, 2, \cdots, n) \tag{10-19}$$

因此，满足上式，且使 $\|w\|$ 最小的分类面即最优分类面，此时这两类样本中离最优分类面最近的点且与最优分类面平行的平面（超平面）H_1 和 H_2 上的训练样本点即为支持向量（Support Vector）。

为简化上述最优分类面问题，可以使用拉格朗日优化法将问题转化为对偶问

题，即

$$\max Q(\alpha) = \sum_{i=1}^{n} \alpha_i - \frac{1}{2} \sum_{i,j=1}^{n} \alpha_i \alpha_j y_i y_j (x_i x_j)$$
$$\text{s.t.} \sum_{i=1}^{n} y_i \alpha_i = 0 \quad (10\text{-}20)$$
$$\alpha_i \geqslant 0, \ i=1, 2, \cdots, n$$

上述问题若有最优解 α^*，则有权系数向量 w^*：

$$w^* = \sum_{i=1}^{n} \alpha^* y\alpha_i \quad (10\text{-}21)$$

即最优分类面的权系数向量是训练样本向量的线性组合。

由于该问题本质是一个不等式约束下的二次函数极值问题，因此存在唯一解，且解中将存在且往往仅存在小部分 α_i 不为0，而这些非零解对应样本即为支持向量。求解上述问题后得到的最优分类函数为

$$f(x) = \text{sgn}\{(w^* x) + b^*\} = \text{sgn}\left\{\sum_{i=1}^{n} \alpha^* y_i (x_i x_j) + b^*\right\} \quad (10\text{-}22)$$

其中，b^* 为分类阈值，由任意一个支持向量通过式（10-19）或任意一对支持向量得出。

上述对最优分类面的求解均是基于样本线性可分的前提进行的，而在线性不可分的情况下，需在条件中加入松弛变量 $\varepsilon_i(\varepsilon_i \geqslant 0)$ 以满足式（10-19）的要求，即

$$y_i [(w_i \cdot x_i) + b] - 1 + \varepsilon_i \geqslant 0, \ (i=1, 2, \cdots, n) \quad (10\text{-}23)$$

在正数 ε_i 足够小的基础上，要使错分样本最少仅需使 $F_\sigma(\varepsilon) = \sum_{i=1}^{n} \varepsilon_i^\sigma$。为使分类间隔最大，线性不可分的情况下需引入约束 $\|w\| \leqslant C_k$，从而在此基础上求极小值，则可以得出线性不可分情况下的最优分类面，又称作广义最优分类面。简化为求式（10-24）的极小值。

$$\varphi(w, \varepsilon) = \frac{1}{2}(w, w) + C\left(\sum_{i=1}^{n} \varepsilon_i\right) \quad (10\text{-}24)$$

其中，C 为指定常数，控制对错分样本的惩罚程度，以实现算法复杂程度与样本错分量之间的折中。

对于非线性问题，同样可以通过非线性交换转换成高维空间的线性问题，并在高维空间求最优分类超平面。设有非线性映射 $\varphi: R^d \to H$，将输入空间的样本映射到高维空间 H 中，构建函数 K：

$$K(x_i, x_j) = \varphi(x_i) \cdot \varphi(x_j) \quad (10\text{-}25)$$

在高位空间中仅做内积运算，且可以用原空间的函数实现。若一种核函数 $K(x_i, x_j)$ 满足 Mercer 条件，则其对应某一变换空间中的内积。因此，当选取恰当的内积函数 $K(x_i, x_j)$ 时，在最优超平面中可以实现非线性转化后的线性分类的同时不增加计算复杂度，有目标函数：

$$Q(\alpha) = \sum_{i=1}^{n} \alpha_i - \frac{1}{2} \sum_{i,j=1}^{n} \alpha_i \alpha_j y_i y_j K(x_i \cdot x_j) \tag{10-26}$$

则分类函数转化为下式：

$$f(x) = \text{sgn}\left\{\sum_{i=1}^{n} \alpha^* y_j K(x_i \cdot x_j) + b^*\right\} \tag{10-27}$$

其他条件不变，即为 SVM。事实上，SVM 就是通过事先确定的非线性映射向高维空间映射输入向量，从而在高维空间构建最优分类超平面。SVM 分类函数在形式上类似于神经网络系统，如图 10-9 所示。

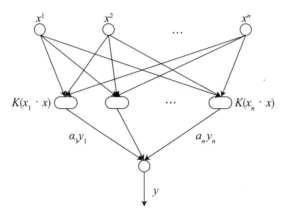

图 10-9　SVM 示意图

其中，输出 $y = \text{sgn}\left\{\sum_{i=1}^{n} \alpha_i y_i K(x \cdot x_j) + b^*\right\}$ 是中间节点的线性组合，每个中间节点均对应一个支持向量，权值 $w_i = \alpha_i y_i$，$K(x \cdot x_j)$ 为基于 s 个支持向量 x_1，x_2，…，x_s 的非线性变换，$x = (x^1, x^2, \cdots, x^d)$ 为输入变量。

目前，SVM 应用最广泛的核函数包括以下 3 种。

1. 多项式核函数

$$K(x, x_i) = [(x \cdot x_i) + 1]^q \tag{10-28}$$

其中，q 是多项次的阶次，即 q 阶多项式核函数构建的是 q 阶分类器。

2. S 型核函数

$$K(x, x_i) = \tanh[v(x \cdot x_i) + c] \tag{10-29}$$

该 SVM 算法包含了一个隐含层的多层感知器网络，算法可以自动确定网络的权值与隐含层的节点数量，避免了凭借经验赋权的主观性问题。此外，相较于神经网络系统，该算法避免了局部极小问题。

3. 径向基函数

$$K(x, x_i) = \exp\left\{-\frac{|x - x_i|^2}{\sigma^2}\right\} \tag{10-30}$$

该算法得到的 SVM 是一种径向基感知器，每个基函数的中心对应一个支持向量，算法权值由系统自行确定。需要注意的是，径向基函数不同的参数值 S 将导致分类面的差别极大。

以上 3 种常用核函数中，多项式核函数与径向基核函数应用更为广泛。事实上，针对不同的分类样本，核函数各有优劣，其中径向基函数面对大多数样本数据库均有优良的表现。

10.4.2 支持向量机评价方法的步骤

基于支持向量机的科学决策方法的本质是一个分类过程，即它是对事物或现象之间存在的关系进行处理与分析，从而对事物或现象进行描述、分类、解释的过程。一般情况下，分为以下 6 个步骤。

Step1：数据采集与预处理

为保证原始数据符合训练需求，需要对数据进行预处理，使数据可分性与训练效率提高。一方面对数据进行归一化处理，包括线性极差变换、标准差标准化等方法；另一方面，为提高数据可分性，通常使用检验数据分布、去除异常值等方法。

Step2：特征选取

有效且高质量的特征会导致支持向量机模型效率、规避错误的能力提高。因此，需要依据经验与问题本身从原始特征集中选取对判别问题贡献度大的、能够有效描述类别间差异的特征组成特征集。

Step3：数据降维

由于上一步特征选取所获得的特征仍过多，所以有必要在保留尽可能多的信息的前提下，通过特征组合形成新的特征，从而降低数据维度。一般地，数据降维选择对原始特征进行函数变换，如将地区生产总值与劳动人数两个特征组合成人均生产总值等。

Step4：模型选择

对于不同的问题，往往有与其匹配的模型和参数，因此在决策过程中需要基于数据、问题，依靠经验选取恰当的模型进行处理。此外，在参数设定中，包括内生参数、神经网络隐含层数量、学习率、惩罚程度等均需要研究者对其进行合理的设定，且这类设定可能是通过多次尝试挑选的结果最优化的参数。

Step5：模型训练

对于支持向量机而言，由于其可能存在非线性情况而导致的需求解以样本数为变量的二次规划，因此模型复杂程度与训练难度均与样本数量直接相关，且呈指数级递增。那么，在 SVM 训练时需进行基于训练集选择以及增量迭代的增量训练措施，以减少训练样本，降低训练难度。

Step6：结果评价

通过上述步骤，可以对模型的结果与性能进行评价，但是需要注意的是，由于以上步骤均存在依靠经验进行的部分，因此最优模型往往不是一次性可以得出的，所以结果的评价应当循环进行，对以上各步骤通过多次迭代进行优化，从而最终得到整体较为合理的模型与理想的结果。

支持向量机算法可以解决小样本情况下的机器学习，同时可以提高泛化性能，解决高维问题与非线性问题，被广泛应用于文字检测（欺骗性文本识别、手写识别）、人体识别（面部识别、手势识别）、金融风险（股票预测与分类）等领域。

10.5 应用案例

10.5.1 BP 神经网络模型在投资风险评估方面的应用

伴随经济不断发展与产业结构优化的迫切需求，高新技术产业近年来发展迅猛，在经济发展中的作用日益明显。高新技术开发难度大，但一旦开发成功具有高于一般的经济、社会效益，这一高风险、高回报的特点导致投资者在选择该类产业时会在一般可行性评估的基础上对投资存在的风险进行更进一步的评估。对于传统产业而言，涉及投资风险评估时，通常采用专家评估的方法作出决策，然而对于高新技术产业而言，除上述方法导致评价主观色彩过强外，产业本身的高未知性与大数据量使得传统的专家评估存在效率低、科学性不足等问题，且难以满足大规模的风险评估。BP 神经网络系统作为具有较强学习能力的评价方法，面对信息变更、资料缺失、组织环境复杂等问题时具有较好的表现，因此在对高新技术产业投资的风险评估问题上，可采用基于 BP 神经网络系统的多指标科学决策方法。

首先，构造高新技术产业项目投资风险评价指标体系。由于该评价体系只涉及对风险的评估与排序，不涉及是否投资的决策，因此评价体系也只考虑了风险相关的指标，并不将收益指标纳入其中。具体指标体系如图 10-10 所示。

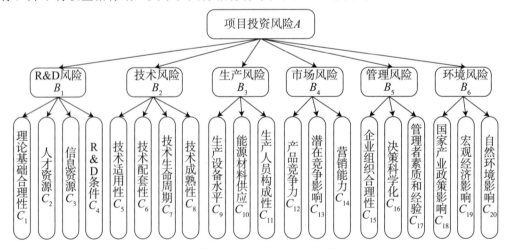

图 10-10 高新技术产业项目投资风险评价指标体系

因为风险指标中定性因素较多，因此采用 Delphi 法对指标进行评分。针对已知项目信息，按照 0.1，0.3，0.5，0.7，1.0 五个等级对项目在各指标上的表现及其对项目风险的影响进行打分，某省经济开发创业中心对 16 个高新技术项目投资风险进行的专家打分，其专家评价得分如表 10-3 所示。

表 10-3 专家评价得分

项目	C_1	C_2	C_3	C_4	C_5	C_6	C_7	C_8	C_9	C_{10}	C_{11}	C_{12}	C_{13}	C_{14}	C_{15}	C_{16}	C_{17}	C_{18}	C_{19}	C_{20}	得分
1	0.7	1.0	1.0	0.7	0.7	1.0	0.7	0.7	1.0	1.0	0.7	1.0	0.7	0.7	0.7	0.7	1.0	1.0	1.0	1.0	0.861
2	0.5	0.7	0.5	0.7	0.7	0.5	0.5	0.7	0.5	0.7	0.7	0.5	0.7	0.5	0.7	0.7	0.7	0.7	0.7	0.5	0.604
3	0.5	0.5	0.3	0.5	0.3	0.3	0.3	0.5	0.3	0.5	0.3	0.3	0.3	0.5	0.3	0.3	0.3	0.3	0.3	0.1	0.340
4	0.5	0.7	0.5	0.7	0.5	0.7	0.5	0.5	0.7	0.5	0.7	0.5	0.7	0.5	0.7	0.5	0.7	0.5	0.7	0.5	0.488
5	0.5	0.7	0.5	0.5	0.7	0.7	0.5	1.0	0.7	1.0	0.7	1.0	0.7	1.0	1.0	0.7	1.0	0.7	0.7	0.7	0.713
6	1.0	0.7	1.0	1.0	1.0	1.0	1.0	0.7	1.0	1.0	0.7	1.0	1.0	0.7	1.0	0.7	1.0	0.3	0.7	1.0	0.931
7	1.0	0.7	1.0	1.0	1.0	1.0	1.0	0.7	1.0	1.0	0.7	1.0	1.0	0.7	1.0	0.7	1.0	1.0	0.7	0.1	0.810
8	0.7	0.7	0.5	0.7	0.7	0.5	0.7	0.5	0.7	0.5	0.7	0.5	0.5	0.7	0.7	0.7	0.7	0.7	1.0	0.5	0.641
9	0.7	0.7	1.0	0.7	0.7	0.7	0.7	0.7	0.7	0.7	0.7	0.7	0.7	0.7	0.7	0.7	0.7	0.7	0.7	0.5	0.683
10	0.7	1.0	1.0	0.7	0.7	0.7	1.0	0.7	1.0	0.7	1.0	0.7	1.0	0.7	1.0	0.7	0.7	0.7	0.7	0.5	0.827
11	0.7	0.7	0.5	0.7	0.7	0.5	0.7	0.7	0.7	0.7	0.7	0.7	0.7	0.7	0.7	0.7	0.7	0.7	0.7	1.0	0.647
12	0.7	0.7	1.0	0.7	0.7	0.5	0.7	1.0	0.7	1.0	0.7	1.0	0.7	1.0	0.7	1.0	0.7	0.7	0.7	0.1	0.727
13	0.7	0.7	0.3	0.3	0.3	0.5	0.3	0.5	0.5	0.5	0.5	0.5	0.5	0.3	0.5	0.7	0.5	0.3	0.3	0.5	0.460
14	0.7	1.0	1.0	0.7	0.7	1.0	1.0	0.7	1.0	0.7	1.0	0.7	1.0	0.7	0.7	0.7	0.7	0.7	1.0	0.5	0.817
15	0.7	0.7	0.5	1.0	0.7	0.7	0.7	0.7	0.7	0.7	0.7	0.7	0.7	0.7	0.7	0.7	0.7	0.7	0.7	0.5	0.766
16	0.7	0.7	0.5	0.7	0.5	0.5	0.7	0.5	0.7	0.7	0.7	0.7	0.7	0.7	0.7	0.7	0.7	0.3	1.0	0.7	0.630

其次，利用三层 BP 网络进行模型的构建。网络学习的过程分为计算和修改两个阶段，第一阶段在网络结构与权值设定完成的基础上，从底层输入已知学习样本，并计算每一层神经元输出；第二阶段从最高层进行反向修改，基于最高层误差调整相应的权值，并向下依次对权值和偏置值进行修改。以上两阶段交替反复进行，直到符合设定标准即可。

选取数据组 1～12 作为训练集，对神经网络系统进行训练，数据组 13～16 作为测试集模拟待评估对象。给定学习精度 $\varepsilon=0.0001$，设定网络隐含层神经元数量为 7，训练次数 $N=1800$，设定权值调整参数 $\alpha=0.5$，设定偏置值调整参数 $\beta=0.8$。表 10-4 为数据组 1～12 的学习结果。

表 10-4　数据组 1～12 的学习结果

项目代号	1	2	3	4	5	6	7	8	9	10	11	12
训练结果	0.8612	0.6029	0.3408	0.4894	0.7185	0.9193	0.8094	0.6343	0.6890	0.8289	0.6511	0.7196
期望输出	0.8610	0.6040	0.3400	0.4880	0.7130	0.9310	0.8100	0.6410	0.6830	0.8270	0.6470	0.7270

发现训练结果的输出与期望输出数值十分接近,认为可以进行模拟,因此对数据组 13～16 进行模拟评估并通过对评价结果进行分类,以便与专家评估结果进行比对,验证该网络的可行性与科学性,分类标准如下。

当分值为 0.8～1.0 时归类为优,即综合投资风险低;当分值为 0.7～0.8 时归类为良,即综合投资风险较低;当分值为 0.5～0.7 时归类为中,即综合投资风险一般;当分值在 0.5 以下时归类为差,即综合投资风险高。表 10-5 为数据组 13～14 的模拟结果。

表 10-5　数据组 13～14 的模拟结果

项目代号	13	14	15	16
模拟结果	0.4509	0.8369	0.6614	0.7567
期望输出	0.4600	0.8170	0.6300	0.7660
结果分类	高风险	低风险	一般风险	较低风险
专家分类	高风险	低风险	一般风险	较低风险

发现数据组 13～14 的模拟结果与期望输出数值相近,且分类后的投资风险水平与专家评估一致,这意味着该神经网络系统已完成基本训练,可用于类似投资项目的风险评估。面对高新技术产业项目投资的大数据量、复杂组织结构等特征,基于 BP 神经网络的综合科学决策系统将专家知识以连接权的形式赋予到每个神经元上,从而具有强容错、强适应、高效率等优点,在科学地模拟专家评价决策的基础上避免了人为失误,并提供了大规模评估的可能。

10.5.2　粗糙集评价模型在师资力量评价方面的应用

当代教育作为兼具多元化、现代化、人文化的社会体系,具有不确定性的特征,而教师评价在客观上也存在较强的模糊性,评价中涉及的人文因素具有很强的主观性,导致结果的科学性缺失。因此,利用粗糙集理论对高等院校的教师队伍进行师资质量综合评价是可行且有必要的。

首先,构建一个简单的多属性评价体系,评价指标 $C=\{$教学时数 c_1;科研成果 c_2;担任其他工作量 c_3;教学和指导能力 c_4;科学文化素质 c_5;组织管理能力 $c_6\}$,决策属性为 $f=\{$综合得分$\}$,这里简单假设各专家评分权重相等,由算术平均数计算得来。

专家评分知识表达系统见表 10-6 所示。

表 10-6 专家评分知识表达系统

教师	c_1	c_2	c_3	c_4	c_5	c_6
1	340	80	80	90	70	90
2	340	85	80	78	80	88
3	360	80	90	78	80	90
4	260	70	85	80	75	90
5	360	25	70	85	85	95
6	320	90	65	95	89	70
7	240	20	20	75	75	85
8	260	80	75	95	70	85
9	260	90	75	98	70	80
10	340	75	95	98	70	65
11	260	85	90	83	88	92
12	240	80	85	70	92	60
13	360	85	20	75	99	99
14	220	40	40	70	99	95
15	240	85	95	90	70	98
16	260	20	95	90	85	70

同时，由专家对每个教师各方面进行综合评估，做出百分制打分，其评分表如表 10-7 所示。

表 10-7 专家评分表

教师	专家1	专家2	专家3	专家4	专家5	专家6	综合得分 f
1	89	76	90	86	85	88	85.67
2	96	75	94	94	82	90	88.50
3	95	72	94	89	84	90	87.33
4	92	69	90	89	78	90	84.67
5	84	70	85	83	80	82	80.67
6	91	77	82	88	84	83	80.67
7	70	68	73	78	72	76	72.83
8	92	70	86	90	79	85	83.67
9	86	87	87	87	84	90	86.83
10	74	68	76	79	78	79	75.67
11	85	70	85	83	82	79	80.67
12	73	90	89	89	88	84	85.50

（续表）

教师	专家1	专家2	专家3	专家4	专家5	专家6	综合得分 f
13	89	83	89	89	85	87	87.00
14	80	85	81	81	80	81	81.33
15	79	74	78	80	76	82	78.17
16	76	66	73	77	73	78	73.82

然后进行特征权重的计算，按照以下标准对知识表达系统中各特征进行离散化处理：

c_1：(1——>320；2——290~320；3——<290)；

c_2：(1——>80；2——30~80；3——<30)；

c_3：(1——>80；2——30~80；3——<30)；

c_4：(1——>90；2——80~90；3——<80)；

c_5：(1——>90；2——80~90；3——<80)；

c_6：(1——>90；2——70~90；3——<70)。

从而对综合得分 f 得出分类：(1——>85；2——80~85；3——<80)

继而得到离散化后的知识表达系统，如表10-8所示。

表10-8 离散化后的知识表达系统

教师	c_1	c_2	c_3	c_4	c_5	c_6	f
1	2	1	1	2	3	2	1
2	2	1	1	3	1	3	1
3	1	1	3	3	1	1	1
4	3	2	2	3	1	1	2
5	2	1	1	1	3	1	3
6	2	3	2	1	2	3	3
7	3	3	3	3	1	2	3
8	2	1	1	1	3	1	2
9	2	1	2	1	3	2	1
10	2	2	1	1	3	3	3
11	1	1	1	1	3	1	1
12	1	1	1	2	2	2	1
13	1	1	1	2	2	1	1
14	2	2	1	2	3	1	2
15	1	3	2	2	2	1	2
16	2	1	2	1	2	2	2

即 $U/ind(c_2, c_3, c_4, c_5, c_6) = \{(11, 3), (12), (13), (14), (15, 8, 1),$

(16), (7), (9), (10), (2), (4), (5), (6)}

$U/ind(c_1, c_3, c_4, c_5, c_6) = \{(11), (12), (13), (14), (15, 8), (16), (7), (9), (10), (1), (2), (4), (5), (6)\}$

$U/ind(c_1, c_2, c_4, c_5, c_6) = \{(11), (12), (13), (14), (15, 8), (16), (7), (9), (10), (1), (2), (3), (4), (5), (6)\}$

$U/ind(c_1, c_2, c_3, c_5, c_6) = \{(11), (12), (13), (14), (15, 8), (16), (7), (9), (10), (1), (2), (3), (4), (5), (6)\}$

$U/ind(c_1, c_2, c_3, c_4, c_6) = \{(11), (12), (13), (14), (15, 8), (16), (7), (9, 6), (10), (1), (2), (3), (4), (5)\}$

$U/ind(c_1, c_2, c_3, c_4, c_5) = \{(11), (12), (13), (14), (15, 8), (16), (7), (9, 6), (10), (1), (2, 3), (4), (5)\}$

$U/f = \{(11, 14, 8, 4, 5, 6), (12, 13, 9, 1, 2, 3), (15, 16, 7, 10)\}$

$U/C = \{(11), (12), (13), (14), (15), (16), (7), (8), (9), (10), (2), (4), (5), (6)\}$。

因此，有正域：

$pos(c_2, c_3, c_4, c_5, c_6)(f) = \{12, 13, 14, 16, 7, 9, 10, 2, 4, 5, 6\} = 11$

$pos(c_1, c_3, c_4, c_5, c_6)(f) = \{14, 12, 13, 15, 16, 7, 9, 10, 1, 2, 3, 4, 5, 6\} = 14$

$pos(c_1, c_2, c_4, c_5, c_6)(f) = \{11, 12, 13, 14, 16, 7, 9, 10, 1, 2, 3, 4, 5, 6\} = 14$

$pos(c_1, c_2, c_3, c_5, c_6)(f) = \{11, 12, 13, 14, 16, 7, 9, 10, 1, 2, 4, 5, 6\} = 13$

$pos(c_1, c_2, c_3, c_4, c_6)(f) = \{13, 14, 16, 7, 10, 1, 2, 3, 4, 5\} = 10$

$pos(c_1, c_2, c_3, c_4, c_5)(f) = \{11, 12, 13, 14, 16, 7, 10, 1, 2, 3, 4, 5\} = 11$

$posC(f) = \{11, 12, 13, 14, 15, 16, 7, 8, 9, 10, 1, 2, 3, 4, 5, 6\} = 16$

计算特征依赖度：$\gamma_C(D) = 16/16 = 1$；

$\gamma_{(c_2, c_3, c_4, c_5, c_6)}(f) = 11/16 = 0.6875$；

$\gamma_{(c_1, c_3, c_4, c_5, c_6)}(f) = 11/16 = 0.6875$；

$\gamma_{(c_1, c_2, c_4, c_5, c_6)}(f) = 11/16 = 0.6875$；

$\gamma_{(c_1, c_2, c_3, c_5, c_6)}(f) = 11/16 = 0.6875$；

$\gamma_{(c_1, c_2, c_3, c_4, c_6)}(f) = 11/16 = 0.6875$；

$\gamma_{(c_1, c_2, c_3, c_4, c_5)}(f) = 11/16 = 0.6875$。

因此，可以得到各特征的重要性：$\gamma_C(D) - \gamma_{(c_2, c_3, c_4, c_5, c_6)} = 0.3125$；

$\gamma_C(D) - \gamma_{(c_1, c_3, c_4, c_5, c_6)} = 0.1250$；

$\gamma_C(D) - \gamma_{(c_1, c_2, c_4, c_5, c_6)} = 0.1250$；

$\gamma_C(D) - \gamma_{(c_1, c_2, c_3, c_5, c_6)} = 0.1875$；

$\gamma_C(D) - \gamma_{(c_1, c_2, c_3, c_4, c_6)} = 0.3750$；

$\gamma_C(D) - \gamma_{(c_1, c_2, c_3, c_4, c_5)} = 0.3125$。

经过归一化处理即可获得各特征的权重 w_i：
$w_i = (0.238, 0.095, 0.095, 0.095, 0.286, 0.191)$。

最后，将某教师的各特征数值带入加权计算公式 $T = \sum_{i=1}^{n} w_i S_i$，从而得出该教师的综合评分。其中 T 为综合评分，w_i 为第 i 个特征的权重，S_i 为第 i 个特征的得分。以第 6 个教师为例，综合评分：

$$T = \sum_{i=1}^{n} w_i S_i = 91 \times 0.238 + 77 \times 0.095 + 82 \times 0.095 + 88 \times 0.095 + 84 \times 0.286 + 83 \times 0.191 = 85$$

相较于原先得分 80.67 有所提高，针对模糊问题，利用粗糙集理论得到了更科学、可行的决策体系构建方法。

10.5.3 结构方程模型在商业外包绩效评估方面的应用

现代商业活动中，外包是一种极为普遍的商业行为，反映了企业与外包服务商之间的委托代理关系。因为外包行为的绩效涉及众多因素，且各因素之间也存在相关关系，所以选用结构方程模型构建外包绩效评价体系，从而对外包商的行为进行评估与激励，有利于委托、代理双方的利益共赢。

首先，从财务指标与非财务指标两个方面构建结构方程模型，外包绩效评价指标体系如图 10-11 所示。

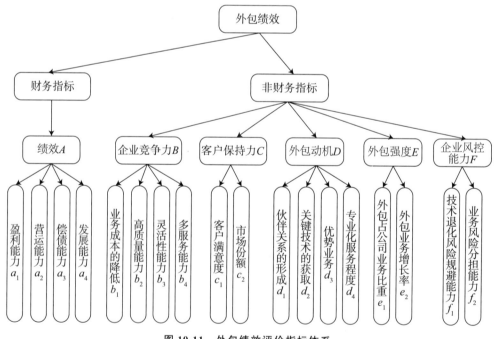

图 10-11 外包绩效评价指标体系

根据对现实企业的实际调研得到数据，构建模型、指标变量与潜变量之间关系如图 10-12 所示。

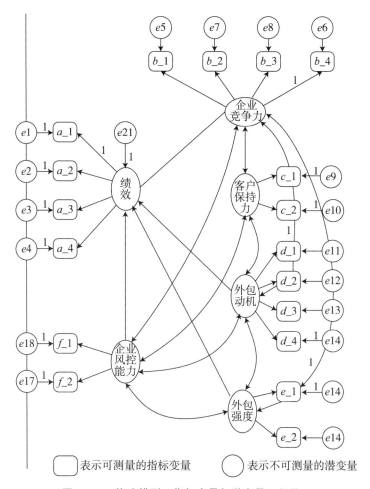

图 10-12 构建模型、指标变量与潜变量之间关系

此处，假定外包绩效的二级指标 (A, B, C, D, E, F) 为潜在变量 LV_j，由 k 个观测变量 $O_{ji}(i=1, 2, \cdots, k)$ 评价。其中 O_{ji} 为第 i 个观测变量中第 j 个潜在变量的实际得分，μ_{ji} 为其权重，α_j 为 LV_j 的权重，由此得到评价指标体系的具体构成，如表 10-9 所示。

表 10-9 潜在变量与观测变量

潜在变量	观测变量	含义
企业竞争力 LV_1	业务成本的降低 O_{11}	对企业业务成本的降低的描述和度量
	高质量能力 O_{12}	对企业产品高质量的描述和度量
	灵活性能力 O_{13}	对灵活性能力的描述和度量
	多服务能力 O_{14}	对多服务能力的描述和度量
外包动机 LV_2	战略伙伴关系的形成 O_{21}	对战略伙伴关系的形成的描述和度量
	关键性技术的获取 O_{22}	对关键性技术的获取的描述和度量
	资源被集于优势业务 O_{23}	对资源被集中于优势业务的描述和度量
	专业化的服务 O_{24}	对专业化的服务的描述和度量

（续表）

潜在变量	观测变量	含义
客户保持力 LV_3	客户满意度 O_{31}	对客户满意度的描述和度量
	市场份额 O_{32}	对市场份额的描述和度量
外包强度 LV_4	外包所占公司业务的比重 O_{41}	对外包占公司业务的比重的描述和度量
	外包的增长率 O_{42}	对外包的增长率的描述和度量
企业风控能力 LV_5	技术退化风险的规避能力 O_{51}	对技术退化风险规避能力的描述和度量
	业务风险的分担能力 O_{52}	对业务风险的分担能力的描述和度量
绩效 LV_6	盈利能力 O_{61}	对盈利能力的描述和度量
	营运能力 O_{62}	对营运能力的描述和度量
	偿债能力 O_{63}	对偿债能力的描述和度量
	发展能力 O_{64}	对发展能力的描述和度量

然后进行模型的拟合与估计，利用 AMOS 软件进行运算，得到修正后的业务外包绩效评价结构方程及各参数值，如图 10-13 所示。

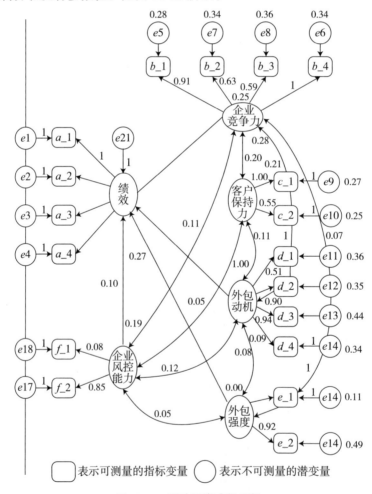

图 10-13 影响因素路径系数

基于此，可以构建外包绩效评价的结构方程模型，分别为

$$LV_1 = \sum_{i=1}^{4} O_{1i}\mu_{1i}; \ LV_2 = \sum_{i=1}^{4} O_{2i}\mu_{2i}; \ LV_3 = \sum_{i=1}^{2} O_{3i}\mu_{3i}; \ LV_4 = \sum_{i=1}^{2} O_{4i}\mu_{4i}; \ LV_5 = \sum_{i=1}^{2} O_{5i}\mu_{5i}; \ LV_6(A) = \sum_{i=1}^{4} O_{6i}\mu_{6i}; \ LV_6(T) = \varepsilon + \sum_{i=1}^{5} LV_i \alpha_{6i}。$$

其中，$\sum_{i=1}^{k} \mu_{ji} = 1$。进行归一化处理，得到每个观测变量及其对应潜在变量的权重，分别为：LV_1（0.29，0.20，0.19，0.32），LV_2（0.30，0.15，0.27，0.28），LV_3（0.65，0.35），LV_4（0.52，0.48），LV_5（0.54，0.46），LV_6（0.40，0.21，0.20，0.19），非财务观测变量 $LV_j (j=1, 2, \cdots, 5)$ 的权重分别为 0.31，0.22，0.27，0.15，0.05。

下一步需对潜在变量的分值进行计算，通过专家评分法得到每个评价指标的分值，并将其代入计算得观测变量得分，评价指标得分见表 10-10 所示。

表 10-10 评价指标得分

指标	得分	指标	得分
O_{11}	9	O_{32}	8
O_{12}	8	O_{41}	8
O_{13}	7	O_{42}	10
O_{14}	8	O_{51}	9
O_{21}	10	O_{52}	8
O_{22}	8	O_{61}	8
O_{23}	9	O_{62}	8
O_{24}	8	O_{63}	8
O_{31}	10	O_{64}	7

则 $LV_1 = \sum_{i=1}^{4} O_{1i}\mu_{1i} = 9 \times 0.29 + 8 \times 0.20 + 7 \times 0.19 + 8 \times 0.32 = 8.10$，$LV_2 = 8.87$，$LV_3 = 9.30$，$LV_4 = 8.92$，$LV_5 = 8.54$，因此得到外包绩效的理论得分：

$$LV_6(T) = \varepsilon + \sum_{i=1}^{5} LV_i \alpha_{6i} = 8.10 \times 0.31 + 8.87 \times 0.22 + 9.30 \times 0.27 + 8.92 \times 0.15 + 8.54 \times 0.05 = 8.7384$$

根据外包绩效 LV_6 的评价指标得分可计算出绩效实际得分：

$$LV_6(A) = \sum_{i=1}^{4} O_{6i}\mu_{6i} = 8 \times 0.40 + 8 \times 0.21 + 8 \times 0.20 + 7 \times 0.19 = 7.8100$$

最后，将实际得分与理论得分进行比较，若实际得分高于理论得分，则认为该企业外包绩效较高；反之则认为其外包绩效较低。本例中，外包实际绩效低于理论绩效，意

味着该企业的外包绩效较低，且根据潜在变量得分不难发现，企业发展能力存在不足。

10.5.4 支持向量机在企业绿色生产能力评价方面的应用

近年来，以节能、减排、降污为目标的企业绿色生产逐渐被研究者与企业管理者关注，企业绿色生产能力反映了企业生产、管理、运营一系列行为的综合能力，因此对企业绿色生产能力的评价与衡量是有必要的，基于在小样本、非线性等问题上的优秀表现，选择支持向量机算法对企业绿色生产能力进行评价与决策。

首先，对特征进行选取与降维，构建评价指标体系，见表 10-11 所示。

表 10-11 企业绿色生产能力评价指标体系

指标编号	指标名称	含义
X_1	人均生产总值	企业生产总值/职工总数
X_2	绿色生产投入强度	绿色生产投入经费/主用业务收入
X_3	绿色生产人员比例	绿色生产相关职工数/职工总数
X_4	生产及运营人员素质水平	大专、本科学历及以上职工数/职工总数
X_5	绿色产品销售率	绿色产品销售收入/绿色产品产值
X_6	绿色产品利润率	绿色产品销售利润/绿色销售收入
X_7	污染处理水平	污染处理投入/主营业务收入
X_8	绿色产品数	绿色产品生产种类

其次对数据进行归一化处理，为提高各指标之间可比性，做以下处理：$F_j = (x_j - x_{j\min})/(x_{j\max} - x_{j\min})$。其中，$F_j$ 是 x_j 的标准化值，$x_{j\max}$ 和 $x_{j\min}$ 分别为第 j 个指标的最大值和最小值。

然后依据相关法律规章的规定与有关部门对企业绿色生产的要求，构建表 10-12 所示的评价指标等级划分。

表 10-12 评价指标等级划分

等级	X_1	X_2	X_3	X_4	X_5	X_6	X_7	X_8
Ⅰ	≥1500	≥0.012	≥0.15	≥0.5	≥1	≥0.3	≥0.03	≥11
Ⅱ	≥1000	≥0.008	≥0.09	≥0.35	≥0.95	≥0.2	≥0.02	≥7
Ⅲ	≥500	≥0.004	≥0.03	≥0.2	≥0.9	≥0.1	≥0.01	≥3
Ⅳ	<500	<0.004	<0.03	<0.2	<0.9	<0.1	<0.01	<3

再进行对模型的选择，设第 k 个评价等级中评价指标取值上下限分别为 b_j^k 和 a_j^k，y_j^k 为相应评价等级，则指标随机模拟函数为 $x_{ij}^k = \text{rand}(n_k)(a_j^k - b_j^k) + b_j^k$，$i = 1, 2, \cdots, n_k$。其中，$i$ 为某评价等级生成的指标序列容量，k 和 j 分别为评价等级数与指

标数。由此生成 n_k 组 (x_{ij}^k, y_i^k)，再对下标进行整理，获得标准序列 (x_{ij}, y_i) 并以其为训练样本。

选取 70 家总产值在 1 亿元以上且具有绿色生产行为与产品的中大型企业，其中 46 家随机选取为学习样本，剩余 24 家为检验样本，其数据如表 10-13 所示。

表 10-13　检验样本数据

序号	X_1	X_2	X_3	X_4	X_5	X_6	X_7	X_8
1	3384.62	0.0003	0.071	0.30	0.90	0.12	0.0000	14
2	167.52	0.0039	0.035	0.16	1.13	0.05	0.0007	22
3	298.42	0.0045	0.032	0.20	0.75	0.25	0.0015	13
4	2389.47	0.0004	0.040	0.22	1.06	0.04	0.0002	1
5	567.83	0.0007	0.086	0.46	2.54	0.04	0.0002	18
6	2552.37	0.0004	0.018	0.18	1.00	0.09	0.0002	5
7	1333.58	0.0022	0.067	0.34	0.35	0.28	0.0012	16
8	190.27	0.0054	0.106	0.42	0.98	0.34	0.0022	17
9	208.51	0.0043	0.034	0.27	1.17	0.10	0.0006	5
10	238.14	0.0037	0.008	0.20	1.00	0.40	0.0014	2
11	182.94	0.0055	0.016	0.20	0.61	0.20	0.0014	1
12	205.43	0.0052	0.002	0.15	0.73	0.22	0.0001	1
13	527.10	0.0019	0.023	0.19	1.00	−0.01	0.0004	2
14	1355.10	0.0007	0.200	0.41	1.46	0.02	0.0006	3
15	519.00	0.0017	0.148	0.76	1.11	0.06	0.0016	1
16	253.79	0.0039	0.063	0.89	1.00	0.07	0.0035	12
17	63.26	0.0162	0.021	0.15	0.98	0.02	0.0049	1
18	80.13	0.0133	0.010	0.19	0.99	−0.06	0.0023	4
19	280.05	0.0043	0.044	0.34	0.75	0.10	0.0011	2
20	57.05	0.0198	0.027	0.22	0.64	0.27	0.0056	1
21	174.22	0.0062	0.075	0.13	1.00	0.32	0.0030	3
22	225.89	0.0045	0.600	0.76	0.85	0.80	0.0059	4
23	223.08	0.0044	0.031	0.34	1.06	0.08	0.0008	2
24	411.12	0.0030	0.108	0.78	1.00	0.03	0.0015	4

经过数据处理与模型训练，得到评价结果输出如表 10-14 所示。

表 10-14　评价结果输出

序号	BP	SVM	序号	BP	SVM	序号	BP	SVM
1	0.220619	III	9	0.132303	IV	17	0.251435	III
2	0.266218	II	10	0.129555	IV	18	0.18899	III
3	0.217413	III	11	0.105404	IV	19	0.116156	IV
4	0.090733	IV	12	0.069026	IV	20	0.295472	II
5	0.275526	II	13	0.076378	IV	21	0.196423	III
6	0.121124	IV	14	0.158665	III	22	0.433333	I
7	0.244678	III	15	0.168029	III	23	0.111805	IV
8	0.31435	II	16	0.310387	II	24	0.185244	III

因此，企业 22 的绿色生产能力最强，而企业 4、6、9、10、11、12、13、19 和 23 的绿色生产能力属于较差的类别，需要加以注意。

由以上过程与结果可知，支持向量机与 BP 神经网络系统的思路所得到的结果大致相当，但支持向量机得到的结果与实际更相符，且具有准确性、直观性与简洁性。此外，支持向量机算法对结果进行了分类，因此可以在对结果进行排序的同时科学地对各类企业有所认知。

习　题

1. 相关数据见表 10-15 所示，其中 x_1，x_2 为输入，y 为对应的输出。要求构建一个 BP 网络，用 x_1，x_2 的值来预测 y 的值，设隐层的节点个数为 3。

表 10-15　相关数据表

序号	x_1	x_2	y
1	−3	−2	0.6589
2	−2.7	−1.8	0.2206
3	−2.4	−1.6	−0.1635
4	−2.1	−1.4	−0.4712
5	−1.8	−1.2	−0.6857
6	−1.5	−1	−0.7975
7	−1.2	−0.8	−8042
8	−0.9	−0.6	−0.7113
9	−0.6	−0.4	−0.5326

(续表)

序号	x_1	x_2	y
10	−0.3	−0.2	−0.2875
11	0	−2.22	0
12	0.3	0.2	0.3035
13	0.6	0.4	0.5966
14	0.9	0.6	0.8553
15	1.2	0.8	1.0612
16	1.5	1	1.1975
17	1.8	1.2	1.2618

2. 现采取粗糙集方法来对16家企业的信息化水平进行评价。这里设定从六个方面进行：信息设备装备、信息技术应用水平、信息资源开发和利用、信息化人力资源开发、企业信息化组织和控制。假定评价因子权重相等，由所有专家分数的平均值得到，相关数据如表10-16所示。

表 10-16 专家分数的平均值得到的相关数据

论域	指标值					专家总体评分							
企业	c_1	c_2	c_3	c_4	c_5	E_1	E_2	E_3	E_4	E_5	E_6	E_7	平均分 f
1	0.2789	1.7390	0.5692	1.0358	0.8170	7	8	5	9	6	7	8	7.1429
2	0.7704	0.3511	0.9975	0.4437	0.9764	6	7	7	8	9	7	7	7.2857
3	1.0078	0.6433	0.7570	0.7357	1.0219	7	8	7	8	9	8	7	7.7143
4	1.3695	0.9896	0.8123	0.6877	1.2007	8	9	7	9	7	8	9	8.1429
5	1.0824	1.5974	1.1174	1.1241	0.9606	9	8	8	9	10	7	9	8.5714
6	1.4910	0.6796	1.7465	1.9730	1.0234	8	8	7	7	8	8	9	7.8571
7	0.3468	1.0231	0.9634	1.3452	0.5642	7	9	7	7	7	7	7	7.2857
8	0.6325	0.8745	0.2217	1.0214	1.3201	6	7	7	6	8	7	8	7
9	1.4121	0.7423	0.6578	0.5213	0.8541	9	9	8	7	6	8	7	7.7143
10	1.5414	1.3211	0.6798	0.8542	1.0213	9	7	6	9	8	7	8	7.7143
11	0.7588	0.4134	0.7563	1.3256	1.0423	8	9	7	7	8	7	7	7.5714
12	0.3124	0.8695	0.6752	1.1201	0.8452	7	5	8	7	6	7	7	6.7143
13	1.2314	0.7653	1.3426	0.8764	1.0231	8	7	7	8	7	8	9	7.7143
14	0.8654	0.4215	1.2332	0.7452	0.6342	5	6	5	7	6	8	7	6.2857
15	0.5618	0.7562	0.5574	0.8562	0.6541	5	4	6	7	6	5	5	5.4286
16	0.4285	0.5214	0.6312	0.5241	0.7429	3	5	4	6	4	7	6	5

3. 分别在相关软件上实现对书中提到的商业外包绩效评估和企业绿色生产能力评价案例，写出相应的分析报告，并指出这两个案例还可以采取什么方法进行评价研究。

参考文献

冯岑明，方德英，2006. 多指标综合评价的神经网络方法[J]. 现代管理科学(3)：61-62.

张新红，2001. 基于神经网络的高技术项目投资风险综合评价模型[J]. 情报理论与实践，24(5)：377-379.

张新红，2001. 用神经网络综合评价模型评价高技术项目的投资风险[J]. 情报学报(5)：608-611.

许国根，贾瑛，韩启龙，2017. 模式识别与智能计算的 MATLAB 实现[M]. 2 版. 北京：北京航空航天大学出版社.

庞庆华，2006. 基于粗糙集的企业信息化水平评价方法研究[J]. 中国制造业信息化(学术版)(9)：13-17.

李远远，云俊，2009. 基于粗糙集的综合评价方法研究[J]. 武汉理工大学学报(信息与管理工程版)(6)：981-985.

廖柏林，张勇华，董威，2008. 基于粗糙集理论的多指标综合评价方法[J]. 吉首大学学报(自然科学版)，29(3)：80-83.

阎瑞霞，刘金良，姚炳学，2006. 基于粗糙集理论的教师综合评价[J]. 宜宾学院学报，6(12)：32-35.

郑学敏，2010. 一种基于粗糙集理论的多指标综合评价方法[J]. 统计与决策(5)：37-39.

钟波，肖智，周家启，2002. 组合预测中基于粗糙集理论的权值确定方法[J]. 重庆大学学报(自然科学版)(7)：127-130.

周平红，杨宗凯，张屹，等，2011. 基于结构方程模型的我国高等教育信息化水平综合评价研究：来自"中国高校信息化建设与应用水平"的调研[J]. 电化教育研究(11)：5-10.

黄宜，董毅明，王艳伟，2008. 基于结构方程模型的企业业务流程外包绩效评价研究[J]. 科技与管理(2)：18-23.

刘方园，王水花，张煜东，2018. 支持向量机模型与应用综述[J]. 计算机系统应用，27(4)：1-9.

奉国和，2011. SVM 分类核函数及参数选择比较[J]. 计算机工程与应用(3)：123-124.

张朝阳，赵涛，张建波，2007. 基于支持向量机的企业产品创新能力评价[J]. 西安电子科技大学学报(社会科学版)，17(5)：50-54.

第四篇 因素分解篇

PART IV

- 第11章 时间维度指数分解决策方法
- 第12章 LMDI分解决策方法
- 第13章 结构分解分析决策方法

第 11 章
时间维度指数分解决策方法

学习目标：
1. 掌握 Laspeyres 指数分解方法及求解；
2. 掌握 Shapley 值分解方法及求解；
3. 掌握广义 Fisher 指数分解方法及求解；
4. 能够结合实际问题建立时间维度指数分解模型。

指数分解方法是一种被广泛运用的国家能源和环境问题决策分析工具，自 1970 年起，被用来研究部门产品结构变化和部门能源强度变化的影响因素。指数分解方法起初应用于经济学领域，于 20 世纪 70 年代后期引入工业能源变化影响因素研究当中，目前已扩展运用到其他诸多研究领域当中。运用最广泛的领域可归纳为：①能源需求和供应；②与能源相关的气体排放；③资源消耗；④国家能源效率趋势监测。与其他一些分解方法相比（如结构分解分析方法），本方法最大的优点便是简易性与灵活性。

指数分解方法首先需要定义一个控制函数，该函数将要分解的目标指标与预设的因素（即影响因子）相关联。定义了控制函数后，研究者就可以依照各种分解方法来量化这些因素变化对总体目标指标变化的影响。目前主流方法可以归纳为两种，即 Divisia 指数分解方法与 Laspeyres 指数分解方法，这是迄今为止最流行的两种分解方法。目前现有指数分解方法关系图谱如图 11-1 所示，本章将着重介绍其中的 Laspeyres 指数分解方法、Shaply 值分解方法、广义 Fisher 指数分解方法。

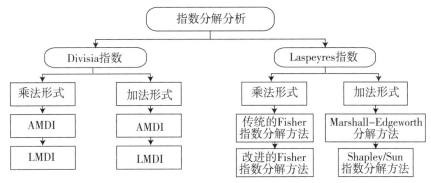

图 11-1　指数分解方法关系图谱

11.1 Laspeyres 指数分解方法及求解

Laspeyres 指数分解方法的基本思想源于 Laspeyres 指数。该方法是由德国学者 E. Laspeyres 于 1864 年提出，最早应用于经济学领域。价格指数从理论上来说必须满足两个原则：纯价格比较原则和代表性原则。纯价格比较原则是指必须在假定只有价格因素发生变化的情况下，对经济发展情况进行描述；代表性原则是指所选取的样本商品特征和结构能很好地反映社会商品的特征和结构，具有很好的代表性。一般来说，同时满足这两个原则是困难的。纯价格比较原则要求对所要进行价格统计的商品和劳务进行详细的描述，并且满足条件的样本商品最好长期保持不变，然而，样本商品过了一段时间可能不再具有代表性或根本就不存在了。相反，代表性原则要求在价格采集中具有很大的自由性和灵活性，从而能够选出真正有代表性的商品。Laspeyres 指数就能够满足这两个原则，该指数是在基期价格（或物量）的基础上来考察各种代表品物量（或价格）的综合变动。具体而言，以 Laspeyres 价格指数为例，将基期的物量为同度量因素，说明它是在基期物量水平基础上来考察各种商品价格的综合变动，即在假定价格不变的前提下，纯粹由物量变动而带来的价值变动。

20 世纪 80 年代，Laspeyres 指数方法逐渐被运用到能源分解领域。Jenne 和 Cattell 首先使用该方法测算了美国及英国国内工业行业的能源消耗趋势，自此，学术界各类扩展与改进的 Laspeyres 指数分解方法陆续出现。

Laspeyres 指数分解方法的基本设想就是通过固定其他影响因子基期的值，观察某一影响因子在某一时间段的变化给目标指标带来的影响，以此表现该因子对目标指标的冲击程度。假设研究所涉及的因素均处在 n 维空间中，目标变量 V 可以被视为 n 个影响因子 x_i 的乘积，即 $V = \prod_{i=1}^{n} x_i$。Laspeyres 指数分解方法的目标就是要研究目标变量 V 在周期 $[0, t]$ 内的变化，也就是 $\Delta V = V^t - V^0$，V^0 为 V 在 0 时刻的值，V^t 为 V 在 t 时刻的值，进一步扩展得到 $\Delta V = V^t - V^0 = \prod_{i=1}^{n} x_i^t - \prod_{i=1}^{n} x_i^0 = \prod_{i=1}^{n} \Delta V_{x_i}$，$\Delta V_{x_i}$ 为在周期 $[0, t]$ 内，固定其他影响因子基期的值时，某一影响因子 x_i 对目标变量 V 的影响。其中 $\Delta x_i = x_i^t - x_i^0$，$x_i^0$ 为影响因子 x_i 在时刻 0 的值，x_i^t 为影响因子 x_i 在时刻 t 的值，Δx_i 为影响因子 x_i 在周期 $[0, t]$ 内的变化，因此某一影响因子 x_i 对目标变量 V 的影响 ΔV_{x_i} 可以表示为 $\Delta V_{x_i} = \dfrac{\prod_{i=1}^{n} x_k}{x_i} \Delta x_i$。然而 Laspeyres 指数分解方法只是一种近似的分解方法，分解方程左边有 $2n-1$ 项，而方程右边有 n 项，左右两边相差为：$(2n-1) - n = n-1$ 项，这表明有 $n-1$ 个二阶及二阶以上的分解项被省略。

Laspeyres 指数分解方法最常见的应用便是对能源消耗的分解。以某地某行业能源消耗为实例，当地该行业在周期 $[0, t]$ 内能源消耗量由 100 万吨标准煤增长至 1000 万吨标准煤，假设共有四个影响因子对该行业的能源消耗产生影响，即技术水平 a，产业结构 b，经济水平 c，人口规模 d。这四个影响因子在 0、t 两个时间点的数据如表 11-1 所示，下面通过 Laspeyres 指数分解方法来分析在周期 $[0, t]$ 内各影响因素对能源消耗量的影响。

表 11-1 影响因子 a，b，c，d 数据

时间	影响因子			
	技术水平 a	产业结构 b	经济水平 c	人口规模 d
0	5	4	5	1
t	20	5	2	5

首先计算各个影响因子的变化量 Δx_i，将因子在 0 与 t 时的数值代入 $\Delta x_i = x_i^t - x_i^0$，得到 $\Delta x_a = 15$，$\Delta x_b = 1$，$\Delta x_c = -3$，$\Delta x_d = 4$。

Laspeyres 指数分解方法为探讨每个影响因子变化量对目标变量的影响，必须保证在研究某一因子对目标变量的影响时，其他因子保持基期水平不变，即公式 $\Delta V_{x_i} = \dfrac{\prod_{i=1}^{n} x_k}{x_i} \Delta x_i$ 的含义，将各因子变化量分别代入 $\Delta V_{x_i} = \dfrac{\prod_{i=1}^{n} x_k}{x_i} \Delta x_i$。

最终得到各因子对销售量的影响：$\Delta V_{x_a} = 300, \Delta V_{x_b} = 25, \Delta V_{x_c} = -60, \Delta V_{x_d} = 400$，可以看出各项影响相加总和为 665，而实际上总变化量为 900，二者并不相等，这充分体现了 Laspeyres 指数分解结果具有残差项这一特点。

11.2 Shapley 值分解方法及求解

Shapley 值分解方法的核心思想源于 Shapley 值法，该方法是指所得与自己的贡献相等的一种分配方式。Shapley 在分析合作博弈问题时首先提出"Shapley 值"的概念，后被广泛运用于研究收益分配问题。我们通过下面一个例子来体现。

甲、乙、丙三家企业合作共同开发同一项目，倘若甲、乙双方排除丙合作，共可获利 7 万元；同样甲、丙双方排除乙合作，共可获利 5 万元；乙、丙双方排除甲合作，共可获利 4 万元；三家企业合作共可获利 10 万元；各企业单干各获利 1 万元。三家企业合作时获利情况如何？

很显然，利益分配时，三个企业获利总和应为 10 万元。设甲、乙、丙各自的分配获利为 x_1，x_2，x_3，则有 $\begin{cases} x_1 \geqslant 1, x_2 \geqslant 1, x_3 \geqslant 1 \\ x_1 + x_2 \geqslant 7, x_1 + x_3 \geqslant 5, x_2 + x_3 \geqslant 4 \\ x_1 + x_2 + x_3 = 10 \end{cases}$。

很显然，三个企业中如果谁获利小于1万元，则它就会单干，不会选择与其他企业合作。如果 $x_1+x_2\geqslant 7$ 不成立，甲和乙就会抛弃丙组成一个小联盟。但是，这个系统有无穷多组解，例如 $(x_1,x_2,x_3)=(4,3,3)$，$(6,2,2)$，$(5,3,2)$，甚至是 $(3,5,2)$。很显然，站在乙或丙的角度，和甲合作都可以获得更大的利益，换言之，甲在他所参与的合作中贡献最大；同理，乙次之，丙贡献最小。因此，像 $(5,3,2)$ 也是合理的解。然而，每个企业都希望自己的利益最大化，甲倾向于选择 $(5,3,2)$，乙倾向于选择 $(3,5,2)$，三方的意见在这种情况下是无法达成一致的，因此应该有一种合理的利益分配方法来界定最优解。

这类问题称为 n 人合作对策，下面先给出合作对策的一般模型。记 $I=\{1,2,3,\cdots,n\}$ 为 n 个合作人的集合。若对于 I 的任何子集 s 都有一个实数 $v(s)$ 与之对应，且满足下列条件。

(1) $v(\emptyset)=0$，其中 $\emptyset$ 为空集。

(2) 对于任意两个不交子集 s_1，s_2，都有 $v(s_1\cup s_2)\geqslant v(s_1)+v(s_2)$，则称 $v(s)$ 为定义 I 的一个特征函数。

同时，Shapley 给出了一组对策应满足的定理，并证明了在这些定理下合作对策是唯一的。

(1) 对称性：设 π 为 I 的任意排列，I 的任意子集 $s=\{i_1,i_2,i_3,\cdots,i_n\}$ 都有 $\pi s=\{\pi i_1,\pi i_2,\pi i_3,\cdots,\pi i_n\}$，若再定义特征函数 $\omega(s)=v(\pi s)$，则对每一个 $i\in I$ 都有 $\varphi_i(\omega)=\varphi_{\pi i}(v)$，这表示合作获利的分配不随每个人在合作中的记号或次序变化。

(2) 有效性：合作各方获利总和等于合作获利。$\sum_{i\in I}\varphi_i(v)=v(I)$。

(3) 冗员性：若对于包含成员 i 的所有子集 s 都有 $v\{s-\{i\}\}=v(s)$，则 $\varphi_i(v)=0$，其中 $s-\{i\}$ 为集合 s 去掉成员 i 后的集合，这说明如果一个成员对于任何他参与的合作联盟都没有贡献，则他不应当从全体合作中获利。

(4) 可加性：若 I 有两个特征函数 v_1，v_2，则有 $\varphi(v_1)+\varphi(v_2)=\varphi(v_1+v_2)$，这表明有多种合作时，每种合作的利益分配方式与其他合作结果无关。

Shapley 证明了满足这个条件的 $\varphi(v)$ 是唯一的，并且公式为：$\varphi_i(v)=\sum_{s\in S_i}\omega(|s|)[v(s)-v(s/\{i\})]$，其中 $\omega(|s|)=\dfrac{(|s|-1)!(n-|s|)!}{n!}$，该公式解释如下：$v(s)-v(s/\{i\})$ 是成员 i 在他参与的合作 s 中做出的贡献。这种合作的总计有 $(|s|-1)!(n-|s|)!$，所以出现的概率即为 $\omega(|s|)$。

Albrecht 将该方法扩展到能源和环境经济分析领域，并运用该技术分解 1960—1996 年比利时、法国、德国和英国的碳排放影响因素，发现碳的能源使用强度与经济增长带来的脱碳程度对碳排放影响最大。Shapley 值分解方法避免了 Laspeyres 指数分解法所面临的残差问题，最后得到的结果更有说服力。

假设在周期 $[0,t]$ 内，有 n 个影响因子 x_i 对目标指标 V 的变化产生影响，则影响因子 x_i 产生的影响 V_{x_i} 可以表示为

$$\Delta V_{x_i} = \sum_{i \in s \subseteq N, |S|=s} \frac{(s-1)!(n-s)!}{n!}[V(S) - V(S-\{(i)\})]$$

$$= \sum_{i \in s \subseteq N, |S|=s} \frac{(s-1)!(n-s)!}{n!} \qquad (11-1)$$

$$\sum_{j=1}^{m} (\prod_{i \in S} s_{j,t}^{t} \prod_{P \in N/S} x_{j,p}^{0} - \prod_{i \in (S-\{(i)\})} x_{j,i}^{t} \prod_{P \in N/(S-\{(i)\})} x_{j,p}^{0})$$

其中，$S-\{i\}$ 为集合 S 去掉成员 i 后的集合，N/S 为 N 去掉 S 的集合，上标 0，t 表示影响因子 x_i 所对应的时期，$V(S)$ 是具有如下特征的函数：当影响因素 x_i 在集合 S 内时，使用 t 期的数据；反之，则使用 0 期的数据。由于 Shapley 值分解方法是基于 Laspeyres 指数分解方法改进得来的，Sun 将 Laspeyres 指数分解方法推广到全分解模式，同样也能解决 Laspeyres 指数分解方法面临的残差问题。该方法也被称为修正的 Laspeyres 指数分解方法或全分解方法。根据该分解方法，影响因子 x_i 对总量 V 变化的影响为

$$\Delta V_{x_i} = \frac{\prod_{k=1}^{n} x_k}{x_i} \Delta x_i + \frac{1}{2} \sum_{i \neq p} \frac{\prod_{k=1}^{n} x_k}{x_i x_p} \Delta x_i \Delta x_p + \frac{1}{3} \sum_{i \neq p \neq q} \frac{\prod_{k=1}^{n} x_k}{x_i x_p x_q} \Delta x_i \Delta x_p \Delta x_q + \cdots + \frac{\prod_{k=1}^{n} \Delta x_k}{n} \qquad (11-2)$$

由于该方法是对 Laspeyres 指数分解方法的全分解，也称为"修正的 Laspeyres 指数分解方法"，具备易于计算与理解等优点，目前已被广泛应用于能源分解研究领域。Shapley 值分解方法与修正的 Laspeyres 指数分解方法均为加法分解，具有一定的相似性。Ang 经过严格的数学推导证明了 Shapley 值分解方法完全等价于修正的 Laspeyres 指数分解方法，将 Shapley 值分解方法改写成 Laspeyres 指数形式时，其表达式与修正的 Laspeyres 指数分解方法完全相同。因此，Ang 将上述两种方法统称为"S/S 分解法"。

以某地某行业能源消耗为实例，当地该行业在周期 $[0, t]$ 内能源消耗量由 100 万吨标准煤增长至 1000 万吨标准煤，假设共有四个影响因子对该行业的能源消耗产生影响，即技术水平 a，产业结构 b，经济水平 c，人口规模 d。这四个影响因子在 0、t 两个时间点的数据如表 11-2 所示，通过 Shapley 值分解方法来分析在周期 $[0, t]$ 内各影响因素对能源消耗量的影响。

表 11-2 影响因子 a，b，c，d 数据

时间	影响因子			
	技术水平 a	产业结构 b	经济水平 c	人口规模 d
0	5	4	5	1
t	20	5	2	5

首先计算各个影响因子的变化量 Δx_i，将因子在时期 0 与 t 的数值代入 $\Delta x_i = x_i^t - x_i^0$，得到 $\Delta x_a = 15$，$\Delta x_b = 1$，$\Delta x_c = -3$，$\Delta x_d = 4$。

Shapley 值分解方法为探讨每个影响因子变化量对目标变量的影响，必须要保证在研究某一因子对目标变量的影响时，其他因子保持基期水平不变，再分别代入式(11-1)和式(11-2)，发现二式各影响因子计算结果相同，这也佐证了 Ang 的结论，计算结果为 $\Delta V_{x_a} = 647.5$，$\Delta x_b = 125$，$\Delta x_c = -597.5$，$\Delta x_d = 725$。

将各项影响因子对销售量的影响加总，可以得出 $\Delta V = 900$，与总变化量相同，并没有残余项，Shapley 值分解方法的应用有效解决了 Laspeyres 指数分解方法分解有残留项的缺点。

11.3 广义 Fisher 指数分解方法及求解

Fisher 理想指数是 Laspeyres 指数（基期加权综合指数）与帕氏指数（现期加权综合指数）加以几何平均得出的一种指数，有物量指数和价格指数两种形式，如式(11-3)和式(11-4)所示。

$$F_q = \sqrt{\frac{\sum p_0 q_1}{\sum p_0 q_0} \times \frac{\sum p_1 q_1}{\sum p_1 q_0}} \tag{11-3}$$

$$F_p = \sqrt{\frac{\sum p_1 q_0}{\sum p_0 q_0} \times \frac{\sum p_1 q_1}{\sum p_0 q_1}} \tag{11-4}$$

F_q 为 Fisher 理想物量指数，F_p 为 Fisher 理想价格指数，p_0、p_1 为基期与报告期对应的商品价格，q_0、q_1 为基期与报告期对应的商品物量。

Fisher 指数分解方法正是基于这一思想，在 Laspeyres 指数分解方法上改进而来。但与最基础的 Laspeyres 指数分解方法以及 Shapley 值分解方法采用加法形式不同，Fisher 指数分解方法采用的是乘法模式，研究的是目标变量 V 在周期 $[0, t]$ 的比率变化，即 $\dfrac{V^t}{V^0}$，相比最基础的 Laspeyres 指数分解方法和 Shapley 值分解方法更适用于研究总量指标，Fisher 指数分解方法更适用于研究强度指标。

基础的 Fisher 指数分解方法仅仅是 Fisher 理想指数的跨学科扩展，仅能够分解两个影响因子。假设目标变量 V 由两个影响因子 x_1，x_2 组成；i 表示目标指标 V 的次级分类，用来分析结构变化，x_{1i} 表示在次级分层 i 中的影响因子 x_1，x_{2i} 表示在次级分层 i 中的影响因子 x_2，有 $V_i = x_{1i} x_{2i}$，则 V 可以表示为

$$V = \sum_i V_i = \sum_i x_{1i} x_{2i} \tag{11-5}$$

在周期$[0, t]$内，V^0为V在时期0的值，V^t为V在时期t的值。设$D=\dfrac{V^t}{V^0}$，D为周期$[0, t]$内目标变量V的变化，则D又可以分解为

$$D = \frac{V^t}{V^0} = D_{x_1} D_{x_2} \tag{11-6}$$

其中D_{x_1}表示影响因子x_i贡献的变化，D_{x_2}表示影响因子x_2贡献的变化。

同时$D=\dfrac{V^t}{V^0}$可进一步扩展为

$$D = \frac{V^t}{V^0} = \sum_i x_{1i}^t x_{2i}^t / x_{1i}^0 x_{2i}^0 \tag{11-7}$$

结合式(11-7)以及式(11-3)、式(11-4)，可以得出影响因子x_1，x_2各自的贡献分别为

$$D_{x_1} = \left(\frac{\sum_i x_{1i}^t x_{2i}^0}{\sum_i x_{1i}^0 x_{2i}^0} \cdot \frac{\sum_i x_{1i}^t x_{2i}^t}{\sum_i x_{1i}^0 x_{2i}^t} \right)^{\frac{1}{2}} \tag{11-8}$$

$$D_{x_2} = \left(\frac{\sum_i x_{1i}^0 x_{2i}^0}{\sum_i x_{1i}^0 x_{2i}^0} \cdot \frac{\sum_i x_{1i}^t x_{2i}^t}{\sum_i x_{1i}^t x_{2i}^0} \right)^{\frac{1}{2}} \tag{11-9}$$

传统的Fisher指数分解方法只涉及了双因子，然而在现实研究当中，因素分解往往是基于复杂多因子的，传统的Fisher指数分解方法就显得不那么适用了。Ang在此基础上提出了广义Fisher指数分解方法，将传统的Fisher指数双因子分解方法扩展到n因子模型。

传统的Fisher指数双因子分解模型加以扩展：假设目标变量V由n个影响因素x_1，x_2，…，x_n表示，i表示V的子集分类，现实研究中，i可以用来表示能源需求的燃料类型、地区中的国家等具体分类，以用来对结构变化进行分析。V可以表示为

$$V = \sum_i V_i = \sum_i x_{1i} x_{2i} x_{3i} \cdots x_{ni} \tag{11-10}$$

定义一个集合$N = \{1, 2, 3, \cdots, n\}$，$S$为$N$的一个子集，该集合的个数为$s'$。同时，定义函数为

$$V(S) = \sum \left(\prod_{l \in N} X_l^T \prod_{m \in N \setminus S} X_m^0 \right) \tag{11-11}$$

$$V(\emptyset) = \sum \left(\prod_{m \in N} X_m^0 \right) \tag{11-12}$$

其中$\emptyset$为空子集，上标表示该变量所对应的是时期0还是时期t。根据传统Fisher指数分解方法的原理，任意一个影响因子x_j的影响均可被分解为

$$D_{x_j} = \prod_{\substack{S \subset N \\ j \in S}} \left[\frac{V(S)}{V(S \setminus \{j\})} \right]^{\frac{1}{n} \frac{1}{C_{n-1}^{s'-1}}} = \prod_{\substack{S \subset N \\ j \in S}} \left[\frac{V(S)}{V(S \setminus \{j\})} \right]^{\frac{(s'-1)!(n-s')!}{n!}} \tag{11-13}$$

11.4 应用案例

11.4.1 中国水资源综合利用研究

受制于特殊的自然地理条件，在经济快速发展和人口总量不断增加的背景下，中国在水资源利用方面面临越来越大的挑战。水资源短缺、水生态环境恶化、洪涝灾害等，已成为制约我国经济社会可持续发展的重要因素。可以预期，中国作为发展中国家，其经济发展将会持续，在水资源消费与经济增长的关系没有逆转前，全国用水总量可能会不断提高。要缓解日趋紧张的水资源供需形势，需要"开源"与"节流"并举。做好"节流"工作的重要基础，是全面认识提高水资源利用效率的主要途径。采用 Laspeyres 指数分解方法能够较好地分解出中国水资源综合利用中的各影响因素的实际影响，合理有效地考察中国水资源综合利用情况。

1. 模型构建

本案例选用 Laspeyres 指数分解方法确定驱动中国水资源消耗强度变化的结构因素和效率因素。具体而言，即

$$\begin{aligned} VI_{0,T} = I_T - I_0 &= \sum_{i=1}^{n} I_{iT} - S_{iT} - \sum_{i=1}^{n} I_{i0} S_{i0} \\ &= \sum_{i=1}^{n}(I_{iT}-I_{i0})S_{i0} + \sum_{i=1}^{n}(S_{iT}-S_{i0})I_{i0} + \sum_{i=1}^{n}(I_{iT}-I_{i0})(S_{iT}-S_{i0}) \\ &= \sum_{i=1}^{n}\Delta I_i S_{i10} + \sum_{i=1}^{n}\Delta S_i I_{i0} + \sum_{i=1}^{n}\Delta I_i \Delta S_i \end{aligned} \tag{11-14}$$

其中，ΔI_i 为 i 产业部门的水资源消耗强度从基期到 T 期的变化量，ΔS_i 是 i 产业部门产出占总产出的比重从基期到 T 期的变化量。式(11-14)表明，可将总体水资源消耗强度的变化分解为 3 个部分：① $\sum_{i=1}^{n}\Delta I_i S_{i10}$，它表示当产业结构保持不变时，各产业部门的水资源利用效率变化导致的总体水资源消耗强度的变化量；② $\sum_{i=1}^{n}\Delta S_i I_{i0}$，它表示当各产业部门的水资源利用效率保持不变时，产业结构变化导致的总体水资源消耗强度的变化量；③ $\sum_{i=1}^{n}\Delta I_i \Delta S_i$，它表示产业部门水资源利用效率和产业结构共同变化造成的总体水资源消耗强度的变化量，又称残余项。

由于残余项是由产业结构和产业部门水资源利用效率的变化共同导致的，因此怎样将残余项分配给这两个影响因素是众多因素分解方法的根本性区别所在。本案例借鉴前人研究将残余项平等地分配到各影响因素中，于是，对式(11-14)继续分解，得到式(11-15)。

$$VI_{0,T} = \sum_{i=1}^{n} \Delta I_i S_{i10} + \sum_{i=1}^{n} \Delta S_i I_{i0} + \sum_{i=1}^{n} \Delta I_i \Delta S_i$$
$$= \left(\sum_{i=1}^{n} \Delta I_i S_{i10} + \frac{1}{2}\sum_{i=1}^{n} \Delta I_i \Delta S_i\right) + \left(\sum_{i=1}^{n} \Delta S_i I_{i0} + \frac{1}{2}\sum_{i=1}^{n} \Delta I_i \Delta S_i\right)$$
$$= \Delta I_{eff} + \Delta IS_{str} \tag{11-15}$$

ΔI_{eff} 和 ΔIS_{str} 分别表示效率因素和结构因素对水资源消耗强度变化的贡献值。

2. 实证结果

本案例选取1980年、1990年、1993年、1995年以及1997—2011年的农业用水量和工业用水量的数据，将两者之和作为工农业生产水资源消耗量。与水资源消耗量数据相对应，本文选用1980年、1990年、1993年、1995年以及1997—2011年的农业增加值和工业增加值的数据，将两者之和作为工农业总产出。为消除价格变化的影响，根据农业、工业生产总值指数将产出数据调整为1978年定基可比数据。得出的中国工农业总体水资源消耗强度因素分解结果，如表11-3所示。

表11-3 中国工农业总体水资源消耗强度因素分解结果

年份	结构因素		效率因素		水资源强度总变化量(m^3/元)
	贡献值(m^3/元)	贡献率(%)	贡献值(m^3/元)	贡献率(%)	
1980—1990	−0.1723	24.08	−0.5431	75.92	−0.7154
1990—1993	−0.1258	62.23	−0.0764	37.77	−0.2022
1993—1995	−0.0537	57.32	−0.0399	42.68	−0.0936
1995—1997	−0.0291	51.71	−0.0272	48.29	−0.0563
1997—1998	−0.0091	29.36	−0.0220	70.64	−0.0311
1998—1999	−0.0090	72.32	−0.0035	27.68	−0.0125
1999—2000	−0.0109	41.80	−0.0152	58.20	−0.0261
2000—2001	−0.0081	52.51	−0.0073	47.49	−0.0154
2001—2002	−0.0090	41.11	−0.0128	58.89	−0.0218
2002—2003	−0.0113	40.83	−0.0164	59.17	−0.0277
2003—2004	0.0051	50.51	−0.0050	49.49	−0.0101
2004—2005	−0.0058	41.32	−0.0082	58.68	−0.014
2005—2006	−0.0065	53.96	−0.0056	46.04	−0.0121
2006—2007	−0.0082	43.83	−0.0105	56.17	−0.0187
2007—2008	−0.0030	34.05	−0.0058	65.95	−0.0088
2008—2009	−0.0029	38.93	−0.0045	61.07	−0.0074
2009—2010	−0.0033	39.79	−0.0050	60.21	−0.0083

(续表)

年份	结构因素		效率因素		水资源强度总变化量(m³/元)
	贡献值(m³/元)	贡献率(%)	贡献值(m³/元)	贡献率(%)	
2010—2011	−0.0032	44.74	−0.0039	55.26	−0.0071

第一，总体而言，在 18 个时间阶段中，结构因素和效率因素的贡献值均为负。这说明，每一阶段工农业总体水资源消耗强度的下降，既有产业结构调整的影响，又有各产业部门水资源利用效率提高的作用。换言之，在 1980—2011 年期间中国工农业总体水资源消耗强度降低的过程中，结构因素和效率因素都起到了积极作用，两者的区别只在于贡献大小有所不同。

第二，分阶段看，结构因素和效率因素对中国工农业总体水资源消耗强度下降的贡献在不同时期存在较大差异：①1980—1990 年，效率因素对工农业总体水资源消耗强度下降的贡献更大，其贡献率高达 75.92%；②在 1990—1993 年、1993—1995 年以及 1995—1997 年 3 个时间段，效率因素的贡献率大幅降低，相比结构因素，其贡献率较低；③1997—1998 年，效率因素的贡献率急剧攀升至 70.64% 的高水平，但 1998—1999 年又大幅下降至 27.68% 的最低水平；④进入 21 世纪后，效率因素对工农业总体水资源消耗强度降低的贡献相对稳定，未出现像以前那样大幅起伏的现象，而且大部分年份的效率因素贡献率都高于结构因素。

11.4.2 城乡分异视角下居民食品消费碳排放研究

在经济高质量发展和城乡居民可支配收入稳定增长的双导向下，如何有效降低城乡居民食品消费的碳排放是我们必须面对的严峻问题。鉴于居民食品消费碳排放量大且受关注度不高、城乡居民食品消费差异显著等实际情况，从城乡分异的视角，研究居民食品消费碳排放量测算及其驱动机制，探索降低城乡居民食品消费碳排放的策略，具有客观需求。所以亟须明晰居民食品消费碳排放驱动效应，有助于从低碳食品消费的视角制定相关措施，推动全社会深入推进制止餐饮浪费工作。这里采取 Shapley 值法进行分析。

1. 模型构建

居民食品消费碳排放包括：直接碳排放(C_{dir})和间接碳排放(C_{ind})，即

$$C = C_{dir} + C_{ind} = C_{dir} + C_A + C_L + C_I \tag{11-16}$$

其中，C_{dir} 的测算依据是荷兰 HOME 项目组提出的家庭碳代谢理论，是一种量化不同消费模式产生不同能量及物质流动的方法，用于测算粮食、蔬菜、水果、植物油、猪肉、牛羊肉等 11 种食物类型的直接碳排放；基于 LCA 测算 C_{ind}，鉴于数据的可获得性，主要测算食品农业生产、物流和消费(包括初级加工、烹饪和冷藏保鲜)三个阶段消耗的化肥农药及能源所产生的碳排放，即 C_A、C_L 和 C_I。

假定时间从 $t-1$ 变化到 t，城镇居民食品消费碳排放变化量(ΔC^u)可分解如下：

$$\begin{aligned}
\Delta C^u &= C^{u,\,t} - C^{u,\,t-1} \\
&= \Delta US + \Delta UDI + \Delta UO + \Delta UR + \Delta P + \Delta UII + \Delta UA \\
&= \sum_i w_i \ln\left(\frac{US_i^t}{US_i^{t-1}}\right) + \sum_i w_i \ln\left(\frac{UDI^t}{UDI^{t-1}}\right) + \sum_i w_i \ln\left(\frac{UO^t}{UO^{t-1}}\right) + \\
&\quad \sum_i w_i \ln\left(\frac{UR^t}{UR^{t-1}}\right) + \sum_i w_i \ln\left(\frac{P^t}{P^{t-1}}\right) + v \times \ln\left(\frac{UII^t}{UII^{t-1}}\right) + \\
&\quad v \times \ln\left(\frac{UA^t}{UA^{t-1}}\right)
\end{aligned} \tag{11-17}$$

其中，ΔC^u 分解的权重为

$w_i = \{(C_{i,\,dir}^{u,\,t} - C_{i,\,dir}^{u,\,t-1})/(\ln(C_{i,\,dir}^{u,\,t}) - \ln(C_{i,\,dir}^{u,\,t-1}))\}$，$C_{i,\,dir}^{u,\,t}$，$\begin{matrix} C_{i,\,dir}^{u,\,t} \neq C_{i,\,dir}^{u,\,t-1} \\ C_{i,\,dir}^{u,\,t} = C_{i,\,dir}^{u,\,t-1} \end{matrix}$ 和

$v = (C_{ind}^{u,\,t} - C_{ind}^{u,\,t-1})/[\ln(C_{ind}^{u,\,t}) - \ln(C_{ind}^{u,\,t-1})]$；$C_{i,\,dir}^{u,\,t}(C_{i,\,dir}^{u,\,t-1})$、$C_{ind}^{u,\,t}(C_{ind}^{u,\,t-1})$ 分别表示 t、$(t-1)$ 时期区域城镇居民消费第 i 类食物的直接和间接碳排放量；ΔUS、ΔUDI、ΔUO、ΔUR、ΔP、ΔUII、ΔUA 分别表示城镇居民食品消费的结构效应、直接碳排放强度效应、城镇人均可支配收入效应、城镇化水平效应、人口规模效应、间接碳排放强度效应和城镇居民可支配总收入效应。

考虑到乡村食品消费以家庭为单位的特点比城镇更加显著，乡村家庭常住人口数量及户数是影响乡村食品消费碳排放量变化的重要因素，与城镇居民食品消费碳排放量变化的分解原理相同，将乡村居民食品消费碳排放变化量（ΔC^r）分解如下：

$$\begin{aligned}
\Delta C^r &= C^{r,\,t} - C^{r,\,t-1} \\
&= \Delta RS + \Delta RDI + \Delta RO + \Delta RR + \Delta RF + \Delta RII + \Delta RA
\end{aligned} \tag{11-18}$$

其中，ΔRS、ΔRDI、ΔRO、ΔRR、ΔRF、ΔRII、ΔRA 分别表示乡村食品消费的结构效应、直接碳排放强度效应、乡村人均可支配收入效应、乡村家庭人口规模效应、乡村家庭户数效应、间接碳排放强度效应和乡村居民可支配总收入效应。

Shapley 值分解方法考虑了既定影响因素间所有可能的交互计算序列，例如，如果存在 K 个影响因素，将考虑 $K!$ 个计算序列，即通过估计每个影响因素在不同序列中的作用，得到每个影响因素对变化量的贡献效应。为了使驱动效应的计算结果具有比较价值，在影响因素的选择上，与基于拓展 LMDI 的驱动效应分解思路一致。下面以 ΔC^u 为例进行说明。

设基于 Shapley 值分解法的 ΔC^u 的分解因子组成的集合为 E，分别为 $E_{i,\,dir} = \{US_i^t,\ US_i^{t-1},\ UDI^t,\ UDI^{t-1},\ UO^t,\ UO^{t-1},\ UR^t,\ UR^{t-1},\ P^t,\ P^{t-1}\}$，$i = 1, 2, \cdots, n$，$n$ 代表食物类别的总数；$E_{ind} = \{UII^t,\ UII^{t-1},\ A^{ut},\ UA^{u(t-1)}\}$，$E = E_{i,\,dir}$ 或 $E = E_{ind}$。令集合 $F \subseteq E$ 且 $F \neq \varnothing$，则特征函数可表示为

$$v(E) = \prod_{d \in F} d^t * \prod_{-d \in E \setminus F} - d^{t-1}$$

根据 Shapley 值分解方法，城镇居民食品消费碳排放变化量的驱动效应可分解为

$$\Delta C^u = \sum_{r=1}^{m} \left\{ \frac{(r-1)!(m-r)!}{(m)!} \times \sum_{\substack{E:F \in E \\ |E|=r}} [v(E) - v(E \setminus \{F\})] \right\} \quad (11\text{-}19)$$

其中，m 表示驱动效应的数量。乡村居民食品消费碳排放变化量的驱动效应分解公式同理可得。

2. 实证结果

经测算，可得研究时段内江苏省城乡居民食品消费的年均碳排放变化量，见表 11-4。

表 11-4　江苏省城乡居民食品消费的年均碳排放变化量

研究时段	年均直接碳排放变化量/万吨二氧化碳		年均间接碳排放变化量/万吨二氧化碳		年均碳排放变化量/万吨二氧化碳	
	城镇	乡村	城镇	乡村	城镇	乡村
2001—2005	47.44	−79.08	102.09	−94.87	149.52	−173.94
2006—2010	81.86	−81.68	168.32	−132.95	250.17	−214.63
2011—2015	51.99	−5.47	60.13	−31.02	112.12	−36.50
2016—2017	4.42	−7.09	−52.09	−33.37	−47.67	−40.47

根据表 11-4 可知：①年均直接碳排放变化量。2001—2017 年江苏省城镇居民食品消费的直接碳排放量在逐年增加，年均增长率为 4.78%。在研究时段内，"十一五"期间增加量最多，"十三五"早期，增加趋势较"十二五"期间放缓。乡村居民食品消费的直接碳排放量在逐年减少，在"十一五"期间减少量最多；在"十二五"期间减少量最少。②年均间接碳排放变化量。在前三个研究时段内，城镇间接碳排放量不断增加，"十一五"期间增加量最多，在"十二五"期间增长趋势开始放缓，"十三五"早期，间接碳排放量不断减少。乡村间接碳排放量在逐年减少，尤其在"十一五"期间下降显著；在"十二五"期间下降趋势趋于平缓。③年均碳排放变化量。在前三个研究时段，城镇碳排放量在逐年增加，从"十三五"早期开始下降。2000—2017 年乡村碳排放量在逐年减少，尤其在"十一五"期间下降显著，下降趋势在"十二五"期间趋于平缓，乡村间接碳排放量减少是其碳排放量减少的主要来源。

基于 Shapley 值分解方法的江苏城乡居民食品消费碳排放量变化驱动效应的分解结果，见表 11-5。在各研究时段内，ΔUO 是驱动城镇直接碳排放量增加的主导效应，ΔUR 和 ΔUP 是驱动城镇直接碳排放量增加的重要效应，ΔUDI 是抑制城镇直接碳排放量增加的主导效应；ΔUA 是驱动城镇间接碳排放量增加的主导效应，ΔUII 是抑制城镇间接碳排放量增加的主导效应。具体结果分析如下：①ΔUO、ΔUR、ΔUP 和 ΔUA 的变化趋势曲线先增后减，各曲线峰值均出现在"十一五"期间；在前三个研究时段，ΔUDI 抑制城镇直接碳排放量增加的能力在持续变弱，ΔUII 抑制城镇间接碳排放量增加的能力先变弱后增强；②"十三五"早期，$\Delta UTOT$ 值为负，ΔUDI 和 ΔUII 抑制碳排放量增加的能力超过了 ΔUO、ΔUR、ΔUP 和 ΔUA 的驱动能力。

在各研究时段内，ΔRO 是驱动乡村直接碳排放量增加的主导效应，ΔRA 是驱动乡村间接碳排放量增加的主导效应；ΔRR 值由正变负，主要原因是乡村家庭人口规模的大幅减少，如 2001—2017 年减少了 1713.72 万人，使乡村家庭人口规模变成抑制直接碳排放量增加的驱动力；ΔRF 在"十二五"期间取正值，出现了乡村家庭户数增加而乡村人口总规模在下降的情况；ΔRDI 是抑制乡村直接碳排放量增加的主导效应；ΔRII 是驱动乡村间接碳排放量增加的主导效应。具体分析如下：①ΔRO 和 ΔRA 的取值在"十三五"早期取值最小，这表明在"十三五"早期，二者驱动乡村直接或间接碳排放量增加的能力均变弱，有利于降低乡村碳排放量；②ΔRR 在"十二五"期间取值最小且为负值，这表明"十二五"期间乡村家庭人口规模效应抑制直接碳排放量增加的能力最强；ΔRS 抑制直接碳排放量增加的驱动力在变弱；③ΔRDI 和 ΔRII 取负值，先减少后增加，二者抑制乡村直接或间接碳排放量增加的能力均变弱。

表 11-5 基于 Shapley 值分解方法的江苏城乡居民食品消费碳排放量变化驱动效应

研究时段	ΔUS	ΔUDI	ΔUO	ΔUR	ΔUP	ΔUDI	ΔUA
2001—2005	-6.07×10^{-14}	−635.84	650.64	187.85	34.54	−1 074.92	1 585.35
2006—2010	-2.47×10^{-13}	−562.03	705.63	225.38	40.31	−871.63	1 713.21
2011—2015	4.35×10^{-13}	−497.74	611.82	128.36	17.53	−1 030.44	1 331.09
2016—2017	-2.00×10^{-13}	−191.06	162.59	29.96	7.34	−435.62	331.45
研究时段	ΔRS	ΔRDI	ΔRO	ΔRR	ΔRP	ΔRDI	ΔRA
2001—2005	7.37×10^{-14}	−763.08	564.57	18.17	−215.05	−1 138.71	664.38
2006—2010	4.77×10^{-13}	−788.94	608.86	−10.86	−217.46	−1 353.61	688.83
2011—2015	-4.61×10^{-15}	−310.91	400.60	−147.19	30.13	−690.46	535.34
2016—2017	-2.01×10^{-14}	−62.21	73.21	−2.91	−22.28	−155.83	89.09

11.4.3 中国人均碳排放驱动因素分析

伴随经济的快速腾飞，能源消费的极速增长以及以化石能源占主导地位的能源结构长期状况下难以改变，中国碳排放量不断增长。为缓解日趋紧张的碳排放量增长趋势，需要合理地分析驱动碳排放量增长的主要因素并针对性加以改进，广义 Fisher 指数分解方法在分解强度指标上具有独特优势，能够更清晰分解展现出我国人均碳排放的驱动因素。

1. 模型构建

结合 kaya 恒等式碳排放公式可以扩展为

$$C = \sum_i C_i = \sum_i \frac{C_i}{E_i} \times \frac{E_i}{E} \times \frac{E}{Y} \times \frac{Y}{P} \times P \tag{11-20}$$

其中，C 为碳排放量；C_i 为 i 种能源的碳排放量；E 为一次能源的消费量；E_i 为 i 种能源的消费量；Y 为国内生产总值；P 为人口。

人均碳排放量则为

$$c = C/P = \sum_i \frac{C_i}{E_i} \times \frac{E_i}{E} \times \frac{E}{Y} \times \frac{Y}{P} \tag{11-21}$$

设 $F_i = C_i/P$，即各类能源排放强度；$S_i = E_i/E$ 为能源结构因素，表示 i 种能源在一次能源消费中所占份额；$I_i = E/Y$ 为能源效率因素，表示单位国内生产总值的能源消耗；$R_i = Y/P$ 为人均国内生产总值，即经济发展因素。

则式(11-21)可被进一步改写为

$$c = \sum_i F_i S_i I_i R_i \tag{11-22}$$

其中，F_i 为常数，参照国家发展和改革委员会能源研究所数据，煤炭的碳排放系数为 0.7476，石油的碳排放系数为 0.5825，天然气的碳排放系数为 0.4435，水电、核电、风电的碳排放系数为 0，所以影响人均碳排放 c 的主要影响因素为能源结构 x_1、能源效率 x_2、经济发展 x_3。

人均碳排放变化 D 可以被分解为

$$D = c^t/c^0 = D_{x_1} D_{x_2} D_{x_3} \tag{11-23}$$

c^t 为时期 t 的人均碳排放量，c^0 为时期 0 的人均碳排放量；D_{x_1} 为能源结构因素所贡献的变化，D_{x_2} 为能源效率因素所贡献的变化，D_{x_3} 为经济发展因素所贡献的变化。其中：

$$D_{x_1} = \left[\frac{\sum_i x_{1i}^t x_{2i}^0 x_{3i}^0}{\sum_i x_{1i}^0 x_{2i}^0 x_{3i}^0} \cdot \left(\frac{\sum_i x_{1i}^t x_{2i}^t x_{3i}^0}{\sum_i x_{1i}^0 x_{2i}^t x_{3i}^0} \cdot \frac{\sum_i x_{1i}^t x_{2i}^0 x_{3i}^t}{\sum_i x_{1i}^0 x_{2i}^0 x_{3i}^t} \right)^{\frac{1}{2}} \frac{\sum_i x_{1i}^t x_{2i}^t x_{3i}^t}{\sum_i x_{1i}^0 x_{2i}^t x_{3i}^t} \right]^{\frac{1}{3}} \tag{11-24}$$

$$D_{x_2} = \left[\frac{\sum_i x_{1i}^0 x_{2i}^t x_{3i}^0}{\sum_i x_{1i}^0 x_{2i}^0 x_{3i}^0} \cdot \left(\frac{\sum_i x_{1i}^t x_{2i}^t x_{3i}^0}{\sum_i x_{1i}^t x_{2i}^0 x_{3i}^0} \cdot \frac{\sum_i x_{1i}^0 x_{2i}^t x_{3i}^t}{\sum_i x_{1i}^0 x_{2i}^0 x_{3i}^t} \right)^{\frac{1}{2}} \frac{\sum_i x_{1i}^t x_{2i}^t x_{3i}^t}{\sum_i x_{1i}^t x_{2i}^0 x_{3i}^t} \right]^{\frac{1}{3}} \tag{11-25}$$

$$D_{x_2} = \left[\frac{\sum_i x_{1i}^0 x_{2i}^0 x_{3i}^t}{\sum_i x_{1i}^0 x_{2i}^0 x_{3i}^0} \cdot \left(\frac{\sum_i x_{1i}^t x_{2i}^0 x_{3i}^t}{\sum_i x_{1i}^t x_{2i}^0 x_{3i}^0} \cdot \frac{\sum_i x_{1i}^0 x_{2i}^t x_{3i}^t}{\sum_i x_{1i}^0 x_{2i}^t x_{3i}^0} \right)^{\frac{1}{2}} \frac{\sum_i x_{1i}^t x_{2i}^t x_{3i}^t}{\sum_i x_{1i}^t x_{2i}^t x_{3i}^0} \right]^{\frac{1}{3}} \tag{11-26}$$

$x_{ji}^T (T=0, t; j=1, 2, 3; i=1, 2, 3, 4)$ 表示时刻 T 时在次级分层 i 中对应的影响因素 x_j。

2. 实证结果

所采用的基础数据均来自中国统计年鉴、中国能源统计年鉴，国内生产总值以 2009 年为基期做不变价格计算，以消除价格因素的影响。具体可见表 11-6。

表 11-6 中国 2009—2018 年能源、人口、经济、碳排放数据

项目		能源消耗总量	煤炭	石油	天然气	水电、核电、风电	GDP	人口	碳排放	人均碳排放
单位		10^4 t	%	%	%	%	10^8 元	10^4 人	10^4 t	t/人
年份	2009	336126	71.6	16.4	3.5	8.5	348517.7	133450	217249.7	1.627948
	2010	360648	69.2	17.4	4	9.4	385460.6	134091	229528.72	1.711738
	2011	387043	70.2	16.8	4.6	8.4	422464.8	134916	248898.14	1.844838
	2012	402138	68.5	17	4.8	9.7	455839.5	135922	254319.71	1.871071
	2013	416913	67.4	17.1	5.3	10.2	491395	136726	261402.53	1.911871
	2014	428334	65.8	17.3	5.6	11.3	527758.2	137646	264508.8	1.92166
	2015	434113	63.8	18.4	5.8	12	564701.3	138326	264753.28	1.913981
	2016	441492	62.2	18.7	6.1	13	603101	139232	265331.48	1.905679
	2017	455827	60.6	18.9	6.9	13.6	644715	140011	270642.54	1.933009
	2018	471825	59	18.9	7.6	14.5	687910.9	140541	275962.19	1.963571

表 11-7 与表 11-8 是基于广义 Fisher 指数分解方法的中国人均碳排放影响因素分解结果，可以看出，整体上来看，经济发展 D_{x_3} 在历年对人均碳排放增长贡献中占比最多，由 2010 年的 1.009 增长至 2018 年的 1.132；其次是能源效率 D_{x_2}，但一直呈现下降的趋势，由 2010 年的 1.066 下降至 2015 年的 1.009，2016 年后下降至 1 以下；能源结构 D_{x_1} 对人均碳排放增长贡献最少，由 2010 年的 0.978 下降至 2018 年的 0.955，一直保持在 1 以下。

表 11-7 2009—2018 年中国人均碳排放影响因素分解

年份	项目			
	总变动 D	能源结构 D_{x_1}	能源效率 D_{x_2}	经济发展 D_{x_3}
2010	1.051	0.978	1.066	1.009
2011	1.078	0.975	1.092	1.012
2012	1.014	0.97	1.024	1.021
2013	1.022	0.968	1.021	1.034
2014	1.005	0.971	1.002	1.033
2015	0.996	0.965	1.009	1.023
2016	0.996	0.963	0.996	1.038
2017	1.014	0.959	0.981	1.078
2018	1.015	0.955	0.940	1.132

表 11-8　2009—2018 年中国人均碳排放影响因素贡献比例

年份	项目		
	能源结构 D_{x_1}	能源效率 D_{x_2}	经济发展 D_{x_3}
2010	0.3204	0.3491	0.3305
2011	0.3166	0.3547	0.3287
2012	0.3217	0.3397	0.3386
2013	0.3202	0.3378	0.342
2014	0.323	0.3334	0.3436
2015	0.322	0.3367	0.3414
2016	0.3213	0.3323	0.3464
2017	0.3177	0.3251	0.3572
2018	0.3204	0.3491	0.3305

从表 11-7 可以看出，经济发展必然伴随着能源消费的加剧，人均碳排放量自然随之增长，2009—2018 年，经济发展 D_{x_3} 一直对人均碳排放增长起到了积极促进作用，绝对值均处于高位水平。能源结构 D_{x_1} 对人均碳排放增长贡献的绝对值正逐年降低，这很大程度上与我国提高清洁能源占比，降低化石能源使用比重有很大关系，但不可否认的是，从 2010 年的 0.978 到 2018 年的 0.955，降幅并不明显，这是因为我国以化石能源为主的能源消费结构并未改变。能源效率 D_{x_2} 保持着稳步下降趋势，这与生产生活中高新节能技术的投入使用密切相关。

习　题

1. 已知某企业在周期 $[0, t]$ 内产品销售量由原来的 200 万件增长至现在的 800 万件。假设共有 5 个影响因子对该企业的销量产生影响，即技术水平 a，产品质量 b，品牌美誉 c，售后服务 d 和价格因素 e。5 个影响因子在 0、t 两个时间点的数据如表 11-9 所示。现要求利用 Laspeyres 指数分解方法来分析在周期 $[0, t]$ 内各影响因素对企业销售量的影响。

表 11-9　影响因子 a，b，c，d，e 数据

时间	影响因子				
	技术水平 a	产品质量 b	品牌美誉 c	售后服务 d	价格因素 e
0	3	4	3	1	5
t	8	6	2	4	7

2. 有 4 家公司准备投资某项目。公司 1、公司 2、公司 3 和公司 4 单独投资可分别盈利 100 万元、200 万元、300 万元和 400 万元。若公司 1 和公司 2 联合投资，可获利 500 万元；若公司 2 和公司 3 联合投资，可获利 600 万元；若公司 1 和公司 3 联合投资，可获利 700 万元；若公司 1 和公司 4 联合投资，可获利 500 万元；若公司 2、公司 3 和公司 4 联合投资，可获利 900 万元；若公司 1、公司 3 和公司 4 联合投资，可获利 1000 万元；若公司 1、公司 2 和公司 4 联合投资，可获利 1100 万元；若 4 个公司联合共同投资，则可获利 15000 万元。问：若四个公司一起合作，每个公司应各获利多少？

3. 有三个位于某河流同旁的城镇，其位置如图 11-2 所示。三城镇的污水必须经过处理后方能排入河中，它们既可以单独建立污水处理厂，也可以通过管道输送联合建厂，假设污水只能由上游往下游排。用 Q 表示污水量，单位为立方米/秒，L 表示管道长度，单位为公里，则有经验公式：建厂费用 $C_1=73Q^{0.712}$ 千元，管道费用 $C_2=0.66Q^{0.51}L$ 千元。已知三城镇的污水量分别为 $Q_1=5$ 立方米/秒，$Q_2=3$ 立方米/秒，$Q_3=5$ 立方/秒。问：三城镇应怎样处理污水方可使总开支最少？每一城镇负担的费用应各为多少？

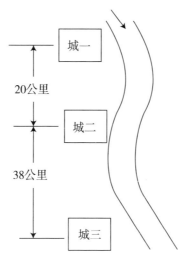

图 11-2　某河流同旁的三个城镇位置

参考文献

渠慎宁，2019. 碳排放分解：理论基础、路径剖析与选择评判[J]. 城市与环境研究(3)：98-112.

李鹏飞，张艳芳，2013. 中国水资源综合利用效率变化的结构因素和效率因素：基于 Laspeyres 指数分解方法的分析[J]. 技术经济，32(6)：85-91.

张丽娜，郝宵，庞庆华，等，2021. 城乡分异视角下居民食品消费碳排放驱动效应研究：以江苏省为例的实证分析[J]. 软科学，35(2)：54-59.

田立新，张蓓蓓，2011. 中国碳排放变动的因素分解分析[J]. 中国人口·资源与环境(11)：1-7.

崔操操，2018. 基于广义费雪模型的天津市居民碳排放影响因素分析[D]. 天津：天津大学.

ANG B W，2004. Decomposition analysis for policymaking in energy: which is the preferred method? [J]. Energy policy，32(9)：1131-1139.

ALBRECHT J，FRANçOIS D，SCHOORS K，2002. A Shapley decomposition of carbon emissions without residuals[J]. Energy policy，30(9)：727-736.

SUN J W，1998. Changes in energy consumption and energy intensity: A complete decomposition model[J]. Energy economics，20(1)：85-100.

ANG B W，HUANG H C，MU A R，2009. Properties and linkages of some index decomposition analysis methods[J]. Energy policy，37(11)：4624-4632.

ANG B W，LIU F L，CHUNG H S，2004. A generalized Fisher index approach to energy decomposition analysis[J]. Energy economics，26(5)：757-763.

第 12 章
LMDI 分解决策方法

学习目标：
1. 掌握时间维度 LMDI 分解方法及求解；
2. 掌握空间维度 LMDI 分解方法及求解；
3. 能够结合实际问题建立 LMDI 分解模型。

对数平均迪氏指数法(Logarithmic Mean Divisia Index，LMDI)分解方法是在变量不多且涉及时间序列性质的情况下的一种比较理想的分解方法。并且该方法的使用不需要借助投入产出表的数据，对数据的要求性较低。相比较之下，结构分解分析方法(Structure Decomposition Analysis，SDA)需要借助投入产出表、时效性较差。与传统的 Laspeyres 分解方法与 Shaply 值分解方法相比，大多数情况下，LMDI 分解方法的分解效果均是显著优于二者的。目前 LMDI 分解方法已经成为指数分解方法(Index Decomposition Analysis，IDA)中运用的最广泛的方法之一，主要运用于能源、资源、碳排放等的影响因子研究。

12.1 时间维度 LMDI 分解方法及求解

假设目标变量为 V，我们需要探讨在周期 $[0, T]$ 中目标变量 V 的变化程度，有两种等式来描述目标变量 V 的变化程度，即 $\Delta V = V^T - V^0$ 与 $D = \dfrac{V^T}{V^0}$，V^T 表示时期 T 的目标指标 V 的值。$\Delta V = V^T - V^0$ 更适用于描述总量指标，$D = \dfrac{V^T}{V^0}$ 更适用于描述强度指标，同时也分别对应着时间维度 LMDI 分解方法的加法与乘法模型。

12.1.1 时间维度 LMDI 分解方法的加法模型

Step1：假设共有 n 个影响因子导致 V 随着时间变化而变化，且每个因子均与一个可量化变量关联，即共有 n 个变量 $x_1, x_2, x_3, \cdots, x_n$。设下标 i 表示目标变量 V 的次级分类，用来研究结构的变化；上标 0、T 表示对应的时期，则有：

$$V = \sum_n V_i = \sum x_{1,i} x_{2,i} x_{3,i} \cdots x_{n,i} \tag{12-1}$$

Step2：根据 Divisia 分解法定义，目标变量 V 对时间 t 进行微分，得：

$$dV^t/dt = \sum_k \sum_i x^t_{1,i} x^t_{2,i} x^t_{3,i} \cdots x^t_{k-1,i} x^t_{k+1,i} \cdots x^t_{n,i} dx^t_{k,i}/dt \tag{12-2}$$

其中 $x^t_{k,i}$ 表示时期 t 上在次级分类 i 中的影响因子 k 对应的变量值。

Step3：两边同时对时间变量 t 进行定积分：

$$\int_0^T dV^t/dt = V^T - V^0 = \sum_k \int_0^T \sum_i V^t_i d(\ln x^t_{k,i})/dt \tag{12-3}$$

Step4：对于每个影响因子变量 x_k 的驱动效应变化则有：

$$\Delta V_{x_k} = \int_0^T \sum_i V^t_i d(\ln x^t_{k,i})/dt \tag{12-4}$$

Step5：进一步化简得到：

$$\Delta V_{x_k} = \sum_i L(V^T_i, V^0_i) \ln(x^T_{k,i}/x^0_{k,i}) \tag{12-5}$$

Step6：上述定积分是无法算出确切数值的，通常使用赋权的方法来计算各影响因子的贡献值，LMDI 将时期内两个端点的平均对数函数作为分解权重，即

$$\begin{cases} L(x, y) = \dfrac{(x-y)}{\ln x - \ln y} \\ L(x, x) = x \end{cases} \tag{12-6}$$

则权重函数为

$$L(V^T_i, V^0_i) = \frac{V^T_i - V^0_i}{\ln V^T_i - \ln V^0_i} \tag{12-7}$$

假设某汽车厂商的销售额由第一年年底的 2000 万元上升至第二年年底的 3000 万元，现需要探究厂商销售额变动的驱动因素。已知，汽车销售额总共受到价格和销售数量两个因素影响，其销售数据如表 12-1 所示，采用 LMDI 分解方法探究各影响因子对汽车厂商销售额的贡献。

表 12-1　某汽车厂商销售数据

时期	价格/万元	销售数量/辆
第 1 年	10	200
第 2 年	12	250

设销售额为 W，价格为 Q，销售数量为 P，得 $W = PQ$。依照 LMDI 模型理论，价格 Q 对销售额 W 的贡献为

$$\Delta W_Q = \frac{W^{t+1} - W^t}{\ln W^{t+1} - \ln W^t} \ln\left(\frac{Q^{t+1}}{Q^t}\right)$$

销售数量为 P 对销售额 W 的贡献为

$$\Delta W_P = \frac{W^{t+1} - W^t}{\ln W^{t+1} - \ln W^t} \ln\left(\frac{P^{t+1}}{P^t}\right)$$

通过计算可得：$\Delta W_Q = 449.66$，$\Delta W_P = 550.34$。也就表示，销售额总变动 ΔW 中，由于价格变动导致销售额变动的部分为 449.66 万元，由于销售数量变动而导致销售额变动的部分为 550.34 万元。

12.1.2 时间维度 LMDI 分解方法的乘法模型

假设共有 n 个影响因子导致目标变量 V 随着时间变化而变化，且每个因子均与一个可量化变量关联，即共有 n 个变量 x_1，x_2，x_3，$\cdots$，x_n。设下标 i 表示目标变量 V 的次级分类，用来研究结构的变化；上标 0、T 表示对应的时期，则有：

$$V = \sum_n V_i = \sum_n x_{1,i} x_{2,i} x_{3,i} \cdots x_{n,i} \tag{12-8}$$

Step1：等式两边同时对数化，得到：

$$\ln V = \ln \sum_n V_i = \ln \sum_n x_{1,i} x_{2,x} x_{3,x} \cdots x_{n,i} \tag{12-9}$$

Step2：上式两边同时对时间变量 t 微分，得到：

$$\frac{\mathrm{d}\ln V}{\mathrm{d}t} = \sum_i \bar{\omega}_i \left(\frac{\mathrm{d}\ln x_{1,i}}{\mathrm{d}t} + \frac{\mathrm{d}\ln x_{2,i}}{\mathrm{d}t} + \frac{\mathrm{d}\ln x_{3,i}}{\mathrm{d}t} + \cdots + \frac{\mathrm{d}\ln x_{n,i}}{\mathrm{d}t} \right) \tag{12-10}$$

$\bar{\omega}_i$ 为权重函数，无法确切计算出数值。

Step3：再对等式两边同时定积分，得到：

$$\int_0^T \frac{\mathrm{d}\ln V}{\mathrm{d}t} \mathrm{d}t = \int_0^T \sum_i \bar{\omega}_i \left(\frac{\mathrm{d}\ln x_{i,x}}{\mathrm{d}t} + \frac{\mathrm{d}\ln x_{2,i}}{\mathrm{d}t} + \frac{\mathrm{d}\ln x_{3,i}}{\mathrm{d}t} + \cdots + \frac{\mathrm{d}\ln x_{n,i}}{\mathrm{d}t} \right) \mathrm{d}t \tag{12-11}$$

化简得到：

$$\ln \frac{V^T}{V^0} = \sum_i \int_0^T \left(\bar{\omega}_i \frac{\mathrm{d}\ln x_{1,i}}{\mathrm{d}t} + \bar{\omega}_i \frac{\mathrm{d}\ln x_{2,i}}{\mathrm{d}t} + \bar{\omega}_i \frac{\mathrm{d}\ln x_{3,i}}{\mathrm{d}t} + \cdots + \bar{\omega}_i \frac{\mathrm{d}\ln x_{n,i}}{\mathrm{d}t} \right) \tag{12-12}$$

Step4：依据式(12-7)，权重函数 $\bar{\omega}_i$ 可以表示为

$$\bar{\omega}_i = \frac{(V_i^T - V_i^0) \ln\left(\frac{V_i^T}{V_i^0}\right)}{(V^T - V^0) \ln\left(\frac{V^T}{V^0}\right)} \tag{12-13}$$

Step5：将式(12-13)代入式(12-10)中，得到：

$$\begin{aligned}\frac{V^T}{V^0} &= \exp\left[\sum_i \frac{(V_i^T - V_i^0)\ln\left(\frac{V_i^T}{V_i^0}\right)}{(V^T - V^0)\ln\left(\frac{V^T}{V^0}\right)} \ln \frac{V^T}{V^0} \right] \\ &= \exp\left(\frac{\ln V^T - \ln V^0}{V^T - V^0} \sum_i (V_i^T - V_i^0) \right)\end{aligned} \tag{12-14}$$

Step6：对于任一影响因子 k，其贡献为

$$D_{x_k} = \exp\left(\sum_i \frac{L(V_i^T, V_i^0)}{L(V^T, V^0)} \ln\left(\frac{x_{k,i}^T}{x_{k,i}^0}\right)\right) \tag{12-15}$$

LMDI 分解乘法模型分解相较于加法模型更适用于强度指标，实际应用中应以资源、能源使用强度指标为主。以人均用水量为例，人均用水量作为水资源消耗的重要衡量指标，分解其影响因子对衡量用水状态有着至关重要的作用。假设某地的用水量模型为 $W = \sum_i W_i = \sum_i \frac{W_i}{G_i} \times \frac{G_i}{G} \times \frac{G}{P} \times P$，其中 W 为当地总用水量，W_i 表示第 i 产业用水量（$i=1,2,3$），G_i 表示第 i 产业生产总值，G 表示当地生产总值，P 为当地人口，用水量模型相关数据如表 12-2 所示，运用 LMDI 分解乘法模型分解 $[t, t+1]$ 期内当地人均用水量变化。

表 12-2 某地用水量模型相关数据

变量	W	W_1	W_2	W_3	G_1	G_2	G_3	G	P
第 t 期	200	100	80	20	4045.2	39124.1	42700.5	85869.8	8423
第 $t+1$ 期	230	110	110	10	4141.7	42129.4	46936.3	93207.5	8446

注：用水量单位均为 10^8 立方米，生产总值单位均为 10^8 元，人口单位为 10^4 人，且产值数据已消除价格因素影响。

已知，人均用水量为 $w = \frac{W}{P}$，$w = \frac{W}{P}$ 可进一步分解为

$$w = \frac{W}{P} = \frac{\sum_i W_i}{P} = \frac{\sum_i \frac{W_i}{G_i} \times \frac{G_i}{G} \times \frac{G}{P} \times P}{P} = \sum_i \frac{W_i}{G_i} \times \frac{G_i}{G} \times \frac{G}{P}$$

设 $\frac{W_i}{G_i}$ 为技术效应 x_1，$\frac{G_i}{G}$ 为结构效应 x_2，$\frac{G}{P}$ 为经济效应 x_3。人均用水变化程度 D 可以改写为 $D = D_{x_1} D_{x_2} D_{x_3}$，$D_{x_1}$ 为技术效应 x_1 的贡献，D_{x_2} 为结构效应 x_2 的贡献，D_{x_3} 为经济效应 x_3 的贡献。

将对应变量的值代入式 (12-15)，得到：$D_{x_1} = 1.10$，$D_{x_2} = 0.97$，$D_{x_3} = 1.08$。

注：$D_{x_1} D_{x_2} D_{x_3}$ 这里等于 1.1525，约等于 D，并不是分解不完全，而是由于计算时四舍五入导致的误差。

12.2 空间维度 LMDI 分解方法及求解

由于地理、文化、历史、经济等诸多原因，不同地区的资源/能源消耗变化影响因子是存在显著差异的，而基础的 LMDI 分解方法分析主要集中于时间维度，仅能发现某个地区资源/能源消耗变化影响因子的动态演变规律，对于研究区域之间资源

/能源消耗差异的影响因子贡献有限。在此基础上,将空间属性纳入 LMDI 分解方法当中并加以改进,诞生了空间维度 LMDI 分解方法,能够有效比较地区之间影响因子的差异。

假设共有 n 个影响因子导致目标变量 V 随着时间变化而变化,且每个因子均与一个可量化变量关联,即共有 n 个变量 $x_1,x_2,x_3,\cdots,x_n$。设下标 i 表示目标变量 V 的次级分类,用来研究结构的变化则有:

$$V = \sum_n V_i = \sum_i x_{1,i} x_{2,i} x_{3,i} \cdots x_{n,i} \tag{12-16}$$

Step1:假设存在两个地区,用地区 a 和地区 b 表示,考虑到两个地区在影响因子上存在的差异,式(12-16)可以改写为

$$\widetilde{V} = \sum_i \widetilde{x}_{1,i} x_{2,i} x_{3,i} \cdots x_{n,i} + \sum_i x_{1,i} \widetilde{x}_{2,i} x_{3,i} \cdots x_{n,i} + \\ \sum_i x_{1,i} x_{2,i} \widetilde{x}_{3,i} \cdots x_{n,i} + \cdots + \sum_i x_{1,i} x_{2,i} x_{3,i} \cdots \widetilde{x}_{n,i} \tag{12-17}$$

$\widetilde{V}$ 表示地区 a 与地区 b 的目标变量 V 存在的差异,$\widetilde{x}_{1,i}$ 表示地区 a 与地区 b 在次级分级 i 的影响因子 1 数值上的差异,其他因子解释等同。

Step2:进一步,将式(12-17)写成差异率形式,即

$$\widetilde{V} = \sum_i d_{1,i} \bar{\omega}_i + \sum_i d_{2,i} \bar{\omega}_i + \sum_i d_{3,i} \bar{\omega}_i + \cdots + \sum_i d_{n,i} \bar{\omega}_i \tag{12-18}$$

$d_{1,i}$ 表示地区 a 与地区 b 在次级分级 i 的影响因子 x_1 数值上的差异,其他因子解释等同,$\bar{\omega}_i$ 为权数。

Step3:二地在周期 $[0,t]$ 内目标变量 V 的差异 ΔV 为

$$\Delta V = \int_0^t \Big(\sum_i d_{1,i} \bar{\omega}_i + \sum_i d_{2,i} \bar{\omega}_i + \sum_i d_{3,i} \bar{\omega}_i + \cdots + \sum_i d_{n,i} \bar{\omega}_i \Big) \mathrm{d}t \\ = \int_0^t \sum_i d_{1,i} \bar{\omega}_i \mathrm{d}t + \int_0^t \sum_i d_{2,i} \bar{\omega}_i \mathrm{d}t + \int_0^t \sum_i d_{3,i} \bar{\omega}_i \mathrm{d}t + \cdots + \int_0^t \sum_i d_{n,i} \bar{\omega}_i \mathrm{d}t \tag{12-19}$$

Step4:权数的确定依照式(12-6),式(12-19)消除积分后,可化简为

$$\Delta V = \sum_i L(V_i^a, V_i^b) \ln\Big(\frac{x_{1,i}^a}{x_{1,i}^b}\Big) + \sum_i L(V_i^a, V_i^b) \ln\Big(\frac{x_{2,i}^a}{x_{2,i}^b}\Big) + \cdots + \\ \sum_i L(V_i^a, V_i^b) \ln\Big(\frac{x_{n,i}^a}{x_{n,i}^b}\Big) \tag{12-20}$$

Step5:各影响因子 x_j 对目标变量 V 的贡献为

$$\Delta V_{x_j} = \sum_i L(V_i^a, V_i^b) \ln\Big(\frac{x_{j,i}^a}{x_{j,i}^b}\Big) \quad (j = 1, 2, 3, \cdots, n) \tag{12-21}$$

甲公司主营产品为 a、b 两种商品,现公司销售部门需要对地区 1 与地区 2 的销售策略进行调整,甲公司 a、b 两种商品销售数据如表 12-3 所示,运用空间维度 LMDI 分解方法求解价格因素、销量因素对两地销售总额差异的影响,为销售策略调整提供依据。

表 12-3　甲公司 a、b 两种商品销售数据

地区	a 商品			b 商品		
	价格/元	销量/个	销售额/元	价格/元	销量/个	销售额/元
地区 1	100	88	8800	200	50	10000
地区 2	110	70	7700	240	40	9600

假设销售额为 W，价格为 P，销量为 Q。下标 a、b 表示该变量对应的商品种类，上标 1、2 表示该变量对应的地区。

两地总销售差额为

$$\Delta W = P_a^1 Q_a^1 - P_a^2 Q_a^2 + P_b^1 P_b^1 - P_b^2 Q_b^2$$
$$= 8800 - 7700 + 10000 - 9600$$
$$= 1500(元)$$

两地价格因子 P 对销售额差异的贡献为

$$\Delta W_P = \frac{W_a^1 - W_a^2}{\ln W_a^1 - \ln W_a^2} \ln\left(\frac{P_a^1}{P_a^2}\right) + \frac{W_b^1 - W_b^2}{\ln W_b^1 - \ln W_b^2} \ln\left(\frac{P_b^1}{P_b^2}\right)$$

两地价格因子 Q 对销售额差异的贡献为

$$\Delta W_Q = \frac{W_a^1 - W_a^2}{\ln W_a^1 - \ln W_a^2} \ln\left(\frac{Q_a^1}{Q_a^2}\right) + \frac{W_b^1 - W_b^2}{\ln W_b^1 - \ln W_b^2} \ln\left(\frac{Q_b^1}{Q_b^2}\right)$$

通过计算可得：$\Delta W_P = -2571.65$，$\Delta W_Q = 4071.65$。甲公司的销售额在地区 1 比地区 2 多 1500 元，其中销量因素 Q 是导致差距的主要原因，达到 4071.65 元，价格因素 P 抑制差距的进一步扩大，使销售额差距缩小了 2571.65 元。

12.3　应用案例

12.3.1　基于时间维度 LMDI 分解方法的中国用水量驱动分析

水资源是社会经济发展的重要基础与生产要素，也是事关国计民生的基础性自然资源和战略性经济资源。21 世纪以来，我国经济总体上保持中高速增长，但伴随"牺牲式"发展而来的是严重的水资源浪费与污染。联合国发布的《2019 年世界水资源发展报告》中，将我国列为水资源严重短缺国家。我国要建设节水型社会仍有很长的路要走，因此，对水资源消耗的空间格局以及驱动因素进行研究，对因地制宜制定切实可行的水资源政策有重大意义。本案例采用时间维度 LMDI 分解方法，将用水量演变的驱动因素分解为用水强度效应、产业结构效应、收入效应、人口效应，并加以分析研究。

1. 模型构建

本案例选取的研究区域为除港、澳、台特别行政区的全国 31 个省、自治区、直辖市，时间跨度为 2000—2018 年。所涉及原始数据为产业增加值指标、用水量指标、人口指标，根据《中国水资源公报》《中国统计年鉴》《中国人口就业和统计年鉴》得来的。

总用水量 W 可以分解为式(12-22)：

$$W = \sum_i W_i = \sum_i \frac{W_i}{G_i} \times \frac{G_i}{G} \times \frac{G}{P} \times P \tag{12-22}$$

式(12-22)中 W 为总用水量，W_i 为第 i 产业用水量，G_i 为第 i 产业增加值。G 表示生产总值，且 $G = \sum_i G_i$，P 为总人口数。

将式(12-22)进一步改写为式(12-23)：

$$W = \sum_i W_i = \sum_i I_i \times S_i \times Inc \times P \tag{12-23}$$

式(12-23)中，$I_i = W_i/G_i$ 表示第 i 产业用水量与增加值比值，表示第 i 产业用水强度，$S_i = G_i/G$ 为第 i 产业增加值生产总值的比重，$Inc = G/P$ 为人均生产总值。

假定时间从 $t-1$ 变化到 t，用电总量的变化量 $w^{t-1,t}$ 可以分解为 4 个驱动效应：

$$\Delta W^{t-1,t} = W^t - W^{t-1} = \Delta W_I^{t-1,t} + \Delta W_S^{t-1,t} + \Delta W_{Inc}^{t-1,t} + \Delta W_P^{t-1,t} \tag{12-24}$$

$$\Delta W_I^{t-1,t} = \sum_i \frac{W_i^t - W_i^{t-1}}{\ln W_i^t - \ln W_i^{t-1}} \ln\left(\frac{I_i^t}{I_i^{t-1}}\right) \tag{12-25}$$

$$\Delta W_S^{t-1,t} = \sum_i \frac{W_i^t - W_i^{t-1}}{\ln W_i^t - \ln W_i^{t-1}} \ln\left(\frac{S_i^t}{S_i^{t-1}}\right) \tag{12-26}$$

$$\Delta W_{Inc}^{t-1,t} = \sum_i \frac{W_i^t - W_i^{t-1}}{\ln W_i^t - \ln W_i^{t-1}} \ln\left(\frac{Inc^t}{Inc^{t-1}}\right) \tag{12-27}$$

$$\Delta W_P^{t-1,t} = \sum_i \frac{W_i^t - W_i^{t-1}}{\ln W_i^t - \ln W_i^{t-1}} \ln\left(\frac{P^t}{P^{t-1}}\right) \tag{12-28}$$

$\Delta W_I^{t-1,t}$ 定义为技术进步效应，反映技术进步对用水总量变化的贡献；$\Delta W_S^{t-1,t}$ 定义为产业结构效应，反映产业结构调整对用水总量变化的贡献；$\Delta W_{Inc}^{t-1,t}$ 定义为收入效应，反映经济增长对用水总量变化的贡献；$\Delta W_P^{t-1,t}$ 定义为人口效应，反映人口规模变化对用水总量变化的贡献。

2. 实证结果

基于式(12-24)至式(12-28)计算得出 2000—2018 年中国用水量变化的分解驱动因素效应，如表 12-4 所示。所研究时间段内，中国用水量累计上升 317.15 亿 m³，其中技术进步效应和产业结构效应分别累计达到 −5746.30 亿 m³、−2773.75 亿 m³，绝对值占总效应的比重分别为 1812.14%、874.73%，说明技术进步效应与产业结构效应对用水量增长具有明显的抑制作用，前者相对来说贡献更加明显。收入效应累计达到 8174.33 亿 m³，占总效应的比重为 2577.84%，贡献率较高，显然是导致用水量增长的主要因素。人口效应累计达到 662.82 亿 m³，整体上来看对用水总量增长起到了促进作用，但影响程度远远小于收入效应。

表 12-4　2000—2018 年中国用水量变化的分解驱动因素效应

单位：亿 m³

年份	技术进步效应	产业结构效应	收入效应	人口效应	总效应
2000—2001	−187.81	−181.50	446.54	−7.38	69.85
	(−268.88%)	(−259.84%)	(639.28%)	(−10.56%)	
2001—2002	−347.79	−196.17	437.51	36.30	−70.15
	(495.78%)	(279.65%)	(−623.68%)	(−51.75%)	
2002—2003	−541.29	−208.42	451.95	41.07	−256.69
	(210.87%)	(81.20%)	(−176.07%)	(−16.00%)	
2003—2004	−182.86	−107.55	463.79	51.58	224.96
	(−81.29%)	(−47.81%)	(206.17%)	(22.93%)	
2004—2005	−322.21	−175.70	580.50	−7.84	74.75
	(−431.05%)	(−235.05%)	(776.59%)	(−10.49%)	
2005—2006	−264.73	−224.47	606.92	43.95	161.67
	(−163.75%)	(−138.84%)	(375.40%)	(27.19%)	
2006—2007	−414.08	−313.93	694.05	44.91	10.95
	(−3781.55%)	(−2866.94%)	(6338.35%)	(410.14%)	
2007—2008	−322.77	−130.99	487.54	43.08	76.86
	(−419.94%)	(−170.43%)	(634.32%)	(56.05%)	
2008—2009	−268.57	−147.09	449.71	38.33	72.38
	(−371.06%)	(−203.22%)	(621.32%)	(52.96%)	
2009—2010	−354.42	−182.54	496.05	80.92	40.01
	(−885.83%)	(−456.24%)	(1239.82%)	(202.25%)	
2010—2011	−284.66	−164.48	511.02	30.94	92.82
	(−306.68%)	(−177.20%)	(550.55%)	(33.33%)	
2011—2012	−300.35	−106.35	411.06	33.62	37.98
	(−790.81%)	(−280.02%)	(1082.31%)	(88.52%)	
2012—2013	−271.73	−126.68	408.67	34.79	45.05
	(−603.17%)	(−281.20%)	(907.14%)	(77.23%)	
2013—2014	−393.03	−99.51	371.05	35.14	−86.35
	(455.16%)	(115.24%)	(−429.71%)	(−40.69%)	
2014—2015	−298.81	−100.84	344.76	43.51	−11.38
	(2625.75%)	(886.12%)	(−3029.53%)	(−382.34%)	

(续表)

年份	技术进步效应	产业结构效应	收入效应	人口效应	总效应
2015—2016	−347.37	−106.40	330.08	40.50	−83.19
	(417.56%)	(127.90%)	(−396.78%)	(−48.68%)	
2016—2017	−308.18	−96.44	347.16	41.45	−16.01
	(1924.92%)	(602.37%)	(−2168.39%)	(−258.90%)	
2017—2018	−335.64	−104.69	335.97	37.95	−66.41
	(505.41%)	(157.64%)	(−505.90%)	(−57.15%)	
2000—2018	−5746.30	−2773.75	8174.33	662.82	317.10
	(−1812.14%)	(−874.73%)	(2577.84%)	(209.03%)	

2003 年之前，用水量总体上呈现下降趋势，2002—2003 年用水总量下降幅度较大，可能与供水不足以及《中华人民共和国水法》(2002 年修正)实施促成的节水热潮有关。2003—2011 年用水量总体上呈现出波动上升的趋势。自 2011 年进入"十二五"规划，由于国家对节水型社会建设投入力度加大，相关水资源保护政策文件相继出台，用水量上升的趋势得到了有效遏制，总体上呈现出缓慢下降的趋势。其中 2013—2014 年以及 2015—2016 年下降幅度较大，可能是因为期间《国家农业节水纲要(2012—2020 年)》以及《水污染防治行动计划》的出台，导致各省份用水量的大幅缩减。

12.3.2 基于空间维度 LMDI 分解方法区域水资源消耗差异分析

我国是一个区域社会经济发展以及水资源禀赋等具有异质性的国家。因此，区域间水资源消耗差异的影响因素研究将有利于各地区根据自身情况制定实施有差别化的水资源政策，做到"对症下药"。同时，也可以积极借鉴和吸取其他地区的经验和教训，做到"取长补短"，最终将促进"三条红线"的贯彻落实和推进节水型社会建设。空间维度 LMDI 分解方法能够很直观地展现地区间各用水影响因素的差异，故本案例以西北五省(区)为例，利用空间维度 LMDI 分解方法将用水量差异的影响因素归结为强度效应、结构效应、收入效应和人口效应，并加以对比分析。

1. 模型构建

总用水量 W 可以表示为

$$W = \sum_i W_i = \sum_i \frac{W_i}{G_i} \frac{G_i}{G} \frac{G}{P} P \tag{12-29}$$

式(12-29)中，W 为总用水量，W_i 为第 i 产业用水量，G_i 为第 i 产业增加值。G 为生产总值，且 $G = \sum_i G_i$，P 为总人口数。

将式(12-29)进一步改写为式(12-30)：

$$W = \sum_i W_i = \sum_i I_i \times S_i \times Y \times P \tag{12-30}$$

式(12-30)中，$I_i = W_i/G_i$ 表示第 i 产业用水量与增加值比值，表示第 i 产业用水强度，$S_i = G_i/G$ 为第 i 产业增加值生产总值的比重，$Y = G/P$ 为人均生产总值。

假设存在两个地区，用 1 和 2 表示，考虑到两个地区在影响因子存在的差异，式(12-30)可进一步改写为

$$\widetilde{W} \sum_i \widetilde{I}_i S_i Y P + \sum_i I_i \widetilde{S}_i Y P + \sum_i I_i S_i \widetilde{Y} P + \sum_i I_i S_i Y \widetilde{P} \tag{12-31}$$

其中变量表示二地之间该变量的差异，进一步将式(12-31)改写成差异率的模式：

$$\widetilde{W} = \sum_i d_{I,i} \bar{\omega}_i + \sum_i d_{S,i} \bar{\omega}_i + \sum_i d_{Y,i} \bar{\omega}_i + \sum_i d_{P,i} \bar{\omega}_i \tag{12-32}$$

式(12-32)中：$d_{I,i}$、$d_{S,i}$、$d_{Y,i}$、$d_{P,i}$ 为地区 1 和地区 2 在第 i 次产业用水强度、第 i 产业产值占总产值比重、人均收入水平和人口上的差异，$\bar{\omega}_i$ 为权数，将式(12-32)对时间变量 t 积分，可得式(12-33)。

$$\begin{aligned}\Delta W &= \int_0^T \Big(\sum_i d_{I,i} \bar{\omega}_i + \sum_i d_{S,i} \bar{\omega}_i + \sum_i dY_{,i} \bar{\omega}_+ \sum_i d_{P,i} \bar{\omega}_i\Big) dt \\ &= \int_0^T \sum_i d_{I,i} \bar{\omega}_i dt + \int_0^T \sum_i d_{S,i} \bar{\omega}_i dt + \int_0^T \sum_i d_{Y,i} \bar{\omega}_i dt + \int_0^T \sum_i d_{P,i} \bar{\omega}_i dt\end{aligned}$$

$$\tag{12-33}$$

权数 $\bar{\omega}_i$ 的确定参照式(12-7)，得到式(12-34)：

$$\begin{aligned}\Delta W = &\sum_i L(W_i^1, W_i^2) \ln\Big(\frac{I_i^1}{I_i^2}\Big) + \sum_i L(W_i^1, W_i^2) \ln\Big(\frac{S_i^1}{S_i^2}\Big) + \\ &\sum_i L(W_i^1, W_i^2) \ln\Big(\frac{Y_i^1}{Y_i^2}\Big) + \sum_i L(W_i^1, W_i^2) \ln\Big(\frac{P_i^1}{P_i^2}\Big)\end{aligned} \tag{12-34}$$

各个影响因子对用水量 W 变化的贡献为

$$\Delta W_I = \sum_i \frac{W_i^1 - W_i^2}{\ln W_i^1 - \ln W_i^2} \ln\Big(\frac{I_i^1}{I_i^2}\Big) \tag{12-35}$$

$$\Delta W_S = \sum_i \frac{W_i^1 - W_i^2}{\ln W_i^1 - \ln W_i^2} \ln\Big(\frac{S_i^1}{S_i^2}\Big) \tag{12-36}$$

$$\Delta W_Y = \sum_i \frac{W_i^1 - W_i^2}{\ln W_i^1 - \ln W_i^2} \ln\Big(\frac{Y_i^1}{Y_i^2}\Big) \tag{12-37}$$

$$\Delta W_P = \sum_i \frac{W_i^1 - W_i^2}{\ln W_i^1 - \ln W_i^2} \ln\Big(\frac{P_i^1}{P_i^2}\Big) \tag{12-38}$$

式(12-35)至式(12-38)中，ΔW_I、ΔW_S、ΔW_Y、ΔW_P 分别为强度效应、结构效应、收入效应和人口效应，分别反映两个地区产业用水强度差异、产业结构差异、收入差异和人口规模差异对用水量差异的影响。

2. 实证结果

以用水量较小的省份为基础，用水量较大的省份为比较组，从而可以保证用水量差值是正值，易于分解结果的解释。由于西北五省(区)中青海用水量最小，以青海为基础，其他四个省份为比较组，分析用水量差异的因素分解结果，并列出 1998 年和

2014 年用水量差异的因素分解结果加以对比，结果如表 12-5 与表 12-6 所示。

表 12-5　1998 年西北五省(区)用水量差异因素分解　　　　　单位：亿 m³

组别	强度效应	结构效应	收入效应	人口效应	总效应
陕西—青海	−37.15	−1.85	−3.83	94.44	51.61
	(−71.99%)	(−3.59%)	(−7.41%)	(182.99%)	(100%)
宁夏—青海	62.90	1.01	2.04	3.61	69.55
	(90.44%)	(1.45%)	(2.93%)	(5.18%)	(100%)
甘肃—青海	−0.67	8.04	−13.76	100.63	94.25
	(−0.71%)	(8.54%)	(−14.60%)	(106.77%)	(100%)
新疆—青海	139.95	39.20	52.96	179.93	412.04
	(33.97%)	(9.51%)	(12.85%)	(43.67%)	(100%)

表 12-6　2014 年西北五省(区)用水量差异因素分解　　　　　单位：亿 m³

组别	强度效应	结构效应	收入效应	人口效应	总效应
陕西—青海	−38.38	−0.37	6.65	93.50	61.40
	(−62.51%)	(0.61%)	(−10.83%)	(152.29%)	(100%)
宁夏—青海	31.09	9.21	−3.70	5.49	42.10
	(73.86%)	(21.88%)	(−8.79%)	(13.05%)	(100%)
甘肃—青海	−7.28	24.21	−14.92	90.89	92.90
	(−7.84%)	(26.06%)	(−16.06%)	(97.84%)	(100%)
新疆—青海	175.54	131.64	3.85	239.67	550.70
	(31.88%)	(23.90%)	(0.70%)	(43.52%)	(100%)

表 12-5 中，1998 年，陕西用水量比青海多 51.61 亿 m³，其中人口效应为 94.44 亿 m³，占总效应的比重为 182.99%，表明人口规模差异是引起用水量差异的主要原因，强度效应、结构效应和收入效应都是负值，有利于缩小用水量差异，绝对值占总效应的比重分别为 71.99%、3.59% 和 7.41%，表明陕西产业用水强度较低(用水效率较高)对用水量差异的缩小起到重要作用，而产业结构调整和收入水平因素的作用较小。

宁夏用水量比青海多 69.55 亿 m³，其中强度效应、结构效应、收入效应和人口效应都是正值，占总效应的比重分别为 90.44%、1.45%、2.93% 和 5.18%，表明宁夏用水强度较高(用水效率较低)是引起用水量差异的主要原因，其他效应的影响较小。

甘肃用水量比青海多 94.25 亿 m³，其中人口效应为 100.63 亿 m³，占总效应的比重为 106.77%，表明人口规模差异是引起用水量差异的主要原因，两省人口规模分别为 2519 万人和 503 万人，相差 2016 万人；结构效应也是正值，占总效应的比重仅为 8.54%，是用水量差异的次要原因；强度效应和收入效应都是负值，其绝对值占总效应的比重分别为 0.71% 和 14.60%，有利于用水量差异的缩小，但是强度效应的影响甚微。

新疆用水量比青海多 412.04 亿 m^3，其中强度效应、结构效应、收入效应和人口效应都是正值，占总效应的比重分别为 33.97%、9.51%、12.85% 和 43.67%，表明引起用水量差异的主要因素是人口规模和用水强度的差异，其次是收入差异，而产业结构差异的影响最小。

如表 12-6，显示了 2014 年西北五省（区）用水量差异的因素分解结果。陕西用水量比青海多 61.40 亿 m^3，其中人口效应为 93.50 亿 m^3，占总效应的比重为 152.29%，表明人口规模差异仍然是引起用水量差异的主要原因；收入效应是正值，占总效应的比重为 10.83%，是用水量差异扩大的次要原因；而强度效应和结构效应都是负值，促进了用水量差异的缩小，尤其是前者，后者的作用甚微。与 1998 年分解结果相比，陕西与青海用水量的差异增加了 9.79 亿 m^3，主要来源于收入效应的变化，由 1998 年的 −3.83 亿 m^3 增加为 2014 年的 6.65 亿 m^3，增加了 10.48 亿 m^3；结构效应的变化也增加用水量差异，但影响较小；强度效应和人口效应的变化促进用水量差异的缩小，但是作用较弱。

宁夏用水量比青海多 42.10 亿 m^3，其中强度效应为 31.09 亿 m^3，占总效应的比重为 73.86%，表明强度效应仍然是用水量差异的主要原因，其次是结构效应和人口效应，占总效应的比重分别为 21.88% 和 13.05%，而收入效应为负值，促进用水量差异的缩小。与 1998 年分解结果相比，宁夏与青海用水量的差异下降了 27.45 亿 m^3，主要来源于强度效应和收入效应，分别由 1998 年的 62.90 亿 m^3 和 2.04 亿 m^3 下降到 2014 年的 31.09 亿 m^3 和 −3.70 亿 m^3，下降了 31.81 亿 m^3 和 5.74 亿 m^3，而结构效应和人口效应却有所增加，起到扩大用水量差异的作用。

甘肃用水量比青海多 92.90 亿 m^3，其中人口效应为 90.89 亿 m^3，占总效应的比重为 97.84%，表明人口规模差异仍然是用水量差异的主要原因，结构效应是正值，占总效应的比重为 26.06%，是用水量差异的次要原因；强度效应和收入效应都是负值，有利于用水量差异的缩小。与 1998 年分解结果相比，用水量差异仅仅下降了 1.35 亿 m^3，除了结构效应增加了 16.17 亿 m^3 外，另外 3 个效应都有所下降，合计达到 17.52 亿 m^3。

新疆用水量比青海多 550.70 亿 m^3，其中强度效应、结构效应、收入效应和人口效应都是正值，占总效应的比重分别为 31.88%、23.90%、0.70% 和 43.52%，表明人口规模差异对用水量差异影响最大，其次是强度效应和结构效应，收入效应的影响最小。与 1998 年分解结果相比，用水量差异增加了 138.66 亿 m^3，仅有收入效应下降了 49.11 亿 m^3，而强度效应、结构效应和人口效应分别增加了 35.59 亿 m^3、92.44 亿 m^3 和 59.74 亿 m^3，引起用水量差异的增加。

习 题

1. 假设某空调厂商的销售额由第一年年底的 2000 万元上升至第二年年底的 3500 万元,现需要探究厂商销售额变动的驱动因素。已知汽车销售额受到价格、销售数量及原材料成本 3 个因素影响,这一年这 3 个因素的变化如表 12-7 所示,采用 LMDI 分解方法探究各影响因子对空调厂商销售额的贡献。

表 12-7 汽车销售额受到价格、销售数量及原材料成本 3 个因素的变化表

时期	价格/万元	销售数量/辆	原材料成本/万元
第 1 年	10	200	4
第 2 年	12	250	5

2. 人均用电量作为能源消耗的重要衡量指标,分解其影响因子对衡量用电状态有着至关重要的作用。假设某地的用电量模型为 $W=\sum_i W_i=\sum_i \frac{W_i}{G_i} \times \frac{G_i}{G} \times \frac{G}{P} \times P$,其中,$W$ 为当地总用电量,W_i 表示第 i 产业用电量($i=1,2,3$),G_i 表示第 i 产业生产总值,G 表示当地生产总值,P 为当地人口,用电量模型的具体数据如表 12-8 所示,运用 LMDI 分解乘法模型分解 $[t,t+1]$ 期内当地人均用电量变化。

表 12-8 用电量模型的具体数据

变量	W	W_1	W_2	W_3	G_1	G_2	G_3	G	P
第 t 期	300	150	100	50	4045.2	39124.1	42700.5	85869.8	8214
第 $t+1$ 期	420	220	120	80	4141.7	42129.4	46936.3	93207.5	8446

注:已忽略相关数据单位,且产值数据已消除价格因素影响。

3. 甲公司主营产品为 a、b、c 3 种商品,现公司销售部门需要对地区 1 与地区 2 的销售策略进行调整,地区 1 与地区 2 的销售数据如表 12-9 所示,运用空间维度 LMDI 分解方法求解价格因素、销量因素、原材料成本因素对两地销售总额差异的影响,为销售策略调整提供依据。

表 12-9 地区 1 与地区 2 的销售数据

地区	a 商品			b 商品			c 商品		
	价格	销量	原材料成本	价格	销量	原材料成本	价格	销量	原材料成本
地区 1	100	88	40	200	50	120	150	60	50
地区 2	110	70	50	240	40	140	180	70	90

参考文献

张陈俊,董娟娟,林琳,等,2017. 区域水资源消耗差异的影响因素分析:LMDI 模型的新应用[J]. 水利经济,35(6):71-75.

张丽娜,曹逸文,庞庆华,等,2020. 产业结构高级化对区域用水总量时空差异的驱动效应研究[J]. 软科学,34(7):1-7.

ANG B W,2004. Decomposition analysis for policymaking in energy:which is the preferred method?[J]. Energy policy,32(9):1131-1139.

ANG B W,LIU N A,2005. Handling zero values in the logarithmic mean divisia index decomposition approach[J]. Energy policy,35(1):238-246.

ANG B W,2015. LMDI decomposition approach:A guide for implementation[J]. Energy policy,86:233-238.

ANG B W,LIU F L,CHEW E P,2003. Perfect decomposition techniques in energy and environmental analysis[J]. Energy policy,31(14):1561-1566.

ANG B W,CHOI K H,ZHANG F Q,1998. Factorizing changes in energy and environmental indicators through decomposition[J]. Energy,23(6):489-495.

第13章
结构分解分析决策方法

学习目标：
1. 掌握结构分解分析方法的内涵与原理；
2. 掌握结构分解分析方法的步骤；
3. 能够结合实际问题建立结构分解分析模型。

结构分解分析(Structural Decomposition Analysis，SDA)方法是一种基于投入产出模型用于分析某些特定驱动因素对某一关键指标直接和间接影响的方法。当一个经济体一段时期的投入产出数据已知时，将总产出变化分解为不同的组成部分，研究各项投入产出数据对总产出变化的影响，对经济研究有着重要的现实意义，结构分解分析方法便是在这种情况下应运而生。自诞生以来，结构分解分析方法便被广泛运用于经济、能源、资源等领域，与指数分解分析(IDA)方法并列为运用最广泛的两大类分解方法。

13.1 结构分解分析方法概述

结构分解分析方法于20世纪70年代提出，但最初该方法存在着诸多问题，其中最主要的问题就是分解不完全，分解所遗留的残余项不能合理地解释，所以并未得到广泛运用。

Dietzenbacher 和 Los 在此基础上提出 SDA 平均分解法(也称为 D&L 法)的加法模型后，这一问题才被有效解决，SDA 平均分解法也逐渐在能源、资源等领域得到广泛运用。D&L 法不仅仅有加法形式，Dietzenbacher 进一步提出了乘法形式，前者适用于总量指标的分解，后者适用于强度指标的分解，但乘法形式的 D&L 法早期并未被广泛运用，运用更多的是加法形式的 D&L 法，很大程度上是因为早期时间序列投入产出表较为稀少，而加法形式构建指数更加方便，便于研究。

与指数分解分析(IDA)方法相同,SDA 方法同样也可以分为 Laspeyres 和 Divisia 两大类。Laspeyres 类方法是目前最主流的 SDA 分解方法,加法形式和乘法形式在各类相关研究中都得到了广泛运用。相对的,Divisia 类方法出现时间较晚,2010 年左右,才陆续开始出现相关研究,且数量较少,乘法形式的 Divisia 类方法在现有研究中较为罕见,使用的更多是加法形式。

与 IDA 方法相比,SDA 方法的一大优势是可进行二级分解,SDA 方法所分解出的一级因子,可进一步分解为若干二级子因子,以此通过二级分解可深入探讨投入产出因素影响的来源,进而更好地解释研究指标变化的成因。SDA 方法的另一大优势就是既可以计算最终需求对目标指标的推动作用,同时也可以依靠投入产出表来计算因生产部门相互关联对目标指标产生的间接影响。这一独特优势对产业结构分析调整具有十分重要的现实意义。但是,投入产出表的编制耗费时间较长,相对而言,具有一定的滞后性。同时编制投入产出表耗费成本大,我国每五年才发布国家层面的投入产出表,各地区的投入产出表也只在特定年份才发布,所以 SDA 方法的运用受到了一定的限制。IDA 方法和 SDA 方法优缺点比较见表 13-1 所示。

表 13-1 IDA 方法和 SDA 方法的优缺点比较

类别	IDA 方法	SDA 方法
优点	(1) 数据类型要求不高,主流公开数据,易于获得; (2) 能够对历年各地区的目标指标变化进行单独或合并分析; (3) 数据时效性好,所以研究的时效性较好	(1) 可分析各类最终需求对研究指标的拉动作用以及各生产部门相互关联而引起的间接影响; (2) 可进行二级分解,更好地解释研究指标变化的成因
缺点	(1) 只能够分析各驱动因素对研究指标的直接影响,无法体现经济部门相互联系变化而引起的间接影响; (2) 只能够进行一级分解,不能够深入探究引发目标指标变化的更深层次来源	(1) 需要投入产出表,数据难以获得; (2) 各地区各时间段的投入产出表编制有限,因此研究范围受到了很大的限制; (3) 由于数据时效性与 IDA 方法相比较差,研究存在一定滞后性

13.2 结构分解分析方法的步骤

13.2.1 基于技术变动与最终需求的初级分解

假定某一经济体的两期投入产出数据已知,总产量为 $x=Lf$,x 为总产量,L 为列昂惕夫逆矩阵,且 $L=(I-A)^{-1}$,A 为投入产出系数矩阵(技术系数矩阵),f 为最终需求向量。用 $0,t$ 来表示这两个时期,这两期总产量可以分别表示为 $x^0=L^0f^0$ 与 $x^t=L^tf^t$,而 f^i 为对应时期 i 的最终需求向量,L^i 为对应时期 i 的列昂惕夫逆矩阵。因而,我们可以得到下式：
$$\Delta x = x^t - x^0 = L^t f^t - L^0 f^0 \tag{13-1}$$

式(13-1)反映了总产量的变化，但我们需要将总产量的变化进一步分解，比如分解成 f 或者 L 变动的贡献。对于式(13-1)，主流的分解展开方式主要有以下几种，但前提都必须要假设所有的数据以同一期为基准，以消除价格因素的影响。

（1）L、f 只采用第 0 期的数值，即 $L^t = L^0 + \Delta L$，$f^t = f^0 + \Delta f$，式(13-1)可以扩展为
$$\Delta x = (L^0 + \Delta L)(f^0 + \Delta f) - L^0 f^0 = \Delta L f^0 + L^0 \Delta f + \Delta L \Delta f \tag{13-2}$$

$\Delta L f^0$ 为技术变动部分，$L^0 \Delta f$ 为最终需求变动部分，二者都是以第 0 期的值为权重，但却多出一项交叉项 $\Delta L \Delta f$，并不能简单归结于哪一项因素的贡献，而是由于多种因素引起的变化，需要进一步分解。

（2）L、f 只采用第 t 期的数值，即 $L^0 = L^t - \Delta L$，$f^0 = f^t - \Delta f$，式(13-1)可以扩展为
$$\Delta x = L^t f^t - (L^t - \Delta L)(f^t - \Delta f) = \Delta L f^t + L^t \Delta f - \Delta L \Delta f \tag{13-3}$$

$\Delta L f^t$ 为技术变动部分，$L^t \Delta f$ 为最终需求变动部分，二者都是以第 t 期的值为权重，可以看到，此处仍旧存在交叉项。

（3）L 采用第 t 期的值，而 f 采用第 0 期的值，即 $L^0 = L^t - \Delta L$，$f^t = f^0 + \Delta f$，式(13-1)可以扩展为
$$\Delta x = L^t (f^0 + \Delta f) - (L^t - \Delta L) f^0 = \Delta L f^0 + L^t \Delta f \tag{13-4}$$

可以看出总产出只被直接分为两个部分，$\Delta L f^0$ 为技术变动部分，$L^t \Delta f$ 为最终需求变动部分，而且相较于式(13-2)、式(13-3)更具有现实经济意义。以技术变动部分为例，$\Delta L f^0 = L^t f^0 - L^0 f^0$，$L^t f^0$ 表示在第 t 期技术条件下完成第 0 期需求所需要的产出量，$L^0 f^0$ 表示第 0 期技术条件下完成第 0 期需求所需要的产出量，很显然，二者之间的差额可以用来表示由于技术变动所造成的影响。同理，最终需求变动部分也能够作出类似解释。

（4）L 采用第 0 期的值，而 f 采用第 t 期的值，即 $L^t = L^0 + \Delta L$，$f^0 = f^t - \Delta f$，式(13-1)可以扩展为
$$\Delta x = (L^0 + \Delta L) f^t - L^0 (f^t - \Delta f) = \Delta L f^t + L^0 \Delta f \tag{13-5}$$

$\Delta L f^t$ 为技术变动部分，$L^0 \Delta f$ 为最终需求变动部分，前者以第 t 期的最终需求为权重，后者以第 0 期的技术水平为权重。

（5）采用哪一期作为权重是分解方法的重要区别，Dietzenbacher 和 Los 认为取式(13-1)、式(13-2)的算术平均值是准确的。将式(13-1)、式(13-2)相加可得到：
$$\begin{aligned} 2\Delta x &= \Delta L f^0 + \Delta f L^t + \Delta L f^t + \Delta f L^0 \\ \Delta x &= \frac{1}{2} \Delta L (f^0 + f^t) + \frac{1}{2} \Delta f (L^0 + L^t) \end{aligned} \tag{13-6}$$

假设统计部门需要对 2007—2012 年甲地采矿、建筑、机械三个经济部门之间的总产出的影响因子进行探究，为产业调整政策制定提供建议。如果采用 IDA 方法的确能

得到总产出的影响因子贡献,但是这三个产业间是紧密联系的,产业调整必然涉及产业与产业间的相互影响,而 IDA 方法并不能够体现出来,所以 SDA 方法更加适用于本案例。采矿、建筑、机械三个经济部门在 2007 年和 2012 年的中间使用矩阵 Z 以及最终需求向量 f,如下所示,用上述式(13-2)至式(13-6)介绍的方法来进行结构分解。

$$Z^0 = \begin{bmatrix} 10 & 20 & 25 \\ 15 & 5 & 30 \\ 30 & 40 & 5 \end{bmatrix}, f^0 = \begin{bmatrix} 45 \\ 30 \\ 25 \end{bmatrix}, Z^t = \begin{bmatrix} 12 & 15 & 35 \\ 24 & 11 & 30 \\ 36 & 50 & 8 \end{bmatrix}, f^t = \begin{bmatrix} 50 \\ 35 \\ 36 \end{bmatrix}$$

依据 $x^0 = Z^0 i + f^0$ 和 $Z^t i + f^t$ 可以得出:

$$\Delta L = \begin{bmatrix} 0.065 & -0.094 & 0.032 \\ 0.145 & 0.061 & 0.012 \\ 0.145 & 0.034 & 0.059 \end{bmatrix}, \Delta f = \begin{bmatrix} 5 \\ 5 \\ 1 \end{bmatrix}, \Delta x = \begin{bmatrix} 12 \\ 20 \\ 20 \end{bmatrix}$$

以下为 L、f 取不同时期值时,不同影响因子的贡献结果。

(1) L、f 只采用第 0 期数值时,技术变动部分贡献为 $[0.90\ 8.62\ 9.01]^T$,最终需求变化部分贡献为 $[11.22\ 10.34\ 10.04]^T$,交叉项为 $[-0.12\ 1.04\ 0.95]^T$。

(2) L、f 只采用第 t 期数值时,技术变动部分贡献为 $[0.78\ 9.66\ 9.96]^T$,最终需求变化部分贡献为 $[11.10\ 11.38\ 10.99]^T$,交叉项为 $[0.12\ -1.04\ 0.95]^T$。

(3) L 采用第 t 期的值,而 f 采用第 0 期的值,技术变动部分贡献为 $[0.90\ 8.62\ 9.01]^T$,最终需求变化部分贡献为 $[11.10\ 11.38\ 10.99]^T$,无交叉项。

(4) L 采用第 0 期的值,而 f 采用第 t 期的值,技术变动部分贡献为 $[0.78\ 9.66\ 9.96]^T$,最终需求变化部分贡献为 $[11.22\ 10.34\ 10.04]^T$,无交叉项。

(5) 取式(13-1)与式(13-2)的平均值时,技术变动部分贡献为 $[0.84\ 9.14\ 9.49]^T$,最终需求变化部分贡献为 $[11.16\ 10.86\ 10.51]^T$,无交叉项。

以(3)的情况为例,分析产出变动的影响因素,甲地采矿、建筑、机械部门和经济整体的分解结果如表 13-2 所示。

表 13-2　甲地采矿、建筑、机械部门和经济整体的分解结果

部门	产出变化	技术变动部分	最终需求变化部分
采矿	12	0.90(7.5%)	11.10(92.5%)
建筑	20	8.62(43.1%)	11.38(56.9%)
机械	20	9.01(45.05%)	10.99(54.95%)
总体	52	18.53(35.63%)	33.47(64.37%)

三个部门组成的经济总产出变动中有 35.63% 是由技术变动部分贡献,64.37% 是由最终需求变化部分贡献。但是,在单个部门中,贡献比例情况差异显著,以采矿业为例,技术变动部分仅仅贡献 7.5%,最终需求变化部分贡献达到了 92.5%。与此相反,机械行业技术变动部分贡献达到了 45.05%,最终需求变化部分贡献为 54.95%。

13.2.2 基于技术变动部分的第二级分解

结构分解并不仅仅停留在将总产出分解为技术变动部分与最终需求变动部分。例如列昂惕夫逆矩阵 L 在两期之间的变化是由于直接投入系数矩阵 A 的变化,此时我们需要研究的就不仅仅是 ΔL,而是要进行第二级分解,将 ΔL 分解为 ΔA 变动部分,具体方法如下。

Step1:给定 0、t 期对应的 $L^t = (I-A^t)$、$L^0 = (I-A^0)^{-1}$,L^t 右乘以 $(I-A^t)$,得到

$$L^t(I-A^t) = IL^t - L^t A^t \tag{13-7}$$

Step2:L^0 左乘以 $(I-A^0)$,得到

$$(I-A^0)L^0 = IL^0 - A^0 L^0 \tag{13-8}$$

Step3:将式(13-7)与式(13-8)整理,得到

$$\begin{cases} L^t - I = L^t A^t \\ L^0 - I = A^0 L^0 \end{cases} \tag{13-9}$$

Step4:将式(13-9)上下两式分别右乘以 L^0、左乘以 L^t 得到

$$\begin{cases} L^t L^0 - L^0 = L^t A^t L^0 \\ L^t L^0 - L^t = L^t A^0 L^0 \end{cases} \tag{13-10}$$

Step5:将式(13-10)的上下两式相减得到

$$\Delta L = L^t - L^0 = L^t A^t L^0 - L^t A^0 L^0 = L^t \Delta A L^0 \tag{13-11}$$

此处我们已经将 L 的变动转变为了 A 的变动,该分解对 ΔA 进行了两次加权,式(13-7)至式(13-10)推导过程中的左乘、右乘也可以互相调换,可以得到

$$\Delta L = L^t - L^0 = L^0 A^t L^t - L^0 A^0 L^t = L^0 \Delta A L^t \tag{13-12}$$

因为式(13-11)与式(13-12)的右边都仅有一项,所以不需要像式(13-6)对两个公式求算术平均值。

而对 ΔA 的分解有很多种,可分解为列结构变动、行结构变动和综合结构变动,此处我们仅仅讨论列结构变动情况,由于 A 的每一列向量都反映的是相应生产部门的生产技术,所以我们将列结构变动情况称为各部门生产技术变动。

Step1:对于一个拥有 n 个经济部门的经济体,存在

$$A^t = A^0 + \Delta A = \begin{bmatrix} a_{11}^0 + \Delta a_{11} & \cdots & a_{1n}^0 + \Delta a_{1n} \\ \vdots & \ddots & \vdots \\ a_{n1}^0 + \Delta a_{n1} & \cdots & a_{nn}^0 + \Delta a_{nn} \end{bmatrix} \tag{13-13}$$

Step2:假设部门 j 的技术变动为 $\Delta A^{(j)} = \begin{bmatrix} 0 & \cdots & \Delta a_{1j} & \cdots & 0 \\ \vdots & & \vdots & & \vdots \\ 0 & \cdots & \Delta a_{nj} & \cdots & 0 \end{bmatrix}$,所以 ΔA 为各部门技术变动总和,即

$$\Delta A = \Delta A^{(1)} + \cdots + \Delta A^{(j)} + \cdots + \Delta A^{(n)} = \sum_{j=1}^{n} \Delta A^{(j)} \tag{13-14}$$

Step3：并结合式(13-11)，代入式(13-5)当中，如下所示

$$\begin{aligned}
\Delta x &= \frac{1}{2}\Delta L(f^0 + f^t) + \frac{1}{2}(L^0 + L^t)\Delta f \\
&= \left[\frac{1}{2}L^t(\Delta A)L^0\right](f^0 + f^t) + \frac{1}{2}(L^0 + L^t)\Delta f \\
&= \left[\frac{1}{2}L^t(\Delta A^{(1)} + \cdots + \Delta A^{(n)})L^0\right](f^0 + f^t) + \frac{1}{2}(L^0 + L^t)\Delta f \\
&= \underbrace{\frac{1}{2}[L^t(\Delta A^{(1)})L^0](f^0 + f^t) + \cdots + \underbrace{\frac{1}{2}[L^t(\Delta A^{(n)})L^0](f^0 + f^t)}_{\text{部门}n\text{的技术变动部分}} + \underbrace{\frac{1}{2}(L^0 + L^t)\Delta f}_{\text{最终需求变动部分}}}_{\text{总技术变动部分}}
\end{aligned} \quad (13\text{-}15)$$

表 13-2 反映了各部门技术变动贡献，但是产业结构调整涉及了部门与部门间的联系，而表 13-2 的分解结果并不能很好地反映部门与部门间技术变动所造成的总产出的变动，这就需要进一步分解。设某地采矿、建筑、机械三产业部门之间的投入产出系数矩阵在 2007—2012 年的变化情况如下所示，分析各部门间的技术变动贡献。

$$A^0 = \begin{bmatrix} 0.1000 & 0.2500 & 0.2500 \\ 0.1500 & 0.0625 & 0.3000 \\ 0.3000 & 0.5000 & 0.0500 \end{bmatrix}, \quad A^t = \begin{bmatrix} 0.1071 & 0.1500 & 0.2917 \\ 0.2143 & 0.1100 & 0.2500 \\ 0.3214 & 0.5000 & 0.0667 \end{bmatrix},$$

所以有：$\Delta A = A^t - A^0 = \begin{bmatrix} 0.0071 & -0.1 & 0.0417 \\ 0.0643 & 0.0475 & -0.0500 \\ 0.0214 & 0 & 0.0167 \end{bmatrix}$。

而各部门的投入系数矩阵分别为

$$\Delta A^{(1)} = \begin{bmatrix} 0.0071 & 0 & 0 \\ 0.0643 & 0 & 0 \\ 0.0214 & 0 & 0 \end{bmatrix}, \quad \Delta A^{(2)} = \begin{bmatrix} 0 & -0.1 & 0 \\ 0 & 0.0475 & 0 \\ 0 & 0 & 0 \end{bmatrix}, \quad \Delta A^{(3)} = \begin{bmatrix} 0 & 0 & 0.0417 \\ 0 & 0 & -0.0500 \\ 0 & 0 & 0.0167 \end{bmatrix}。$$

部门与部门间的技术变动分解结果如表 13-3 所示。

表 13-3 部门与部门间的技术变动分解结果

项目	产出变化	技术变动分解结果				最终需求变化部分
		采矿	建筑	机械	总计	总计
采矿	12	6.64	−10.25	4.45	0.84	11.16
建筑	20	12.42	1.28	−4.56	9.14	10.86
机械	20	11.37	−2.85	0.97	9.49	10.51
总计	52	30.43	−11.82	0.86	19.47	32.53

13.3 应用案例

水资源是人类生存和发展的重要资源，也是工农业生产、经济发展不可缺失的宝贵资源。日益增长的人口数量与经济发展规模导致社会对水资源的需求在不断增加，最终使得社会水资源矛盾问题突出。因此合理保护和利用水资源已经成为一个非常重要的课题。而随着行业的快速发展与细分，各行业用水情况和面临的问题各不相同，因此，为了具体分析所有行业的用水效率、用水影响因子作用大小、用水潜力和节水潜力，有针对性地提高行业用水效率和减少行业用水量，支持当代社会经济可持续发展。本案例通过动态结构分解方法进一步研究影响行业水资源利用的驱动因子及其作用。

1. 用水量结构分解方法构建

2007年（42部门）、2007年（122部门）、2012年（42部门）、2012年（144部门）、2017年（42部门）、2017年（139部门），这是J省投入产出表涉及的相关的部门。由于投入产出表的部门划分过于详细，不利于研究，且同类型部门之间用水变化特点相似，故依据我国国民经济行业分类，将各用水部门进行合并归纳，以此来研究J省各行业水资源投入产出情况，最终将用水部门划分为13个部门，分别是：①农、林、牧、渔业；②采矿业；③食品和烟草；④纺织与皮革；⑤木材与造纸；⑥石油；⑦化学；⑧非金属矿物制品；⑨金属冶炼及加工业；⑩机械工业；⑪电力、热力及燃气生产和供应业；⑫建筑业；⑬第三产业。同时历年用水数据主要来自历年《水资源公报》以及J省统计局发布数据。

所有部门用水总量W可以表示为$W=QLY$，Q为用水强度，L为列昂契夫逆矩阵，Y表示各部门的最终需求。同时Y可以分解为$Y=PCS_d$，P为总人口，C为人均最终需求向量，S_d为最终需求结构，进一步得到$W=QLPCS_d$。依据上述所列式子，我们可以构建投入产出指标，分别为：①用水强度；②消费水平；③最终需求结构；④直接消耗系数；⑤投入产出结构。

（1）用水强度Q_i，能够反映用水部门生产部门产品过程中的单位耗水强度，反映该部门的节水技术进步程度。

$$Q_i = \frac{W_i}{X_i} \quad i=1,2,3,\cdots,13 \tag{13-16}$$

其中W_i为i部门用水量，X_i为i部门总产出。

（2）消费水平C_i，即人均最终需求量。

$$C_i = \frac{X_i - \sum_{j=1}^{13} X_{ij}}{P} \quad i=1,2,3,\cdots,13 \tag{13-17}$$

其中，X_{ij} 表示第 j 个经济部门所耗用的第 i 个经济部门产品的数量，X_i 表示部门 i 的总产出，P 为人口。

（3）最终需求结构 S_{d_i}，即各经济部门最终需求在社会总最终需求中的占比。

$$S_{d_i} = \frac{X_i - \sum_{j=1}^{13} X_{ij}}{\sum_{i=1}^{n} X_i} \quad i=1,2,3,\cdots,13 \tag{13-18}$$

（4）直接消耗系数 A，表示一部门生产单位产品对某一部门产品的直接消耗程度，能够从数量方面反映各部门生产过程依存关系。

$$a_{ij} = \frac{X_{ij}}{X_j} \quad i=1,2,3,\cdots,13 \tag{13-19}$$

$$A = (a_{ij})_{n*n} \tag{13-20}$$

（5）投入产出结构 L，即列昂契夫逆矩阵，表示每获得 1 单位的第 y 个部门的最终产品，需要消耗本部门 1 单位产品和其他所有部门提供的中间产品之和。

$$L = (1-A)^{-1} \tag{13-21}$$

依据上述式子，我们可以进一步推导，得到式(13-22)、式(13-23)。

$$\frac{dW}{dt} = \frac{dQ}{dt}LPCS_d + Q\frac{dL}{dt}PCS_d + QL\frac{dP}{dt}CS_d + QLP\frac{dC}{dt}S_d + QLPC\frac{dS_d}{dt} \tag{13-22}$$

$$\begin{cases} \dfrac{dW}{dt} = T + E + C_p + C_L + S \\ T = \dfrac{dQ}{dt}LPCS_d \\ E = QL\dfrac{dP}{dt}CS_d \\ C_p = QL\dfrac{dP}{dt}CS_d \\ C_L = QLP\dfrac{dC}{dt}S_d \\ S = QLPC\dfrac{dS_d}{dt} \end{cases} \tag{13-23}$$

T 表示节水技术，E 表示经济效率，C_P 表示人口规模，C_L 表示消费水平，S 表示最终需求结构变化对经济社会用水变化的影响。

2. 用水量结构分解结果

第一步，2007—2017 年 J 省 13 个部门用水量变化如表 13-4 所示（由于使用的是 2007 年、2012 年、2017 年的投入产出表，故将研究时段分为 2007—2012 年、2012—2017 年两个阶段）。

表 13-4 2007—2017 年 J 省 13 个部门用水量变化

单位：亿 m³

部门(代码)	2007—2012	2012—2017	2007—2017
①农林牧渔业	−37.65	15.78	−21.87
②采矿业	−0.44	1.19	−0.43
③食品和烟草	−2.58	3.47	−1.39
④纺织与皮革	−7.03	2.79	−3.56
⑤木材和造纸	−2.71	0.07	0.08
⑥石油	−0.32	2.82	−0.26
⑦化学	−4.62	0.89	−1.80
⑧非金属矿物制品	−2.75	3.54	−1.86
⑨金属冶炼及加工	−1.40	1.41	2.14
⑩机械工业	−8.86	2.17	−7.46
⑪电力、热力及燃气生产和供应业	−2.23	5.13	−0.06
⑫建筑业	3.34	51.69	8.47
⑬第三产业	−20.52	13.53	31.17

第二步，将所构建的 SDA 模型来分解各部门用水量来探究用水量驱动因素，2007—2012 年、2012—2017 年的分解结果分别如表 13-5、表 13-6(由于计算四舍五入导致用水变化量与效应总和有些许差异)。

表 13-5 2007—2012 年 SDA 模型分解结果

单位：亿 m³

部门代码	T	E	C_P	C_L	S	ΔW
1	−65.99	−37.56	2.50	77.20	−13.80	−37.65
2	−1.08	1.66	0.01	0.41	−1.45	−0.44
3	−37.24	−0.37	0.06	1.91	−0.45	−2.58
4	−12.18	0.84	0.19	5.98	−1.86	−7.03
5	−5.10	−0.52	0.07	2.09	0.75	−2.71
6	−0.59	0.03	0.01	0.20	0.04	−0.32
7	−10.22	−0.25	0.15	4.57	1.12	−4.62
8	−4.48	−0.32	0.058	1.85	0.15	−2.75
9	−4.495	2.56	0.067	2.09	−1.16	−1.40
10	−1.92	−0.90	0.28	8.79	2.19	−8.86
11	−5.31	1.50	0.05	1.72	−0.20	−2.23
12	−1.77	−0.06	0.14	4.33	0.69	3.34

(续表)

部门代码	T	E	C_P	C_L	S	ΔW
13	−44.00	−1.57	0.77	23.92	0.36	−20.52
总和	−194.38	−34.96	4.36	135.06	−13.62	−87.77

表 13-6 2012—2017 年 SDA 模型分解结果

单位：亿 m³

部门代码	T	E	C_P	C_L	S	ΔW
1	−22.86	−3.09	2.21	45.71	−6.19	15.78
2	0.00	−0.06	0.00	0.01	0.06	0.01
3	0.60	−0.11	0.03	0.50	0.08	1.19
4	2.10	−0.84	0.09	1.88	0.22	3.47
5	2.12	0.00	0.03	0.61	0.03	2.79
6	0.10	0.01	0.00	−0.04	0.00	0.07
7	1.57	−0.21	0.06	1.17	0.24	2.82
8	0.72	0.06	0.01	0.20	−0.11	0.89
9	2.64	−0.91	0.05	1.04	0.73	3.54
10	0.05	0.44	0.08	1.63	−0.78	1.41
11	2.29	−0.06	0.00	−0.08	0.02	2.17
12	−0.80	−0.10	0.28	5.74	0.03	5.13
13	28.38	3.96	0.88	17.42	1.05	51.69
总和	16.91	−0.91	3.72	75.79	−4.62	90.96

由表 13-4、表 13-5、表 13-6 可知，在 2007—2017 年 J 省 13 个部门总用水量虽然只减少了 3.17 亿 m³，但是前五年却大幅减少了 87.77 亿 m³，而后五年 2012—2017 年增长达到了 104.48 亿 m³。总体来看，节水技术为前五年抑制用水量增长的主要因子，减少用水量达到了 194.38 亿 m³，但是后五年却转变成促进用水量增长的主要因子，使用水量增长了 16.91 亿 m³。而消费水平在这十年中为最主要促进用水量增长的因子，共计达到了 210.85 亿 m³ 用水量。其余三个因子，经济效率、最终需求变化是抑制用水量降低的因子，而人口规模是促进用水量增长的因子，但占比均较低，发挥作用不明显。

习　题

1. 假设统计部门需要对 2017—2022 年某区域的采矿、建筑、机械三个经济部门之间的总产出的影响因子进行探究，为产业调整政策制定提供建议。采矿、建筑、机械三个经济部门在 2017 年和 2022 年的中间使用矩阵 $\boldsymbol{Z}$ 以及最终需求向量 $\boldsymbol{f}$ 如下所示，试利用 SDA 方法来进行结构分解。

$$\boldsymbol{Z}^0 = \begin{bmatrix} 15 & 26 & 32 \\ 10 & 8 & 36 \\ 30 & 42 & 9 \end{bmatrix}, \boldsymbol{f}^0 = \begin{bmatrix} 50 \\ 38 \\ 27 \end{bmatrix}, \boldsymbol{Z}^t = \begin{bmatrix} 17 & 23 & 36 \\ 17 & 14 & 35 \\ 33 & 45 & 15 \end{bmatrix}, \boldsymbol{f}^t = \begin{bmatrix} 58 \\ 42 \\ 30 \end{bmatrix}$$

2. 在第 1 题的基础上，设三个产业部门之间的投入产出系数矩阵在 2017—2022 年的变化情况如下所示，分析各部门间的技术变动贡献。

$$\boldsymbol{A}^0 = \begin{bmatrix} 0.150 & 0.255 & 0.350 \\ 0.250 & 0.215 & 0.300 \\ 0.325 & 0.450 & 0.250 \end{bmatrix}, \boldsymbol{A}^t = \begin{bmatrix} 0.165 & 0.250 & 0.450 \\ 0.325 & 0.265 & 0.250 \\ 0.350 & 0.400 & 0.300 \end{bmatrix}$$

参考文献

邓光耀，陈刚刚，2021. 中国能源消费碳排放整体隐含强度的结构分析[J]. 河北地质大学学报，44(4)：99-115.

傅佳丽，2019. 基于 IO－SDA 模型的行业水资源利用影响因素研究：以浙江省为例[D]. 杭州：浙江理工大学.

王苗苗，马忠，惠翔翔，2018. 基于 SDA 法的水资源管理评价：以黑河流域张掖市为例[J]. 管理评论，30(5)：158-164.

ADAM R，STEPHEN C，1996. Input－output structural decomposition analysis：A critical appraisal[J]. Economic systems research，8(1)：33-62.

DIETZENBACHER E，LOS B，1998. Structural decomposition techniques：Sense and sensitivity[J]. Economic systems research，10(4)：307-324.

SU B，ANG B W，2012. Structural decomposition analysis applied to energy and emissions：Some methodological developments[J]. Energy economics，34(1)：177-188.

MIYAZAWA K，1976. Input－output analysis and the structure of income distribution[M]. Springer，London，Limited.

采用 SDA 分解方法：代码

PART V 第五篇 思考篇

- 第14章 不同决策方法之间的综合集成
- 第15章 科学决策方法的未来展望

第 14 章
不同决策方法之间的综合集成

学习目标：
1. 掌握不同决策方法集成的内涵及其科学性；
2. 掌握常用的集成决策方法及其建模过程；
3. 能够结合实际问题建立起集成的决策模型。

前文介绍的几种决策方法在不同的领域都能得到较好的应用，然而单一的决策方法难免存在一定的局限性，因此本章尝试将不同的决策方法进行组合，形成互补优势，以更好地应用于实际生活当中。本章主要介绍了两种决策方法的集成和三种决策方法的集成，以及不同决策方法集成的具体应用。

14.1 两种决策方法的集成

依据本书前几章对不同决策方法的阐述，本节主要介绍两种决策方法的集成及其应用，主要包括 AHP 与 FCE 的集成、AHP 与 DEA 的集成、灰色决策方法与 FCE 的集成以及 FCE 与 DEA 的集成等。

14.1.1 AHP 与 FCE 的集成

在第 7 章介绍的 FCE 中，如何确定模糊评判矩阵的权数集是进行 FCE 的关键步骤之一，一般多凭经验主观赋予权数，富有浓厚的主观色彩。在某些情况下，主观确定权数尚有客观的一面，一定程度上反映了实际情况，评价的结果有较高的参考价值。但是主观判断权数有时严重地扭曲了客观实际，使评价的结果严重失真而有可能导致决策者的错误判断。因此，可以考虑借助 AHP 确定权数，尽管该方法掺杂有一定主观性，但因数学方法严格的逻辑性而且可以对确定的"权数"进行"滤波"和"修复"处理，以尽量剔除主观成分，更加符合客观现实。将 AHP 与 FCE 相结合，即形成一种更为优化的决策方法——模糊层次分析法（Fuzzy Analytic Hierarchy Pross，FAHP）。

FAHP 是将 AHP 与 FCE 相结合，借助 AHP 来确定评价指标体系中各指标的权重，用 FCE 对模糊指标进行评定。

具体操作步骤如下所述。

(1) 确定评价对象的因素论域 $U=\{u_1, u_2, \cdots, u_n\}$ 和评语等级论域 $V=\{v_1, v_2, \cdots, v_m\}$。

(2) 运用 AHP 确定指标权重 $\boldsymbol{W}=\{w_1, w_2, \cdots, w_n\}^T$。

(3) 运用 FCE 对每个方案进行评价，建立其模糊关系矩阵 $\boldsymbol{R}$。

$$\boldsymbol{R} = \begin{bmatrix} R \mid u_1 \\ R \mid u_2 \\ \vdots \\ R \mid u_n \end{bmatrix} = \begin{bmatrix} r_{11} & r_{12} & \cdots & r_{1m} \\ r_{21} & r_{22} & \cdots & r_{2m} \\ \vdots & \vdots & & \vdots \\ r_{n1} & r_{n2} & \cdots & r_{nm} \end{bmatrix} \tag{14-1}$$

其中，r_{ij} 表示某个被评方案从指标 u_i 来看对 v_i 等级模糊子集的隶属度。

(4) 计算各被评方案的评价结果向量 $\boldsymbol{S}$，并作综合比较

$$\boldsymbol{S} = \boldsymbol{W} \cdot \boldsymbol{R} = (w_1, w_2, \cdots, w_n) \begin{bmatrix} r_{11} & r_{12} & \cdots & r_{1m} \\ r_{21} & r_{22} & \cdots & r_{2m} \\ \vdots & \vdots & & \vdots \\ r_{n1} & r_{n2} & \cdots & r_{nm} \end{bmatrix} = (s_1, s_2, \cdots, s_m)$$

(14-2)

式中，$\boldsymbol{S}$ 是评价结果向量，反映了该方案总体上对评语论域 r 中各模糊子集的隶属程度；"·" 代表模糊合成算子 $M(\cdot, \oplus)$，对于 $j=1, 2, \cdots, m$，可具体表示为

$$s_j = (w_1 \cdot r_{1j}) \oplus (w_2 \cdot r_{2j}) \oplus \cdots \oplus (w_{1n} \cdot r_{nj}) = \min\left(1, \sum_{i=1}^{n} w_i r_{ij}\right) \tag{14-3}$$

最后，采用加权平均原则对各方案的综合评价结果进行处理，即

$$T = \frac{\sum_{j=1}^{m} s_j^k \cdot j}{\sum_{j=1}^{m} s_j^k} \tag{14-4}$$

其中，T 为将方案定量化处理后的最终结果，它代表被评方案在评语论域 V 中的相对位置；k 为待定系数（一般取 $k=2$），目的是控制较大的 $s_j(j=1, 2, \cdots, m)$ 所起的作用。T 越小即被评方案在评语论域 V 中的相对位置越靠前，方案越优越。

现举例说明 AHP 与 FCE 两种方法的集成。

某公司 A 主要经营钢结构、金属包装、汽车零部件等业务活动，现为实现快速扩张，需寻找一个较为完善成熟的企业信息门户（Enterprise Information Portal，EIP），从而实现各分支机构的信息共享。经考察决定采用 B 公司实施的企业信息门户项目，并选择了同一家供应商负责实施运行。为综合评价所选取的信息门户的成熟度，选用

AHP法确定各评价指标权重,FCE法进行指标排序与分析。

召集 n 位业内专家建立 B 公司 EIP 成熟度指标并打分评判,其中专家 1 建立的五个一级指标 A(界面设计)、B(技术)、C(功能)、D(成本)、E(安全)的判断矩阵如表14-1所示。

表 14-1　五个一级指标的判断矩阵

S	A	B	C	D	E
A	1	1/3	1/6	5	1/5
B	3	1	1/3	3	1/2
C	6	3	1	7	3
D	1/5	1/3	1/7	1	1/7
E	5	2	1/3	7	1

从表 14-1 可以计算出:

判断矩阵的最大特征根: $\lambda_{\max}=5.384$

判断矩阵的一致性指标: $C.I.=\dfrac{\lambda_{\max}-n}{n-1}=0.096$

故随机一致性比率为: $C.R.=\dfrac{C.I.}{R.I.}=0.086<0.10$

由此可以判断 AHP 分析的指标排序结果具有满意的一致性。进而可获得专家 1 对各指标赋予的权重为: $\boldsymbol{W}_1=(0.085,0.151,0.462,0.039,0.263)$。同理可得到其他专家对各个指标赋予的权重为: $\boldsymbol{W}_1,\boldsymbol{W}_2,\cdots,\boldsymbol{W}_n$。

对不同专家采用的 AHP 得到的权重进行平均处理,得到最终权重为 $\boldsymbol{W}=\sum_{i=1}^{n}\boldsymbol{W}_i/n$。为便于计算和分析问题,令各指标最终权重为: $\boldsymbol{W}=(0.091,0.173,0.428,0.046,0.262)$。

在借助 AHP 确定权重后,进而运用 FCE 分别建立评价对象的因素论域 $U=\{A,B,C,D,E\}=\{$界面设计,技术,功能,经济,安全$\}$ 和评语等级论域 $V=\{V_1,V_2,V_3,V_4\}=\{$成熟,较成熟,一般,不成熟$\}$。为方便计算,V 对应的分值分别为 4、3、2、1,并假定当 $x_i>3.5$ 时对应的评语为成熟;$2.5<x_i\leqslant 3.5$ 时对应的评语为较成熟;$1.5<x_i\leqslant 2.5$ 时对应的评语为一般;$x_i\leqslant 1.5$ 时对应的评语为不成熟。这里 x_i 为综合评价时得到的分值。

召集 n 位专家对该企业 EIP 的一级指标进行评价,得到模糊综合评价矩阵 $\boldsymbol{R}$,进而可以得到该企业 EIP 成熟度的综合评价向量为 $\boldsymbol{S}$。这里采取的算子为加权平均型算子($\cdot,\oplus$)。

$$R = \begin{bmatrix} 0.15 & 0.41 & 0.28 & 0.16 \\ 0.09 & 0.44 & 0.40 & 0.07 \\ 0.11 & 0.60 & 0.24 & 0.05 \\ 0.35 & 0.39 & 0.22 & 0.04 \\ 0.08 & 0.30 & 0.40 & 0.22 \end{bmatrix}; \quad S = W \cdot R = (0.114, 0.466, 0.312, 0.108)$$

进而可以得到总体模糊综合评价分值和各因素的模糊综合评价分值分别为：$V = 4 \times 0.114 + 3 \times 0.466 + 2 \times 0.312 + 1 \times 0.108 = 2.586$；$V_A = 2.59$，$V_B = 2.53$，$V_C = 2.77$，$V_D = 3.05$，$V_E = 2.24$。结合评价定量分级标准和由上述计算能够看出，该公司的 EIP 成熟度为较成熟，五个一级指标中除了安全指标评价结果为一般，其他四个指标均为较成熟的。

在多方案综合评价问题中，将 AHP 与 FCE 集成能获得更加客观的评价结果，借助 AHP 求出各指标权重，再运用模糊理论对指标进行排序以及综合评价。在指标权重求取过程中，采用的对数最小二乘法不仅在一般情况下可以略去判断矩阵的多次一致性检验，而且所求得的运算式规范、简便；在方案属性值的确定过程中，只需采用口头调查或表格统计的方式就可以确定各方案的相对属性值，即模糊关系矩阵，操作简单可行，易于推广。

指标权重的计算同样可以采取熵权法、TOPSIS 法等，而单一的决策方法确定权重往往会存在一定局限性，因此本节尝试对当今应用较为广泛的几种决策方法集成进行总结，从而实现对评价对象更为全面的分析与决策。

14.1.2 AHP 与 DEA 的集成

在实际决策问题当中，AHP 确定权重仍然包含了较强的主观色彩，原因在于其判断矩阵往往由决策者或专家按其一定的选择偏好或根据决策目的来赋予各指标相应权重，因此其判断依据必然受到有关人员的知识结构、判断水平及个人偏好等许多主观因素的影响。而 DEA 恰好克服了这一缺陷，其以各决策单元的输入输出指标的权重为变量，确定各指标在优先意义下的权重，从而使权重的选定较为客观。因此将 AHP 与 DEA 相结合对多因素问题进行排序与决策，从而充分发挥各自的优势，将使综合评价方法更加完善。

假设需对 n 个类型相同的对象在 m 个因素方面的状态值进行排序，主要思路如下。

（1）先运用 AHP 按照正常步骤构建判断矩阵，为各因素的重要性赋值，求各指标权重 w 并进行一致性检验。

（2）第二步再借助 DEA，将指标层权重的计算转化为对被决策对象指标的状态值进行排序的问题。将被评价对象视为 DEA 中的决策单元，将评价因素的状态值作为输入输出指标，其中状态值越大越好的作为输出指标，状态值越小越好的视为输入指标。为使得各决策单元具有可比性，引入一个理想最大的输出 DMU_0，即相比于其他决策单元输入最小，输出最大。借助 DEA 的线性规划对偶理论求出各决策单元的最有效率评价指数 θ_{ij}^*。

$$\min \theta_{ij}^*$$
$$\text{s. t. } \theta_{ij}x_{ij} - X\lambda \geqslant 0 \quad (14\text{-}5)$$
$$Y\lambda \geqslant y_{ij}$$
$$\lambda \geqslant 0$$

其中，i 表示不同指标层级，j 表示该层级中的具体因素。继而按照 θ_{ij}^* 的大小可对这 n 个对象在第 m_i 类因素的状态值进行排序。

（3）对所有决策单元的最优效率评价指数 θ_{ij}^* 进行归一化处理，可表示为 $\overline{\theta_{ij}^*} = \dfrac{\theta_{ij}^*}{\sum\limits_{j=1}^{n}\theta_{ij}^*}$，$0 < \overline{\theta_{ij}^*} < 1$；$i=1, 2, \cdots, s$。则 $\overline{\theta_{ij}^*}$ 为第 j 个对象根据类 m_i 中因素的状态值在 n 个对象中的排名权值。将 DEA 求出的效率值即各因素的状态值 $\overline{\theta_{ij}^*}$ 与 AHP 求得的各权重 w_i 进行相乘并加总，即 $\sum\limits_{i=1}^{s}\overline{\theta_{ij}^*}w_i$，得到最终决策对象在该因素评价中的排名权值。

我们举一个简单的例子进行说明。在研究生招生考试中往往导师在成绩相当的情况下会更加注重专业课的成绩，我们选取以下 5 位考生的笔试成绩，如表 14-2 所示。

表 14-2　5 位考生的笔试成绩

	高等数学	线性代数	运筹学	英语	政治	总分
考生 1	78	77	73	70	60	358
考生 2	65	75	82	67	62	351
考生 3	61	69	70	85	77	362
考生 4	82	83	79	55	57	356
考生 5	85	77	68	58	72	360

单从总分情况来看，考生 3 的分数最高，然而需进一步考虑具体各科分数情况，在这里高等数学、线性代数、运筹学代表专业基础课；英语、政治代表公共基础课。

（1）根据之前所述导师的选择偏好，运用 AHP 法分别赋予专业基础课和公共基础课权重为 w_1 和 w_2，构建以下判断矩阵，如表 14-3 所示。

表 14-3　判断矩阵

	专业基础课	公共基础课
专业基础课	1	5
公共基础课	1/5	1

根据表 14-3 计算出最大特征根对应的特征向量 $\left(\dfrac{5}{6}, \dfrac{1}{6}\right)^{\mathrm{T}}$。因为是二阶矩阵，所以

满足完全一致性，即 $w_1 = \dfrac{5}{6}$，$w_2 = \dfrac{1}{6}$。

(2) 运用 DEA 中的 BCC 模型分别对专业基础课和公共基础课成绩排序。先是专业基础课，5 位考生代表 5 个 $DMU_j(j=1, 2, \cdots, 5)$；由于输入指标表示 5 位考生，将输入指标数据全用 1 表示；输出指标则分别为 3 门专业基础课。构建 BCC 指标评价体系，各决策单元的输入输出值如表 14-4 所示。

表 14-4 各决策单元的输入输出值

	DMU_1	DMU_2	DMU_3	DMU_4	DMU_5
输入	1	1	1	1	1
输出 1	78	65	61	82	85
输出 2	77	75	69	83	77
输出 3	73	82	70	79	68

以 DMU_1 为例，运用 BCC 的对偶模型求解得到最优效率评价指数 $\theta_{11}^* = 0.9456$。同样方法得出其他决策单元最优效率评价指数分别为：$\theta_{12}^* = 1$，$\theta_{13}^* = 0.8706$，$\theta_{14}^* = 1$，$\theta_{15}^* = 1$。将其排序可知 $DMU_2 = DMU_4 = DMU_5 > DMU_1 > DMU_3$。

$$\max \frac{78u_1 + 77u_2 + 73u_3}{v} = \theta_{11}^*$$

$$\text{s.t.} \quad \frac{78u_1 + 77u_2 + 73u_3}{v} \leqslant 1$$

$$\frac{65u_1 + 75u_2 + 82u_3}{v} \leqslant 1$$

$$\frac{61u_1 + 69u_2 + 70u_3}{v} \leqslant 1$$

$$\frac{82u_1 + 83u_2 + 79u_3}{v} \leqslant 1$$

$$\frac{85u_1 + 77u_2 + 68u_3}{v} \leqslant 1$$

其次，再按照公共基础课成绩对 5 位考生排名，按同样方法计算 5 个决策单元的最优效率评价指数得到：$\theta_{21}^* = 0.8235$，$\theta_{22}^* = 0.8052$，$\theta_{23}^* = 1$，$\theta_{24}^* = 0.7402$，$\theta_{25}^* = 0.9351$。得到相应 DMU 排序：$DMU_3 > DMU_5 > DMU_1 > DMU_2 > DMU_4$。

(3) 综合考虑专业基础课和公共基础课成绩，对 $\theta_{1j}^*(j=1, 2, \cdots, 5)$ 和 $\theta_{2j}^* = (j=1, 2, \cdots, 5)$ 进行归一化，即

$$\overline{\theta}_{1j}^* = \frac{\theta_{1j}^*}{\sum\limits_{j=1}^{5} \theta_{1j}^*}, \quad \overline{\theta}_{2j}^* = \frac{\theta_{2j}^*}{\sum\limits_{j=1}^{5} \theta_{2j}^*} \tag{14-6}$$

由此可得：$\overline{\theta}_{11}^* = 0.1964$，$\overline{\theta}_{12}^* = 0.2076$，$\overline{\theta}_{13}^* = 0.1808$，$\overline{\theta}_{14}^* = 0.2076$，$\overline{\theta}_{15}^* =$

0.2076;$\overline{\theta}_{21}^{*}=0.1913$,$\overline{\theta}_{22}^{*}=0.1871$,$\overline{\theta}_{23}^{*}=0.2323$,$\overline{\theta}_{24}^{*}=0.1720$,$\overline{\theta}_{25}^{*}=0.2173$。

对第 j 位考生,以 $\sum_{i=1}^{2}w_{i}\overline{\theta}_{ij}^{*}$ 作为对考生进行排序的权值,最终得到 5 位考生的权值依次为 0.1955,0.2042,0.1894,0.2017,0.2092。因此结合 AHP 和 DEA 得到最终考生排序位:考生 5、考生 2、考生 4、考生 1、考生 3。

由上述案例可以看出,AHP 与 DEA 结合赋予指标权重的方法相比单一的 AHP,克服了由决策者或专家按其主观偏好来赋予各指标相应权重,借助 DEA 将指标层权重的计算转化为对被决策对象指标的状态值进行排序的问题,更加的科学与客观,适用于对多目标、多层次的问题进行评价与决策。

14.1.3 灰色决策方法与 FCE 的集成

灰色模糊综合评判是在已知信息不充分的前提下,评判具有模糊因素的事物或现象的一种方法。利用模糊集理论和灰色关联分析建立的方案排序模型,能较好地处理方案评估与排序过程中的模糊性和人脑综合判断的灰色综合分析,为方案排序的解析化、定量化提供更有力的手段。

具体的操作步骤如下。

(1) 建立评价因素(即评价指标)集 $\boldsymbol{U}=\{u_1, u_2, \cdots, u_n\}$。

(2) 确定评价等级集合 $\boldsymbol{V}=(v_1, v_2, \cdots, v_m)$。

(3) 计算灰色模糊综合评判矩阵 $\boldsymbol{R}$。设有 r 位专家参加评价。我们把第 s 位专家对第 j 个指标的评价量样本记为 l_{sj},将 r 位专家对所评价的某企业技术创新能力的评价数据记为样本矩阵 $\begin{bmatrix} l_{11} & l_{12} & \cdots & l_{1n} \\ l_{21} & l_{22} & \cdots & l_{2n} \\ \vdots & \vdots & & \vdots \\ l_{r1} & l_{r2} & \cdots & l_{rn} \end{bmatrix}$,用灰色统计法由确定的各评价标准函数(灰数的白化函数),求出 l_{sj} 属于第 i 类评价等级的权 $f_i(l_{sj})$,据此求出评判矩阵的灰色统计数 n_{ji} 和总灰色统计数 n_j。其中,$n_{ji}=\sum_{s=1}^{r}f_i(l_{sj})$,$n_j=\sum_{i=1}^{m}n_{ji}$。综合 r 位专家对第 j 个评价因素主张第 i 等评价级别的灰色权值为 $r_{ji}=\dfrac{n_{ij}}{n_i}$,则由 r_{ji} 构成的矩阵为 $\boldsymbol{R}=\begin{bmatrix} r_{11} & r_{12} & \cdots & r_{1m} \\ r_{21} & r_{22} & \cdots & r_{2m} \\ \vdots & \vdots & & \vdots \\ r_{n1} & r_{n2} & \cdots & r_{nm} \end{bmatrix}$。

为了方便统计计算,这里选择的是常用的三种白化函数。对于上类形态灰数 $\otimes \in [l_1, +\infty)$、中类形态灰数 $\otimes \in [0, l_1, 2l_1]$ 与下类形态灰数 $\otimes \in (0, l_1, l_2)$,其白化函数分别定义如下:

$$(1)\ f_1(l_{sj}) = \begin{cases} l_{sj}/l_1 & l_{sj} \in [0, l_1] \\ 1 & l_{sj} \in [l_1, +\infty) \\ 0 & l_{sj} \in (-\infty, 0) \end{cases}$$

$$(2)\ f_2(l_{sj}) = \begin{cases} l_{sj}/l_1 & l_{sj} \in [0, l_1] \\ 2 - l_{sj}/l_1 & l_{sj} \in [l_1, 2l_1] \\ 0 & l_{sj} \notin (0, 2l_1] \end{cases}$$

$$(3)\ f_3(l_{sj}) = \begin{cases} 1 & l_{sj} \in [0, l_1] \\ \dfrac{l_2 - l_{sj}}{l_2 - l_1} & l_{sj} \in [l_1, l_2] \\ 0 & l_{sj} \notin (0, l_2] \end{cases}$$

（4）确定指标的权重集合 W。用 $W = (w_1, w_2, \cdots, w_n)$ 表示，且 $\sum_{j=1}^{n} w_j = 1$。

（5）进行模糊评价。$B = W \cdot R$。求出被评价对象的相关隶属度。若各隶属度相差较小，则不能明确反映被评价对象的隶属关系，还需进一步计算。

现举例来说明两个方法集成的实际应用。为有效分析评价某企业的技术创新能力，构建了相关评价指标体系，如图 14-1 所示。

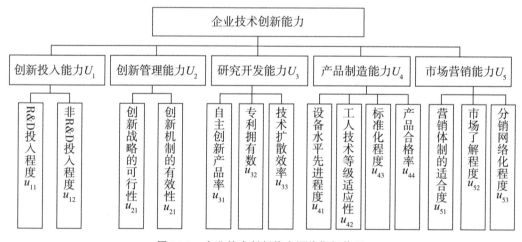

图 14-1　企业技术创新能力评价指标体系

这里聘请 9 位相关专家对某一企业的技术创新能力进行评价。为了便于评价，设定打分范围为 1～10 分，得到专家评价样本矩阵如表 14-5 所示。

表 14-5　专家评价样本矩阵

	u_{11}	u_{12}	u_{21}	u_{22}	u_{31}	u_{32}	u_{33}	u_{41}	u_{42}	u_{43}	u_{44}	u_{51}	u_{52}	u_{53}
E_1	9	8	9	8	8	9	9	8	9	7	9	9	7	7
E_2	10	8	9	9	9	9	8	7	10	9	9	8	6	6
E_3	9	9	8	7	8	7	9	8	10	8	8	8	8	5

（续表）

	u_{11}	u_{12}	u_{21}	u_{22}	u_{31}	u_{32}	u_{33}	u_{41}	u_{42}	u_{43}	u_{44}	u_{51}	u_{52}	u_{53}
E_4	8	9	8	8	7	9	8	8	9	9	8	9	8	8
E_5	8	7	8	6	6	8	9	8	8	9	8	9	7	7
E_6	7	8	9	7	8	9	7	8	9	9	9	6	8	4
E_7	9	9	9	9	7	9	9	8	9	8	9	9	9	7
E_8	10	7	8	8	8	7	8	10	9	8	8	9	8	6
E_9	9	9	7	6	7	9	9	8	10	8	8	9	8	5

根据我们前面的评价等级集合，相应的灰数及其白化函数如图 14-2 所示。

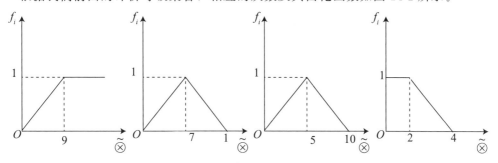

图 14-2 灰数及白化函数

计算灰色模糊综合评判矩阵。对于指标 u_{11} 来说，该企业技术创新能力属于各灰类的统计数为

$n_{11} = f_1(9) + f_1(10) + f_1(9) + f_1(8) + f_1(8) + f_1(7) + f_1(9) + f_1(10) + f_1(9)$
$= 2 + 59/9 = 8.5556$

$n_{12} = f_2(9) + f_2(10) + f_2(9) + f_2(8) + f_2(8) + f_2(7) + f_2(9) + f_2(10) + f_2(9)$
$= 18 - 79/7 = 6.7143$

$n_{13} = f_2(9) + f_2(10) + f_2(9) + f_2(8) + f_2(8) + f_2(7) + f_2(9) + f_2(10) + f_2(9)$
$= 18 - 79/5 = 2.2$

$n_{14} = f_3(9) + f_3(10) + f_3(9) + f_3(8) + f_3(8) + f_3(7) + f_3(9) + f_3(10) + f_3(9)$
$= 0$

则对于指标 u_{11} 的总灰色的统计数为：$n_1 = n_{11} + n_{12} + n_3 + n_{14} = 17.4699$

故对于指标 u_{11}，该企业技术创新能力属于各灰类的评估数为

$r_{11} = n_{11}/n_1 = 0.4897, \quad r_{12} = n_{12}/n_1 = 0.3843;$

$r_{13} = n_{13}/n_1 = 0.1259, \quad r_{14} = n_{14}/n_1 = 0$

同理可求其他指标的灰色统计数 n_{ji} 和总灰色统计数 n_j，进而得到灰色模糊综合评判矩阵 $\boldsymbol{R}$ 为

$$R = \begin{bmatrix} 0.4897 & 0.4362 & 0.4476 & 0.3841 & 0.3688 & 0.4712 & 0.4476 & 0.4036 & 0.5525 & 0.4593 & 0.4593 & 0.4545 & 0.3786 & 0.2674 \\ 0.3844 & 0.3941 & 0.3913 & 0.3922 & 0.4034 & 0.3856 & 0.3913 & 0.4020 & 0.3729 & 0.3885 & 0.3885 & 0.3818 & 0.4009 & 0.4438 \\ 0.1259 & 0.1698 & 0.1611 & 0.2237 & 0.2279 & 0.1432 & 0.1611 & 0.1944 & 0.0746 & 0.1523 & 0.1523 & 0.1636 & 0.2205 & 0.2888 \\ 0 & 0 & 0 & 0 & 0 & 0 & 0 & 0 & 0 & 0 & 0 & 0 & 0 & 0 \end{bmatrix}^T$$

确定指标的权重集合 W。 由表 14-5 得参考数列 $U_0 = \{9, 10, 10, 9, 9, 9, 9, 10, 10\}$，以表 14-5 的每一列作为比较数列，可得如表 14-6 所示的绝对差序列。

对于 $j = 1, 2, \cdots, n$；$s = 1, 2, \cdots, r$，由此可以得出：$\min_j \min_s |U_0(s) - U_j(s)| = 0$，$\max_j \max_s |U_0(s) - U_j(s)| = 5$。此处令分辨系数 $\rho = 0.5$，利用前面的关联系数计算公式，即可计算出指标 j 在第 s 位专家上的关联系数，如 $\xi_3(5) = \dfrac{0 + 0.5 \times 5}{1 + 0.5 \times 5} = 0.7143$，其余关联系数见表 14-7。

表 14-6 绝对差序列

序号	1	2	3	4	5	6	7	8	9
Δ_1	0	0	1	1	1	2	0	0	1
Δ_2	1	2	1	0	2	1	0	3	1
Δ_3	0	1	2	1	1	0	0	2	3
Δ_4	1	1	3	1	3	2	0	2	4
Δ_5	1	2	2	2	3	1	2	2	3
Δ_6	0	1	3	0	1	0	0	2	1
Δ_7	0	2	1	1	0	2	0	3	1
Δ_8	1	3	2	1	1	1	1	2	2
Δ_9	0	0	0	0	1	0	0	0	0
Δ_{10}	2	1	2	0	0	0	1	1	2
Δ_{11}	0	1	2	1	1	0	0	2	2
Δ_{12}	0	2	2	0	0	3	0	2	1
Δ_{13}	2	4	2	1	2	1	0	3	2
Δ_{14}	2	4	5	1	2	5	2	4	5

表 14-7 关联系数

序号	1	2	3	4	5	6	7	8	9
$\xi_1(s)$	1	1	0.7143	0.7143	0.7143	0.5556	1	1	0.7143
$\xi_2(s)$	0.7143	0.5556	0.7143	1	0.5556	0.7143	1	0.4545	0.7143
$\xi_3(s)$	1	0.7143	0.5556	0.7143	0.7143	1	1	0.5556	0.4545
$\xi_4(s)$	0.7143	0.7143	0.4545	0.7143	0.4545	0.5556	1	0.5556	0.3846
$\xi_5(s)$	0.7143	0.5556	0.5556	0.5556	0.4545	0.7143	0.5556	0.5556	0.4545
$\xi_6(s)$	1	0.7143	0.4545	1	0.7143	1	1	0.5556	0.7143

(续表)

序号	1	2	3	4	5	6	7	8	9
$\xi_7(s)$	1	0.5556	0.7143	0.7143	1	0.5556	1	0.4545	0.7143
$\xi_8(s)$	0.7143	0.4545	0.5556	0.7143	0.7143	0.7143	0.7143	0.5556	0.5556
$\xi_9(s)$	1	1	1	1	0.7143	1	1	1	1
$\xi_{10}(s)$	0.5556	0.7143	0.5556	1	1	1	0.7143	0.7143	0.5556
$\xi_{11}(s)$	1	0.7143	0.5556	0.7143	0.7143	1	1	0.5556	0.5556
$\xi_{12}(s)$	1	0.5556	0.5556	1	1	0.4545	1	0.5556	0.7143
$\xi_{13}(s)$	0.5556	0.3846	0.5556	0.7143	0.5556	0.7143	1	0.4545	0.5556
$\xi_{14}(s)$	0.5556	0.3846	0.3333	0.7143	0.5556	0.3333	0.5556	0.3846	0.3333

由表 14-7，利用公式 $r_j = \dfrac{1}{r}\sum_{s=1}^{r}\xi_j(s)$ 即可求出关联度：

$$r = (0.8236,\ 0.7136,\ 0.7454,\ 0.6164,\ 0.5684,\ 0.7948,\ 0.7454,\\ 0.6325,\ 0.9683,\ 0.7566,\ 0.7566,\ 0.7595,\ 0.6100,\ 0.4611)$$

将关联度进行归一化处理，即得出指标的权重集合为

$$W = \begin{pmatrix} 0.0828,\ 0.0717,\ 0.0749,\ 0.0619,\ 0.0571,\ 0.0799,\ 0.0749, \\ 0.0636,\ 0.0973,\ 0.0760,\ 0.0760,\ 0.0763,\ 0.0613,\ 0.0463 \end{pmatrix}$$

综合运算。根据前面的计算结果可得出模糊综合评判矩阵为 $\boldsymbol{B} = \boldsymbol{W} \cdot \boldsymbol{R} = (0.4445,\ 0.3870,\ 0.1685,\ 0)$。若根据最大隶属度原则，该企业技术创新能力评价等级为优。但从所得模糊综合评判矩阵可以看出，属于优的隶属度与属于良的隶属度相差较小，且也无法与其他同等企业技术创新能力相比较。故这里利用对各个评价等级打分的方法进行综合运算，即综合评价结果应为 $\boldsymbol{Z} = \boldsymbol{B} \cdot \boldsymbol{D}^{\mathrm{T}} = 7.9963$。可以看出该企业技术创新能力更接近于良好状态，并且利用此分值可以与其他企业技术创新能力相比较。

14.1.4　FCE 与 DEA 的集成

在运用 DEA 法计算决策单元的相对效率时，前提是要确定被评价对象的投入产出指标体系，确保投入与产出指标数据的完整性和可获得性，才能进一步对模型求解，并对各决策单元进行评价。然而在实际问题中，仍有许多领域的决策问题存在不确定性，其投入产出指标的选取没有一个相对的定论，面对指标选取的不确定性因素，需借助其他决策方法来明确相应指标，克服确定性 DEA 模型的缺陷与不足。而 FCE 法较适用于一个评价对象相对于各因素的评价具有一定的模糊性的情况，可运用模糊集合论来确定各指标权重。

具体步骤如下。

（1）建立评价对象集 $W = \{w_1, w_2, w_2, \cdots, w_k\}$，评价对象的因素论域 $U = \{u_1, u_2, \cdots, u_n\}$ 和评语等级论域 $V = \{v_1, v_2, \cdots, v_m\}$。

(2) 运用模糊综合评判法构建模糊关系矩阵 $\boldsymbol{R}$。

$$\boldsymbol{R} = \begin{bmatrix} R \mid u_1 \\ R \mid u_2 \\ \vdots \\ R \mid u_n \end{bmatrix} = \begin{bmatrix} r_{11} & r_{12} & \cdots & r_{1m} \\ r_{21} & r_{22} & \cdots & r_{2m} \\ \vdots & \vdots & & \vdots \\ r_{n1} & r_{n2} & \cdots & r_{nm} \end{bmatrix} \tag{14-7}$$

(3) 运用 DEA 中的 CCR 模型，选取被评价对象或因素作为 DEA 的决策单元，以其评价矩阵的转置矩阵作为 DEA 决策单元的"输入"—"输出"矩阵。其中，评语的个数 n 的取值依据具体问题及其不同要求来定。

若为 k 个 DMU，假设有 t 种类型的"输入"以及 s 种类型的"输出"。$t+s=n$。n 为评语个数。其输入、输出及各自权重如表 14-8 所示。

表 14-8　输入输出及各自权重表

	决策单元	1	2	…	k	权重
输入	1	x_{11}	x_{12}	…	x_{1k}	v_1
	2	x_{21}	x_{22}	…	x_{2k}	v_2
	…	…	…	…	…	…
	t	x_{t1}	x_{t2}	…	x_{tk}	v_t
输出	1	y_{11}	y_{12}	…	y_{1l}	u_1
	2	y_{21}	y_{22}	…	y_{2k}	u_2
	…	…	…	…	…	…
	s	y_{s1}	y_{s2}	…	y_{sk}	u_s

每一个决策单元都有相应的效率评价指数 h_j，并选取适当输入权系数 $\boldsymbol{V}=(v_1, v_2, \cdots, v_t)$ 和输出的权系数 $\boldsymbol{U}=(u_1, u_2, \cdots, u_s)$，使 $h_j = \dfrac{U^T Y_j}{V^T X_j} \leqslant 1$。则对于第 j_0 个决策单元进行效率评价构造的线性规划模型为

$$\begin{aligned} & \max U^T Y_{j_0} \\ & \text{s.t. } V^T X_j - U^T Y_j \geqslant 0, \ j=1, 2, \cdots, k \\ & \quad V^T X_{j_0} = 1 \\ & \quad V \geqslant 0, U \geqslant 0 \end{aligned} \tag{14-8}$$

从而用线性规划的最优解来判断决策单元 j_0 的有效性。

现举例来说明两个决策方法集成的实际应用。假设某企业对员工综合绩效进行考核，分为 4 个方面（品德、勤劳、能力、业绩）。以品德为例，邀请 10 位专家按优、良、中、差四个等级对 4 位被评价员工在品德这个因素的表现做模糊评价。10 位专家分别对 4 位员工的品德方面在各等级上打勾，其各等级打勾的人数如表 14-9 所示。选择差、中两个等级为 DEA 的输入指标，良、优为 DEA 的输出指标。

表 14-9　4 位员工的品德方面在各等级上打勾统计表

	员工 A	员工 B	员工 C	员工 D	权重
差（输入）	0	0	1	0	q_1
中（输入）	2	4	8	1	q_2
良（输出）	7	6	1	8	p_1
优（输出）	1	0	0	1	p_2

对每一位员工（决策单元）都将得到一个关于 DEA 的线性规划模型。

对员工 A 而言，有 L_A：

$$\max 7p_1 + 1p_2$$
$$\text{s.t. } 2q_2 - 7p_1 - 1p_2 \geqslant 0$$
$$4q_2 - 6p_1 \geqslant 0$$
$$1q_1 + 8q_2 - 1p_1 \geqslant 0$$
$$1q_2 - 8p_1 - 1p_2 \geqslant 0$$
$$2q_2 = 1$$
$$q_1, q_2, p_1, p_2 \geqslant 0$$

同理可得其他 3 人对应的线性规划模型。

经 MaxDEA 软件计算得到 4 个线性规划的最优目标函数值分别为

$$L_A: \max = 0.5000$$
$$L_B: \max = 0.1875$$
$$L_C: \max = 0.0156$$
$$L_D: \max = 1.0000$$

这就是 4 位员工在品德因素上的表现得分。以同样方法可得到这 4 位员工在其他 3 个因素方面的表现，从而最终求得总的评价结果，在这里不再进一步展开。

DEA 与模糊综合评判法的集成，借助 DEA 理论构造每个评价因素的线性规划式，用特定软件求出各指标因素的得分，从而科学客观地赋予相应指标权重，增强了模糊综合评判结果的客观性。其集成方法能够综合分析每个评价对象在各方面因素的表现情况，不仅可以考察每个对象在多个因素的表现，还指出评价单元的优点和缺点，以便进一步改进和完善，尤其是它可以把一组对象作为一个整体对某个因素进行评价，然后再进行综合。

需要注意的是，由于 DEA 本身的原因，要求每个决策单元都应有输入和输出，否则，将导致线性规划无解以至评价方法失效。解决的方法是将评价矩阵初始化，即先把评价矩阵各元素均设为 1，然后在此基础上追加原评价矩阵，产生新的评价矩阵。该评判方法恰恰减少了评判的工作量，提高了评判的效率。因此，我们认为这是一种值得推荐的更为有效的模糊综合评判法。

其余的两种决策方法集成还有很多，如 AHP 与 FCE 的集成、FCE 与人工神经网络评价法的集成等，因篇幅有限，这里不再做一一赘述。

14.2 三种决策方法的集成

根据前文介绍的单一决策方法与两种决策方法集成的方法，本节内容尝试将三种决策方法进行集成，使其更适应实际应用，更具有现实意义。它主要包括涉及赋权与逼近理想解思想的 AHP、熵权法、博弈论组合赋权法与 VIKOR 理论的集成方法；针对数据模糊问题的灰色理论、粗糙集理论与模糊综合评价的集成方法；面对多投入、多产出复杂决策对象的 AHP、DEA 与熵权法的集成方法等。

14.2.1 AHP、熵权法、博弈论组合赋权法与 VIKOR 理论的集成

多目标决策方法由于其涉及多个指标或特征更符合实际，具有现实意义与可操作性，但与此同时，在进行实际评价前必须确定各指标之间的权重，其合理性与科学性也与最终的评价结果直接相关。按照计算权重时的数据来源分类，大致分为主观赋权法、客观赋权法和主客观综合赋权法。AHP 作为现有主流的主观赋权法，将人的思维过程层次化、数量化，让决策者直接进入分析过程，具有简洁、实用等特点，然而主观赋权法在某些情况下可能并不符合客观实际，从而使评价的结果严重失真，最终可能导致决策者作出误判。熵权法作为基于信息论的一种客观赋权法，通过对系统无序度的度量，判断某个指标的离散程度，其信息熵值越小，指标的离散程度越大，该指标对综合评价的权重就越大，如果某项指标的值全部相等，则该指标在综合评价中不起作用。由于熵权法对各指标权重的确定是依靠数据自身的特征来完成的，因此是一种完全客观且科学的赋权方法，与作为主观赋权法的 AHP 结合，让权重的设定兼具科学性与现实意义，对模型构建与评价决策起到关键的作用。

将 AHP 与熵权法结合，仅通过简单的算术平均数是不合理的，而加权平均则再次涉及权重的设定，此时引出基于博弈论组合赋权法，将采用不同方法获取的权重组合，以寻求最合理的指标权重。其基本思路就是在主观权重与客观权重之间寻找一致或妥协，从而获得一个相对可靠的组合权重向量。在得到科学的综合评价体系的基础上，利用 VIKOR 理论，通过确定正、负理想解，计算各方案与理想解之间的距离并进行排序，以此获取最优方案。AHP、熵权法、博弈论组合赋权法与 VIKOR 理论的集成思路如图 14-3 所示。

具体操作步骤如下。

Step1：数据处理

由于主客观综合赋权法同时考虑客观数据与主观判断信息的量化值，因此有必要消除量纲对评价结果造成的干扰，故将各指标的原始数据 $x_{ij}(i=1, 2, \cdots, m; j=1, 2, \cdots, n)$ 进行标准化处理。

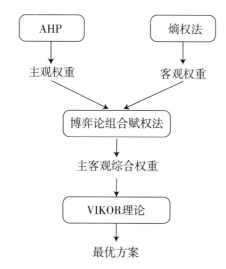

图 14-3　AHP、熵权法、博弈论组合赋权法与 VIKOR 理论的集成思路

对于效益型指标，即数值越大，决策者满意度越高的指标，其标准化公式为

$$y_{ij} = \frac{x_{ij} - \min\limits_{1 \leq i \leq m} x_{ij}}{\max\limits_{1 \leq i \leq m} x_{ij} - \min\limits_{1 \leq i \leq m} x_{ij}} \tag{14-9}$$

对于成本型指标，即数值越小，决策者满意度越高的指标，其标准化公式为

$$y_{ij} = \frac{\max\limits_{1 \leq i \leq m} x_{ij} - x_{ij}}{\max\limits_{1 \leq i \leq m} x_{ij} - \min\limits_{1 \leq i \leq m} x_{ij}} \tag{14-10}$$

其中，y_{ij} 指第 i 个方案中第 j 个评价指标的归一化数据（$i=1,2,\cdots,m$；$j=1,2,\cdots,n$）；$\max\limits_{1 \leq i \leq m} x_{ij}$ 和 $\min\limits_{1 \leq i \leq m} x_{ij}$ 分别为第 j 个评价指标的最大值和最小值。

Step2：层次分析法确定主观权重

构建评价矩阵，并求其最大特征值及对应的特征向量 ξ，通过检验后对指标权重取算术平均值，即得到指标的主观权重 α。由于前文已对 AHP 及其确定权重的步骤进行了具体讲解，因此本节对具体计算过程不作赘述。（详见 6.1.2 节 AHP 模型构建）

Step3：熵权法确定客观权重

首先，计算指标 j 的信息熵 e_j：

$$\begin{aligned} r_{ij} &= \frac{y_{ij} + 0.1}{\sum\limits_{i=1}^{m}(y_{ij} + 0.1)} \\ t &= \frac{1}{\ln(m)} \\ e_j &= -t \sum\limits_{i=1}^{m} r_{ij} \ln(r_{ij}) \end{aligned} \tag{14-11}$$

其中，$j=1,2,\cdots,n$。

其次，计算指标 j 的差异系数 g_j：

$$g_j = 1 - e_j \tag{14-12}$$

最后，确定指标 j 的客观权重 β_j：

$$\beta_j = \frac{g_j}{\sum_{j=1}^{n} g_j} \tag{14-13}$$

Step4：博弈论组合赋权法确定主客观综合权重

记 $w = (w_1, w_2, \cdots, w_n)^T$ 为评价指标的权重向量，构建主客观权重向量分量的任意线性组合：

$$w_j = t_1 \alpha_j + t_2 \beta_j \tag{14-14}$$

其中，t_1 和 t_2 为权重组合系数。

以上述线性组合系数 α_j、β_j 离差最小为目标求权重的最优组合，则有目标函数：

$$\min \| (t_1 \alpha_j + t_2 \beta_j) - W_q \|_2 \tag{14-15}$$

其中，W_q 为第 $q(q=1, 2)$ 种权重计算方式获得的权重向量，即 $W_1 = \alpha$，$W_2 = \beta$。根据矩阵的微分性质获得权重向量优化模型的最优一阶导数条件：

$$\begin{pmatrix} \alpha \alpha^T & \beta \alpha^T \\ \alpha \beta^T & \beta \beta^T \end{pmatrix} \begin{pmatrix} t_1 \\ t_2 \end{pmatrix} = \begin{pmatrix} \alpha \alpha^T \\ \beta \beta^T \end{pmatrix} \tag{14-16}$$

计算得到 t_1 和 t_2，并对其进行归一化处理：

$$t_p^* = \frac{t_p}{\sum_{p=1}^{2} t_p} \tag{14-17}$$

即可得到评价指标的最优权重组合：

$$w^* = t_1^* \alpha + t_2^* \beta \tag{14-18}$$

其中，α 为由层次分析法求得的主观权重，β 由熵权法求得的客观权重。

Step5：基于 VIKOR 理论对方案排序

以群体效用值最大，个体遗憾值最小为整体目标，首先确定每个特征 C_j 对应的最佳评价值 (y^+) 与最差评价值 (y^-)。

$$\begin{cases} y^+ = (\max y_1(j), \max y_2(j), \cdots, \max y_m(j)) \\ y^- = (\min y_1(j), \min y_2(j), \cdots, \min y_m(j)) \end{cases} \tag{14-19}$$

其中，$j = 1, 2, \cdots, n$。

其次，计算各待决策支持方案的群体效用值 S_i 和个体遗憾值 R_i。

$$S_i = \sum_{j=1}^{n} w_j^* \frac{y^+(j) - y_i(j)}{y^+(j) - y^-(j)} \tag{14-20}$$

$$R_i = \max_{1 \leqslant j \leqslant n} \left(w_j^* \frac{y^+(j) - y_i(j)}{y^+(j) - y^-(j)} \right) \tag{14-21}$$

其中，$i = 1, 2, \cdots, n$。S_i 的值群体效用成反比，R_i 的值个体遗憾度成正比。因此构建基于群体效用与个体遗憾度的方案综合评价值 Q_i。

$$Q_i = 1 - \left[v\, \frac{S_i - \min\limits_{1\leqslant i\leqslant m} S_i}{\max\limits_{1\leqslant i\leqslant m} S_i - \min\limits_{1\leqslant i\leqslant m} S_i} + (1-v)\, \frac{R_i - \min\limits_{1\leqslant i\leqslant m} R_i}{\max\limits_{1\leqslant i\leqslant m} R_i - \min\limits_{1\leqslant i\leqslant m} R_i} \right] \quad (14\text{-}22)$$

其中，$i=1,2,\cdots,n$，v 是最大群体效用的权重，即对群体效用的偏好程度，当 $v>0.5$ 时，表示对方案的选择倾向于群体效用高的类型；当 $v<0.5$ 时，表示对方案的选择倾向于个体遗憾度低的类型；当 $v=0.5$ 时，表示对方案的选择倾向于对群体效用和个体遗憾度折中的类型。

最后，通过对综合评价值 Q_i 大小的比较对各施工方案进行排序，并选择出最优方案。

现举例说明 AHP、熵权法与博弈论组合赋权法的集成方法及其应用。

某中型工程公司承接地方政府地铁车站建设的深基坑挖掘与支护项目，由于该项目具有较强的个性，与工程地质、水文条件密切相关，因此不能简单套用现有的施工计划，需根据场地条件因地制宜，选择相应的施工方案。此外，由于基坑工程综合性强，对包括岩土工程、力学理论、施工技术、经营管理等方面的经验性知识均有一定的需求，且对建筑的安全性保障至关重要，因此仅仅依靠主观或客观单一角度的评估都是远远不够的。基于此，该工程公司从主、客观综合角度整体分析项目的需求，构建基于 AHP、熵权法与博弈论组合赋权法的综合评价体系，对三个备选施工方案优劣进行评估。

公司召集业内专家、设计及工程管理人员，在分析相关文献的基础上，结合工程经验建立基于经济、技术、安全、环境 4 个准则层，8 个指标层的施工方案评价体系，如图 14-4 所示。

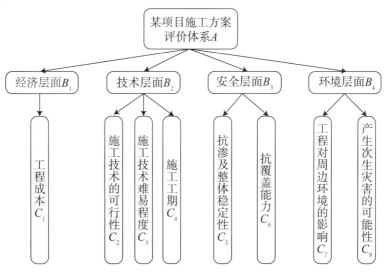

图 14-4 施工方案评价体系层次结构图

其中，指标 C_2、C_5、C_6 为效益性指标，其余为成本性指标。

表 14-10、表 14-11、表 14-12 分别给出 3 位专家对指标的判断矩阵，并根据专家

1、专家 2、专家 3 的判断矩阵求得对应的主观权重 ξ_1、ξ_2、ξ_3。

表 14-10　专家 1 判断矩阵

指标	C_1	C_2	C_3	C_4	C_5	C_6	C_7	C_8
C_1	1	2	3	2	1/2	1/2	1/2	1/2
C_2	1/2	1	1/2	1/3	1/2	1/2	1/3	1/3
C_3	1/3	2	1	2	1/2	1/2	1/3	1/2
C_4	1/2	3	1/2	1	1/2	1/2	1/2	1/2
C_5	2	2	2	2	1	2	2	1/2
C_6	2	2	2	2	2	1	1/2	1/2
C_7	2	3	3	2	1/2	2	1	1/2
C_8	2	3	2	2	2	2	2	1

表 14-11　专家 2 判断矩阵

指标	C_1	C_2	C_3	C_4	C_5	C_6	C_7	C_8
C_1	1	2	2	2	1/2	1/2	1/2	1/2
C_2	1/2	1	1/2	1/3	1/3	1/2	1/2	1/2
C_3	1/2	2	1	1/3	1/2	1/2	1/2	1/2
C_4	1/2	3	3	1	1/2	1/2	1/2	1/2
C_5	2	3	2	2	1	2	2	2
C_6	2	2	2	2	2	1	1/2	1/2
C_7	2	2	3	2	1/2	2	1	1/3
C_8	2	2	2	2	2	2	3	1

表 14-12　专家 3 判断矩阵

指标	C_1	C_2	C_3	C_4	C_5	C_6	C_7	C_8
C_1	1	3	3	2	1/2	1/2	1/2	1/2
C_2	1/3	1	1/2	1/3	1/2	1/2	1/2	1/2
C_3	1/3	2	1	1/3	1/2	1/2	1/2	1/2
C_4	1/2	3	3	1	1/2	1/2	1/2	1/2
C_5	2	2	2	2	1	3	2	1/2
C_6	2	2	2	2	1/3	1	1/2	1/2
C_7	2	2	2	2	1/3	2	1	1/2

(续表)

指标	C_1	C_2	C_3	C_4	C_5	C_6	C_7	C_8
C_8	2	2	2	2	2	2	2	1

$\xi_1 = (0.1067, 0.0514, 0.0779, 0.0757, 0.1721, 0.1478, 0.1589, 0.2094)$；
$\xi_2 = (0.1001, 0.0542, 0.0682, 0.0973, 0.2099, 0.1563, 0.1431, 0.1709)$；
$\xi_3 = (0.1173, 0.0568, 0.0672, 0.0991, 0.1871, 0.1199, 0.1457, 0.2068)$。

经计算，一致性比例 $C.R.<0.1$，通过一致 α 性检验，最后求算术平均值得主观权重 α。

$\alpha = (0.1080, 0.0541, 0.0711, 0.0907, 0.1897, 0.1413, 0.1492, 0.1957)$。

再根据 3 个施工方案给出数据标准化处理，其评价指标数据如表 14-13 所示，并利用熵权法求出客观权重 β。

表 14-13 标准化处理后的施工方案评价指标数据

施工方案	评价指标							
	C_1	C_2	C_3	C_4	C_5	C_6	C_7	C_8
A_1	0.5180	1.0000	0.0000	0.2500	0.2857	0.1818	1.0000	0.0000
A_2	1.0000	0.0000	0.0000	0.0000	0.0000	0.0000	0.0000	0.0000
A_3	0.0000	1.0000	1.0000	0.0000	1.0000	1.0000	0.0000	1.0000

$\beta = (0.0908, 0.0868, 0.0868, 0.1158, 0.1105, 0.1285, 0.1904, 0.1904)$。

将主、客观权重利用博弈论组合赋权法得到线性组合系数 $t_1 = 0.8114$，$t_2 = 0.2002$，进行归一化处理得到 $t_1^* = 0.8021$，$t_2^* = 0.1971$，并得出最优权重 w^*：

$w^* = (0.1046, 0.0606, 0.0742, 0.0957, 0.1740, 0.1388, 0.1574, 0.1947)$。

因为各指标已进行过归一化处理，所以最佳评价值 y^+ 与最差评价值 y^- 分别为 $y^+ = (1, 1, 1, 1, 1, 1, 1, 1)$ 与 $y^- = (0, 0, 0, 0, 0, 0, 0, 0)$。

那么可计算得各方案的群体效用值 S_i 和个体遗憾值 R_i，如表 14-14 所示。

表 14-14 各方案的群体效用值 S_i 和个体遗憾值 R_i

	A_1	A_2	A_3
S_i	0.6669	0.7255	0.3577
R_i	0.1947	0.1947	0.1574

这里考虑对群体效用和个体遗憾采取折中的态度，即 $v=0.5$，可得各方案的综合评价值，如表 14-15 所示。

表 14-15 各方案的综合评价值

	A_1	A_2	A_3
得分	0.0197	0.0000	1.0000
排序	2	3	1

综上可知，该工程项目选用 A_3 方案的综合效益最高，选用 A_1 方案的综合效益次之，选用 A_2 方案取得的综合效益最差。因此，A_3 方案为最优方案。

14.2.2　灰色理论、粗糙集理论与模糊综合评价的集成

前文的决策方法集成是通过拓展研究角度提高决策的科学性，即结合主观和客观两种方法进行全面的研究。事实上，现实决策中存在一些特殊问题，无法从多种角度解决，往往只有单一的方向，比如面对部分信息已知、部分信息未知的决策对象或某些定性指标模棱两可、难以归属于某一类从而量化时，通过多种针对性的方法的集成，从同一角度对决策对象进行评价，从而提高决策可行性的方法同样是兼具科学性与现实意义，且是决策者有必要掌握的。

面对决策对象信息存在未知或数据模糊时，神经网络系统、数据包络分析等数学方法均由于数据质量导致可行性降低，而常用的层次分析法等决策方法同样存在主观性过强等缺点。灰色方法恰好对这类问题的解决有较好的效果，是一种相对科学的方法，但存在只鉴别优劣的缺陷，即只能得到 A 优于 B，但无法了解具体差距。因此，灰色的方法更适合建立评测矩阵，而非权重确定与具体评价。粗糙集作为一种致力于解决模糊问题的理论，最大特点即不需要提供求解问题时所需处理的数据集合之外的任何先验知识，仅对实测数据本身进行分类处理即可发掘隐含知识和揭示潜在的数据内部规律，并且能在保留关键数据信息的前提下对数据进行化简并求出知识的最小表达，故可以考虑利用粗糙集理论来确定各评价指标的权重。在解决存在较强模糊性问题时，模糊综合评价方法更为合适，而其前提，即模糊评价矩阵的构建与评价指标权重的确定则可以分别由灰色理论和粗糙集模型解决。因此，基于灰色理论构建评价矩阵，结合粗糙集理论解决指标赋权问题，最后利用模糊综合评价方法进行评价的集成方法最大化了每个子方法的优点，且有效地避免了各自的缺陷，是针对模糊问题更为科学合理的解决方法。

具体操作步骤如下：

Step1：构建评价特征集

设评价特征集 A，其中准则层 $B=\{B_1, B_2, \cdots, B_n\}$，特征层 $C=\{C_1, C_2, \cdots, C_n\}$。

Step2：确定评价等级集合

为获得评价对象的绝对水平，避免灰色方法的局限性，可以对目标进行评级从而构建评价等级集合，即表示评价目标优劣程度的集合，即 $V=(v_1, v_2, \cdots, v_m)$。其

中，v_i 表示第 i 等评价级别，m 表示评价等级数。

Step3：计算灰色模糊评价矩阵

由于前文已对灰色决策方法与模糊综合评价方法及两者的集成进行了具体讲解，因此本节不作赘述。（详见 14.1.3 节灰色决策方法与 FCE 的集成）

Step4：利用模糊集理论构建特征权重

由于前文已对粗糙集理论及模型构建进行了具体讲解，因此本节不作赘述。（详见 10.2.2 节粗糙集评价方法的步骤）

Step5：进行模糊综合评价

由于前文已对模糊综合评价进行了具体讲解，因此本节不作赘述。（详见 7.1.2 节模糊综合评价模型）

需要注意的是，当各隶属度相差较小时，基于最大隶属度原则很难客观地给出评价对象的隶属关系，为避免这一问题对评价科学性的影响，可以采取用评价等级集合进行打分的方法代替最大隶属度，求得评价对象的绝对水平。

该方法集成针对研究对象的模糊性与信息缺失的现象，结合灰色理论、粗糙集理论和模糊综合评价方法，避免单一方法的缺陷，构建了更为科学的评价体系，具有较强的可操作性与可信度。

现举例说明灰色理论、粗糙集理论与模糊综合评价的集成方法及其应用。

软件作为一个新兴的产业，在人们的生产生活中占据着重要的地位，其质量的好坏日益受到关注，对其质量的评价对消费者以及开发者都至关重要，对软件质量进行科学的评价是很有必要的，但是由于软件自身的特点以及人们认知水平的限制，人们对软件质量的评价往往是模糊的，因而利用模糊的方法解决这类问题是切实可行的。

基于简洁性、完备性、客观性、导向性等原则，参考现有软件评价标准，构建软件质量综合评价指标体系，如图 14-5 所示。

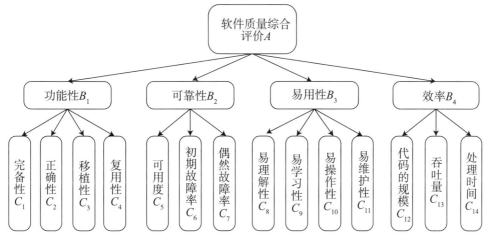

图 14-5　软件质量综合评价指标体系图

首先构建特征集合，其中准则层 $B=\{B_1,B_2,B_3,B_4\}$，指标层 $B_1=\{C_1,C_2,C_3,C_4\}$，$B_2=\{C_5,C_6,C_7\}$，$B_3=\{C_8,C_9,C_{10},C_{11}\}$，$B_4=\{C_{12},C_{13},C_{14}\}$。

采取四级评判方法构建评价等级集合 V，即 $V=(v_1,v_2,\cdots,v_4)=$（优，良，中，差），并采用 Delphi 法，对上述等级进行评分，记为 $D=(d_1,d_2,d_3,d_4)=(10,7,5,2)$。

聘请 7 位相关专家对 18 个相关软件的质量水平进行评价，其专家评价得分如表 14-16 所示。

表 14-16　专家评价得分

论域	专家总体评分							
	E_1	E_2	E_3	E_4	E_5	E_6	E_7	平均分 f
1	7	8	5	9	6	7	8	7.1429
2	6	7	7	8	9	7	7	7.2857
3	7	8	7	8	9	8	7	7.7143
4	8	9	7	9	7	8	9	8.1429
5	9	8	8	9	10	7	9	8.5714
6	8	8	7	8	9	8	9	8.1429
7	7	9	6	5	8	8	8	7.2857
8	6	7	7	6	8	7	8	7.2857
9	9	9	8	7	7	7	7	7.7143
10	9	7	6	9	8	7	8	7.7143
11	8	9	7	7	8	7	7	7.5714
12	7	5	8	7	6	7	7	6.7143
13	8	7	7	8	8	7	9	7.7143
14	5	6	5	7	6	8	7	6.2857
15	5	4	6	5	7	6	5	5.4286
16	3	5	4	6	6	7	6	5.2857
17	6	7	7	8	7	6	5	6.5714
18	7	8	7	6	8	7	6	7.2857

计算各软件指标数值，如表 14-17 所示。

表 14-17　软件指标数值

论域	B_1	B_2	B_3	B_4	论域	B_1	B_2	B_3	B_4
1	0.2789	1.7390	0.5692	0.8170	10	1.5414	1.3211	0.6798	1.0213
2	0.7704	0.3511	0.9975	0.9764	11	0.7588	0.4134	0.7563	1.0423

(续表)

论域	B_1	B_2	B_3	B_4	论域	B_1	B_2	B_3	B_4
3	1.0078	0.6433	0.7570	1.0219	12	0.3124	0.8695	0.6752	0.8452
4	1.3695	0.9896	0.8123	1.2007	13	1.2314	0.7653	1.3426	1.0231
5	1.0824	1.5974	1.1174	0.9606	14	0.8654	0.4215	1.2332	0.6342
6	1.4910	0.6796	1.7465	1.0234	15	0.5618	0.7562	0.5574	1.5541
7	0.3468	1.0231	0.9634	0.5642	16	0.4285	0.5214	0.6312	0.7429
8	0.6325	0.8745	0.2217	1.3201	17	0.6423	1.0231	0.8546	1.2463
9	1.4121	0.7423	0.6578	0.8541	18	0.8758	0.4269	1.3145	0.7564

依据以下标准对表 14-17 进行离散化处理：

功能性：（1—＞1.5；2—1～1.5；3—0.5～1；4—＜0.5）。

可靠性：（1—＞1.5；2—1～1.5；3—0.5～1；4—＜0.5）。

易用性：（1—＞1.5；2—1～1.5；3—0.5～1；4—＜0.5）。

效率：（1—＞1.5；2—1～1.5；3—0.5～1；4—＜0.5）。

平均得分：（1—＜7.5；2—7.5～8；3—8～8.5；4—＞8.5）。

得到离散化后的软件得分，其知识表达系统简化表如表 14-18 所示。

表 14-18 知识表达系统简化表

论域	B_1	B_2	B_3	B_4	f	论域	B_1	B_2	B_3	B_4	f
1	4	1	3	3	1	10	1	2	3	2	2
2	3	4	3	3	1	11	3	1	3	2	2
3	2	3	3	2	2	12	4	3	3	3	1
4	2	3	3	2	3	13	2	3	2	2	2
5	2	1	2	3	4	14	3	4	2	3	1
6	2	3	1	2	3	15	3	3	3	1	1
7	4	2	3	3	1	16	4	3	3	3	1
8	3	3	4	2	1	17	3	2	3	1	1
9	2	3	3	3	2	18	3	4	2	3	1

为计算各特征的权重，构建知识表达系统(KRS)如下：

$U/ind(B_2, B_3, B_4) = \{(1), (2), (3), (4), (5), (6), (7), (8), (9, 12, 16), (10, 17), (11), (13), (14, 18), (15)\}$

$U/ind(B_1, B_3, B_4) = \{(1, 7, 12, 16), (2), (3), (4), (5), (6), (8), (9), (10), (11, 17), (13), (14, 18), (15)\}$

$U/ind(B_1, B_2, B_4) = \{(1), (2, 14, 18), (3, 4, 6, 13), (5), (7), (8),$

(9), (10), (11), (12, 16), (15), (17)}

$U/ind(B_1, B_2, B_3) = \{(1), (2), (3, 4, 9), (5), (6), (7), (8), (10), (11), (12, 16), (13), (14, 18), (15), (17)\}$

$U/A = \{(1), (2), (3), (4), (5), (6), (7), (8), (9), (10), (11), (12), (13), (14), (15), (16), (17), (18)\}$

$U/f = \{(1, 2, 7, 8, 12, 14, 15, 16, 17, 18), (3, 9, 10, 11, 13), (4, 6), (5)\}$

因此，有正域：

$pos(B_2, B_3, B_4)(f) = \{1, 2, 5, 6, 7, 8, 11, 13, 14, 15, 18\} = 11$

$pos(B_1, B_3, B_4)(f) = \{1, 2, 5, 6, 7, 8, 9, 10, 12, 13, 14, 15, 16, 18\} = 14$

$pos(B_1, B_2, B_4)(f) = \{1, 2, 5, 7, 8, 9, 10, 11, 12, 14, 15, 16, 17, 18\} = 14$

$pos(B_1, B_2, B_3)(f) = \{1, 2, 5, 6, 7, 8, 10, 11, 12, 13, 14, 15, 16, 17, 18\} = 15$

$posA(f) = \{1, 2, 3, 4, 5, 6, 7, 8, 9, 10, 11, 12, 13, 14, 15, 16, 17, 18\} = 18$

计算特征依赖度：

$$\gamma_A(d) = 18/18 = 1$$
$$\gamma_{B_2, B_3, B_4}(f) = 11/18 = 0.6111$$
$$\gamma_{B_1, B_3, B_4}(f) = 14/18 = 0.7778$$
$$\gamma_{B_1, B_2, B_4}(f) = 14/18 = 0.7778$$
$$\gamma_{B_1, B_2, B_3}(f) = 15/18 = 0.8333$$

因此可以得到各评价特征的重要性：

$$\gamma_A(d) - \gamma_{\{B_2, B_3, B_4\}}(f) = 0.3889$$
$$\gamma_A(d) - \gamma_{\{B_1, B_3, B_4\}}(f) = 0.2222$$
$$\gamma_A(d) - \gamma_{\{B_1, B_2, B_4\}}(f) = 0.2222$$
$$\gamma_A(d) - \gamma_{\{B_1, B_2, B_3\}}(f) = 0.1667$$

进行归一化处理后即可得到相关特征的权重 W：

$$W = (w_1, w_2, w_3, w_4) = (0.3567, 0.2339, 0.2339, 0.1755)$$

根据评价等级集合 V，相应的灰数及其白化函数如图 14-6 所示。

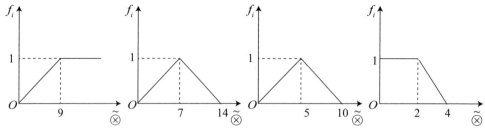

图 14-6 灰数及其白化函数

以某软件 X 为例，其具体评分表如表 14-19 所示。

表 14-19　软件 X 的具体评分表

论域	B_1	B_2	B_3	B_4
E_1	4	8	6	7
E_2	6	9	7	9
E_3	5	8	6	8
E_4	5	8	7	7
E_5	3	8	7	8
E_6	4	9	6	7
E_7	3	7	6	8

因此，可求出评判矩阵的灰色统计数 n_{ij} 和总灰色统计数 n_i，并进而得到灰色模糊测评矩阵为

$$R = \begin{bmatrix} 0.2344 & 0.3014 & 0.3938 & 0.0703 \\ 0.4282 & 0.3960 & 0.1758 & 0 \\ 0.3043 & 0.3913 & 0.3043 & 0 \\ 0.3875 & 0.4059 & 0.2066 & 0 \end{bmatrix}$$

故模糊评价矩阵为

$$B = W \cdot R = (0.3230, 0.3629, 0.2891, 0.0251)$$

其中，W 为权重集。

则综合评价结果为 $Z = B \cdot D^T = 7.2654$。根据设定的评价等级 D，该软件的质量水平属于良好状态。此结果与原先得到的平均数相比，分值有所提高。

相应地，根据其他软件的详细评分可以得到其各自的综合得分，可用于排序或量化软件差距等方面。

14.2.3　AHP、DEA 与熵权法的集成

前文提到的各种方法是依据多种科学决策方法的特点与优劣势，参考其思想或方法的部分，构成一个新的集成方法，即并不是集成方法中的每种决策方法都得到的完全的应用与展现。事实上，我们也可以对多个完整的决策过程进行集成，完整的过程丰富了集成方法的完整性与逻辑性，同时多种互补的决策方法也提高了集成方法的科学性（两类集成方法之间的区别类似于"串联"与"并联"）。此外，这类集成方法由于各子方法之间的衔接与组合相对简便，从而提高了集成方法的灵活性，并为三种决策以上的方法的集成提供了可能。

AHP 作为主流的主观决策方法，是基于专家的决策经验与判断能力，有效地将定量与定性指标结合，构建系统、合理的科学决策模型。然而，尽管专家的经验信息为决策提供了权威性，但决策结果受到相关人员知识结构、判断水平与个人偏好影响导致的主观性问题仍是不可避免的。相应地，DEA 可以通过对输入和输出数据的综合分

析得出每个决策单元的综合效率的数量指标,无须任何权重假设,即避免了对经验的依赖导致的科学性缺失,尤其适合多指标复杂系统的决策。在完成上述两种决策方法的完整过程后,将得到各方案/决策单元的综合评价排序(AHP 的结果)与综合效率值(DEA 的结果),并对两种结果进行综合,最终得到唯一的决策结果。显然,对两种结果的综合方法也直接影响了最终的决策结果,简单的算术平均是不科学的,因此需对两种结果的权重进行测算,而上文提到的熵权法不仅适用于多指标之间的赋权问题,同样也可以应用于两种计算结果之间的权重测算。

值得注意的是,由于以上集成方法完整地进行了 AHP 与 DEA 两种决策过程,因此我们同时得到了两组单一决策方法的结果,在对结果分析与方案的选择方面也将更具灵活性。

具体步骤如下。

Step1:利用 AHP 进行决策

通过构造层次分析结构、判断矩阵,进行一致性检验、层次总排序,最终得出决策结果。由于前文已对 AHP 进行了具体讲解,因此本节不做赘述。(详见 6.1.2 节 AHP 模型构建)

Step2:利用 DEA 进行决策

基于上述指标建立投入、产出指标体系,选择 DEA 模型并进行测算,最终得到效率值并进行决策。由于前文已对 DEA 进行了具体讲解,因此本节不做赘述。(详见 9.1 节 DEA 评价模型及求解)

Step3:利用熵权法对结果进行组合

基于前两步骤获得的综合评价排序与综合效率值,利用熵权法为两种结果进行赋权,最终得到唯一的决策结果。由于前文已对熵权法进行了具体讲解,因此本节不作赘述。(详见 14.2.1 节 AHP、熵权法、博弈论组合赋权法与 VIKOR 理论的集成)

最终,依据组合决策结果对方案进行评估并提出决策建议。

现举例 AHP、DEA 与熵权法的集成及其应用如下。

我国的经济发展与社会进步无法脱离可靠的水资源供应体系,然而,伴随城镇化的推进,日益加重的水污染问题与水资源供给压力对我国城镇地区的发展造成了严重的困扰与阻碍。为深入探究我国城镇用水问题及水资源利用体系,某研究机构对我国 30 个省、自治区(除西藏外)、直辖市[以下简称 30 个省(地区)]的城镇水资源利用体系水平进行了基于多种方法集成的科学决策与评估。事实上,以省份为样本单位意味着需要更为宏观、全面的评价体系,且水资源利用体系是一个涉及多投入、多产出的复杂系统,因此一个集 AHP(构建评价体系)、DEA(解决投入产出问题)与熵权法(对多种方法的科学组合)的科学决策方法将会对问题的解决起到关键作用。

该研究机构召集业内专家、学者与管理人员,在分析相关文献的基础上,结合经验构建城镇水资源利用体系水平层次分析结构,包括四个准则层,九个指标层的施工方案评价指标体系,如图 14-7 所示。

考虑到前文已对 AHP 及其应用有了充分讲解,为简单起见,直接给出相关判断矩

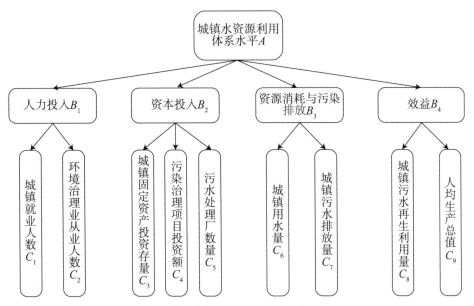

图 14-7 城镇水资源利用体系水平层次分析结构图

阵法的权值(通过一致性检验)。

$WB_i = (B_1, B_2, B_3, B_4) = (0.2074, 0.4221, 0.1608, 0.2097)$；

$WB_{1j} = (C_1, C_2) = (0.4097, 0.5903)$；

$WB_{2j} = (C_3, C_4, C_5) = (0.3539, 0.4729, 0.1732)$；

$WB_{3j} = (C_6, C_7) = (0.3751, 0.6249)$；

$WB_{4j} = (C_8, C_9) = (0.7206, 0.2794)$。

城镇水资源利用体系水平层次排序权值如表 14-20 所示。

表 14-20 城镇水资源利用体系水平层次排序权值

指标	权数 WB_i	子指标	权数 WB_{ij}	WC_{ij}
人力投入 B_1	0.2074	城镇就业人数	0.4097	0.0850
		环境治理业从业人数	0.5903	0.1224
资本投入 B_2	0.4221	城镇固定资产投资存量	0.3539	0.0569
		污染治理项目投资额	0.4729	0.0760
		污水处理厂数量	0.1732	0.0278
资源消耗与污染排放 B_3	0.1608	城镇用水量	0.3751	0.1583
		城镇污水排放量	0.6249	0.2638
效益 B_4	0.2097	城镇污水再生利用量	0.7206	0.1511
		人均生产总值	0.2794	0.0586

监管部门对 30 个省(地区)当年的上述指标数据进行收集与处理,并将数据代入上

述评价体系，得到 30 个省（地区）的层次总排序，并进行标准化处理以便后续决策，如表 14-21 所示。

表 14-21　基于层次分析法的 30 个省（地区）城镇水资源利用体系水平

地区	得分	排序	地区	得分	排序
E_1	0.6206	19	E_{16}	0.7856	10
E_2	1.0000	1	E_{17}	0.3058	27
E_3	0.6951	15	E_{18}	0.7961	9
E_4	0.7303	12	E_{19}	0.8900	3
E_5	0.0000	30	E_{20}	0.9245	2
E_6	0.5840	21	E_{21}	0.1801	28
E_7	0.8461	5	E_{22}	0.7220	13
E_8	0.8759	4	E_{23}	0.5485	22
E_9	0.5339	23	E_{24}	0.6329	18
E_{10}	0.4497	26	E_{25}	0.5052	25
E_{11}	0.6753	16	E_{26}	0.8164	6
E_{12}	0.5884	20	E_{27}	0.8026	8
E_{13}	0.6694	17	E_{28}	0.6984	14
E_{14}	0.7321	11	E_{29}	0.5101	24
E_{15}	0.1756	29	E_{30}	0.8103	7

为进行 DEA，基于 DDF 模型，利用上述子指标构建城镇水资源利用投入产出指标体系，如图 14-8 所示。

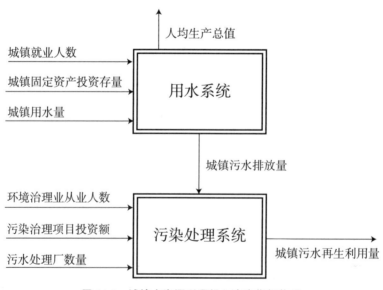

图 14-8　城镇水资源利用投入产出指标体系

通过对 30 个省(地区)数据的测算,我们得到各省(地区)的效率值,对其进行标准化处理并排序,以便进一步计算,结果如表 14-22 所示。

表 14-22 基于数据包络分析方法的 30 个省(地区)城镇水资源利用体系水平

地区	效率值	排序	地区	效率值	排序
E_1	0.0598	27	E_{16}	0.0748	26
E_2	1.0000	1	E_{17}	0.3066	17
E_3	0.1921	19	E_{18}	0.7385	10
E_4	0.3183	16	E_{19}	0.8799	7
E_5	1.0000	1	E_{20}	1.0000	1
E_6	0.1087	25	E_{21}	0.8517	8
E_7	0.5464	12	E_{22}	0.2507	18
E_8	0.5691	11	E_{23}	0.1912	20
E_9	0.4183	14	E_{24}	1.0000	1
E_{10}	0.0482	28	E_{25}	0.0000	30
E_{11}	0.1213	24	E_{26}	1.0000	1
E_{12}	0.1577	21	E_{27}	0.7748	9
E_{13}	0.0182	29	E_{28}	0.3299	15
E_{14}	0.4942	13	E_{29}	0.1503	22
E_{15}	0.1494	23	E_{30}	1.0000	1

由此,我们得到基于两种不同决策方法的结果,发现除个别省(地区)外,大多省(地区)城镇水资源利用体系水平两种方法的排序相似。为获得唯一决策结果,对上述两组结果进行熵权法赋权,得到权重 $\beta_i=(\beta_1,\beta_2)=(0.2439,0.7561)$。其中,$\beta_1$ 和 β_2 分别为 AHP 结果与 DEA 结果的权重。从而得到集成方法决策结果,如表 14-23 所示。

表 14-23 基于集成方法的 30 个省(地区)城镇水资源利用体系水平

地区	组合得分	排序	地区	组合得分	排序
E_1	0.1966	26	E_{16}	0.2482	23
E_2	1.0000	1	E_{17}	0.3064	19
E_3	0.3148	18	E_{18}	0.7525	9
E_4	0.4188	16	E_{19}	0.8824	6
E_5	0.7561	8	E_{20}	0.9816	2
E_6	0.2246	25	E_{21}	0.6879	10

(续表)

地区	组合得分	排序	地区	组合得分	排序
E_7	0.6195	12	E_{22}	0.3657	17
E_8	0.6439	11	E_{23}	0.2783	20
E_9	0.4465	14	E_{24}	0.9105	5
E_{10}	0.1462	29	E_{25}	0.1232	30
E_{11}	0.2564	22	E_{26}	0.9552	3
E_{12}	0.2627	21	E_{27}	0.7815	7
E_{13}	0.1770	27	E_{28}	0.4198	15
E_{14}	0.5522	13	E_{29}	0.2381	24
E_{15}	0.1558	28	E_{30}	0.9537	4

那么，我们得到最终评估结果与决策建议，即 E_2、E_{20}、E_{26} 等地区的水资源利用体系水平较高，而 E_{25}、E_{10}、E_{15} 等地区则存在水资源利用问题，需要监管部门加以关注。

上述集成方法的主体，即 AHP 与 DEA 也可以依据具体目标与数据更换或增加其他的科学决策方法，在此框架上可以扩展为四种乃至更多方法的集成。此外，在各决策方法结果的赋权问题上，也可以根据决策者的具体需要而采取不同的赋权方法，包括依据经验与决策者偏好的赋权方法、灰色熵权法等。

习 题

1. 常用的指标权重确定方法有哪些？各有什么优缺点？
2. 写出层次分析法、灰色关联分析与模糊综合评价方法的集成模型。
3. 写出粗糙集与数据包络分析方法的集成模型。
4. 写出模糊综合评价与人工神经网络的集成模型。
5. 写出灰色聚类与 TOPSIS 的集成模型。

参考文献

杜栋，庞庆华，吴炎，2015. 现代综合评价方法与案例精选[M]. 北京：清华大学出版社.

郭金玉，张忠彬，孙庆云，2008. 层次分析法的研究与应用[J]. 中国安全科学学报（5）：148-153.

庞庆华，蒋越，2012. 企业信息门户成熟度综合评价研究[J]. 情报杂志（2）：93-97.

晏华辉，崔晋川，2004. 基于 AHP 与 DEA 的多因素排序法[J]. 系统工程学报(5)：543-547.

常相全，张守凤，2008. 基于 AHP/DEA 的农村金融生态环境评价[J]. 统计与决策(11)：58-60.

徐维祥，2001. 一种基于灰色理论和模糊数学的综合集成算法[J]. 系统工程理论与实践(4)：114-119.

庞庆华，2007. 基于灰色理论的企业技术创新能力综合评价模型[J]. 科技管理研究(12)：113-115.

杜栋，2006. 基于 DEA 模型的模糊综合评判方法[A]//第八届中国青年运筹信息管理学者大会论文集[C]. 桂林.

谭斌，谢全敏，焦枫棋，等，2021. 基于 AHP－博弈赋权与 VIKOR 理论的深基坑支护方案决策方法[J]. 工程管理学报，35(4)：123-128.

门业堃，钱梦迪，于钊，等，2020. 基于博弈论组合赋权的电力设备供应商模糊综合评价[J]. 电力系统保护与控制(21)：179-186.

庞庆华，2007. 基于灰色理论的软件系统人机界面综合评价模型[J]. 计算机工程，33(18)：59-61＋74.

徐维祥，张全寿，2000. 信息系统项目评价 DHGF 集成法[J]. 计算机工程与应用(5)：60-62.

钟波，肖智，周家启，2002. 组合预测中基于粗糙集理论的权值确定方法[J]. 重庆大学学报(自然科学版)(7)：127-130.

ZHANG L，ZHUANG Y，CHIU Y H，et al，2021. Measuring urban integrated water use efficiency and spatial migration path in China：A dynamic two－stage recycling model within the directional distance function[J]. Journal of environmental management(298)：113379.

第15章
科学决策方法的未来展望

学习目标：
1. 理解科学决策方法的发展趋势；
2. 理解科学决策方法所面临的挑战。

15.1 不断加强多学科知识交融的程度

就科学发展的历史进程而言，现有学科都经历了一个从哲学中分离出来，并成为独立学科的过程，这是科学研究深入和细化的必然结果。近年来，考虑到多学科知识对复杂问题研究的出色表现，学科发展重新出现融合趋势，基于交叉学科和多学科融合的研究大量出现。在这一背景下，科学决策也有必要顺应多学科知识交融的趋势，利用多学科知识，不断丰富决策方法，使决策方法更加科学化、真实化。

学科交融是在承认学科差异的基础上打破学科边界，促进学科间相互渗透、交叉的活动。科学决策在未来多学科交融方面的努力应当主要集中于以下两个方面。一是将科学决策应用于其他学科领域。现阶段的科学决策方法主要应用于工商管理、经济学、人力资源管理、财务分析等领域与学科，事实上，在各学科均强调数据化的基础上，科学决策方法在医学、建筑学、教育学等自然科学及人文科学领域可以发挥一定的作用。二是应当将更多学科的研究成果应用到决策方法的融合创新中去。科学决策建立在现代自然科学和社会科学基础上，本身就属于学科融合的产物，与其他学科知识的交融是存在可能和具有研究意义的。

在人工智能技术高速发展、形成体系的背景下，基于人工智能技术的智能决策可能是学科交融的一个发展方向。智能决策，可以认为是决策的自动化，是一种以知识输入与体系构建为本质，从规则制定到机器学习的科学决策方法。基于专家评价系统，利用人工智能打造一个"决策机器人"，在一定程度上替代专家，完成科学、高效的决策。在这一领域的研究包括神经网络系统、决策支持系统等,但这类方法本质是一种人机配合的决策方式,属于"半自动"的决策方法,真正的自动化决策还有待理论工作者的深入研究与开发。此外,这一交融方向的发展应当是从决策制定的自动化出发,向整体决策过程自动化(包括方案拟定自动化、评估与反馈自动化、系统修正自动化等)发展。

15.2 不断提高科学决策的大数据思维

科学决策的本质是利用科学的方法选择最优的方案,而无论是科学的方法还是方案的选择都对数据的支撑有着绝对的需求。大数据作为互联网、物联网、移动计算、云计算之后IT产业又一次颠覆性的技术变革,正在重新定义社会管理与国家战略决策、企业管理决策、组织业务流程、个人决策的过程和方式,因此,其对科学决策提供的发展空间与方向是不可忽略的。

决策的大数据思维不仅指数据规模的大小,一方面,大数据时代的决策数据兼具数据量大、数据精细、准确等特点。因此,提高数据质量、扩大数据规模对决策的科学化是存在促进作用的;另一方面,大数据同时提供了发现数据之间相关关系的可能。传统的决策方法往往只考虑自变量对因变量的影响,而在大数据的背景下,对自变量之间的相关关系的探究也成为影响决策科学性的重要因素。此外,大数据时代给决策者提供了具有更强运算能力的统计软件,在定量分析方面,大数据运算、处理已经逐渐替代专家评价等传统决策方式。

基于此,在大数据时代使决策思维符合时代特点是很有必要的。其一,科学决策应当树立数字化信息意识。数据质与量的跃迁导致决策定量分析的必要性进一步提高,重经验而轻数据、重直接数据而轻关联数据、重单一数据而轻多元数据的传统决策思维在大数据时代背景下是极其缺乏科学性的。在决策中,强调客观数据的地位,扩大数据规模,提升数据质量都将是科学决策发展的基础性工作。其二,科学决策的关联思维与整体思维。通过加强对变量之间关系的认识,构建考虑各变量之间相关关系的科学决策体系,如结构方程模型等方法,将会大大提升决策的科学性与现实意义。

现阶段,大数据背景下的科学决策发展分为两个方向。一是以大数据技术为工具辅助决策,包括利用基于 MapReduce、Flink、Spark 等大数据计算引擎的各类算法进行数据分析;构建利用 HDFS、Hive、HBase 等技术的数据湖实现数据的存储与管理;整合的大数据分析系统,如 BI、OLAP、L-Store 等智能交互系统,以上基于大数据技术的工具在数据存储、处理、分析、预测等方面为科学决策提供效率与科学性进步的可能。二是利用大数据思想与大数据方法进行决策,如面对产品营销等问题,基于大数据思想构建用户画像,从而对营销策略进行科学决策等。

大数据不仅为科学决策提供了新的方向,也带来了严重的挑战。我们需要意识到数据同样具有有限性。即使意义含量极为丰富的综合数据，也有必要通过适当的思维方式对其进行分析，我们需要意识到数据是对思维的辅助而非替代，传统基于经验的主观决策也是不能忽略的。此外，在进行科学决策时，对模型的构建、样本的选取都离不开数据，因此数据质量也直接影响决策的最终结果。如果不能够根据决策目标的需要对数据进行筛选，则容易造成决策结果失真等问题。同时，数据质量并不只是客观问题，由对数据偏好导致的主观数据问题也值得注意。选取符合自身预期的数据，而对不满足预期的真实数据进行隐瞒或篡改的现象必须得到遏制。

15.3 不断体现决策过程的动态性特征

决策是一个从确定目标到实施反馈的动态过程，包括提出问题、拟订方案、选择方案与执行方案等一系列阶段。每一个阶段都不应该是孤立的、静止的，而应该是有联系的、动态的。决策问题的核心在于择优，即对方案的排序及选择，但这并不意味着其他阶段以及阶段之间的联系对决策的质量不存在影响，相反，仅着眼于选择方案这一部分往往会导致决策结果科学性的缺失以及决策效率的降低。此外，除决策本身外，决策环境也是动态的，任何决策方案都具有一定的时间限制和要求，只有在某一时间、期间内或者某一时刻才是有效的，因而伴随决策环境的变化，决策方案也随之呈现出动态性特征，这意味着忽略决策的动态性将从过程、结果与环境各方面对决策的科学性造成负面影响。

决策过程的动态性特征主要展现在决策每一阶段的衔接上，方案的拟定一定要切实符合提出的问题，旨在达成目标、解决问题，同时需要有一定的区分度与可行性，以便选择与执行；方案的选择则应当以解决问题为宗旨，在拟定的方案当中选择能最有效率解决问题的方案；方案的执行需要理解之前的每一阶段，以便抓住解决问题的重点与难点。此外，方案的执行并不是决策的终点，当方案执行完毕，我们仍然有必要进行反馈，包括实际结果是否与理论结果相符，是否达成解决问题的根本目的，在执行过程中是否发现方案存在的可改进性等问题，再将这一系列问题带回方案的拟定与选择中去，进行对方案的修正与优化。将优化的方案再次予以施行、反馈、修正，从而达成一个不断优化的、动态的、循环的决策过程。切莫将决策做成"一锤子买卖"，即将方案的执行视为决策的结束，这种行为不仅导致决策的科学性的欠缺，同时在面对相似决策目标时，无法利用现有的决策系统，反而需要重新构造决策体系，导致决策的效率降低。

事实上，决策过程的动态性不仅包括了阶段的关联性与对象的动态性，决策者与决策技术也在决策过程中存在动态性特征。作为决策的主体，决策者对决策过程、决策对象等的认知水平是有限的，但是伴随动态性决策过程的开展，决策者本身的认知能力与决策水平也是在不断进步的，从而构成一个决策过程促进决策者成长、决策者优化决策过程开展的动态良性循环。此外，决策技术也处于一个动态演进的过程中，无论是微观上决策过程中对模型与方案的优化，还是宏观上决策理论与方法的完善都印证了这一点。可见，决策过程的动态性从决策对象、决策阶段、决策者、决策技术等多角度激励决策在追寻科学性道路上自我完善、自我革新。因此，我们有理由相信在决策过程中对动态性的体现也将在决策阶段的整合、问题的解决、决策者的发展与进步等方面起到积极作用。

15.4 不断展现决策结果的可视化程度

利用科学决策方法构建决策体系，从而获取决策结果是现实中决策问题的常用解决方法，但是如何将决策结果呈现出来也是至关重要的。

科学决策方法一个重要部分是综合评价方法，即对方案进行优选，而这一过程大多依靠排序，即研究各方案的相对水平。但是，研究方案的相对水平有一定的局限性，无法得知各方案的绝对水平，因此难以对方案进行改进，使决策缺乏改进的空间。因此，近年来决策方法更倾向于对方案绝对水平以及其因素作用等方面的研究，而绝对水平，如数据包络分析计算出的决策单元效率、神经网络系统得出的方案得分等，都有必要通过可视化将决策结果展现出来。

可视化是通过借助图形化手段，将决策结果以清晰、直观、有效的方式展示出来。通过可视化，能够有效降低数据取读门槛，同时方便读者从不同维度认知、通过形象化方式解读决策结果。一方面，图表比数据更有表现力，决策可视化报告能够用一些图形清晰地展现出复杂的信息，决策使用者能够轻松、快速、直观地解读数据，一目了然；另一方面，大数据时代数据产生和更新的速度越来越快，单独地、片面地看某一维度的数据是不可取的，更需要多维度地分析结果，以此找到有用的信息。

现有发展较为成熟的方法，如基于几何的可视化方法，包括平行坐标系、Radviz方法、散点图矩阵、Andrews曲线法等；基于图标的可视化方法，包括星绘法、Chernoff面法等；基于时间序列数据的可视化方法，包括线形图、堆积图、地平线图、时间线等；基于层次数据的可视化方法，包括节点连接图、树图等；基于网络数据的可视化方法，包括力导向布局、分层布局、网格布局等。

以上方法均可以成为科学决策的有力呈现方法，尤其是层次数据及网络数据的可视化方法。比如，由于多属性决策方法往往需要构建一个多层次的评价指标体系，如AHP、模糊方法等，与层次数据可视化的结合有助于这类决策结果的呈现；神经网络系统、结构方程模型等方法由于其网络性特点更适应网络数据的可视化方法；DEA既可以得到平面数据，也可以得到时间序列结果，因此其与可视化方法的结合更具有可操作性与创造性。

发展科学决策领域的可视化方法，提高科学决策的可视化程度，将是决策领域未来发展的一项重点，尤其是开发出适应决策结果呈现的可视化新方法，值得更多理论工作者对此进行深入研究。

习　题

1. 人工智能技术的发展为人类解决复杂问题提供了无限可能。请结合人工智能的发展阐述一下对科学决策的影响。

2. 大数据对决策的影响是巨大的，有人认为其改变了传统的决策方式与方法。请结合目前的大数据及其应用情况，谈一下自己的认识。

3. 有人认为，决策科学与心理学和行为科学密不可分。请阐述一下在自己的学科专业中，在哪些决策问题中需要引入心理学和行为科学。

4. 有人认为，元宇宙比互联网更能实现真正意义上的虚实互动，孕育新的社会形态。请结合元宇宙发展，阐述一下可能会带来哪些科学决策问题。

参考文献

邓逸伦，2011. 决策科学现状及发展趋势研究[J]. 现代商贸工业(8)：74-75.

周光辉，2011. 当代中国决策体制的形成与变革[J]. 中国社会科学(3)：101-120.

任磊，杜一，马帅，等，2014. 大数据可视分析综述[J]. 软件学报，25(9)：1909-1936.

徐宗本，冯芷艳，郭迅华，等，2014. 大数据驱动的管理与决策前沿课题[J]. 管理世界(11)：158-163.

刘在平，2017. 大数据时代的决策思维[J]. 珠江论丛(1)：23-38.

杨彦波，刘滨，祁明月，2014. 信息可视化研究综述[J]. 河北科技大学学报(1)：91-102.

邱均平，何文静，2015. 基于Lotka-Volterra模型的跨学科评价研究[J]. 大学图书馆学报，33(5)：20-25.

方平，熊端琴，蔡红，2001. 结构方程在心理学研究中的应用[J]. 心理科学(4)：406-408.

余乐章，夏天宇，荆一楠，等，2021. 面向大数据分析的智能交互向导系统[J]. 计算机科学，48(9)：110-117.